DIE MARS CONNECTION

RICHARD C. HOAGLAND

DIE MARS CONNECTION

Monumente am Rande der Ewigkeit

von

Richard C. Hoagland

mit 54 Abbildungen und 3 Tabellen

übersetzt und bearbeitet von Ferdinand Flamm
unter Mitarbeit von Anja Ruchatz und Hannelore Weiß

bettendorf

Für Mutti und Vati, die uns Träume ließen...

Jenen Helden aus meiner Kindheit, die mich zu dem größten Traum animierten: „Suche nach fremden Leben, neuen Welten."

In Gedenken an einen besonderen Träumer der, eines Tages, mir zum Kollegen und Freund wurde. Gene...

Der kommenden Generation, insbesondere für Lindsey, Angela und Matthew

Wer wird es wissen

Titel der amerikanischen Originalausgabe:
The Monuments of Mars
North Atlantic Books, Berkeley, Kalifornien

Überarbeitete deutsche Ausgabe

Wissenschaftliche Redaktion, Übersetzung und Bearbeitung:
Dr. Ferdinand Flamm unter Mitarbeit von Anja Ruchatz und Hannelore Weiß

Schutzumschlag: Fresh Foto Design München
Satz: Ferdinand Flamm
Photos und Zeichnungen: NASA-Bildmaterial, Rechte beim Verfasser
laender press Düsseldorf.
Druck und Binden: Franz Spiegel Buch GmbH, Ulm
Printed in Germany
ISBN 3 - 88 498 - 076 - 9

Inhaltsverzeichnis

Vorwort

Seit die Viking Sonden 1976 aus der Marsumlaufbahn Aufnahmen rätselhafter Strukturen - gewaltige pyramidenförmige Gebilde und ein steinernes Antlitz in der Cydonia-Region des Roten Planeten - zur Erde funkten, kommen die Diskussionen darüber nicht mehr zur Ruhe.

Nicht zuletzt ist der Wissenschaftsjournalist und Raumfahrtexperte Richard C. Hoagland für die oft hitzig geführten Debatten über diese Monumente verantwortlich. 1981 fand er auf seinem Schreibtisch eine 135 Seiten lange Analyse mit dem Titel: "Unusual Mars surface features", die von dem Elektroingenieur Vincent DiPietro und dem Computerwissenschaftler Gregory Molenaar stammte. In dieser Arbeit wurde die alles entscheidende Frage behandelt, ob diese Monumente künstlichen oder natürlichen Ursprungs sind.

Hoagland ging von der Überlegung aus, daß es außer photoanalytischen Methoden auch noch andere Möglichkeiten zur Lösung des Marsrätsels geben müsse. So offenbart sich intelligentes Leben auf der Erde durch die geometrische Regelmäßigkeit seiner Konstruktionen. War also der Schlüssel zur Lösung des Marsrätsels Geometrie?

Für Hoagland und seine am Marsprojekt beteiligten Mitarbeiter begann nun ein aufregendes Forschungsabenteuer, dessen faszinierende Schlußfolgerungen in diesem Buch vorliegen. Wenn sich Hoaglands Entdeckungen bestätigen sollten, müssen wir davon ausgehen, daß sich in ferner Vergangenheit Menschen, besser gesagt, humanoide Wesen auf dem Mars aufgehalten haben. Denn

Hoagland ist überzeugt, daß die Monumente auf dem Roten Planeten nach einer erstaunlichen Geometrie angeordnet sind. Am überraschendsten waren für ihn jedoch die Parallelen zwischen der Geometrie der Cydonia-Monumente und der heiligen Geometrie irdischer Tempelstädte.

So erinnert das Marsgesicht zweifellos an den Sphingenkopf von Gizeh, die Pyramiden an Ägypten, das "Fort" an altperuanische Tempelplattformen, eine Doppelpyramide an die Tempelpyramiden Mexikos, der von Hoagland als "Mound" oder „Tholus“ bezeichnete Rundhügel südlich des Cliffs an jungsteinzeitliche Tumuli (Hügelgräber) in Westeuropa.
Aber was konnte prähistorische Marsbesucher veranlaßt haben, ein steinernes Gesicht von 1500 Metern Länge zu gestalten? Etwa das Verlangen, der Nachwelt eine Botschaft zu hinterlassen? Welcher Nachwelt? Oder uns, den Nachkommen jener hominiden Gattungen, die vor 500.000 Jahren die Erde bevölkerten? Wenn es aber eine Botschaft sein sollte, welches Geheimnis birgt sie dann für uns?
All diese und andere Fragen beantwortet Richard C. Hoagland in seinem beeindruckenden Werk: Die Mars Connection.

Bartenstein, im September 1994

Johannes Freiherr von Buttlar-Brandenfels

Vorwort des amerikanischen Herausgebers

von Richard Grossinger

Einem Leser, der sich zum ersten Mal mit der Materie dieses Buches auseinandersetzt, mag das Thema bizarr und obskur erscheinen:
Monumente auf dem Mars?
Ein sphinx-ähnliches menschliches „Gesicht“ zwischen Kratern und Sand?
Handelt es sich hier um eine Science-fiction-Geschichte?
Ist dies wieder mal eine Phantasie über den schon fast zur Gewohnheit gewordenen Astronauten aus fremden Welten?
Es ist bestechend, auf den ersten Blick erscheint das „Gesicht“ auf dem Mars eher wie eine Erscheinung eines Götterkultes oder ein bißchen wie ein Sternenspektakel oder aber als das, was es ist: ein reales Objekt, aus einem Tafelberg „gemeißelt“, in exakter Ausrichtung zur Sonne und einigen umliegenden Formationen.
Das „Gesicht“ und die benachbarten „Monumente“ entspringen nicht der Einbildung von UFO-Opfern oder aus Zeichnungen einer Science-fiction-Zeitschrift.
Es sind physiographische Erhebungen, die von der amerikanischen Raumfahrtgesellschaft NASA 1976 photographiert und nicht gebührend wahrgenommen wurden... „weil sie dort nicht hingehören“, weil sie zu haarsträubend gewesen wären, um daran zu glauben.
Zu brisant auch für einen New Yorker Verleger, der zuerst die Rechte für dieses Buch erwarb und versuchte, es als Science-Fiction zu klassifizieren. Schließlich hielt man es für zu weit hergeholt, um es zu veröffentlichen... als Tatsachenbeschreibung!
Es wäre naiv von mir Ihnen zu erzählen, daß wir es zweifellos mit einer künstlich erschaffenen Skulptur eines menschlichen „Gesichts“ auf der Marsoberfläche zu tun haben - umgeben von Trüm-

mern einer verschütteten Stadt. Ich kann es nicht als Tatsache darstellen, noch kann es Richard Hoagland.

Jedoch, es ist und bleibt ein wahrhaftiges Rätsel für uns, als Erdenbewohner und Kulturwesen. Wir sollten darauf hinarbeiten, dieses Geheimnis im Laufe der nächsten zwei bis drei Jahrzehnte zu lösen.

Doch ich kann mit Fug und Recht behaupten, daß die von der *Viking-Sonde* auf der Marsoberfläche aufgenommenen Objekte, besonders in der Region *Cydonia*, viele Eigenschaften von Artifiziellem haben, die über die bloß subjektive Erscheinung eines „Gesichts" und einer Stadt hinausgehen, kurz, diese Strukturierungen nicht als eine Laune, eine fixe Idee zu betrachten sind, sondern sie sind das Ergebnis einer 8 Jahre währenden, intensiven Überprüfung von Experten aus den verschiedensten Wissenschaftsbereichen.
Richard Hoagland sagte selbst mehrfach, in vorliegendem Buch und anderer Stelle: „wenn sich diese Objekte und Anordnungen als Phänomene des Zufalls herausstellen sollten, dann war alles zwar sehr interessant, aber eben die Mühe vergebens. Jedoch, wenn die Gebilde durch Intelligenz erschaffen wurden, dann fordern sie förmlich eine Erklärung. Diese Erklärung, wie auch immer sie aussehen möge, wird die Auffassung über Identität und Schicksalshaftigkeit menschlicher Spezies *nachhaltig verändern*".
Mit wachsender Ehrfurcht ist mir seit meinen ersten Erkenntnissen über diese Phänomene klar geworden, daß eine markante „Botschaft" in dem „Gesicht" selbst enthalten ist.

Leben in anderen Welten zu entdecken wäre an sich schon ein phantastisches Ereignis in der Geschichte der Menschheit. Jedoch eine menschliche Gesichtskontur auf der Oberfläche eines uns benachbarten Planeten zu entdecken, stellt unsere Herkunft, das Woher und das Wohin *unserer eigenen Existenz* in Frage.

Eine fremde Zivilisation, irgendwo in einem unendlichen Weltall, mag ihren eigenen Ursprung und Entstehungsbedingungen besitzen, ohne dabei auf unser irdisches Werden und Vergehen Einfluß zu nehmen, aber das „Gesicht“ ist ein *menschliches* Gesicht. Aus diesem Grunde stellt sich für uns die Frage nach dem Zusammenhang zu unserer eigenen Stammesgeschichte. Wenn diese Skulptur durch Intelligenz gebildet wurde, dann könnten ihre Träger uns mit den Monumenten einen „Spiegel“ vorgehalten haben, zur Kritik an unserem Glauben an menschliche Einzigartigkeit.
Seit dem unerwarteten Auftauchen auf NASA-Bilddatenbändern war die Gesichtsstruktur Gegenstand vieler Verunglimpfungen und zahlreicher Abwertungsversuche.
Viele NASA-Mitarbeiter zollten ihm nicht einmal den Respekt eines zweiten Hinschauens - es müsse einfach ein Trugbild sein, so war die gängige Meinung.
Die Raumfahrtbehörde ergriff damals keine Gelegenheit, eine weitere Mars-Mission zu verwirklichen um die rätselhaften Stätten erneut und detaillierter zu erfassen - solange damals die Kameras an Bord noch funktionierten. Zu dieser Zeit galt das offizielle Urteil der NASA ohne jeden Zweifel als unanfechtbar.
Auch Jahre später wurden ernsthafte beweiskräftige Dokumente zu den beobachteten Phänomenen völlig ignoriert, deren Urheber verspottet und unfaire Anspielungen auf zugrundeliegende Motive für die Untersuchungen geäußert.
Den Männern und Frauen, die sich zu den ungewöhnlichen Hypothesen bekannt und sie weiter verfolgt haben, sind berufliche und persönliche Wunden zugefügt worden.
Carl Sagan[1], ein beim Laienpublikum wie in Wissenschaftskreisen sehr beliebter Astronom, hatte oftmals das „Gesicht“ mit Trugbildern in natürlichen Objekten verglichen, angefangen bei Hemisphären des Mondes bis hin zu Formen von Kartoffel-Chips.

[1] siehe Glossar

Der Presse-Tenor war einheitlich katastrophal. Gelegentliche Überschriften in der Boulevardpresse über den „Affenmenschen auf dem Mars“ und die „verlorene Mars-Zivilisation“ dienten mehr der Bestätigung von Sagan und anderen als ihrer Widerlegung.
Besuch aus dem Weltall durch menschenähnliche Wesen ist ein Bereich, der durch Erich von Däniken so abgenutzt wurde, daß er von Forschern nicht mehr ernsthaft in Beschlag genommen werden durfte.
Von Däniken hatte schon mehrmals so laut „Feuer“ gerufen, daß wir schon nicht mehr hinschauten, wenn von künstlichen Strukturen, geschweige denn von außerirdischem Leben berichtet wird - selbst wenn schlagende Beweise auftauchten.
Ebenso war das „Gesicht“ in den letzten Jahren Gegenstand wenig fundierter Kritiken aus der Boulevard-Presse.
Vielleicht haben wir schon zu viele Folgen von *Star Trek* gesehen, zu oft *Krieg der Sterne*, *Krieg der Welten* und *Begegnungen der dritten Art*, um den Sinn für Hinweise wahrer Kontakte mit dem „Anderen“ zu bewahren.
Lediglich ein verschwindend geringer Prozentsatz angeblich gebildeter Öffentlichkeit in den Vereinigten Staaten hat vage Kenntnisse z.B. von der Entfernung von hier zum Mars oder von unserem Sonnensystem zu einem anderen.
Dadurch, daß uns ständig und überall Technologien und Super-Animationen für die Befriedigung einer bereits gesättigten Phantasie zur Verfügung stehen, sind unsere Sinne dem faszinierenden Zauber und Rätseln des Universums gegenüber stumpf geworden.
Die industrielle Licht- und Spektakel-Gesellschaft mag großartige Effekte für Kinofilme zustande bringen, sie hat uns aber gleichzeitig auch irregeleitet, hinsichtlich der Wirkungen von Schwerkraft und über Größenverhältnisse von Sternen und Planeten zueinander.
Wenn wir an „außerirdische“ Phantasiewesen Hollywoods oder gar an „wissenschaftliche“ Rekonstruktionen der Fernsehanstalten denken, so mag das „Gesicht“ auf dem Mars als etwas weitaus Glaubwürdigeres gelten.

In einer klaren Nacht einen sternenübersäten Himmel betrachtend, wird uns der Gedanke an intelligent entwickelte Formationen auf der Marsoberfläche innerlich erregen und nicht mehr loslassen - aber nicht lediglich deshalb, weil dies ein „Film" sein könnte, den wir noch nicht gesehen haben...

Richard Hoagland meint, daß uns Angst ebenso wie Gleichgültigkeit gegenüber neuen Erfahrungen davon abhalten, die Gesichtsstruktur als solches anzuerkennen, oder uns der Streitfrage zu stellen, ob das monumentale Gebilde natürlich oder künstlich entstanden sei.

Etwas in unserer Psyche hält uns davon ab, in diese Richtung zu blicken. Überlegungen, die möglicherweise ebenso unserer modernen Priesterkaste westlicher Naturwissenschaft wie den großen Religionen nicht gelegen käme. Wenn die Skulptur eines menschlichen Gesichts auf dem Mars als artifiziell geformtes Gebilde existierte, dann würde schließlich alles bisher Gedachte in Philosophie und Religion revisionsbedürftig: für viele ist dies ein unerträglicher Gedanke.

Aber vielleicht sind wir auch drauf und dran all unsere menschlichen Werte, woran wir bisher glaubten, in Frage zu stellen und zu zerstören.

Als sterbliche Lebewesen stehen wir ständig am Abgrund des Todes. Zukünftig werden wir uns womöglich in einen biblischen Armageddon-Krieg[1] um begrenzte Ressourcen und irreversibel geschädigter Biosphäre unserer Erde verwickeln lassen. Es drohen unsere Wertvorstellungen, Kraft unseres Glaubens und Sinn unseres Daseins zunehmend zu zerfallen.

Die Akzeptanz des „Gesichts" auf dem Mars kann uns viele Probleme nicht lösen helfen, jedoch, sie könnte zu Verschiebungen der Paradigmen führen, aus denen sich neue Kraft für die Bewältigung von Aufgaben zukünftiger Menschengeschlechter schöpfen ließe.

[1] siehe Glossar

Das „Gesicht“ läßt schon jetzt wichtige Folgerungen zu: wir sind nicht alleine im unendlichen Universum und unser Schicksal kann sehr wohl an das *anderer* Wesen geknüpft sein.
Was auch immer hinter dem Rätsel oder Orakel verborgen sein mag, es mahnt uns, ihm als geschlossene Menschheit und nicht als einzelne, einander bekämpfende Nationen entgegenzutreten. Schon die Möglichkeit zur Bestätigung solch eines artifiziellen Konstruktes fordert förmlich eine gemeinsame sowjetisch-amerikanischen Expedition. Sie könnte sowohl helfen, einen tödlichen Rüstungswettlauf zu neutralisieren als auch gewährleisten, daß die Ergebnisse der Auswertungen von *Cydonia-Region* der gesamten interessierten Öffentlichkeit zur Verfügung gestellt würden.
Ich erinnere mich an einen Brief, den Richard Hoagland nach einer Radio-Talkshow von einer Frau erhielt. Sie schrieb: „Soweit ich zurückdenken kann, in all den Jahren, seitdem ich das Zerstörungspotential der Atomwaffen erkannt und ich gelernt habe, sie zu fürchten, seitdem schien es nichts Wirkungsvolles zu geben, was ihnen entgegenzustellen sei.
Ich weiß, es klingt seltsam, aber der Anblick der rätselhaften Skulptur hat mir Hoffnung gemacht, das darüber eine Versöhnung der Menschheit gelingen kann... der Gedanke, daß jemand all die Mühe auf sich nimmt, ein Ebenbild von uns auf einem anderen Planeten zu erschaffen. Ich weiß nicht warum, aber dies könnte ein „*Gegenmittel*“ gegen menschlichen Haß untereinander auf unserer Erde sein.“
Ein anderes Mal beschrieb Hoagland selbst das „Gesicht“ als den „Kristallisationskern für ein mondiales Bewußtsein“, wodurch zum ersten Male ein echtes „Wir-Gefühl“ auf dem Planeten Erde entstehen könne...
Nehmen wir an, daß hinter der Existenz dieser entdeckten artifiziellen Strukturen eine symbolische Bedeutung steht, eine Botschaft, ein Hinweis...?

Richard C. Hoagland, der Autor dieses Buches, ist Wissenschaftsjournalist, Autor und langjähriger Berater im Unterrichtsbereich für Astronomie, Planetarien und Raumfahrt.
Seine Ausbildung betrieb er zunächst im Bereich der Biologie und Physik, hatte dann Gelegenheit, in vielen Bereichen der Naturwissenschaft einschlägige Kenntnisse und Erfahrungen zu sammeln. Sie halfen ihm, Mut für eine unkonventionelle Art des Denkens, über bisherige akademische Entscheidungskategorien hinaus, zu entwickeln und sie konsequent bei seinen Überlegungen anzuwenden.
Kurz: Hoagland ist keinesfalls ein emotional irregeleiteter Dilettant.
Als langjähriges Mitglied von Gremien aus Weltraum-Experten war seine wissenschaftliche Integrität über jeden Zweifel erhaben. Er war einer der fleischgewordenen, freien und unabhängigen Neugierigen, die das Weltraumzeitalter hervorgebracht hatte, eine seltene Mischung aus Gene Roddenberry (Schöpfer der *Star Trek-Serie*) und *Mr. Spock* selbst. Seine beruflichen Tätigkeiten - und somit seine Qualifikation für das Thema dieses Buches - werden auch ersichtlich, wenn man die einzelnen Schritte seines Werdegangs betrachtet:
1965 wurde Richard Hoagland im Alter von neunzehn Jahren Kurator des *Massachusetts Museum of Science* in Springfield. Dort plante und führte er eine Gedenkveranstaltung durch, die bei dem Vorbeiflug der *Mariner-4-Sonde* am 14. Juli, der ersten Mission der Menschheit zum Planeten Mars, zu organisieren war.
Etwa 2000 Menschen waren live in Springfield mit 5000 Presseleuten und NASA-Wissenschaftlern verbunden, die in Pasadena, Kalifornien, im Jet Propulsion Laboratory (JPL) versammelt waren.
1966 war Hoagland Berater der NBC für die historische Landung der *Surveyor-I-Sonde* auf dem Mond. Später erschien er im Fernsehen in einer Show und erklärte unter anderen Johnny Carson die Bedeutung der Landung. Im Jahr darauf organisierte er eine Aus-

stellung und eine Radio-Sondersendung über die erste geglückte Landung der Russen und eines weiteren Erkundungsflugs der Vereinigten Staaten (mit *Mariner-5*) zu der Venus. Das Programm beinhaltete ebenso einen Besuch von Esther Goddard, der Witwe und Biographin von Dr. Robert Goddard wie ein transatlantisches Live-Interview mit Sir Bernard Lovell vom Jodrell Bank Radio Astronomical Observatory.

1968 wurde Richard Hoagland Assistent des Direktors des neugebauten Gengras-Science-Center und Planetariums in West Harford, Connecticut, wo er bei der Premiere eine Schau für die geplanten „Touren zu den Planeten" der NASA organisierte. An Weihnachten desselben Jahres wurde er gebeten, Berater für CBS-News zu werden, wo er Weltall-Simulationen konzipierte und als Walter Cronkites Wissenschaftsberater für Reisen der NASA zum Mond im Rahmen des Apollo-Programms fungierte.

Hoaglands Beziehung zur Astronomie bestand immer darin, die großen Zusammenhänge auf menschliche Maßstäbe zu bringen, indem er versuchte, die riesigen Dimensionen unseres Universums in uns bekannte Ereignisse zu übertragen und verständlich zu machen. 1969 entwickelte er ein Projekt, um den Zuschauern die große Bedeutung der Landung der *Apollo-11* auf dem Mond verständlich zu machen. Er arrangierte ein Treffen zwischen dem Luxus-Schiff *Queen Elisabeth II* und der Rekonstruktion eines 5000 Jahre alten ägyptischen Bootes, mit dem Thor Heyerdahl den Atlantik überquert hatte. Mit NASA- und CBS-Ausrüstung plante er ein Medienspektakel mit Satellitennavigation und -kommunikation. Daraufhin sagte Heyerdahl in letzter Minute ab, um dem „wissenschaftlichen Image" seiner Reise nicht zu schaden. Hoagland reduzierte dann die Sendung auf ein Radio-Interview mit Cronkite, von New York aus.

Richard Hoaglands Hauptprojekt war eine Fernsehdokumentation im März des Jahres 1970 über die „Sonnenfinsternis des Jahrhunderts." Er plante die Darstellung jedes noch so kleinen Details auf dem 5000-Meilen Weg der Himmelskörper bis zur vollständigen

Deckung, einschließlich einer Reportage aus der Luft, für die er sich eine KC-135-Maschine der Air Force borgte. Von dort aus koordinierte er die gemeinsame ABC/CBS Berichterstattung.

Gleichzeitig war er Wissenschaftsberater des *Committee for the Future*, einer gemeinnützigen Organisation „Freunde des Weltalls" und konzipierte die erste privat geplante Mission zum Mond. Das Projekt nannte man *Moon Harvest* und wollte sich überschüssige Apollo-Ausrüstung für seine Pläne zunutze machen. Dadurch, daß das Komitee sein Konzept der NASA und dem Weißen Haus vorlegte, wurde im Repräsentantenhaus eine Resolution verabschiedet, die eine zukünftige Zusammenarbeit der NASA mit Privatinitiativen forderte.

Einer von Hoaglands gelungensten Beiträgen zur Geschichte der Naturwissenschaft war 1971 seine Ausarbeitung der ersten Sternen-Botschaft der Menschheit, zusammen mit Eric Burgess: eine Scheibe mit Engrammen, eine Botschaft der Menschheit auf „CD", das erste, von Menschenhand geschaffene Objekt, das von *Pioneer-10,* nach Überwindung der Sonnengravitation, aus unserem Planetensystem hinausgetragen wurde. Hoagland und Burgess unterbreiteten ihre Vorschläge Carl Sagan, der sie erfolgreich an Bord des Raumschiffs umsetzte und später ihre Ideen in der renommierten Wissenschafts-Zeitschrift *Science* würdigte.

1971 befaßte sich Richard Hoagland mit einer ganzen Anzahl ungewöhnlicher Projekte. Da er durch seine Position außerhalb der formalen wissenschaftlichen Kader der Raumfahrt-Organisationen gänzlich ungeniert vorgehen konnte, schlug er ein *ad hoc* Experiment vor: *Apollo-15* sollte erstmals eine vollständige Sonnenfinsternis *vom Mond* aus beobachten.

Immerhin brachte er auf diesem Wege die NASA dazu, ein Team zusammenzustellen, um mit Dr. Thornton Page auf den kommenden Apollo-Flügen Beobachtungen durchzuführen.

Auch schlug er vor, Galileo Galilei's klassisches Experiment vom *Schiefen Turm* in Pisa zu wiederholen; durch den gleichzeitig ausgelösten freien Fall eines leichten und eines schweren Gegenstan-

des auf der athmosphärenlosen Oberfläche des Mondes - vor den Augen der Zuschauer.
Tatsächlich ließ der Astronaut David Scott aus der Luke von *Apollo-15* vor einem weltweiten Fernsehpublikum gleichzeitig einen Hammer und eine Vogelfeder fallen und bewies damit, daß Galilei recht hatte!
Damals war Hoagland Projektleiter - zusammen mit dem Astronauten Phillip Chapman - für das Unternehmen der englischen Fliegerin Sheila Scott, die als erste Frau alleine non-stop den Nordpol in einem Leichtflugzeug zu überfliegen plante.
Hoagland organisierte dazu die Erlaubnis, um mit Hilfe eines NASA-Satelliten während des Fluges die durchgeführten Experimente zu kontrollieren. Seine damaligen Voraussagen, daß kalte Luft über dem Nordpol Giftstoffe aus der gesamten Erdatmosphäre einschließt und anreichert, wurde von Scott durch Nachweis hoher Konzentrationen von $SO^{2,}$ das an dieser Stelle nur von Kohle- und Ölkraftwerken stammen konnte, bestätigt.
Seit 1971 hatte Richard Hoagland eine Anzahl verschiedener Positionen in den Bereichen Veröffentlichung, Management und Beratung für Raumfahrt inne. Während der Jahre 1974 und 1975 war er Koordinator von Sonderprojekten in der Öffentlichkeitsarbeit am Planetarium des American Museum of Natural History in der Stadt New York. Fünf Jahre später war er Berater für das Goddard Spaceflight Center in Greenbelt, Maryland, wo er eine Reihe von Life-Sendung per Satellit produzierte, u.a. das Programm zur Zweihundertjahrfeier der Vereinigten Staaten, bei der Carl Sagan, Jacques Cousteau von der *Calypso* aus und Raphael Salas, Direktor des United States Population Fund, auftraten. Während dieser Zeit war Hoagland auch Gründer und erster Präsident der *High Frontiers Foundation* (New York) und Mitherausgeber und später leitender Herausgeber des *Star & Sky* Magazins. 1981 wurde er wissenschaftlicher Berater für Cable News Network (CNN) in New York, wo er als Kommentator und Moderator Sendungen produ-

zierte über den Vorbeiflug der *Voyager-2* in unmittelbarer Nähe des Saturns.
Richard Hoagland sorgte vor allem durch seine eklatanten Veröffentlichungen, wissenschaftlichen Kreuzfahrten, Raumfahrtkampagnen und tollkühnen Artikeln häufig für Kontroversen.
Während einer Kreuzfahrt auf dem Luxusschiff *Staatendam* der Holland-America Lines brachte er Isaac Asimov, Hugh Downs, Robert Heinlein[1], Norman Mailer, Katherine Anne Porter, Carl Sagan und viele andere zusammen.
Während sie zehn Tage durch die Karibik kreuzten, wurden die Konferenzteilnehmer Zeugen des Starts der letzten Apollo Mission und besuchten der Welt größtes Radioteleskop im Arecibo Observatorium in Puerto Rico. Auf Richard Hoaglands Kreuzfahrt „Reise zum Kohoutek' Komet" waren Teilnehmer wie Carl Sagan, Burl Ives u.a. dabei. Seine Veranstaltungen in Goddard hatten Gäste wie Arthur C. Clarke und William Shatner[2], die via NASA-Satellit als „Kommunikatoren" „dazugebeamt" wurden.
Am fünfundsiebzigsten Jahrestag der Gründung der fünf New Yorker Verwaltungsbezirke organisierte er ein überschäumendes Multimedia-Spektakel im Hayden-Planetarium und führte dazu Regie. Es trug das Motto „Die Stadt und ihre Sterne: 75 Jahre Blickpunkt New York" - dafür erhielt er von der Stadt eine Auszeichnung.
In den Jahren nach der Arbeit im Hayden-Planetarium unternahm Richard Hoagland große Anstrengungen für eine öffentliche Unterstützung der Benennung des ersten Space Shuttle nach der beliebten *Enterprise* der Fernsehserie *Stark Trek* und ebenso engagierte er sich 1986 für die Halley-Stiftung, ein Projekt der NASA zur Auswertung des Treffens mit dem Halley'schen Kometen.
Richard Hoaglands bemerkenswertester Beitrag zum amerikanischen Weltraumprogramm, seit der außerirdischen Botschaft in der

[1] Science-Fiktion-Schreiber
[2] „Captain Kirk"

Pioneer-10 in Form einer „CD-Platte“ und der Demonstration des Galilei-Experimentes, war der Vorschlag, daß Vorstufen organischen Materials oder einfache Lebensformen in einem riesenhaften Ozean unter einer ewigen Eisschicht auf dem zweiten Jupitermond vorkommen könnten.
Als dies 1980 in *Star&Sky* veröffentlicht wurde, löste der Gedanke einen Wirbel von Reaktionen und Schlagzeilen in den Zeitungen aus. Die Reaktionen aus den Reihen der Wissenschaftler waren drastisch: von offener Ablehnung bis zu Beifall dafür, daß jemand „seit zehn Jahren die erste, denkbar mögliche Region in unserem Sonnensystem...in der theoretisch Leben vorkommen könne“ ausfindig gemacht hatte, wie es Terry Dickenson, der damalige Herausgeber der Zeitschrift, darstellte.
Dr. Robert Jastrow, ehemaliger Direktor des Goddard Institute for Space Studies und einer der Gründer der NASA, nannte es das „interessanteste und verblüffendste Erklärungsmodell, welches über das Mondsystem des Jupiters bisher erdacht worden war“.
Eine Reaktion, die sich am ehesten als realistisch erweisen könnte, kam von Arthur C. Clarke, der in *2010: Odyssee im Weltraum* schrieb: „Dieses äußerst brillante Konzept... könnte einer der triftigsten Gründe für die geplante Galileo-Mission[1] sein.“
In einer Geschichte vom Juli 1982 in *Science Digest* konzentrierte Hoagland die Aufmerksamkeit der Nation auf das Rätsel des „Ding im Ring“, ein faszinierendes Geheimnis, erkundet von dem Raumschiff *Voyager*, das den Saturn zwischen den Ringen umrundete. Kurz bevor er sich mit dem späteren Marsgeheimnis - das ganz anderer Art ist - einlassen sollte, unternahm Hoagland Anstrengungen, durch Beobachtungen der Saturnringe mit dem Radioteleskop, dem „Ding“ näherzukommen.
Dem Leser wird in diesem Buch deutlich, daß Hoagland in den letzten zehn Jahren seine ganze Kraft den *Geheimnissen von Cydonia* gewidmet hat - und dessen Auswirkungen auf unseren Plane-

[1] zum Jupiter

ten. Er hat Gruppen von Physikern, Sozialwissenschaftlern, Architekten und Elektroingenieuren koordiniert, um die Bilder der NASA zu verbessern und zu analysieren.
Ob man nun mit Hoaglands Gedanken und seinen Interpretationen der Ergebnisse übereinstimmt oder nicht: es ist unstrittig, daß er entscheidende Beiträge für Konzepte, Auswertung und „Entschlüsselung" der Daten von Cydonia geleistet hat.
Sein Engagement umfaßte über hundert Talkshows in Radio, Vorträge, Auftritte in Fernsehsendungen und Pressekonferenzen, in denen er Vorurteile entkräftete, mit „Einheitsdenkern" diskutierte und sich unter offizieller Schirmherrschaft der NASA an deren Personal wandte. Zur gleichen Zeit schrieb er die erste Ausgabe des vorliegenden Buches und weitere Abhandlungen (geplantes Buch: *The Cydonia Papers*) und produzierte eine Darstellung seiner Thesen, die auch Inhalt vorliegenden Buches sind, als Ton- und Videokassette (*Richard Hoagland's Mars*) - mit neuen Beweisen durch Analysen der Originalphotographien der NASA.

Seit der ersten Ausgabe dieses Buches wurde durch die Computerauswertung Mark Carlottos die Schärfe der Bilder erhöht und die Besonderheiten der Formationen, in Bezug zur geomorphologischen Umgebung, bestätigt. In der Zwischenzeit haben fortlaufende Untersuchungen von Hoagland, Torun, Myers und anderen, zumindest die hypothetischen Eckdaten einer möglichen außerirdischen technischen Intelligenz aufgedeckt. Die außergewöhnlichen Erkenntnisse haben mich nach langem Zögern dazu bewogen, auch meine *eigenen* Zweifel anzuzweifeln.
Ich muß schließlich noch dazu sagen, daß ich nicht genug von Statistik, Algebra und Trigonometrie verstehe, um mir ein ausgewogenes Urteil darüber zu bilden, ob die Erwartungen auf den Cydonia-Code nicht doch zu hoch gegriffen sind.
Zahlen lügen, Kunstgriffe durch Statistik und Geometrie wurden uns schon häufig vorgeführt. Doch unser gesamtes Weltverständnis

basiert auf der Tatsache, daß Zahlen auch auf unbestechliche Weise Wahrheit beinhalten.
Welche Art von Zahlen bekommen wir von Cydonia geboten?
Wenn *nicht* zufällig arrangierte, universelle Konstanten dahinter verborgen sind, die sich bei einer zufälligen Auswahl äquivalenter Planetenregionen nicht wiederholten, müßte ich schließlich zugestehen, daß die Kraft der Beweise stark zu den Anhängern der These von intelligenten Formationen auf dem Mars tendiert.
Es gab einen Zeitpunkt, an dem ich mich weigerte, irgendwelches Material über eine vermutete „Connection“ zur Erde zu akzeptieren.
Letztendlich hat mich Hoaglands Argument überzeugt, falls das „Gesicht“ sich als ein Kunstwerk herausstellen sollte, eine Überprüfung eines Bezugs zur Erde, im Sinne einer Botschaft, unumgänglich sei. Eine bisherige Zurückhaltung bei der Interpretation dokumentarischer Hinweise aus alten vergangenen Kulturen wäre in meinen Augen falsche Scheu.
Cydonias „besondere“ Trigonometrie, die er und Torun aus den Winkeln und der äußeren Lage der Gebilde abgeleitet hatten sowie die aus vorliegenden Zahlen ermittelten Hinweise zu einer „Paraphysik“ der Energetik; dies alles übersteigt Vorstellungen konventionelle Geometrie und Physik und - bisherigen Erklärungen über die Entstehung von irdischen Legenden.
In höchstem Maße provokativ für viele erscheint die vermutete Beziehung zwischen Cydonia und den heutigen *Getreidekreisen*[1].

Was auch immer wir über das Geheimnis der Region in Cydonia noch erfahren werden, ihre Botschaft ist beeindruckend, wenn auch zweifelhaft.
Sie zwingt uns dazu, genau hinzuschauen. Sie deutet an, daß irdische Sphinx-Monumente anders zu interpretieren sein könnten als

[1] und anderen Zeichen im Schnee und auf Feldern

bisher angenommen oder gar, daß sie Monumente aus einer anderen Welt sind?
Je genauer wir hinblicken, desto mehr sehen wir: nicht uns, sondern unsere Schatten, nicht Zivilisation, sondern grundlegende Intelligenz, nicht nur, was schon gewesen sein muß, sondern auch, was unausweichlich noch einmal geschehen wird.
Hier treffen König Arthur, die Skulpturen auf den Osterinseln, Osiris, Quetzalcoatl und die Traumzeit-Malereien der australischen Aborigines aufeinander. Hier sind Mount Rushmore, Mona Lisa und der Schädel des Pithecanthropus (Frühmenschen) zu einem großen Mysterium verbunden. Totenmasken der Sarkophage, Galionsfiguren in Form von Meerjungfrauen, wilde Affen, Münzen Caesars, Jivaro-Schrumpfköpfe, DNA-Fäden - die Größenordnung ist irrelevant: es gibt nur einen Pfad der Stammesgeschichte, der Evolution menschlichen Lebens, der uns durch den Nebel zurückführt.
Richard Hoagland meint, daß die elementare Kraft der kosmischen Abdrücke, die in Cydonia sichtbar ist, mächtig genug war, die Sowjetunion, einen ideologischen „Megalithen" am Ende des zwanzigsten Jahrhunderts, zu zerbrechen. Wenn das so ist, stehen wir jetzt an einem Umbruch der Geschichte.
Wie auch immer, jedenfalls erweckt doch die Kraft unserer Vorstellung über das „Andere" etwas *ebenso Starkes und Bewegendes im menschlichen Geist...*
Ich beuge mich nun Richard Hoagland.
Wenn das Urteil von Morgen ihm Recht gäbe, so sollten seine Ideen nicht wie Eroberer aus einem trojanischen Pferd uns überwältigen, sondern als Gäste uns bereichern, der Menschheit zu mehr Einigkeit und zu einem beständigen „Wir-Gefühl" und Kraft zur Bewältigung zukünftiger globaler Probleme verhelfen.

Gerade singt Paul Simon „Graceland" im Radio:

„These are the days of miracle and wonder ...“[1]

Die Monumente sind unbekannte Karten in einem Spiel. Sie haben in gleichem Maße wie moderne Genetik und Physik der Elementarteilchen die Kraft - jedoch auf anderer Ebene und aus anderen Gründen - unser Bewußtsein wie unser Leben nachhaltig zu verändern.

Und wieder richtet sich meine Aufmerksamkeit auf das Radio, ich höre Paul Simon singen: *„the long ... distance call“* .
Ruf über...riesige Entfernung...

Der Herausgeber

[1] Dies sind Tage voller Geheimnis und Wunderbarem...

Vorwort des Autors

Ein Buch zu schreiben ist nicht gerade ein alltägliches Unterfangen. Hinter jedem Autor steht gewöhnlich eine ganze „Herde", aus Familie, Freunden und Gleichgesinnten, ohne die er früher oder später auf die rettende Idee gekommen wäre, alles hinzuwerfen und sich etwas anderem zuzuwenden.
Was ursprünglich als reine Neugier eines einzelnen begann, hat jetzt zu einer breit angelegten, interdisziplinären Untersuchung geführt: nach Beweisen für Hypothesen, die, wenn sie bestätigt würden, die Geschichte der Menschheit nachhaltig beeinflussen werden.
Rich Blumenthal ist ein Mann mit ganz ungewöhnlichen Träumen. Ohne Rich - der bisher die meiste Zeit seines Lebens Pionier und Photograph gewesen, nebenbei auch ein hochbegabter - ohne ihn hätte es kein „Mars-Projekt" gegeben.
Die Ersparnisse seines Lebens in eine 12,5cm große Photographie und einen enthusiastischen Schreiberling der Wissenschaft zu investieren, daß er so viele Jahre zu mir gehalten hat, während die Recherchen in endlosen technischen Details ausuferten - ich werde es ihm nie vergessen.
Jedoch, Rich wurde nicht nur der finanzielle Retter meiner Bemühungen, über Cydonia Klarheit zu erlangen. Während unserer langen, spannenden - und nicht endenden - Odyssee ins Unbekannte verkörperte er alles, was Freundschaft wirklich bedeuten kann.
Es gibt noch einen anderen Richard[1], dem ein paar aufmunternde Worte gebühren, für die einzigartigen Anregungen, die er zu diesem Projekt geleistet hat; wenn nicht schon allein deshalb, weil er den Mut hatte, mir zu sagen, wenn ich falsch lag. Unsere verlegerische Freundschaft - es ging immerhin um ein Buch mit brisantem und sensiblem Material - durchlebte wahrscheinlich die schwierig-

[1] Richard Grossinger - meinen Verleger und Herausgeber

ste Zeit während unseres gemeinsamen Ringens um das Ziel, daß wir uns gesteckt hatten: alle Hypothesen und unsere Beweisführung glaubwürdig darzustellen.
Richards Kenntnisse über anthropologische Fragestellungen, Mythen und Legenden waren mir eine große Hilfe bei der Formulierung meiner Argumente.
Ganz besonders Grossingers Sensibilität gegenüber der zentralen Frage dieser Arbeit: „Wieso befindet sich ein offensichtlich *menschliches* „Gesicht" auf einem anderen Planeten?", kann man wohl auf seinen Weitblick zurückführen, den er schon lange Jahre vor dem Auftauchen epistemologischer Probleme unter Beweis gestellt hatte.
Grossinger stellte 1981 fest ...:

> *„Ob wir dies nun einsehen wollen oder nicht, biologische Systeme, die wir kennen, besitzen nur für Lebensformen auf diesem Planeten Gültigkeit... das schließt nicht für uns z.B. Lebensformen auf dem Mars ein. Selbst die einfachsten dieser Kreaturen, wenn es sie gibt, müssen nicht notwendigerweise irdisch eukaryot strukturiert sein, wie wir es in Biologie gelernt haben. Sie können ganz anders ...*
> *Wir wären sehr schockiert, würden wir von Wesen aus dem All besucht, die uns ähneln. Und wenn dies schon kein Hinweis darauf wäre, daß sich hinter der Materie generell eine „Idee" für das Menschliche verbirgt, würde es doch bedeuten, daß die Kombination von Umwelteinflüssen, d.h. physikalische und genetische Bedingungen, die zum Entstehen des Menschen führten, wiederholbar sind und - wahrscheinlich die einzige Konstellation darstellten, aus der Intelligenz hervorgehen könne.. daß unser Ursprung nicht in dieser Welt begründet sein muß, daß wir möglicherweise direkte Vorfahren oder Nachfahren von Wesen anderer Welten sind ..."*

Ein weiterer treuer Gefährte bei unseren Bemühungen, große Unwägbarkeiten zu analysieren, war der Anthropologe Randolfo Pozos.
Randy und seine Frau Kathy, ebenfalls Anthropologin, verdienen meinen großen Dank, da sie als erste die *wissenschaftliche* Stich-

haltigkeit in diesen Daten erkannten - und mir halfen, eine unabhängige Mars-Diskussion[1] zu organisieren und mit Seele zu füllen. Auch Dan Drasin's umfangreiche Talente, von Wissenschafts-Philosophie bis zu subtilen Photographie-Techniken, trugen in hohem Maße zum Ausleuchten *aller* Perspektiven und Fragestellungen der Untersuchung bei.

Ich war mit Dan hinsichtlich der „Mars-Besonderheiten" nicht immer einer Meinung, ganz besonders nicht über ihre Bedeutung für zukünftige Entwicklungen der Menschheit.

Dan hatte viele substantielle Daten dieser Untersuchung extrapoliert und Gesetzmäßigkeiten erarbeitet - darunter die *1:2:4:8-Beziehung* der Distanzen entlang der Sonnenwendpunkt-Sichtlinie. Sein aktives Mitdenken hat viele Aspekte des Mars-Projektes bereichert. Tom Rautenbergs großes Engagement wird auf folgenden Seiten noch ausführlich geschildert. Jedoch, ich möchte auf dem Papier, das mir hier zur Verfügung steht, einen besonderen Beitrag Rautenbergs an dieser Untersuchung erwähnen: seinen Mut. Tom nahm ein großes Risiko auf sich, als er für eine zeitweise sehr kontroverse Untersuchung einstand und damit den Hohn und Spott vieler seiner ehemaligen akademischen Kollegen erregte. Sein Wille durchzuhalten, trotz ständiger Ratschläge zum Gegenteil, verdienen meine Dankbarkeit und endlose Bewunderung. Es ist mein großer Wunsch, daß er den Ausgang der Diskussionen nicht erst in seinem Schaukelstuhl erleben möge.

Der Architekt Dan Liebermann war der erste, der die Orts- und Strukturbesonderheiten der Objekte in Cydonia erkannte. Er stellte mir daraufhin sein gesamtes Architekturbüro zur Verfügung und führte mich in die großartigen Möglichkeiten historisch-architektonischer Analysen ein - besonders über die Gesetzmäßigkeiten, wie sie bei den alten Sumerern und Ägyptern angewandt wurden. Er weihte mich in seine Forschung und Pläne zur Ausarbeitung von Beziehungen zwischen Menschen und ihrer erbauten Umwelt ein.

[1] „The Independent Mars Investigation"

Einen weiteren herausragenden Beitrag zum Verständnis der Bedeutung Cydonias habe ich Elizabeth Schrank zu verdanken. Elizabeths erkannte einen der wichtigsten Aspekte des „Gesichts“: daß dessen Formen unter einem bestimmten Sonneneinstrahlungs-Winkel frappierend einem *Menschenaffen* ähnelten!

Auch Bildhauerin Kynthia Lynne ging, wie sie sagte, „über ihre Grenzen hinaus“, um das erste detaillierte Tonmodell des „Gesichts“ herzustellen. Sie erfüllte mir damit einen lang gehegten Wunsch und wies mich auf weitere Aspekte tiefgreifender Mysterien hin, die in Cydonia verborgen liegen mögen. (s. Anhang)

Ich möchte auch die Gelegenheit ergreifen und folgenden Personen für eine ganze Reihe von Beiträgen zu danken, die teilweise zur Verifizierung unserer Arbeit führten:

Ren Breck stellte mit hohem persönlichen Aufwand verbunden sein elektronisches Informationssystem der *Independent Mars Investigation* zur Verfügung.

Paul Shay hatte den Weitblick, das wissenschaftlich Wertvolle zu erkennen und den Mut, es zu unterstützen.

Lambert Dolphin für seine vielen archäologischen Vergleiche und Kenntnisse, seine technische Unterstützung der *Independent Mars Investigation* und für die Bestätigung, daß *Kairo,* genaugenommen, *Mars* heißt!

Ich würde auch noch gerne ein paar verspätete - 10 Jahre - Dankesworte an Eric und Billy Burgess richten, für ihre großzügige Gastfreundschaft und ihre unendliche Geduld während unseres unvergeßlichen „Viking-Sommers“.

Meine Dankbarkeit gegenüber Robert Jastrow, der die komplexen Zusammenhänge der Viking-Ergebnisse bereits sehr früh verstanden hatte (und mich ermutigte, weiter zu gehen auf meinem Wege. Ebenso gilt mein Dank C. West Churchman dafür, daß er wesentliche empistemologische Probleme analysierte und Arthur Young gegenüber fühle ich Dankbarkeit, daß er in einem Wust aus *New-Age-Firlefanz* das Potential des Instituts für Bewußtseinsforschung unserer Arbeit zur Verfügung stellte.

An John Hewitt geht mein Dank, da er mich über besondere kalendarische Gesetzmäßigkeiten unterrichtete und daran erinnerte, daß Karl Friedrich Gauß einmal vorgeschlagen hatte, ein riesiges, geometrisches Symbol aus *Weizen* zu konstruieren, um „Marsianer“ wissen zu lassen, daß es Intelligenz auf der Erde gibt.
Mein Dank gilt „Kitty“ Carr, Roger Smith, Tom Nursall, Carmine Buzzelly, Robert Judd, „Smitty“, J. Thompson und E. Daley - dafür, daß sie bewiesen haben, daß Menschen im Grunde sehr fair sind, wenn man ihnen wenigstens eine kleine Gelegenheit dazu gibt.
Und bei allen, die ebenso verdient hätten, hier erwähnt zu werden, möchte ich mich an dieser Stelle wegen meines schlechten Gedächtnisses entschuldigen...

Richard Hoagland, im November 1991

Nachtrag

In den vergangenen vier Jahren, seit der Veröffentlichung der amerikanischen Ausgabe der *Mars-Connection* hat sich viel Neues ereignet.

Vorliegende aktualisierte Auflage von *Mars Connection* bietet einen Überblick über die wichtigsten Ergebnisse unserer Forschung seit dem Erscheinen der ersten Ausgabe.

Dazu sind vor allem die Entdeckung - und Verifizierung - *identischer* „Cydonia-Geometrie“ und vergleichbarer Formationen wie den „Getreidekreisen“ zu rechnen, diesen mysteriösen, *geometrischen* „Botschaften“, die seit 1975 in den Kornfeldern Englands und in anderen Regionen unserer Erde auftauchten.

Nach unserer Meinung wurden letztere *nicht* von einigen „englischen Gentleman in Bierlaune“ nach einem Kneipgang mit Hilfe von Brett und Schnur hergestellt, wie wir in vorliegendem Buch eindrucksvoll demonstrieren werden.

In vorliegender Ausgabe sind weitere überraschende, neue *astrophysikalische* Erkenntnisse über unser Sonnensystem enthalten: Planeten und möglicherweise auch die Sonne entsprechen in ihren Gesetzen der Planeten-Mechanik der „Cydonia-Geometrie“, die wir mühevoll, aber erfolgreich entschlüsselt haben.

Verspüren Sie Lust am Lösen besonderer Rätsel, dann heiße ich sie willkommen zu einem außergewöhnlichen Puzzle!

Die „Mars-Connection“ beginnt gerade jetzt richtig spannend zu werden ...

Neuere Erkenntnisse über die „Monumente des Mars“ schließen mit ein:

- 1. die Beobachtung hoch spezifischer, mathematisch-geometrischer Beweise dafür, daß Cydonia existent ist.

- 2. das Entschlüsseln der *Bedeutung* der Mathematik des Cydonia-Komplexes: Kernstück ist die Geometrie eines - in einer Kugel - eingeschriebenen Tetraeders.
- 3. die Entdeckung *verifizierbarer astrophysikalischer Phänomene*, die weithin im Universum verbreitet sind, über Vorgänge, die nicht nur für die *Planeten* dieses Sonnensystems gelten, sondern auch für *Sterne* - über die *Erzeugung innerer Energie* und ihren *Transport. V*on der Sonne ausgehend, werden sie durch „höher-dimensionale Zustandsräume“ sowie durch „Nullpunktenergie-Mechanismen“ des Vakuums hervorgerufen...
- 4. der eindeutige Hinweis auf einen Bezug zwischen solch einer „neuen Physik“ und biologisch irdischen Systemen. Ein verschlüsselter Bezug zwischen der in Cydonia entdeckten „geometrischen Metapher“ und ältesten, geweihten Texten, Orten und megalithischen Monumenten auf der Erde und - in den „Getreidekreisen“.

Zeitgleich mit diesen unvorhergesehenen Erkenntnissen fanden auch neue *politische* Entwicklungen statt, die zur obschon widerwilligen Bereitschaft der NASA führten, zumindest zu „versuchen“, neue Bilder von Cydonia aufzunehmen. Die wichtigsten Details dieses „Versuchs“, u.a. auch der Dialog eines Verantwortlichen des *Mars-Observer-Projekts* mit unserer Gruppe, sind in den Epilog aufgenommen worden.
Ich sage scheinbare Bereitschaft, weil die Überprüfung unserer Intelligenz-Hypothese während der letzten acht Jahre, zumeist kategorisch, von offizieller Seite abgelehnt worden war.
Der Durchbruch hinsichtlich der Notwendigkeit einer *Überprüfung* unserer Forschungsergebnisse über Cydonia *durch die Regierung,* bis hin zu einer *fairen* Überprüfung aller Daten, kam schließlich

1989, nach einer Reihe erfolgreicher Treffen mit Vertretern des Kongresses und der Ausschüsse auf dem Capitol-Hill.
Die NASA sowie die vom Kongreß nominierten Monopol-Agenturen für den Start ziviler Raum-Fahrzeuge (Shuttle), unbemannter interplanetarer Luftfahrzeuge (*Mars-Observer*) und Kommunikationssysteme im All,[1] behalten sich weiterhin das Recht vor, über Art und Weise von Maßnahmen zur Erkundung des Mars alleine zu entscheiden.
Selbst nachdem die NASA plötzlich 1986 beschloß, die letzte U.S.-Mission zum Mars in diesem Jahrhundert, den *Mars-Observer* mit einer hochempfindlichen Kamera auszustatten, weigerte man sich weiterhin, eine *öffentliche Zusicherung* zu geben, die Region *Cydonia im Besonderen* nochmals zu kartographieren. Eine Kamera war vorgesehen, die ein etwa 50 mal so hohes Auflösungsvermögen wie die ursprünglichen *Viking-Kameras* besitzt.
Offizielle Sprecher der NASA hatten lediglich immer wieder betont:

> *„Zu keinem Zeitpunkt während einer sechsjährigen Untersuchungs- und Auswertungszeit der beiden Viking-1 und Viking-2-Erkundungen hat die NASA daran geglaubt, daß die beobachteten Strukturen etwas anderes als kuriose Formationen sein könnten, die durch Winderosion entstanden sind. Außerdem hat die Agentur auch keine besonderen Pläne, bestimmte Merkmale auf der Mars-Observer-Mission nochmals zu photographieren..."*

Charles Redmond, Beauftragter der NASA für öffentliche Angelegenheiten, Oktober, 1988.

Einige der im folgenden erwähnten Personen haben großartige, wissenschaftliche Beiträge zu unserem wachsenden Verständnis gegenüber Cydonia geleistet, nicht nur durch die Bestätigung der mathematischen Hintergründe unserer Entdeckungen, sondern

[1] weltweites *Deep-Space-Network* der NASA zur Aufnahme und Verarbeitung von Daten, etc.

auch, indem sie uns bei der Suche nach einem tieferen Verständnis für den Sinn *hinter* den verschlüsselten Botschaften beistanden.

Zunächst ist Erol Torun zu erwähnen, ein Freund und Kollege aus der Abteilung für militärische Kartographie. Erols Beiträge brachten uns 1988 einen gewaltigen Schritt vorwärts, nicht nur wegen den Korrekturen unseres ursprünglichen Cydonia-Modells, sondern auch wegen seiner Beiträge über die Bedeutung der Strukturen. (siehe Epilog)

Ein weiterer Mitwirkender, der 1989 mich anrief als er eine der ersten Ausgaben dieses Buches in die Hand bekam und dabei auch nicht genau wußte, auf was er sich einließ.

Da ist ein weiterer geschätzter Freund und Kollege, David Myers. David studierte klassisches Griechisch in Stanford und er war so freundlich, eine ständig wachsende Liste von mathematisch nachweisbaren, geodätischen Beziehungen, die wir auf der Erde entdecken, zu verwalten. Sie stützen stark eine *überprüfbare* Verbindung zu den Strukturen von Cydonia.

Auch möchte ich ganz herzlich Stan Tenen danken.

Stan und ich trafen uns das erste Mal 1987 bei einem Treffen in Ren Brecks Haus, nachdem die erste Ausgabe dieses Buches schon erschienen war. Einundzwanzig Jahre mühevoller und bis vor kurzem alleiniger Bemühungen bei der Entschlüsselung von speziellen *tetraedrischen Symbolen* aus alten Texten von den Anfängen menschlicher Geschichte, kamen uns durch ihn zugute. Es zeigten sich durch vergleichende Untersuchungen interessante Parallelen, die höchst bedeutsam für unsere Entschlüsselung der Formationen von Cydonia waren!

Nun zu Mark Dwane ...

Mark ist ein junger Komponist aus dem Mittleren Westen. Nachdem er 1987 meine erste Version von *Die Mars Connection* gelesen hatte, fühlte er sich so inspiriert, daß er begann, eine Reihe von Kompositionen über Cydonia zu schreiben. Das Ergebnis war ein Plattenalbum, das erste, daß allein (zumindest soweit wir wissen) in Würdigung einer wissenschaftlichen Arbeit geschaffen wurde:

The Mars Connection: the Music
(Trondant/Orbian Music)!

Alan Shawn Feinstein war es, der es schaffte, die Regierung von Sierra Leone und von Grenada zu überzeugen, die Cydonia-Untersuchung durch eine offizielle Serie von Gedenkmarken, die der „kommenden Erforschung des Mars“ und somit auch dem großen Rätsel Cydonias gewidmet waren. Es ist eine einzigartige philatelistische Ausgabe, die vor allem dem Gedenken an die Hauptfigur dieser Arbeit gewidmet ist - dem „Gesicht“.
Bob Roe ist natürlich zu erwähnen, den ehemaligen Vorsitzenden des Ausschusses für Wissenschaft, Weltall und Technologie des Abgeordnetenhauses. Er realisierte, was er da auf den Photographien und Zeichnungen sah, und er *handelte* danach.
Valerie Thomas aus dem Goddard Space Flight Center der NASA sei herzlich Dank gesagt. Sie hatte uns im wahrsten Sinne des Wortes „die Tür“ geöffnet, um vor einem Goddard Ingenieurs-Kolloquium über eine sehr umstrittene Arbeit zu sprechen ... und John Klineberg, ehemaliger Direktor des Lewis Research Center der NASA (jetzt Leiter des Goddard), dafür, daß er dem Beispiel folgte und uns eine Einladung zu einer kritischen Aussprache mit allen Wissenschaftlern und Ingenieuren des NASA-Lewis-Zentrums zum gleichen Thema zukommen ließ ... und Joyce Bergstrom, Leiter des John's NASA-Lewis ALERT Programms, dafür, daß er sich Zeit nahm und alles Erdenkliche unternahm, um unser Anliegen zu einem erfolgreichen Abschluß zu bringen - und mehr tat als nur seine Pflicht, als er persönlich die Flut von Anfragen aus dem ganzen Land nach Kopien des Videos über das NASA-Lewis-Programm beantwortete.
Auch Produzent Cliff Curley, Gewinner von fünf Emmys, sollte an dieser Stelle erwähnt werden. Er machte es möglich, meine Lewis-Ansprache, nachdem das NASA-Headquarter die Lewis-Version der geplanten PBS-Sendung *Hoagland's Mars* „begraben“ hatte, dennoch einem weltweiten Publikum zugänglich zu machen: als

Heimvideoversion von *Hoagland's Mars: the NASA-Cydonia Briefings, Vol. I.*

Arthur Thiel, Dir danke ich für die fünfzehn Jahre, in denen Du auf revolutionärem Weg versuchtest, die Existenz der „Cydonia-Gleichungen" zu beweisen. An Gerry Franklin richte ich meinen Dank, weil er die schwierigen mathematischen Modelle anpackte; an Chuck Harder, Kent und Laura Phillips und all die anderen des „PR-Teams" und an das wachsende und höchst engagierte Publikum von Küste zu Küste für ihre Unterstützung dafür, einfach herauszufinden, was eigentlich „dahintersteckt".
An all die Presseleute, die uns während der letzten vier Jahre angehört haben und, anstatt hämisch über etwas „so Absurdes" zu grinsen, viel Zeit investierten, zuzuhören... und sich wunderten.
Und ein „Dankeschön" an Dick Criswell, der, weil er die entscheidende Rolle des Fernsehens für den Erfolg unserer Geschichte genau erkannte, großzügig seine Beziehungen zum Fernsehen anbot, um auch einfach herauszufinden, was dahintersteckt.
Schließlich Dank an meine Familie und an die Familien all derer, die auf die eine oder andere Weise mit der Cydonia-Untersuchung beschäftigt waren. Wir sind dankbar für Eure Geduld, Eure Hilfe und Unterstützung während all dieser Jahre.

Richard Hoagland

November, 1991

The Mars Mission c/o The Society for the Study of Native Arts and Sciences, 2800 Woolsey Street, Berkeley, CA 94705.

Teil I

1. Ein modernes Mars-Tagebuch

„Wenn der Mars verwaist ist ... werden wir ihn beleben. Aber immer noch ruft die Stimme Mr. Burroughs in den Nächten, in denen wir ruhelos über Wiesen laufen und auf den Roten Planeten starren:
'Es sind noch nicht alle Beweise gefunden!' - Vielleicht ..."
Roy Bradbury zur ersten Marsbeobachtung durch Mariner-9, 1971.

Eines der Bücher aus meiner Kindheit, an das ich mich heute noch deutlich erinnere, ist Ray Bradburys *„Mars-Tagebuch“*, eine futuristische Sammlung von Skizzen mit denen er versuchte, die Kolonialisierung des Planeten Mars darzustellen.
Lange vor dem Ansehen, das Science-Fiction und deren Autoren heute genießen, wurde seine Arbeit als ein Meisterstück des Phantasieromans gewürdigt.
Man muß also gute Nerven haben, das erste Kapitel des eigenen Buches mit dem Motto eines solchen Klassikers zu beginnen. Doch da ich Roy Bradbury kenne, weiß ich, daß ich in seinem Sinne handele, wenn neue Beweise, mühevoll zusammengetragen, hier an dieser Stelle dem interessierten Leser präsentiert werden. Beweise, die möglicherweise die Waagschale zugunsten „seines“, in dieser Erzählung beschriebenen Mars, zu neigen in der Lage sind.
Es könnte durchaus frühzeitliche „Marsianer“ gegeben haben, die in Zitadellen mitten in einer Marswüste lebten, lange bevor die Menschen den Mars beobachteten und davon träumten, eines Tages dorthin zu gelangen.
Sie könnten vor langer Zeit die Erde beobachtet haben, wie sie in der Morgendämmerung eines Marstages grün und glänzend aufging...

Wir haben dafür interessante Hinweise: eine Serie rätselhafter Gebilde im roten, eisenhaltigen Marssand, möglicherweise die Ruinen einer Stadt, bereits schon seit vielen Jahrtausenden wieder in Staub zerfallen ist, auf dem vierten Planeten unseres Sonnensystems...

Östlich dieser Serie verwitternder Gebilde gelegen, entdeckten wir etwas ebenso Ungewöhnliches: eine felsige Skulptur auf dem Mars, geformt wie ein menschliches Gesicht, in einen kilometerbreiten Tafelberg gemeißelt, dort, wo solche Umrisse sicher nicht zu erwarten gewesen wären...

Sommer 1976, die amerikanische Zweihundertjahrfeier war gerade vorüber. Die NASA hatte gerade zwei ihrer unbemannten Raumschiffe - die Viking-Sonden Orbiter-1 und -2 in die Marsumlaufbahn gebracht. Dies war nur das Vorspiel zu einem weit größeren Schritt: der Landung eines Roboter-Fahrzeugs auf dem Mars. Die großartige Leistung war am 20. Juli 1976 gelungen, als die erste Landeeinheit erfolgreich von ihrem im Orbit fliegenden Mutterschiff, der *Viking-Marssonde-1*, abgesetzt worden war. Nachdem die Sonde ihrer Fracht entbunden war, setzte sie die Beobachtung des Planeten aus der Umlaufbahn fort und schoß dabei Tausende von Photographien, in bisher nicht gekannter Qualität.

Nach der 35. Umkreisung, als das Raumschiff über einer öden Gegend namens *Cydonia* kreuzte, wurde das Bild eines Gegenstandes erfaßt, der später als „das Gesicht" in die Annalen eingehen sollte. Diese Aufnahme, zusammen mit anderen geologischen Panorama-Aufzeichnungen bahnten sich den Weg durch das Labyrinth von Antennen, Rekordern und Computern, durch das weltweite *Deep Space Network* der NASA hinein in die Rechner der bildverarbeitenden Abteilung, wo sie bereits von einem Stab von Wissenschaftlern sehnlichst erwartet wurden.

Toby Owen, ein Mitglied des Teams für Bildauswertung war an diesem Sonntagnachmittag mit seiner Lupe auf Händen und Knien gebückt damit beschäftigt, eine Reihe von Mosaik-Bildern nach ei-

nem geeigneten Landeplatz für die Landeinheit-2 der Viking-Sonden durchzusehen.
Plötzlich fand er auf dem Einzelbild *No. 35A72* einen höchst sonderbaren Tafelberg: er zeigte eindeutig die *Konturen eines menschlichen Gesichts!*
Nach den Worten des Wissenschaftlers Gerry Soffen rief Owen dabei leise: „Oh Gott, schau Dir das an!"

Man rechnet nicht jeden Tag damit, die Konturen eines menschlichen Gesichts auf der Marsoberfläche zu finden, zumal, wenn es etwa 1,5 Kilometer lang war. Doch nach einigem Stammeln wie, „Mann, ist das verrückt", geriet der seltsame Tafelberg auch schon wieder in Vergessenheit.
Er konnte ja nicht, durfte nicht existent sein. Er paßte einfach in keine Vorstellung darüber, wie die erste Begegnung der Menschheit mit außerirdischer Intelligenz hätte vonstatten gehen können; selbst in kühnsten Phantasievorstellungen kam ein „Gesicht" nicht vor...
Ich war damals Mitglied des JPL-Presse-Corps und hatte an diesem Nachmittag für die Zeitschrift *American Way* über die Viking-Mission zu berichten. Wir waren ungefähr tausend Berichterstatter aus der ganzen Welt gewesen. Alle waren sie da: das italienische Fernsehen, BBC und sogar die Russen. Allein die Japaner belegten ein komplettes Viertel der Presseräume. Jeder schrie laut nach neuen Daten.
Die Suche nach Besonderheiten auf dem Mars, das tägliche Drama der Pressekonferenzen, Berichte über Experimente: es war ein wundervolles Spektakel auf vielen Bühnen, der ganz normale Wahnsinn. Aber diesmal ging es um etwas ganz Besonderes, die NASA hatte zuvor selbst darauf hingewiesen:
Die Suche nach Leben auf dem Mars.

Gerry Soffen stellte sich vor uns hin, zeigte uns dieses rätselhafte „Gesicht" und äußerte ironisch: „Ist es nicht eigenartig, was das

Spiel von Licht und Schatten alles bewirken kann.“ Dann fügte er hinzu: „Als wir ein paar Stunden später ein Bild von derselben Stelle aufnahmen, war nichts mehr davon da, es war nur ein Schattenspiel, eben nur eine zufällig getroffene Perspektive, ein Spiel aus Licht und Reflexion.“ (siehe Abbildung 4)
Wir Anwesenden akzeptierten das zunächst stillschweigend.
Gerry Soffen war ein offener, engagierter, differenzierter Projektwissenschaftler, der die inter- und multidisziplinäre Atmosphäre des Viking-Sonden-Projekts - wie mit dem Unbekannten umzugehen sei, wie es zu erforschen - als etwas Selbstverständliches und typisch U.S.-Amerikanisches betrachtete.
Seine Aufgabe bestand bei diesem Projekt darin, elf Teams und mehrere hundert Wissenschaftler bei Laune und an der Arbeit zu halten und er verschaffte sich Glaubwürdigkeit in der Presse, indem er uns in alle Abläufe und Vorgänge von Anfang an mit einbezog.
In einigen Fällen erlaubte er sogar, daß kleine interdisziplinäre Streitigkeiten an die Öffentlichkeit gebracht werden konnten - auch wie bei etwas so Unvorhersagbarem und noch nie Dagewesenem, der Suche nach Leben auf dem Mars.
Also man glaubte ihm einfach, als er schließlich eröffnete, daß alles „ein Spiel von Licht und Schatten“ sei. Er besaß in höchstem Maße Glaubwürdigkeit, die jeden - fast jeden - davon abhielt, die Daten noch einmal zu überprüfen.
Das „Gesicht“, der Tafelberg, das Bild *No. 35A72* gerieten schnell in Vergessenheit.

Vincent DiPietro ist Elektronik-Ingenieur und verfügt über eine vierzehnjährige Erfahrung in den Bereichen Computertechnik und elektronischer Bildverarbeitung.
Zunächst sah er das „Gesicht“ in einem Magazin und tat es sofort als Schwindel ab.
Das „Magazin“ soll angeblich, wie er sagte, eine Zeitschrift für *außerirdische Archäologie* gewesen sein.

Jedoch, zweieinhalb Jahre später, während er sich im *National Space Science Data Center* in Greenbelt, Maryland, durch die archivierten NASA-Photos wühlte, drehte er eine der Klarsichtfolien um und stieß wieder auf ein Bild eines „menschenähnlichen Gebildes auf dem Mars."
Diesmal war ihm klar, daß es sich um etwas Reales handeln könnte, sonst hätte die NASA es nicht, wie er später sagte, „so klammheimlich in die Akte" packen müssen.
Auf einmal sehr neugierig darauf, mehr über ein Rätsel zu erfahren, das von Fernsehkameras über mehrere Millionen Kilometer entfernt von der Erde eingefangen worden war, begann er nach zusätzlichen wissenschaftlichen Daten dieser Objekte zu suchen und fand - absolut nichts.
Über die Beschreibung des Photos hinaus, daß es als *„ein seltenes Zusammenspiel von Licht und Schatten"* angesehen wurde, zeigte die NASA an weiteren Recherchen kein Interesse.

Das war nicht überraschend, wenn man bedenkt, wie turbulent und hektisch die Koordinierung des ganzen Projektes ablief. Besonders in der Zeit, als die Rechner eine ungeheure Datenflut an Bildern auszuwerten hatten.
Die Wissenschaftler, die bei dem Viking-Projekt mit der elektronischen Bildaufnahme und -bearbeitung zu tun hatten, benahmen sich plötzlich wie „Kinder im Bonbonladen". Sie steckten bis zum Hals in außergewöhnlich guten und detaillierten Schnappschüssen der Mars-Geologie inklusive aller klimatischen Gegebenheiten und Landeszenen der Meßstationen.
Für sie, die nach guten Prüfplätzen zu suchen hatten und mit höchst pragmatischen, geologisch-meteorologischen Fakten, die der Planet plötzlich freigab, beschäftigt waren - sie hatten keine Zeit, sich um ein „Schattenspiel" zu kümmern.

Das Bild des kuriosen „Gesichts" aus der NASA-Akte faszinierte auch Gregory Molenaar, einen Freund und Kollegen DiPietros.

Molenaar, wie DiPietro Computerspezialist, war bald so fasziniert, daß er vorschlug, beide sollten zusammen ein „bißchen private Weltallforschung“ betreiben, zunächst nur, um die Qualität der „Gesichtszüge“ auf dem NASA-Bild durch computerisierte Bildverstärkung zu verbessern.

Bilder aus einer Kamera im Weltall werden auf dem Weg zu den Datenbändern auf der Erde verschiedenen Prozeduren unterzogen. Zunächst einmal werden sie in Form kodierter binärer Zahlen an die Erde gesandt, wobei jede Zahl einem Grauton des Bildes entspricht. Die Erde einmal erreicht, werden sie von extrem starken und empfindlichen Antennen empfangen und die „Bits“ als magnetische Impulse auf große Bandrollen aufgezeichnet. Später werden die Original-Rollen auf kleinere Duplikat-Rollen überspielt. Von diesen Kopien der magnetischen Bandaufzeichnungen kann man jederzeit Bilder reproduzieren, indem man die Aufzeichnung über einen speziellen Computer laufen läßt, der entweder mit einem Bildschirm oder einem anderen Instrument ausgestattet ist, womit Negative oder Photos hergestellt werden können.

DiPietro und Molenaar begannen, sobald sie das Band erhalten hatten, mit den Zahlen zu operieren und hinter dem *elektronischen Rauschen* nach zusätzlichen Informationen zu suchen.

Solch ein *Computer-Enhancement* von Bildern ist mittlerweile zur Standardtechnologie geworden und bietet eine großartige Möglichkeit, Kontraste zu verändern, entstandene Fehler während der Übertragung zur Erde zu beheben und in begrenztem Maße auch Details zu verbessern. Eine Manipulation der ursprünglichen Daten mit diesen Methoden kann die Qualität der Rohbilder, die aus dem Raumschiff übermittelt werden, beträchtlich verbessern. Der einzige Unterschied zu einer möglichen NASA-Initiative bestand in unserem Falle darin, daß zwei Computerexperten in *privater* Initiative diese Möglichkeiten zur näheren Betrachtung des „Gesichts“ auf dem Mars anwandten.

Nach mühevollen Versuchen und anfänglichen Fehlschlägen waren DiPietro und Molenaar davon überzeugt, daß die Standardtechnik des *Computer Enhancement* für die Aufgabe nicht sensibel genug sein würde. Sie entwickelten eine neue Technik und nannten dieses Verfahren „*Starburst Pixel Interleaving Technique*“ (SPIT). Ein „Pixel“ ist der kleinste Punkt bzw. das kleinste elektronisch registrierbare *Bildelement* in einem computer-verarbeiteten Bild.

Jeder Schritt dieses Prozesses brachte weitere Details der gespenstischen Riesenskulptur in der Marswüste hervor.
Es wurde deutlich: das Objekt zeigte Anzeichen von *Rotationssymmetrie.* Dort, wo das zweite Auge liegen sollte, war tatsächlich ein Schatten, teilweise erhellt durch das Licht, das von der Wüste reflektiert wurde. Auch Konturen von „Augenbrauen“ ebenso wie „Nase“ und „Mund“ schienen die Geometrie einer menschenähnlichen Abbildung zu bestätigen.
Während des extrem niedrigen Sonneneinfallswinkels (≈10 Grad) auf die Oberfläche des Mars, während der Aufnahme des Bildes, war das Wüstenlicht im Schattenbereich so gering, daß eine ausreichende Verstärkung dieser Details zur Verifizierung der Rotationssymmetrie zunächst nicht möglich war.
Jedoch, gerade auf dieser in der unbelebten Natur gewöhnlich selten vorkommenden Rotationssymmetrie basierten von Anfang an die Folgerungen über den Ursprung dieses faszinierenden Gegenstands.

Einer der Gründe für die Ablehnung der Hypothese vom “Gesicht auf dem Mars“ durch die NASA, war das Fehlen stützender Beweise. Anscheinend waren später keine weiteren Bilder von der Sonde aus der Region aufgenommen worden - und somit auch nicht von den Monumenten selbst. Dr. Gerald Soffen, ein Wissenschaftler des Viking-Projektes, verwies denn auch darauf, daß Aufnahmen derselben Region, „*ein paar Stunden später*“, nur eine ganz unauffällige geologische Formation in Form eines Tafelberg gezeigt hätten.

Als DiPietro und Molenaar die Viking-Daten nach weiteren Bildern durchforsteten, hatten sie zunächst kein weiteres Glück - auch sie fanden keine. Falls die Viking-Sonde auf weiteren Umlaufbahnen Aufnahmen der „Gesichtslandschaft“ wiederholt haben sollte - sie waren auf jeden Fall bisher unauffindbar.[1]

Fortschritte der Naturwissenschaft sind nur selten allein durch loyale Kollegialität erzielt worden, sondern durch Neugierde, durch Entdeckungen von - *neuen* - Beweisen. Es war eindeutig ein Verdienst von Vince und Greg, daß sie Gerry Soffen nicht einfach ungeprüft glaubten. Sie sahen das komplette Datenmaterial der Viking-Sonden, einen angeschwollenen Aktenberg, ein Bild nach dem anderen durch. Und schließlich fanden sie - falsch eingeordnet - eine zweite Serie von Bildern, die *fünfunddreißig Tage* später, bei *verändertem* Lichteinfallwinkel, von diesem Gebiet aufgenommen worden war. Als sie eines der Bilder vergrößerten, es war das Bild No. 70A13 (Umlaufbahn 70, Raumschiff „A“, 13. Einzelbild), siehe da, das „Phantom“ war immer noch an der gleichen Stelle - bei einer Differenz des Lichteinfalls von 20 Grad. Dieses zweite Bild war aus einem anderen Winkel vom Raumschiff aus aufgenommen. Dieser Umstand sollte uns später einen *Stereovergleich* des Tafelbergs und benachbarter Regionen ermöglichen.
Das SPIT-Verfahren, das wir auf die zweite Photographie anwandten, brachte viele zusätzliche Details zu Tage und machte deutlich, daß unser „Gesicht“ keine Fata Morgana aus Licht und Schatten

---

[1] Das Bild No.35A72 wurde etwa um 18.00 Uhr Lokal-Zeit aufgenommen. Dies war der Grund für die langen Schatten. Ein Bild, „einige Stunden später“ aufgenommen, hätte definitiv totale Dunkelheit angezeigt. Somit kann die anfängliche Behauptung von Soffen, es wäre später noch einmal ein Bild gemacht worden, als widerlegt gelten. In anderen Worten, die physikalischen Gegebenheiten der Lichtverhältnisse zu diesem Zeitpunkt belegen, daß die Wissenschaftler des Viking-Projekts, die Viking-Datenbänder nicht erneut bezüglich der rätselhaften Strukturen, überprüften, sondern beriefen sich auf die einmal geäußerte Vermutung, daß eben alles eine „Laune der Lichtverhältnisse“ gewesen sei. Diese „Strategie“, voreilige Schlüsse zu ziehen, bewiesen wiederholt einige Wissenschaftler im Laufe der Recherchen.

war. Ganz klar zeichnete sich eine *Kinnstruktur* ab. Die zuvor sichtbare Augenhöhle blieb bestehen, während eine zweite, bisher nur angedeutete, aufzutauchen begann. Dort wo der vermeintliche Haaransatz auf der einen Seite sichtbar war, spiegelte er sich nun auch auf der anderen Seite wider.

Dadurch, daß nun eine zweite Photographie zur Verfügung stand und somit eine dreidimensionale Bildauswertung durch Bildüberlagerung möglich wurde, konnte das Oberflächenrelief, das die „Gesichtszüge" bildet, ebenfalls untersucht werden.

Man fand Hohlräume, wo die Augen und der Mund zu liegen schienen und einen weiter herausragenden Bereich, der die Brauen und Nase bildete. Die neu entdeckten Strukturen, die ins Auge springende Symmetrie zwischen linker und rechter Hälfte machten es schwer, zu leugnen, daß kein völlig unscheinbares und zufälliges Phänomen im Marssand entdeckt worden war.

DiPietro und Molenaar zogen alle geologischen und meteorologischen Bedingungen in Betracht, die zu diesem bizarren Gegenstand hätten führen können und folgerten, daß weder Wind, Erosion noch Boden-Tektonik ernsthaft als Ursache in Betracht kämen.[1]

Während der Exploration der näheren Umgebung des Monumentes, bei der Suche nach weiteren, von Wind und Willkür „gemeißelten" Tafelbergen - womöglich auch mit Ähnlichkeit von Strukturen menschlichen Lebens - durchleuchteten die zwei Computerexperten noch viele andere Bilder der Viking-Mission. Unter den Aufnahmen, die in dem Zeitraum zweier Umlaufbahnen, also in der Zeit zwischen dem ersten Bild des „Gesichts" und den Bildern, die 35 Tage später „geschossen" wurden, entdeckten DiPietro und Molenaar mindestens 10 weitere Photographien der *unmittelbar angrenzenden* Landschaft - nach Auswertung von mehr als 10.000 km^2 Bildmaterial!

---

[1] DiPietro, V., Molenaar, G., Unusual Martian Surface Features, 3. Auflage., Mars Research, Glendale, Maryland, 1982.

Auf dem gesamten Areal fanden sie nichts, was der ersten Beobachtung auch nur im entferntesten ähnelte.
Aber ihre Suche brachte etwas anderes, ebenso faszinierendes, zutage:
Bild No. 70A13 zeigte eine riesige pyramidale Formation, ungefähr 1,6x2,6 Kilometer groß. (siehe Abbildung 5
In ihrem Bericht merkten sie dazu an:

> *"sie hat anscheinend vier Seiten mit scharf begrenzten Kanten. In den Ecken stellt sich symmetrisch angeordnetes Material dar, fast als ob die Seiten von Pfeilern gestützt würden"... „bei einem pyramidenförmigen Berg natürlicher Herkunft würde man eher in der Mitte der Wand Erosion erwarten als an den Ecken."*[1]

Pyramidale Strukturen auf dem Mars waren nichts Neues: schon Mariner-9, die spektakuläre Mission der Vereinigten Staaten *vor* der Viking-Mission, hatte „Pyramiden" bereits 1971 aus einer Umlaufbahn heraus entdeckt.
Carl Sagan, der schon damals eine weitere unbemannte Erkundung des Roten Planeten forderte - mit einem Fahrzeug, das die Fähigkeit haben sollte, auf der Marsoberfläche herumzustreifen - hatte dazu lebhafte Phantasien zum Besten gegeben: über einen Roboter, der „eines schönen Nachmittags vor die Pyramiden rollt" und gleichzeitig live Fernsehbilder lieferte, um den Fernsehzuschauern zu vermitteln, was die berühmten „Pyramiden von Elysium" tatsächlich seien ...
Niemand, noch nicht einmal Sagan glaubte, daß die pyramidenförmigen Objekte, die man auf den Mariner-Bildern entdeckt hatte, *wirklich* Pyramiden seien.
Da hatte nun die Viking-Sonde, weit von der Region *Elysium* entfernt (das Gebiet befindet sich auf der anderen Seite des Planeten), einen weiteren pyramidenförmigen Gegenstand entdeckt; einen,

---

[1] DiPietro, V., Molenaar, G., Unusual Martian Surface Features, 3. Auflage., Mars Research, Glendale, Maryland, 1982.

Es war verblüffend, daß dieses Gebilde nur 16 Kilometer von dem „Gesicht" entfernt entdeckt worden war.[1]
Die Beobachtung war nur einer, von weiteren „Zufällen", die sich in dieser Region herauskristallisierten.
Ironischerweise brachte die weitere Suche nach Viking-Sonden-Bildern über die „Pyramide von Elysium" zutage, daß Viking-Daten falsch eingeordnet worden waren: die Bilder, die im Katalog aufgelistet wurden, stellten sich als Aufnahmen von einer Region der *entgegengesetzten* Hemisphäre der „Elysium-Region" heraus.

Wenn die Viking-Sonde auch Carl Sagans „Pyramide", die durch seine Serie *Cosmos* bekannt geworden waren, photographiert hatte - so waren auch sie jetzt verschwunden.
Nach vier Monaten Bildentwicklung, Computer-Enhancement und Datenforschung in Viking-Akten nach zusätzlichen bestätigenden Photographien beschlossen DiPietro und Molenaar, ihre bisherigen Entdeckungen in der Öffentlichkeit bekanntzugeben. Sie setzten für 10.00 Uhr morgens eine *Pressekonferenz* im Ramada Inn in Lanham, Maryland, fest. Leider tauchten lediglich zwei Reporter und einige Planeten-Experten der NASA auf.
Die Geiselaffäre im Iran war offensichtlich von größerem Interesse gewesen als die Möglichkeit, daß zwei unabhängige Forscher im Alleingang erste glaubwürdige Beweise für außerirdische Bauwerke auf einem anderen Planeten gefunden haben sollten.

Jedoch, bereits einen Monat später, hatte sich das Meinungsklima um die „Entdeckung" geändert.
DiPietro und Molenaar wurden eingeladen, beim Juni-Treffen der angesehenen *American Astronomical Society* eine Ansprache zu halten und wurden dabei von zahllosen Pressemitgliedern mit Wünschen nach Kopien ihrer Arbeiten überhäuft. Mehr als tausend

---

[1] DiPietro, V., Molenaar, G., Unusual Martian Surface Features, 3. Auflage., Mars Research, Glendale, Maryland, 1982.

Astronomen aus allen Regionen des Landes nahmen am darauffolgenden Treffen teil. Über hundert Interessierte stellten sich artig an, um eine Demonstration der Dreidimensionalität des - mittlerweile - berühmten „Gesichts“ und seines rotationssymmetrischen Aspekts zu erleben. Von den vielen Fragen, mit denen DiPietro und Molenaar von den anwesenden Wissenschaftlern während ihres Vortrags bedrängt wurden, betrafen viele die Geologie der *gesamten* Region, denn sie war und ist bekannt wegen ihrer ungewöhnlichen Erosionskräfte. Ebenso wurden Fragen zur Prüfung der Wahrscheinlichkeit gestellt, ob kosmische Stürme das „Gesicht“ und die Pyramiden geformt haben könnten. DiPietro und Molenaar entgegneten, daß die „nicht zufällige“ Ausrichtung, zwischen den benachbarten „Pyramiden“ *und* die Rotationssymmetrie des „Gesichts“ Zweifel ließen, ob die Natur allein dafür verantwortlich sein könnte.“[1]

Wegen schwacher Kontrastierung der Originalbilder beschlossen sie weitere Korrekturen auf dem Computer: sie ersetzten die ursprünglichen Lichtwerte (Graustufen) durch eine Reihe von Farben, von rot für die hellste sichtbare Intensität auf den Bildern bis hin zu blau für die dunkelsten Details. Sie waren fasziniert über das, was sie sahen: dort, im bisher stärksten Schatten-Bereich der Photographie war eindeutig ein Augapfel mit Pupille zu sehen...!
Doch zu diesem Zeitpunkt interessierte sich noch niemand dafür.
Das Hauptproblem lag unverändert an der Akzeptanz der Art der „Beweisführung.“
DiPietro und Molenaar stellten sorgfältig alles wesentliche aus ihrem beträchtlichen Datenberg über die Formationen zusammen und gaben eine beträchtliche Menge an Geld dafür aus, drei verschiedene Bild-Versionen in hoher Qualität zu drucken. Eine davon in vier Farben! Dann sandten sie Kopien ihres Berichtes an

---

[1] DiPietro, V., Molenaar, G., Unusual Martian Surface Features, 3. Auflage., Mars Research, Glendale, Maryland, 1982.

Geologen, die bereits zuvor an diesem einzigartigen Phänomen in der Wüste eines fremden Planeten Interesse gezeigt hatten.
Das Ziel war klar gesteckt. Andere Wissenschaftler, provoziert durch das Gewicht der Beweise, sollten sich für eine weitere Mars-Mission stark machen, um somit genaues Bildmaterial zur Analyse der wahren Natur der Gesichtsstrukturen und Pyramiden zu erhalten.
DiPietro und Molenaar erkannten zunächst nicht, daß ihre Strategie wohl die falsche gewesen war. Schon vor der Viking-Sonden-Mission hatte es grundlegende Meinungsunterschiede über *biologische Fragestellungen* zwischen Geologen und Wissenschaftlern gegeben - über Ziele und Prioritäten abgelaufener und zukünftiger Weltraum-Missionen.
Da die Viking-Mission offiziell zur „Suche nach Leben auf dem Mars" unternommen worden war und die Suche durch die Landeeinheiten widersprüchliche und unschlüssige Daten ergeben hatten, waren die Geologen jetzt der Meinung, daß biologischen Experimenten bei dem Viking-Projekt von Anfang an zu viel Priorität eingeräumt worden sei. Denn das letzte, was man jetzt von seiten der Geologen mitten in den Etat-Rangeleien für eine teure Radaruntersuchung geologischer Besonderheiten der Venus hören wollte war, daß zwei Außenseiter, die noch nicht einmal Geologen waren, eine weitere teure Mission zum Mars forderten - lediglich um eine weitere kontroverse Behauptung über „Leben auf dem Mars" zu überprüfen.
So war die Lage damals und während der folgenden drei Jahre, von Mai 1980 bis Juli 1983, bis der Autor durch eine Reihe glücklicher Zufälle in die Geschichte verwickelt wurde und erkannte, daß er auf das entscheidende fehlende Puzzleteilchen in DiPietros und Molenaars faszinierender Geschichte gestoßen war ...

Die Stadt.

2. Die Stadt

„Warum nicht, ich habe manchmal schon vor dem Frühstück an sechs unmögliche Dinge gedacht ..."
Die Weiße Königin
Alices Abenteuer durch den Spiegel
Lewis Caroll

1981 reiste eine Gruppe von Interessierten aus dem ganzen Land in die kleine Universitätsstadt Boulder in Colorado.

Wir alle kamen in diese idyllische Landschaft mit grandiosen Bergen, um über den Stellenwert des Planeten Mars zu diskutieren; und über die Art und Weise, wie wir eines Tages zu ihm zurückkehren sollten und wie zahlreiche andere Fragen, die durch die Viking-Mission entstanden sind, zu beantworten seien.

Die Zusammenkunft stand unter dem provokativen, aber hoffnungsvollen Titel „Beweise auf dem Mars".

Die Organisatoren bestanden aus einer Gruppe von Studenten der *University of Colorado*, die es trotz ihrer Unerfahrenheit fertig gebracht hatten, einige der höchstqualifizierten Konferenzteilnehmer zusammenzubringen, die jemals an einer Diskussion über den Roten Planeten teilgenommen hatten.

Experten einiger Universitäten sowie mehrerer NASA-Zentren und - wir Wissenschaftsjournalisten waren eingeladen. Ich hatte das Glück, der letztgenannten Gruppe anzugehören.

Das Motto des Treffens bestand darin, die bedeutendsten „Fragen", die das Viking-Projekt hinterlassen hatte sowie technische und politische Zwänge, die angeblich eine schnelle Rückkehr auf den Mars verhinderten, eingehend darzustellen und zu diskutieren.

Unter anderem gab es dabei auch die üblichen technischen Diskussionen über neueste Erkenntnisse der Geologie, Meteorologie und Klimabedingungen des Mars - und deren Einfluß auf zukünftige Missionen.

„Könnte eine bemannte Mission aus Substrat des Mars-Bodens sich selbst versorgen?“, war eine der vielen interessanten Fragen, die gestellt wurden.
Wir wußten bereits von der Viking-Mission, daß Stickstoff ebenso wie Wasser (in kleinen Mengen) vorhanden sein mußte, sowohl in Atmosphäre als auch Boden. Im Gegensatz zu einer Mond-Mission wäre also eine weitere Expedition zum Mars eher mit einer Erkundung unseres Südpols zu vergleichen.

Während dieser Konferenz platzte ich eines Abends per Zufall in ein „halb-offizielles“ Treffen in dem Hinterzimmer einer Universitätskneipe, wo ich einige Konferenzteilnehmer antraf. Ich kam gerade herein, als der „offizielle“ Vortrag schon zu Ende war, eine Handvoll von Gästen noch herumstand und den Sprechern Fragen stellte, während gerade einige ihre Dias und Broschüren einpackten. Ich warf einen Blick auf eine der Broschüren auf dem Tisch und - schaute unmittelbar in das „Gesicht“ auf der Marswüste.
So begegnete ich Vincent DiPietro und Gregory Molenaar zum ersten Mal. Ich war sogleich fasziniert von ihrem Fleiß und Ausdauer sowie über ihre Verbesserungen der Qualität der Bilder des „Gesichts“.
War das „Gesicht“ einfach ein bizarres Spiel der Mars-Erosion oder war es etwas ganz anderes ...?
Selbst mit ihrer ausführlichen Analyse der authentischen NASA-Bilder und ihrer Pixel-für-Pixel-Rekonstruktion blieben alle Fragen uns unbeantwortet.
Ebenso könnten ja besondere geologische und meteorologische Faktoren in den Wüsten des Roten Planeten zusammengewirkt haben und vollbrachten damit das unglaublichste Naturwunder unseres Sonnensystem: einen kilometergroßen „Menschenkopf“!
Alleine mit den uns vorliegenden Daten konnte man damals die Fragen nicht befriedigend beantworten.

Ich erinnere mich daran, daß ich die Bilder aus einer Broschüre mit nach Hause nahm, sie anstarrte, noch einmal - und mich sehr unbefriedigt fühlte.

Neben dem „Gesicht“ hatten DiPietro und Molenaar auch Reproduktionen der „Pyramide“ sowie Orientierungshilfen (Norden) und Lagebeschreibung (10 Kilometer südwestlich) in Bezug auf das „Gesicht“ aufgenommen. Im kurzen Text wurden nebenbei „verschiedene andere Pyramidenstrukturen“ in demselben Gebiet erwähnt. Doch eine Messung der Grautöne trug wenig dazu bei, ihre Lage (die nicht angegeben war) zu klären, oder etwa die Kriterien, die angewandt wurden, um sie von einem halben Dutzend anderer eventuell pyramidenförmiger Hügel, die als Punkte in der Umgebung auszumachen waren, zu unterscheiden.

Jedoch, auch eine andere kuriose Formation zog meinen Blick an: ein seltsames Objekt mit geradlinigen Kanten, das einige Kilometer westlich des Gesichtsberges lag. (siehe Abbildung 9)

Das Ungewöhnliche daran wurde noch durch zwei weitere Merkmale auf der Photographie bestärkt: zwei mauerähnliche Formationen, die in fast rechtem Winkel in der südöstlichen Ecke aufeinander trafen und eine weitere unerklärliche Form, die einer Befriedung ähnelte, einem auffällig quadratisch geformten dunklen Platz, der von diesen äußeren Mauern umgeben war.

Einen Moment lang wurde ich von der Idee getragen, ich hätte eine alte Festung entdeckt, deren „Zinnenbegrenzung“ so gebaut war, daß sie den Bewohnern eine ungehinderte Sicht über die Wüste auf das „Gesicht“ bieten konnte.

Aber weitere Berechnungen in Kürze genügten, um diesen Tagtraum zu zerstreuen: die „Mauern“ waren etwa anderthalb Kilometer lang. Dimensionen einer „Festung“ mit diesen Ausmaßen ließen jedes Vergleichsstück dazu auf der Erde zwergenhaft aussehen.

Nein, ich entschied mich zu der Annahme, daß der „Burgfried“ nur der dreieckige Schatten eines weiteren pyramidenförmigen Hügels sei, der etwas westlich der mauerähnlichen Wände in die Landschaft ragte. Sie waren wohl lediglich das Ergebnis einer Verwerfung in der Landschaft. Auch war es fast unmöglich, aus der winzigen Reproduktion in DiPietros und Molenaars Broschüre Umrisse eines Hügels auszumachen, den ich für diesen seltsamen Schatten verantwortlich machte.

Dennoch, es wuchs in mir eine Vision: außerirdische Mars-Armeen, wehende Fahnen, Aufbruch aus einer massiven Festung und Ausschwärmen in die rostfarbene Marswüste, auf zu einer Mission, eine von - wie vielen? - in Blickweite dieses Mysteriums, das dort drüben im Sand liegt.

Mein nächstes Treffen mit DiPietro und Molenaar sollte erst zwei Jahre später stattfinden. Dazwischen hatte ich mich mit vielen anderen Dingen beschäftigt, einschließlich eines Rätsels, das bei weiteren Berechnungen der NASA aufgetaucht war: der Existenz eines „Objektes im Saturn-Ring."

Im Verlaufe meiner Suche nach neuen Erklärungen zu diesem Rätsel[1] zogen DiPietro und Molenaar erneut meine Aufmerksamkeit auf sich: denn an den Rändern der Ringe des Saturns war ein möglicher Hinweis auf dessen Entstehung zu sehen: eine Ansammlung kleiner Satelliten, die auf den von der NASA veröffentlichten Versionen der Voyager-Photographien kaum zu erkennen waren. Als ich über diesen unscharfen Bildern, den strömenden Wirbelungen der äußeren Saturn-Ringe brütete, erinnerte ich mich an DiPietros und Molenaars beeindruckende Technik, Bildqualität durch elektronische Bearbeitung zu verbessern und rief sie sogleich an.

Mein Plan bestand darin, private Geldgeber für die computerisierte Bildverstärkung der Saturnbilder zu finden. Dafür benötigte ich von DiPietro und Molenaar eine Auswahl ihrer neuesten Version der Photographien aus der Gegend des Gesichtsberges, einschließlich einer nach der SPIT-Methode entwickelten Vergrößerung des „Gesichts" selbst. Zusätzlich legte DiPietro einige Original Viking-

[1] eine punktförmige, außerordentlich starke Radarquelle, die innerhalb des mittleren Saturnrings rotierte - im schönsten Himmelsobjekt unseres Sonnensystems.

Photos der Gegend bei, die vom National Space Science Data Center am Goddard Spaceflight Center in Greenbelt, Maryland, entwickelt worden waren. Genau zu diesem Zeitpunkt, als die Bilder kamen und ich da saß und auf eine etwa auf 12,5x12,5 cm entwickelte und vergrößerte Version des Bildes No. 35A72 schaute, sprang mir plötzlich dieses Rätsel mit der Wucht seiner möglichen Bedeutung ins Auge; und ich begriff, daß ich auf etwas blickte, das entweder ein Trugbild, eine Laune der Natur oder aber die großartigste Entdeckung des zwanzigsten Jahrhunderts, wenn nicht gar unserer bisherigen Zeitrechnung, war.

Dazwischen konnte es keine weiteren Erklärungen geben.

Falls es nicht von Künstlerhand erschaffen wurde, so war es nicht weiter wert, beachtet zu werden.

Doch wenn es so wäre, dann mußte dieses Rätsel geklärt werden.

Seine intelligent geschaffene Existenz mußte dann als *Botschaft*, als *Orakel* verstanden werden.

Es galt nun, herausfinden, wo die „Wesen" lebten, die Strukturen in diesen gewaltigen Größenordnungen erbaut haben konnten.

In mir begann zart ein Gedanke zu reifen: wenn das „Gesicht" *erschaffen* worden war, dann mußte es einen definitiven Zweck gehabt haben. „Finde diesen Zweck heraus", sagte ich mir „und Du wirst zusätzliche Beweise für die absurde Vorstellung finden, daß es tatsächlich ein Gebilde mit künstlerischer Bedeutung darstellt."

An jenem Nachmittag, vor so vielen Jahren, hatte jemand während einer Pressekonferenz, nachdem die Photographien des „Gesichts" herumgereicht worden waren, spaßeshalber gesagt, daß wohl „der Kopf uns bedeuten möchte, wo wir zukünftig zu landen haben."

Als ich so das Bild betrachtete, hielt ich dies für einen sehr kreativen Spaß, für einen überaus fruchtbaren Ansatz für meine weiteren Recherchen über die schiere Existenz eines kahlen Tafelberges hinaus.

Das „Gesicht" könnte eine gewisse Logik beinhalten, wenn jemand diese Anlage mit dem Ziel geschaffen hatte, unsere Aufmerksamkeit zu erwecken. Gibt es eine wirkungsvollere Art, die Aufmerk-

samkeit auf einen bestimmten Punkt auf dem Mars zu lenken, auf etwas hinzuweisen?
Für fremde Wesen, für Menschen etwas Vertrautes in die Landschaft zu setzen, das den Trägern von Intelligenz ähnelte, für Wesen, die eines Tages wohl am ehesten Forscher senden könnten?
Selbst mit einer einfachen Roboter-Sonde und deren Kameras konnte man einen solch kilometergroßen Markstein kaum übersehen. Die historische Viking-Photographie No. 35A72 hatte dies zur Genüge bewiesen. Es war übrigens das 72. Bild, daß die A-Sonde auf ihrem 35. Orbitaldurchlauf aufgenommen hatte.
Nun gut, vielleicht war es ein Markstein, ein demonstratives Monument. Aber worauf sollte hingewiesen werden? Was sollten wir denn am 41. Grad nördlicher Breite und 9. Grad westlicher Länge in der sonst öden Gegend des Planeten finden?
Dank Vince DiPietro hatte ich nun eine Zusammenstellung der bereinigten Photographien der gesamten Gegend. Irgendwo auf diesen Bildern, die Tausende von Quadratkilometern abdeckten, könnte irgend etwas sein, das Vince und Greg übersehen hatten.
Meine Augen wanderten noch einmal zu der Begrenzung der „Festung“, die sich wenige Kilometer westlich des steinernen „Gesichts“ befand. Auf diesen Photos nun - im Gegensatz zu anderen mit geringerer Auflösung, die ich Jahre zuvor gesehen hatte - gab es jede Menge eigenartiger Details. Jedoch, sie hatten alle einen sehr kleinem Maßstab, da der geliehene Abzug nur eine Breite von 11,5 cm hatte; das entsprach ungefähr einer Strecke von 4,2 km/cm.
Die tatsächliche Auflösung des Viking-Photos betrug vermutlich 50m/cm Bildauflösung und besser. Die Viking-Kamera war theoretisch fähig, aus 1600 km Höhe zwei Punkte, die nur 50 m auseinander lagen, noch zu unterscheiden. Wenn ich kleinste Details auf der Photographie ausfindig machen wollte, so mußte ich eine Lupe benutzen, die einen Bruchteil des Photos soweit vergrößern konnte, daß ich gerade noch zwei Pixel sehen konnte, die ungefähr einen Viertel Millimeter auseinander lagen!

Doch ich hatte zunächst keine konkrete Vorstellung, wonach ich eigentlich suchen sollte.
Wenn man sich erst einmal gestattet hatte, die „magische" Linie zwischen Argwohn und Glauben zu überschreiten: entweder das „Gesicht" als bemerkenswertes Naturphänomen hinzunehmen, oder die Möglichkeit zu verfolgen, daß es von einem Wesen geschaffen wurde; wenn man also den „zwanghaften Unglauben" einmal abgeschaltet hatte, so kamen zunächst drei Erklärungen für die Figur in Frage:

- Die Figur war von einheimischen „Marsbewohnern" - was immer das auch heißen mag - geschaffen worden.
- Das „Gesicht" war das Produkt von einem Künstler außerhalb des Sonnensystems, der irgendwann einmal dem Mars - womöglich auch der Erde - einen Besuch abstattete und eine „Visitenkarte" hinterließ.
- Vor langer Zeit hatte eine technisierte Zivilisation auf der Erde oder einem Planeten außerhalb unseres Sonnensystems existiert und auf dem Mars ein Monument als „Botschaft" - an wen auch immer - für zukünftige Besucher hinterlassen.

Bei jeder dieser Möglichkeiten kamen neue Erklärungs-Probleme hinzu. Seltsamerweise war die dritte Lösung für mich zunächst besonders aufregend.

Abgesehen von wenigen Details wissen wir nur sehr wenig über die Vergangenheit unseres eigenen Planeten in dem Zeitraum vergangener Jahrmillionen - trotz zeitgenössischer Spekulationen und Vermutungen.
Ein Paläontologe verglich einmal das Problem, eine exakte Entwicklungsgeschichte der Erde zu rekonstruieren, mit dem Versuch, die berühmte Bibliothek von Alexandria wiederherzustellen, nachdem sie 415 v.Chr. verbrannt war. „Wir haben ein paar Blätter, in den meisten Fällen nur Schnipsel von Pergament, aus einer Biblio-

thek von ehemals ungefähr einer Million Bänden. Mit diesen traurigen Resten versuchen wir heute, ein akkurates Bild der Originalbestände der Bibliothek herzustellen. Dies ist ganz einfach unmöglich.“

Würden alle Pflanzen- und Tierfossilien von unzähligen Kreaturen und hunderten Millionen Arten, die während der letzten halben Milliarde Jahre auf der Erde lebten, in einem Raum gestapelt, so würden sie wohl nicht einmal einen Hörsaal füllen. Die - organischen - Überreste der Menschen würden noch nicht einmal einen Billardtisch bedecken.[1]

Wenn wir versuchen, sowohl die Ursprünge unseres eigenen Planeten als auch die Evolution seiner Bewohner zu erforschen, müssen wir uns eingestehen, daß die Datierungen um so zweifelhafter werden, je weiter wir in der Zeit zurückgehen.

Bei Ereignissen, die während der letzten Jahrtausende stattfanden, also im Bereich „überlieferter Geschichte“, scheinen die Wissenschaftler ziemlich sicher zu sein[1].

Aber sobald wir uns in prähistorische Zeit, also in die Zeit ohne schriftliche Dokumentation zurückbewegen, befinden wir uns schnell zwischen zufällig verstreuten „Inseln“ von Beweisen, übernommenen Vermutungen bis hin zu reinen Spekulationen. Je weiter wir uns in der Zeit zurückhangeln desto mehr wird die Bestandsaufnahme verzerrt, sei es durch Knochen, Metall oder einfach durch unsere vorgefaßten Gedankenbahnen.

Ein Paradebeispiel hierfür ist die heute so lebhafte wissenschaftliche Diskussion über die Herkunft unserer Vorfahren, die ein früherer Wissenschaftler irgendwann „Neandertaler“ nannte[2].

---

[1] Johnson, D. und Maitland, E., Lucy: The Beginnings of Mankind, Simon & Schuster, 1981.

[1] was mich immer gestört hat, wenn ich an die schamlosen Ungenauigkeiten in den Abendnachrichten denke, über selbst einfache Informationen, ob sie bebildert waren oder nicht.

[2] nach dem Fossil benannt, das man 1856 im Neandertal bei Düsseldorf ausgrub

Noch faszinierender ist die Frage, wie unsere Vorfahren verschwanden und durch den sogenannten Cro-Magnon ersetzt wurden[1].

Der Cro-Magnon-Mensch lebte vor etwa 40.000 Jahren und schien sich äußerlich wenig von dem modernen Menschen zu unterscheiden.

Die allgemeine Vorstellung von Neandertalern als langsame, animalische Kreaturen, die im wesentlichen mit prä-humanen Eigenschaften ausgestattet seien, mußte durch neuere Ergebnisse der Paläontologie und Anthropologie radikal überholt werden. Das Volumen des Gehirnschädels als ein Parameter für die Gehirngröße, deutet beim Neandertaler tatsächlich auf eine insgesamt *größere Palette an Fähigkeiten* hin *als wir sie selbst vorweisen können.* Jedoch, die Experten warnen andererseits davor, allzu eilig und unbeschwert, von dem Volumen des Schädels auf etwas so komplexes wie Intelligenz zu schließen.

Es sieht so aus, als ob die wenigen gefundenen Fossilien des *Homo sapiens neanderthalensis*, der vor ungefähr 100.000 Jahren auftauchte, auf eine menschliche Population hinweisen, die, ausgestattet „mit einem bestimmten Muster anatomisch-neurologischer Charakteristika, ihren Lebensraum kontinuierlich von Gibraltar über Europa bis in den Nahen Osten und nach Zentralasien ausgedehnt haben mußten - bis vor 40.000 bis 35.000 Jahren,“[2] um dann „abrupt“ zu verschwinden.

Die zwei Parameter, die unser Wissen über die Neandertaler und ihre Verwandtschaft mit dem modernen Menschen beschränken, sind

- 1. das Überdauern von lediglich drei großen Menschenrassen, die dem Anthropologen für die Untersuchung zur Verfügung stehen und

---

1 nach der Region des erstmaligen Fundortes im heutigen Frankreich benannt

2 Trinkhaus, E. und W.W. Howells, „The Neanderthals“, in: Scientific American, Bd.2, Nummer 6, 1979.

- 2. die Unsicherheit in der zeitlichen Zuordnung.

Der vorher erwähnte Zeitrahmen von 40.000-35.000 Jahren ist gerade noch im Rahmen der Genauigkeit der C-14-Datierung. (siehe Glossar)
Einige Neandertaler-Fossilien[1] könnten ebenso aus sehr viel früherer Zeit stammen. Aus diesem Grunde scheint das Kernproblem der modernen Anthropologie bei den Übergangsformen zwischen Neandertaler und modernem Menschen zu liegen. Durch mangelnde genaue Datierung einer Handvoll Fossilien aus einer Periode der Zeitgeschichte, die mindestens 100.000 Jahre zurückliegt, scheint das Problem noch komplexer zu werden.
Weiter zurückliegende Hominiden wie die Fossilien des *Homo Erectus*, werden bei diesen Spekulationen völlig außerachtgelassen. Nicht nur, daß jegliche Indizien für Intelligenz, für eine hochentwickelte Zivilisation fehlen[2], sondern weil die Schädelvolumina des *Homo Erectus* über 900 cm^3 kaum hinausgehen. Dies ist, verglichen mit dem durchschnittlichen Volumen des Neuzeitmenschen von 1.300 cm^3 und dem der Neandertaler von 1500 cm^3! ein relativ geringes Schädelvolumen.[3]
Wollte man ernsthaft annehmen, daß in diesen 100.000 Jahren - oder sogar noch früher - irgendwann eine technologisch hochstehende Zivilisation entstanden war, die erste Reaktion der Anthropologen wäre Belustigung gewesen, gefolgt von einem Verweis darauf, was wir von einer schrittweisen Evolution „wissen."
Der klare Mangel an Beweisen für eine *zusätzliche* Zivilisation würde sofort als Beweis für die Absurdität einer solchen Behaup-

---

[1] z.B. diejenigen, die man in der Shanidar-Höhle im Irak fand

[2] Beerdigungszeremonien, höherentwickelte Steinwerkzeuge, Höhlenmalereien etc.

[3] „Der wichtigste Teil in Dubois Entdeckung (des Homo Erectus), war eine Schädeldecke des Homo Erectus, der mit seiner flachen Stirnpartie, dem kräftig ausgeprägten supra-orbitalen Rücken, mit extrem breitem, flachen Schädel und dem kleinen Schädelvolumen (auf ca. 900 cm3 geschätzt) stark an einen Menschenaffen erinnert. Le Gros Clark, W., The Fossil Evidence for Human Evolution, Chicago, 1964.

tung herangezogen, ganz besonders das Fehlen von erhaltenen fossilen Kulturobjekten, zumal die einzigen aus dieser Zeit identifizierten „Werkzeuge“ Feuersteinkeile sind.
Die Werkzeuge späterer Epochen (früher als 35.000 Jahren zurückliegend) werden nur deshalb als „fortschrittlicher“ angesehen, weil eine andere Art von Feuerstein benutzt wurde: mit langen, schmalen Schneiden, die aus der Mitte herausgeschlagen wurden. Später konnten daraus eine Reihe verschiedener anderer Werkzeuge entwickelt werden. Die Neuerungen führten auch dazu, daß man sparsamer mit dem Gebrauch von Feuerstein umging, der seit dem jüngeren Paläozoikum rar gewesen sein mußte.
Würden wir denn ein wirklich hochentwickeltes Relikt aus dieser Zeit überhaupt erkennen, wenn wir es finden würden?
Da die vorherrschende Archäologenmeinung besagt, daß es solche Entwicklungen nie gegeben haben konnte, würde da nicht jeder Archäologe oder Paläontologe eine gedruckte Schaltung oder Bierdose, die in der Schicht des Paläolithikums gefunden würde, als Streich eines Universitätsstudenten, während einer Grabung oder mit einer ähnlich trivialen Erklärung abtun?

Meine Gedanken führten dazu, daß ich noch einmal über Objekte nachdachte, die wir von vergangenen Kulturen bisher fanden. Selten wurde in früherer Zeit ein Monument oder Werkzeug *bewußt* für zukünftige Generationen erstellt. Gewöhnlich stößt der Archäologe gelegentlich auf Geräte aus dem Alltagsleben der Menschen, die sie geschaffen haben.
Die Ausnahmen von dieser Regel sind die den Reichen und Göttlichen gewidmeten Gräber und Monumente oder aber monumentale architektonische Bauwerke, die für religiöse Zwecke errichtet worden waren. Sie alle lassen vermuten, daß deren Prunk, ihre Größenordnungen, Einzigartigkeit und Erhabenheit einen riesigen Aufwand und beträchtliche Ressourcen erforderlich machten.
Diese Voraussetzungen müssen wir bei den Monumenten auf dem Mars ebenso als gegeben annehmen!

Sollten einige Leser durch die Verwendung irdischer Parallelen für ein artifizielles Objekt auf einem anderen Planeten irritiert sein, möchte ich daran erinnern, daß unsere „irdische" Logik seit mehr als zwanzig Jahren ebenso von Diskussionen um die Suche nach außerirdischer Intelligenz, genannt SETI[1], bestimmt wird. Diese Diskussionen wurden bis heute meist mit Argumenten des „minimalen Aufwands", nach denen es viel wahrscheinlicher ist, daß eine entfernte Kultur Radiobotschaften durch die Galaxien schickt als Raumschiffe, geführt. Häufig wurde auch darauf verwiesen, daß Außerirdische, wenn sie nun wirklich die Erde erkunden sollten, wahrscheinlich „eher auf dem Rasen vor dem Weißen Haus landen würden als in einem hinterwäldlerischen Sumpfgebiet herumzulungern".
Jedoch, dies sind bestenfalls, nach meiner Meinung, Beweise für einen grenzenlosen *Anthropo-Zentrismus*.

Die Photos in meiner Hand wiesen hin auf die gespenstische Ähnlichkeit des Gesichts-Tafelberges mit den kolossalen Monumenten in Ägypten, den Totenmasken der Pharaonen.
In beiden Fällen waren durch immensen Aufwand, durch Abbau und Zuhauen von mehreren Millionen Tonnen Kalkstein riesige Konstruktionen erstellt worden. Dazu mußte möglicherweise, um Augenhöhlen, Brauen, Nase und den Mund als dreidimensionales Relief zu formen, noch zehn Mal mehr Material aus dem Tafelberg des Mars herausgeschlagen werden als es bereits zum Bau der Pyramiden erforderlich war.

Das brachte mich wieder zu einer Frage zurück: warum solch gewaltige Energien verschwenden, wenn nicht eine elementare religiöse Bedeutung der Grund war?
Ganz plötzlich schien die Idee, daß jemand eine solch außergewöhnliche Bauleistung als „Botschaft für zukünftige Generatio-

[1] Suche nach extra-terrestrischer Intelligenz

nen" geschaffen haben könnte, zu verblassen. Vielmehr gab es eine schlüssige Alternative: es mußte *lebensnotwendige* Gründe für die Kultur gegeben haben, ein Monument dieser Größenordnung zu erbauen - und lediglich durch den glücklichen Zufall, daß dieses Monument auf der Oberfläche eines Planeten steht, der nur geringe Bodenerosion zeigt, war es uns erhalten geblieben.

Das „Gesicht" weist bei genauerer Betrachtung wenige erosive Veränderungen auf, lediglich die „Nase" scheint abgebrochen. Man sieht auf den SPIT-verarbeiteten Bildern einen abgeflachten Bereich, eine „Träne", die DiPietro und Molenaar aus den Graustufen identifizieren konnten. Sie ist meiner Meinung nach ein Fragment der „Nase", das offenbar die „Wange" hinunter gerollt war. Ein Teil davon landete unter dem „Auge", das andere rollte bis hinunter auf den Wüstenboden neben den „Haaransatz", von dem die Gesichtskontur an drei Seiten eingerahmt wird. Außerdem gibt es Hinweise auf einen über fünfzig Meter breiten Krater auf dem „Gesicht", ein kleines Stück unterhalb der Augenlinie auf dem Nasenrücken. Anzeichen von mäßiger Erosion lassen also ein gewisses Alter dieser Skulptur vermuten: unter den heutigen atmosphärischen Bedingungen des Mars sollten es mindestens einige Millionen Jahre sein.

Nur durch ein militärisches Projekt könnten heute die Ressourcen an Arbeitskräften und „Mannstunden" erreicht werden, die nötig sind, um aus einem Tafelberg ein riesiges Steingesicht zu meißeln. Auch ließe diese Vermutung Raum für die These einer „primitiven" oder aber „sehr fortschrittlichen" Gesellschaftsform.

Wenn wir einmal von den jetzigen Gegebenheiten auf der Erde ausgehen, kann man voraussagen, daß wir bald über Technologien und Potentiale verfügen, die es der Regierung eines Landes, aber auch Initiativen wohlhabender Einzelpersonen ermöglichten, eine Skulptur wie das steinerne „Gesicht" zu schaffen - auch ohne Sklavenarbeit.

Fortschritte in der Roboter-, Computer- und Raumschifftechnologie in Verbindung mit einem neuen Reichtum zukünftiger Genera-

tionen durch Ausschöpfung der Ressourcen unseres Sonnensystems, werden auch *einigen wenigen* Menschen die Herstellung von „Kunstwerken“ in dieser Größe ermöglichen.
Heute schon sind Künstler wie z.B. Christo fähig, kilometerlange aneinandergefügte Stoffbahnen über Landschaften zu legen, ganze Inseln in rosa Plastik einzuhüllen: auch diese Aktionen sind Spiegelbild des wirtschaftlichen und technologischen Standes der Gesellschaft, in der wir leben.

Kann das Monument auf dem Tafelberg ein außerirdisches Kunstwerk sein, das ein „interplanetarer Christo“ mit großem technischen Aufwand geschaffen hatte?
Warum wählte der Künstler für seine Illustration ein *menschliches* Gesicht und warum gerade auf dem Planeten *Mars*?
Warum auch immer, wir müssen erkennen, daß es für solche Hypothesen zunächst keine Beweise gibt. Deshalb können wir ihren Wert bei der Einschätzung der grundlegenden Fragen zunächst vernachlässigen.
Währen meiner Suche nach Orientierungspunkten auf den mir vorliegenden Bildern, erinnerte ich mich an das zweite Objekt, auf das DiPietro und Molenaar hingewiesen hatten: *eine pyramidale Skulptur riesigen Ausmaßes.*
Wenn es nun tatsächlich eine Pyramide ist, so muß sie einfach gigantisch sein: 1,5 kmx2,6 km beträgt ihre Ausdehnung. Sie liegt ein paar Kilometer südwestlich des „Gesichts“. Auch fand ich, genau wie bereits beschrieben, die vier auffällig rechtwinkligen Ekken mit den „Pfeilern“, die sie erwähnten.
In der Broschüre aus dem Jahre 1981 sprachen die Autoren über Erosion als Ursache der Bildverzerrung, die auf den Viking-Photographien deutlich wurde. Jetzt standen neue, bessere Abzüge der Photos zur Verfügung, einschließlich einer anderen, mit der SPIT-Methode entwickelten Vergrößerung (11,5cm-Format). Die Verzerrungen konnten darauf weniger als Ergebnis der Mars-Sand-

stürme interpretiert werden, denn vielmehr als Folge des „Aufschlags“ zweier Meteoriten.
Ein Meteorit war möglicherweise neben der Spitze der Pyramide auf der Ostseite eingeschlagen, der andere ein ganzes Stück weiter unten in Richtung der Basis, jedoch noch auf derselben Seite der Formation. Gesteinsmaterialien wurde aus den Kratern herauskatapultiert und konnten an der Talsohle im Osten der Pyramide als multiple Grauschattierungen entdeckt werden. Weiteres verstreutes Material befindet sich auf der Westseite. Offenbar flog es über die Spitze und stürzte auf der Westseite als ein Strom porösen Materials hinunter. Dabei bildete sich ein dünner Überzug auf dem dunkleren Fundament, worauf die Pyramide gestellt ist. Von dort floß es dann zirkulär vom Fundament der Pyramide nach außen ab.
DiPietro und Molenaar hatten recht: das war die interessanteste Pyramidenstruktur, die bisher auf dem Mars gefunden worden war. Als mögliche artifizielle Formation schien sie viel aufregender als die dreiseitigen Objekte, die man auf Mariner-9-Photographien erkennen konnte.
Sie war etwas Besonderes.
Es wurde daraufhin erwidert, daß die besonderen Dauerfrostbedingungen in Verbindung mit extrem heißen Winden geeignet seien, bizarre Formationen hervorzubringen. Weiterhin betonten einige Wissenschaftler, daß daraus resultierende geologische Strukturen in *nichts* denen der Erde notwendigerweise zu ähneln hätten: schließlich lägen beide Objekte, die „Pyramide“ und das „Gesicht“ in einer Gegend des Planeten, die von Geologen als „Einöde“ bezeichnet wurde.
Jedoch, dies bedeutete lediglich, daß die nördliche Hemisphäre äußerst verwittert und erodiert war. Eine Mischung aus fließendem Wasser und der Existenz einer urzeitlich zu fordernden Atmosphäre hätten dies bewirken können. Fast jede noch so bizarre Landschaftsform, unabhängig davon, wie hoch die Wahrscheinlichkeit ihrer Bildung gewesen ist, hätte also, so wird weiter argumentiert,

unter diesen extremen Bedingungen durch das freie Spiel der Kräfte gebildet werden können.
Wenn wir einmal an die 4,5 Milliarden Jahre Entstehungsgeschichte des Mars denken: sollte es möglich sein, daß ein vierseitiger Berg mit stützpfeilerartigen Erhebungen an den Ecken, rein zufällig entstanden war?
Die Existenz der „Pyramide“ hatte eine stimulierende Wirkung auf meinen Gedankenfluß:
Wie stehen die Chancen für eine artifizielle Bildung *zweier* menschengemachter Monumente auf einem Planeten dieser Art - zumal sie in unmittelbarer Nachbarschaft stehen?
Wenn die Konstruktion des „Gesichts“ also nicht nur die Beschäftigung einer hochtechnisierten Zivilisation für einen Nachmittag gewesen war? Wäre der Bau einer Pyramide möglich, die anderthalb Kilometer lang, über drei Kilometer breit und fast einen Kilometer hoch ist ?
Eines steht fest: die Marspyramide enthält mehr als 4 Kubikkilometer Gestein, in einem 30°-Winkel zur Oberfläche aufgehäuft! Selbst unter der Schwerkraft des Mars, die ungefähr 38% der Gravitation der Erde beträgt, verschlägt einem eine solche Leistung die Sprache. Aber noch mehr, wenn die Pyramide das Ergebnis eines gigantischen Bauprojektes war, bot sie mir den entscheidenden Hinweis, wonach ich für eine Bestätigung dieser Hypothese suchen sollte: wo lebten die Wesen, die diesen Koloß bauten?

Es wurde immer deutlicher, wenn man einmal die Prämisse akzeptierte, daß nämlich das „Gesicht“ und die „Pyramide“ alleine durch Zufall nicht erklärbar seien, dann blieb, nach Auslese unbrauchbarer Ansätze, nur noch eine vernünftige Alternative: man hatte langfristig zu planen und wird für die Bauleistungen an den „Objekten“ beträchtliche Zeit benötigt haben.
Wo also lebten sie während der Bauphase?
Vergessen wir einmal für einen Moment die offensichtlichen Probleme, die auf der Marsoberfläche durch die derzeitigen geolo-

gisch-meteorologischen Extrembedingungen für höherentwickeltes Leben bestünden (siehe 3. Der Mars - einstmals und zukünftig), so fühlte ich mich doch durch die Beweise gezwungen, zu akzeptieren, was ich ursprünglich nicht wahrhaben wollte:
Es mußte tatsächlich „Marsianer“ gegeben haben, wohl nicht mehr heute, aber doch irgendwann in der langen und wechselhaften Geschichte dieses mysteriösen Planeten.
Als mögliche Beweisstücke hatte ich eine ganze Serie an Bildern vor mir. Ich brauchte etwa eine halbe Stunde weitere Suche, bis ich *es* gefunden hatte oder besser, wo *sie* gelebt haben könnten:
Die „Stadt“.

Eigenartigerweise fand ich sie nicht auf einem der mit dem SPIT-Verfahren vergrößerten Abzüge, sondern auf einer elektronischen Bildmontage mit verbessertem Kontrast, die Vince und Greg aus den vom *National Space Science Data Center* zur Verfügung gestellten Abzügen zusammengesetzt hatten.
Die entscheidenden Details waren eigentlich nicht zu übersehen. Sie erschienen auf diesen stark vergrößerten Mosaik-Bildern sehr *klar* und deutlich.
Wenn man erst einmal wußte, nach was man zu suchen hatte, dann sprangen einem diese einer Stadt ähnelnden Formationen förmlich entgegen. Auffällig geradlinige Anordnungen massiver Formationen, dazwischen mehrere kleinere pyramidale Gebilde, davon einige *genau* im rechten Winkel zu den größeren Gebilden gelegen, und sogar kleinere, kegelförmige Gebilde.
Die ganze Gruppe mißt in etwa 4x8 Kilometer, ein verblüffend deutlich rechteckiges Muster, das aus zahlreichen, im rechten Winkel zueinander stehenden Vorsprüngen zusammensetzt ist, einbezogen die Ecken und straßenartigen Linien, die in etwa nach Norden und Süden laufen.
In der Mitte dieser „Stadt“ befindet sich eine höchst ungewöhnliche Anordnung: eine rechteckige Anlage aus vier Strukturen mit einer weiteren fünften in der Mitte.

Dieses Objekt in der Mitte ist kreisrund, während die Objekte rundherum eher rechteckig gebildet sind. Nein, diese Oberflächenstruktur sieht *nicht* wie ein erodierter Krater aus, die Durchbrüche in den wallartigen Wänden sind zu groß und exakt. Eine „Nord-Süd-Linie“, die über zwei Formationen hinweg über die Mitte der Konstellation verlief, wird gekreuzt von einer Geraden, die nach Osten und Westen verläuft. An der Stelle, an der sich beide Linien schneiden, in der Mitte der Anordnung dieser Strukturen, liegt auch genau die Mitte des fünften Gebildes. Das ganze Muster sieht sehr *artifiziell* aus. An jedem der rechten Winkel steht eines der vier „Gebäude“, genau an der Begrenzung des Musters.

Der ganze Komplex erinnerte mich stark an einen großen Platz!

Dann bemerkte ich etwas weitaus interessanteres: die ganze „Stadt“ liegt so angeordnet, daß deren „Bewohner“ einen idealen Blick auf das rätselhaft erscheinende Objekt, den Tafelberg mit dem monumentalen „Gesicht“ gehabt haben mußten. Es liegt ein paar Kilometer weiter östlich. Das Objekt, das ich mir Jahre zuvor immer als „Festung“ vorgestellt hatte, bildete nun die östlichste Formation dieses Komplexes. Seine auffällig geraden, mauerartigen Linien tragen zu dem Eindruck bei, daß dahinter ein intelligentes Konzept stecken mußte.

Ich nahm ein Lineal zur Hand und legte es auf eines der Bildmosaike, im rechten Winkel zur Längs-Achse der Gesichtsstruktur.

Es zeigte nun über den „Mund“ des Rätsels nach Westen. Es führte mich *exakt* zum Hauptgebäude des „Großen Platzes“!

Unter dieser Linie, ein Stückchen östlich des “Großen Platzes“, ist eine kaum sichtbare Spur in die Gesteinsoberfläche gedrückt. Sie läuft direkt hin zu dem entfernt liegenden „Gesicht“ und erinnert an einen Erdhügel, versehen mit einem kleinen Schatten, als ob sie bewußt so konstruiert sein könnte, um eine Richtung, die aus der Innenstadt hinausführt, zu markieren. Möglicherweise eine historische Kontrastlinie, ausgelegt, um die Bedeutung dieser besonderen Flucht zu betonen. Weiterhin nahm etwas anderes in mir langsam Gestalt an: der ganze Komplex massiver Strukturen, zusammen

mit den kleineren satellitenartig angeordneten Objekten und den wiederholt rechtwinkligen Mustern sind parallel, in genau einer Flucht, angeordnet worden.
Als ob die „Hauptstraße“ vom Stadtzentrum aus genau auf den einen Fix-Punkt des Interesses in dieser Landschaft zuliefe: auf die Gesichtsstruktur.
Es wurde immer unwahrscheinlicher, daß alles nur „Zufall“ war. Die Alternative drängte sich mir auf: die Formationen mußten einen *artifiziell* erstellten Komplex darstellen. Die Konsequenzen kamen mir in den Sinn, die sich aus einer solch phänomenalen Entdeckung unweigerlich ergaben.

In folgender Nacht lag ich schlaflos, im Widerstreit starker Erregung und ausgesprochener Ungläubigkeit. Ich versuchte zu rekapitulieren, wie es dazu gekommen war. Es lagen erste schlüssige Hinweise vor mir, daß es tatsächlich „Marsianer“ gegeben haben mußte.
Die Formationen einer Stadt - auf dem Mars! - mit der Präzision eines meisterhaften Architekten und in einer Dimension, die ebenso erstaunlich ist, wie der Zweck, den ich im Hintergrund vermutete: eine einzigartige Sicht zu bieten, auf ein erstaunliches Monument, daß östlich davon lag.
Beide, „Stadt“ und „Gesicht“, bilden eine Einheit, das konnte nicht geleugnet werden. Ohne die Existenz des „Gesichts“ hätte ich nicht zweimal auf diesen speziellen Teil der Marswüste geschaut. Ohne die Weigerung DiPietros und Molenaars, das Rätsel weiterhin ungelöst den langen Nächten unseres Sonnensystems zu überlassen, es hätte keiner von uns zweimal hingeschaut...
Das „Gesicht“ selbst wäre für immer ein Geheimnis geblieben. Doch die „Stadt“ und das „Gesicht“ und die - wie sich später herausstellte - geometrischen Beziehungen, die sie verband, sie bildeten ein gewichtiges Argument, das weitere Untersuchungen förmlich *herausforderte*.

Meine Gedanken wirbelten durcheinander, ich versuchte, flüchtige Gedankenspiele und Hypothesen festzuhalten:

Wenn es einmal Marsbewohner gegeben hatte ... was war mit ihnen geschehen? Wie konnten sie jemals auf einem solch lebensfeindlichen Planeten existiert, wie sich überhaupt entwickelt haben?

Und schlußendlich: warum verwandten sie soviel kostbare Energie auf die Anlage einer Stadt, ja sogar in das Behauen eines menschenähnlichen Monuments? Warum sollten sie ein Wesen darstellen, von dessen Spezies sie, durch riesige Entfernungen getrennt, wohl nie etwas zu sehen bekommen würden?

Allen Beweisen zufolge, die von der Mariner- und Viking-Sonde über die physikalischen Besonderheiten des Planeten geliefert worden waren, einschließlich seiner geologischen und klimatologischen Geschichte, müssen die „Marsianer", die solche Komplex geschaffen haben, bereits wieder verschwunden gewesen sein, lange Zeit bevor die menschliche Rasse oder deren Vorgänger erschienen.

Sollte eine Population von Lebewesen ein Monument für eine fremde Art erschaffen, die in ihrem Sonnensystem, geschweige denn auf dem Planeten, auf dem sie erst Jahrmillionen später erscheinen würde, noch gar nicht existierten?

3. Der Mars - einstmals und zukünftig

„Der Mars ist wirklich nicht der richtige Platz, um Deine Kinder aufzuziehen.
Tatsächlich ist er kalt wie die Hölle -
Und es wird keiner da sein, sie aufzuziehen,
wenn Du gräbst..."
Elton John
Rocket Man

War der Mars schon immer „so kalt wie die „Hölle"?
Eine Frage, mit der sich die geplagten Astronomen und Astro-Geophysiker seit der „Marsrevolution" am 14. Juli 1965, also vor mehr als zwanzig Jahren, beschäftigen.
In der Nacht des 14. Juli 1965 begann die erste amerikanische Mars-Sonde, *Mariner-4,* ihre Kreisbahn von mehr als 400 Millionen Kilometern.
Der Höhepunkt ihrer spektakulären interplanetarischen Odyssee war gekommen, als sie in nur knapp 10.000 Kilometern Höhe die sagenumwobenen Marswüsten überflog. Was Mariner-4 dabei an Daten zurück an die Erde übermittelte, sollte, so dachten wir zumindest damals, für immer die Anschauungen der Wissenschaftler über die Merkmale des Roten Planeten ändern.
Die aus heutiger Sicht primitiven 22 „TV-Bilder", die Mariner-4 über ein Radarsignal durch die Atmosphäre des Planeten schickte, ergaben einen deutlich aggressiveren Planeten als die meisten in den Monaten zuvor angenommen hatten.
Zu diesem Zeitpunkt, an jenem Julitag, als Großaufnahmen von Marskratern auf der Titelseite der renommierten *New York Times* erschienen, begann das U.S.-Raumfahrtprogramm, so bin ich der Meinung, zu „sterben" - während Mariner-4 gerade dabei war, unsere letzten Lowell'schen Träume zu zerstören - „Marsianer" zu finden.

Lowell? Wer ist eigentlich Lowell?

Percival Lowell, Mitglied einer bekannten Bostoner Familie aus der Oberschicht[1], war wahrscheinlich der Mensch, der unsere Vorstellungen und Erwartungen während der *Zeit vor Mariner* am stärksten beeinflußte. Er war überzeugt von der Existenz intelligenter Wesen auf dem Planeten Mars. Er gründete schließlich 1894, in Flagstaff, Arizona, ein Observatorium, um seine Behauptungen zu beweisen.

Für das Jahre 1894 war eine ganz besonders *nahe* „Opposition" des Mars zur Erde erwartet worden. Aufgrund der „Wettlaufbedingungen" der Umlaufbahnen beider Planeten „überrundet" die Erde den Mars etwa alle zwei Jahre. Dabei zieht sie zunächst mit dem langsamer laufenden äußeren Planeten gleich und überholt ihn dann etwas später. Aufgrund der ellipsoiden (eiförmigen) Planetenumlaufbahnen sind die Orte der Maximal-Annäherungen nicht immer an derselben Stelle. Zu *einer* Zeit passiert die Erde in einer Entfernung von knapp hundert Millionen Kilometern den Mars, zu einem anderen Zeitpunkt bringt der Unterschied der Umlaufbahnradien den Mars in eine Reichweite von 56 Millionen Kilometern zur Erde.

Ein Vorbeiflug mit dieser besonders *günstigen* Opposition konnte etwa alle 17 Jahre erreicht werden. Im Gegensatz dazu waren die dazwischen liegenden „Treffen" - etwa alle zwei Jahre - nur mit zum Teil weitaus größeren Entfernungen voneinander möglich.

1894 war es also wieder zu dieser günstigen Planetenkonstellation Mars-Erde gekommen - erstmalig, seit dem letzten, optimalen Kontakt im Jahre 1877.

Der Planetenwissenschaftler Bill Hartmann beschrieb das Jahr 1877 einmal als ein „entscheidendes Jahr für die Marsstudien."

Man muß nicht sehr viel von Naturwissenschaften verstehen, um zu erraten warum: je näher der Mars der Erde kam, desto mehr Einzelheiten konnten die Astronomen auf seiner Oberfläche erkennen. Wegen ein paar kleiner Besonderheiten seiner ellipsoiden

---

[1] „Die Lowells reden nur mit den Cabots und die Cabots reden nur mit Gott..."

Umlaufbahn kam der Mars 1877 der Erde näher als während der vergangenen hundert Jahre zuvor. Andere günstige Bedingungen kamen hinzu: technologischer Fortschritt in Form verbesserter Teleskope hatten in vielen Teilen der Welt zum Bau leistungsfähiger Observatorien geführt.
Während der Opposition 1877 wurden eine Reihe von Entdeckungen über wichtige Orientierungspunkte auf dem Roten Planeten gemacht - unter anderen auch durch den amerikanischen Astronom Asaph Hall. Auch gelang in diesem Jahr der Nachweis zweier Marsmonde, Phobos und Deimos, beide nur weniger Kilometer groß sowie die Beobachtung „weißer Flecken" in großer Höhe der Atmosphäre, die als „Kondensationswolken" über den Sonnenauf- und -untergängen des Mars beobachtet wurden und - noch etwas ...

Die Wiederentdeckung von „Kanälen."

Tatsächlich waren diese eigenartigen Furchen, die große Gebiete der hell- und auch der dunkel getönten Landstriche durchzogen, schon Jahrzehnte vorher vom italienischen Jesuiten-Pater *Secchi* entdeckt worden.
Bereits Giovanni Schiaparelli, ein Geisteswissenschaftler klassischer Herkunft, hatte die Gelegenheit genutzt, die von ihm beobachtete Marsformationen nach bekannten mediterranen Orten zu benennen. Er beschrieb seine Beobachtungen unter anderem als „canali". Jedoch, seine Beschreibungen wurden auch von der Volkspresse aufgenommen und später dann tauchten die „canali", in anderen Sprachen als *Kanäle* wieder auf; und nicht, wie es hätte heißen müssen, als *Furchen oder Rinnen.*
Daraufhin wurden die „Kanäle" und unzählige abenteuerliche Vermutungen über Wesen, die sie gegraben haben mußten, zum Brennpunkt wissenschaftlicher und öffentlich geführter Kontroversen. Sie hielten an bis in unsere Zeit. Schließlich bewiesen definitiv die Ergebnisse der Mariner-9-Sonde, daß es eine optische Täu-

schung gewesen sein muß. Bei dieser Gelegenheit wurden erstmals nahezu alle Regionen des Planeten photographisch kartographiert.

Doch die Kontroverse über die Existenz von Kanälen ging weiter. Ebenso die Frage nach Auswirkungen eines solchen „Netzwerks“ von geometrischer „Architektur“ auf den Planeten:
Und wer hatte sie erstellt?
Percival Lowell war es, der zur Lösung dieser Fragen ein Postulat zivilisierter „Marsianer“ aufstellte.
Die Meinung der Öffentlichkeit - und der Wissenschaft - über die Möglichkeit der Bewohnbarkeit des Mars schwankte sehr stark. Anfang des 18. Jahrhunderts war das Bild der Forscher über den Roten Planeten geprägt von Ozeanen (dunkle Regionen), Seen, trockenem Land (helle, rötliche Gebiete), Wolken, eisbedeckten Polen und Tageslicht von etwas mehr als 24 Stunden. Kurz, man glaubte an einen Nachbar-Planeten, der nicht wesentlich von der Erde zu unterscheiden war.
Durch neue Ergebnisse begann Ende des 19. Jahrhunderts die Meinung der Naturwissenschaftler rapide umzuschlagen. Es wurde immer deutlicher, daß der Mars sehr viel lebensfeindlicher war als ein paar Jahre zuvor noch angenommen.
Weil keine Lichtreflexionen auf den vermeintlichen „Ozeanen“ entdeckt werden konnten, wurden große Wassermassen als Erklärung für die weitverbreiteten dunklen Gebiete des Planeten nahezu ausgeschlossen.
Die „Kanäle“ stellte man sich nun als trockengelegte, ehemalige Wasseradern auf einem Wüstenplaneten vor. Dieser Eindruck verstärkte sich, als man die Vermutung durch physikalische Berechnungen stützen konnte.
Über den Umfang an Atmosphäre, die man auf dem Mars erwarten konnte, gab es zwei Denkansätze:

- 1. man nahm an, die Mars-Atmosphäre sei wegen der reduzierten Schwerkraft zwar geringfügig dünner, aber vergleichbar mit der irdischen oder

- 2. der Mars habe eine Atmosphäre, die seiner Masse entsprechen mußte.

Da die Masse nur etwa 11% der Erde beträgt, entspräche der Druck in Bodennähe, bei einem äquivalenten Prozentsatz an Atmosphäre, durch die geringere Schwerkraft nur knapp 14% des Drucks auf der Erde. Dies entspricht einer Erdatmosphäre in 1.500 Metern Höhe. Wasser könnte unter diesen Bedingungen nicht mehr in flüssiger Form vorliegen, Ozeane würden sehr schnell verdunsten. Demzufolge wären die Polkappen für Wasservorkommen die einzigen beständigen Regionen auf dem Planeten.
An diese Überlegungen knüpfte Lowell an, als er schrieb, daß die „Erbauer der Marskanäle“ einen letzten verzweifelten Versuch unternahmen, die restlichen Wasserbestände in ihre Äquatorialgebiete umzulenken. Sie kämpften gegen „das Sterben eines Planeten.“
Durch die einst nur ungenauen Methoden und nur spärlich vorhandenen Daten zur Ermittlung des exakten Atmosphärendrucks, bewegten sich die Vorstellungen über den Mars zunehmend hin zu einem „aussterbenden Planeten“.
Während physikalische Berechnungen späterer Generationen darauf hindeuteten, daß der Mars wohl grundsätzlich kein Leben begünstige, ganz abgesehen von Intelligenz, war Percival Lowell zu seiner Zeit noch engagiert mit einer intensiven öffentlichen Kampagne, um seine Theorien zu verteidigen. Er war davon beseelt, daß Marsbewohner nicht nur existent seien oder waren, sondern er glaubte auch, daß ihre „grandiosen Bauleistungen“, die weit das mondiale Niveau überschritten haben konnten, ein Zeichen für eine (frühere) Hochkultur mit wissenschaftlichen und sozialen Errungenschaften darstellten.

Lowells Vision eines sterbenden, ausgedörrten Planeten, auf dem die Bewohner in einem verzweifelten Überlebenskampf gegen Umweltveränderungen standen - sie hat, wie keine Fiktion zuvor, die Phantasie der Naturwissenschaftler dieser Zeit beflügelt.

Eine später vorgenommene Erweiterung seines Gedankengebäudes über „Marsianer", die, konfrontiert mit ihrem wahren Feind, der Umwelt, ihren Planeten zu einer einzigen „politischen Einheit vereinten", diese Vorstellungen gingen irgendwie später verloren.
H.G. Wells, ein damals beliebter Schriftsteller für Phantasie-Romane, verwandelte 1898 Lowells Bild einer Rasse von „tapferen Marsbewohnern" in eine Rasse „imperialistischer und rücksichtsloser Marsbewohner", die, auf ihrer Jagd nach Wasser, und in der Hoffnung auf einen Neuanfang für ihre sterbende Zivilisation, vor nichts haltmachen - auch nicht vor einer Invasion der Erde.
Es war Wells' Erzählung *Krieg der Welten,* die in den fünfziger Jahren zum Ausgangspunkt für verschiedene zweitklassige Kinoverfilmungen wurde. Auch der Terminus „BEM", Bug-Eyed Monster (Monster mit Käferaugen), wurde damals geprägt.
Diese fremdenfeindliche Entfernung von Lowells ursprünglicher Sichtweise rührte zum Teil von der unverhohlenen, imperialistischen Ausbeutung damaliger Kolonialstaaten durch Großbritannien und anderer Staaten dieser Epoche. Die Vorstellung über außerirdisches Leben sollte die Erdbevölkerung noch Jahrzehnte beeinflussen: es scheint mir ein lehrreiches Beispiel für Schlußfolgerungen aus *nicht* existenten Fakten.
Lowells phantasievolles Kanalnetz, das in verschiedenen Büchern[1] von ihm beschrieben wurde, stellte sich schließlich und definitiv als nicht existent heraus oder, wie Carl Sagan es einmal treffend darstellte, „es war eigentlich nie die Frage, ob das 'Kanalnetz' durch 'Intelligenz' geschaffen worden sei. Es ginge nur darum, auf welcher Seite des Teleskops es existierte - auf der Erde oder auf dem Planeten Mars?".[2]

---

[1] Lowell, P., Mars, Boston: Houghton, Mifflin & Company, 1896; Lowell, P., Mars and its Canals, New York, Macmillan, 1906; Lowell, P., Mars as an Abode of Life, New York, Macmillan, 1908.

[2] Sagan, C., The Cosmic Connection. An Exterrestrial Perspective, New York, Doubleday, 1973.

Spätere Mariner-Missionen, die mit Mariner-4' historischem Anflug zum Mars im Juli 1965 gestartet wurden, sollten zeigen, daß die „Kanäle“ eine optische Täuschung waren, eine Mischung aus kleinen, zufälligen Details, in Verbindung mit einem typisch menschlichen Bedürfnis, unklare Strukturen in einem schlüssigen Muster unterzubringen.
Somit starben einige Marslegenden - und mit ihnen die „Marsbewohner.“

Der Planet, entzaubert durch modernste Technik,[1, 2] war sehr viel „feindseliger“ und lebensfeindlicher als die schärfsten Kritiker von Lowell aus dieser Zeit zu behaupten gewagt hätten.
Es wurde ein Atmosphärendruck gemessen, der weniger als 1% des Drucks der Erde betrug. Das entspricht den Bedingungen in 30.000 Metern Höhe über der Erdoberfläche.
Ähnlich sieht es bei den Temperaturen aus. Mit Ausnahme einer kleinen umschriebenen Region von 10-12 °C, beiderseits des Äquators, übersteigen sie nirgends den Gefrierpunkt von Wasser. Durch die Mariner- und Viking-Sonden sowie deren Landeeinheiten wurde Wasser als ein *schwindend* knappes Gut auf dem Mars festgestellt. Würde man das in der Atmosphäre und den Polkappen befindliche Wasser des gesamten Planeten kondensieren, würde es nicht einmal den Erie-See füllen - und das auf einem Himmelskörper mit einer Oberfläche, die der Summe aller unserer Kontinentalgebiete entspricht![3]
Ohne genügend Wasser in flüssiger Form, darüber waren sich die Biologen einig, war Leben auf dem Mars zweifelhaft geworden und bestenfalls auf Mikroorganismen beschränkt vorstellbar.

---

[1] Leighton, R.B. et.al., „Mariner-IV Photography of Mars: Initial Results“, Science 149, 627, 1965.

[2] Leighton, R.B. et.al., „Mariner-6 and Mariner -7 Pictures: Preliminary Analysis“, Science 166, 49, 1969.

[3] Wallace, A.R., Is Mars Habitable?, London, Macmillan, 1907.

Ein weiteres Argument gegen die Existenz von Formen höherentwickelten Lebens war das völlige Fehlen *freien* Sauerstoffs. Mehr als 90% dieser schwachen Atmosphäre von 6 Millibar (unsere eigene Atmosphäre hat einen Druck von 1.013,25 Millibar) bestanden aus CO_2. Wenn primitives Leben auf dem Mars existiert, warum nutzt es dann nicht den Syntheseweg, um Kohlendioxid in Sauerstoff umzuwandeln - wie das bei der Photosynthese auf der Erde ständig geschieht? Dies nur eine von vielen Fragen, die seither die Wissenschaftler stellten.

Dann war da noch das Argument hinsichtlich des *Ozons:*

Ohne den schützenden Sauerstoff, in Form des drei-atomigen Moleküls Ozon, würde jeder Organismus schnell der tödlichen ultravioletten Strahlung erliegen.

Die gefundenen Krater-Formationen sprachen nach Ansicht vieler Wissenschaftler ebenfalls gegen die Existenz von Lebensformen.

Ein paar vorausschauende Astronomen wie Opik, Baldwin und Tombaugh, hatten in den Jahrzehnten vor Beginn der Missionen das Bestehen dieser besonderen topographischen Charakteristika vorausgesagt - es war die *große Anzahl* gut „erhaltener" asteroider Einschläge, die so enttäuschte.

In Anbetracht der kraterübersäten Oberfläche des Mondes, die allein schon durch die Art der Kraterformationen, sich als völlig lebensfeindlich herausstellte, waren die *Merkmale* und *Anzahl* der Einschläge auf dem Mars ebenso richtungsweisend für alle weiteren Mutmaßungen. Durch die bei Mond und Mars allein schon visuellen Analogien unendlich weiter Kraterlandschaften war der Schluß auf einen weiteren „toten" Himmelskörper naheliegend. Dies erwies sich auch als zutreffend.

Die gute *Konservierung* unzähliger Krater ließ auf eine mangelnde Erosion in früherer Zeit schließen. Es konnte keine Regenfälle an einem Marsmorgen, keine wilden Orkane und Tornados in einer „Regenzeit" gegeben haben. Doch weit entscheidender sind die vielen geologischen Ur-Landformen[1], die darauf schließen lassen, daß der Mars sowohl geologisch als auch biologisch wenig „bieten" konnte.

Keine großen Bergketten, keine höhergelegenen „Kontinente" und „Meeresbecken", die infolge dynamischer Vorgänge aus dem Inneren unserer Erde, in ständigem Fluß neu geschaffen und wieder abgebaut worden waren - nichts davon konnten wir entdecken.

Die Existenz so vieler, „gut erhaltener" Krater, zum ersten Mal durch die Mariner-4-Sonde auf Fernsehaufnahmen bestätigt - es bedeutete das Aus für viele Träume.

Die „Konservierung" vieler geologisch-urzeitlicher Strukturen bedeutete, daß der Mars offensichtlich schon vor langer Zeit gestorben sein mußte - oder bisher nie zum Leben erweckt worden war.

Das paßte nicht in das Bild, das sich Lowell noch vor wenigen Jahren vorgestellt hatte: eine langsam „sterbende Welt", deren Atmosphäre im All verschwand - und in diesem Punkt der Evolutionsphase der Erde „voraus" war...

Nein, das Bild ergab nun eher, daß der Mars niemals eine Atmosphäre gehabt haben konnte. Ihm fehlten auch die inneren Wärmequellen der Erde, die für die Ausgasung atmosphärenbildender Substanzen notwendig gewesen wären.

Die Existenz dieser unzähligen Krater und das Fehlen anderer, durch vulkanische Eruptionen aus dem Inneren entstandenen, geologischen Formationen; sie lieferten die entscheidenden Erklärungen.

Im Jahre 1969, zu einer Zeit als gerade amerikanische Astronauten den „toten, grauen Mond" erreichten, bestätigten die Roboter-Sonden dieses bedrückende Bild auch für den Mars und fügten somit den letzten Planeten unseres Sonnensystems, mit dem lange Zeit so große Hoffnungen verknüpft waren, ein in die Reihe der *leblosen* Planeten unseres Sonnensystems.

---

[1] Krater entstanden in der Mehrheit in den „ersten Stunden" der Existenz unseres Sonnensystems - vor fast 4 Milliarden Jahren.

Besonders hart betroffen von der „Phase der Desillusionierung" war das unbemannte Raumfahrtprogramm der NASA. Dies äußerte sich unter anderem darin, daß nach dem Viking-Projekt (es war bereits 1969 geplant worden) fast zehn Jahre lang vom U.S.-Kongress keine weiteren Mars-Missionen, weder genehmigt noch von der Raumfahrt-Behörde gefordert wurden.
Mit Ausnahme des Galileo Programms zur Jupiter-Umrundung und Untersuchung seiner Atmosphäre aus nächster Nähe, wurden keine weiteren Erkundungen unseres Sonnensystems, *gleich welcher Art*, von der Regierung der Vereinigten Staaten finanziert.
Nach der Einstellung einst so ruhmreicher Erkundungsflüge drängt sich uns der Vergleich mit der „Ermordung des Botschafters schlechter Nachrichten" auf. Die Ernüchterung darüber, daß wir *alleine* auf dem dritten Planeten eines ansonsten toten Sonnensystems leben - es hatte vielen den Enthusiasmus für weitere Erkundungen genommen.
Einer Generation, die mit Marslegenden aufgewachsen war, mit den Phantasien Edgar Rice Burroughs bis zu den bedrückenden Bildern in Bradburys unsterblicher Erzählung von Erdenmenschen, die schweigend durch verlassene Städte wanderten, vorbei an monderhellten Kanälen - die „Boten" hatten wirklich schlechte Nachrichten gebracht...

Doch wenn nun wesentliche Kriterien, womit bei bei der Suche nach „Marsianern" geurteilt worden war - einfach nicht so zutreffend gewesen wären? Wenn nun eine Tür, die definitiv geschlossen schien, nun wieder geöffnet würde ... wenn auch nur einen Spalt breit?
Und genau dies geschah im Jahre 1971 .
Die Gelegenheit kam, als erstmals die Mariner-9-Sonde auf eine künstliche Umlaufbahn des Mars gebracht wurde. Es war geplant, daß Mariner-9, zumindest für die nächsten 50 Jahre, dort als künstlicher „Mond" seine Beobachtungen durchführen sollte. Das nichtsterilisierte Raumschiff sollte, solange die Frage möglicher Lebens-

formen auf dem Mars nicht definitiv geklärt war, durch eine stabile Umlaufbahn, über lange Zeit daran gehindert werden, durch frühzeitiges Eintauchen in die Atmosphäre fremde Lebensformen einzuschleppen. Auch in der Naturwissenschaft gibt es ein Prinzip *Hoffnung ...*

Als plötzlich bekannt wurde, daß Mariner-9 um einen *Planeten* kreiste, der einfach *anders* war als wir glaubten zu wissen, waren viele wie elektrisiert. Von einer exponierten Position aus der Umlaufbahn flossen Fernsehbilder mit schärfsten Details auf die Erde zurück. Hochwertiges Bildmaterial mit vielen Details wurde auf die Erde gefunkt.[1] Sie standen teilweise in Widerspruch zu den bisherigen Ergebnissen aus meist unscharfen „Schnappschüssen" der Mariner-4, -6 und -7-Flügen.

Zweifellos, die Atmosphäre war deshalb immer noch unverändert kalt (für eine atmende Lunge), die Temperaturen extrem, wie eh und je: von „lauen" +12°C in der Mittagssonne des Äquators, bis zu eisigen -130°C in einer Marsnacht. Nein, es waren die neu hinzugekommenen Möglichkeiten, z.B. den gesamten Planeten kartographisch-photographisch zu erfassen[2], welche die Raumforscher dazu bewegte, ihre Eindrücke des ersten Augenblicks neu zu überprüfen. Es stellte sich nun heraus, daß jede bisherige Mission während des Vorbeifluges am Mars, zufälligerweise, die gleiche Hemisphäre sondiert hatte - den „öden" Teil!

Während das Mariner-9-Raumschiff zweimal am Tag um den Planeten flog, zeigten seine Bildmosaike der Oberfläche erstmals, im wahrsten Sinne, „eine ganz neue Seite" des rätselhaften Roten Planeten. Der Mars schien ganz offensichtlich aus zwei völlig verschiedenen Hemisphären zu bestehen. Aus einer, die wir bisher schon relativ genau kannten, und einer anderen, weniger bekann-

---

[1] Mars as Viewed by Mariner-9, NASA SP-329, Washington D.C.: U.S. Government Printing Office, 1974; Hartmann, W.H. and Raper, O., The New Mars; The Discoveries of Mariner-9, NASA SP-337, Washington D.C.: U.S. Government Printing Office, 1974.

[2] bei früheren Annäherungen wurden lediglich 10% der Oberfläche fotografisch erfaßt

ten, die eine Menge neuer, außergewöhnlicher Merkmale aufwies und sich dadurch von allen anderen Planeten unterschied - auch, was die Größenordnungen einiger Formationen anbetraf.

Eine Besonderheit war der „größte Schildvulkan“[1], der bisher in unserem Sonnensystem entdeckt wurde, so schwärmte man in Fachkreisen. Endlich!, es war schließlich ein überzeugender Beweis dafür, daß die Marsoberfläche nicht so „leblos“ war, der Eindruck möglicherweise nur täuschte.

Der Vulkankegel ist über 27 km hoch und hat einen Durchmesser von 500 km. Die Existenz einer solch großen Masse von Lava setzt eine hoch-aktive, riesige Wärmequelle im Inneren des Planeten voraus. Diese geologische Formation - die den Namen „Mons Olympus“ erhielt, *Berg des Olymps,* ist einer von vier „Schildvulkanen“, die Mariner-9 in dieser Region entdeckte. Andere liegen auf einem Höhenrücken, der in etwa von Nordosten nach Südwesten verläuft - sie hatten alle etwa die gleiche Höhe. Schwerkraftmessungen[2] hatten ergeben, daß diese gewaltige „Tharsis Erhebung“ - 3000 km lang, bis zu 10 km hoch! - anscheinend die Folge einer enormen, sich über die äußere Kruste des Planeten ergießende Lava-Eruption gewesen sein mußte.

Die Tatsache, daß überhaupt ein „Massiv“ dieser Art existierte[3], zeitigte bei der fortwährenden Diskussion über die Vergangenheit des Planeten einen ausgefallenen Vorschlag:

Der *Mons Olympus* könne zu den *jüngsten* Oberflächenstrukturen auf dem Planeten zählen, seine Lavaströme gar aus allerjüngster Vergangenheit stammen. So wäre erklärt, warum dessen unvorstellbare Gesteinsmassen an der Planeten-Kruste keine sichtbare Impression hinterlassen hatten.

---

[1] ein Typ, wie man ihn auf Hawaii häufig findet.

[2] indirekt gemessen durch Ablenkungen der Sonde in ihrer Orbitalbahn, beim Überfliegen des Steinmassivs

[3] als Gegensatz zu einer eher gegenläufigen Tendenz großer Gesteinsmassen, Planeten-Krusten einzudrücken!

Dieser Sichtweise zufolge konnte der Mars ebenso gut noch in einer Phase der Erwärmung stehen, da das Zeitalter, in dem die letzte Eruptionsphase des Olympus angenommen wurde, „nur" ein paar hundert Millionen Jahre zurückliegen konnte.
Während noch die Geologen des Mariner-9-Teams versuchten, alle weiteren möglichen Folgerungen dieser interessanten Hypothese zu berücksichtigen, versorgten uns Kameras der Mariner-9-Sonde mit weiteren Überraschungen: seltsame Bilder einer Region aus „gestapelten Formationen", um die Marspole angeordnet. Auf den hochauflösenden Bildern zeigten sich diese eigenartigen „Stapelungen" als wechselnde Lagen von „hellem und dunklem Material"; am ehesten konnte man sie als Ablagerungen an den Polarregionen des Planeten interpretieren.
Erste Spekulationen darüber, was zu den rätselhaften Ablagerungen geführt haben könnte, zentrierten sich auf sedimentartige Ablagerungen von gefrorenem Kohlendioxid-Eis, wobei die dunkleren Lagen am wahrscheinlichsten aus einer Mischung dieses „Trockeneises" mit Staub bestehen konnten.
Es dauerte nicht lange und Geologen fanden eine faszinierende Erklärung für diese hochinteressanten Formationen: episodische Ablagerungen und/oder Erosionen von Eisschichten, gebildet in Reaktion mit drastischen, *periodischen Änderungen* des Marsklimas.
Die Ankunft der Sonde im November 1971, während eines tobenden Sandsturms, vergegenwärtigte jedem Wissenschaftler des Mariner-9-Teams die Auswirkungen solch eines gewaltigen Naturschauspiels. Dieser Sturm löschte für einige Monate jegliche Bildübertragung der Erdteleskope und Sonden-Kameras aus. Es wurde vermutet, daß diese Sandstürme wechselnder Häufigkeit und Stärke als Kristallisationskern des Klimas wirken und somit die Eisablagerungen mit unterschiedlichstem Staubgehalt an den Polarkappen erklärten. Weitere faszinierende Hypothesen ergaben sich daraus: die Möglichkeit eines - einstmalig - *höheren* Atmosphären-

drucks. Damit wäre eine völlig andere Mars-Umwelt vorstellbar geworden.
Doch dann wurde durch Mariner-9 die wahrscheinlich bedeutendste Beobachtung gemacht, die nicht zuletzt auch die Interpretation der Stapelformationen sowie der Altersbestimmung der Schildvulkane beeinflussen sollte: *Mariner-9 stieß auf die Kanalstrukturen.*
Nicht die eingangs erwähnten, falsch interpretierten „canali", sondern *Rinnen*: natürliche Erosionsformationen im staubtrockenen Boden. Einem Beobachter schienen sie wie Windungen eines „einst mächtigen Mars-Mississipis" .
Diese Beobachtung und deren mögliche Interpretationen löste unter den Geologen eine hitzige Kontroverse aus, die auch heute noch, mehr als 15 Jahre nach der Entdeckung, nicht an Brisanz verloren hat.
Da bisherige Mariner-Ergebnisse auf einen trockenen, lebensfeindlichen Mars hingewiesen hatten, galt es nun für die Wissenschaftler, erneut umzudenken: die Akzeptanz der Hypothese, daß *flüssiges Wasser* diese Oberflächenstrukturen geschaffen haben könnte. Einige versuchten, diese Formationen als Ergebnis alternativer Prozesse zu erklären: von Rissen in der Oberfläche, bis zu Erosionen, die durch nicht-wässrige Flüssigkeiten ausgelöst sein könnten.[1] Ein Wissenschaftler frotzelte: „So ungefähr das einzige, was *nicht* im Gespräch war, hieß Champagner und nur deshalb, weil es wohl davon im All so wenig gibt."

Der Schatten eines Lowell'schen Planeten tauchte auf.
Die Tür war wieder geöffnet worden ...
Noch viele Jahre danach war die Wissenschaft über den Mars weiterhin geteilter Meinung. Die einen glaubten, in den letzten Ergebnissen verblüffende Beweise für einen „anderen Planeten Mars" zu sehen, und auf der anderen Seite gab es diejenigen, die an der

[1] auch seltene Kohlenwasserstoffe wurden vorgeschlagen

„alten Mars-Vorstellung“ weiter festhielten: der ausgetrockneten, trostlosen Welt, die uns Mariner-4 ausgeleuchtet hatte.
Für Letztere waren die „von Kratern überzogenen, geologisch alten Hochebenen“ auf dem Mars eine Bestätigung gegen die Behauptung der anderen Gruppe hinsichtlich „feuchter“ Epochen des Marsklimas. Denn, so betonten die „trocken orientierten“ Geologen, wie sollte das Fortbestehen so vieler Formationen aus den frühesten Zeiten des Planeten mit einer „tropfnassen“ Marsatmosphäre in Einklang gebracht werden? Wasser, insbesondere *frei* fließendes Wasser, sei schließlich auf der Erde für seine starken, erosiven Kräfte bekannt.
Dr. Bruce Murray, Mitglied der Mariner-9-Mannschaft, stellte es folgendermaßen dar: „Wenn die Kanäle durch Regenfälle geschaffen wurden, müsse man, so scheint es, zwei Wunder nacheinander voraussetzen: eines, um eine erden-ähnliche Atmosphäre für eine kurze Zeitspanne zu erschaffen und ein weiteres, um sie nach kurzer Zeit wieder zu zerstören.“
Auch die mysteriöse Region der „Stapelformationen“ an beiden Marspolen schürte weitere Kontroversen.
Während der vorläufigen Datierung der Kanäle[1] gab es Hinweise, daß einige von ihnen sehr alt sein mußten. Eine modifizierte Kraterzählmethode, die bei den „Stapelformationen“ angewandt wurde, ergab zwei Erklärungsmöglichkeiten: entweder besaß diese Region soviel erosive Potenz, daß die Krater in gleichem Maße, wie sie durch laufende Einschläge entstanden, durch Erosionskräfte wieder abgebaut wurden oder das Gebiet war geologisch noch sehr jung - schätzungsweise etwa 100 Millionen Jahre.
Wenn diese Schichten, diese einzigartigen geologischen Formationen wirklich das Ergebnis von Schwankungen des Marsklimas wa-

[1] mittels eines Zählverfahrens ausgewertet: Auflistung der Anzahl von Kratern einer bestimmten Größe im Bereich der Kanalstrukturen, in Beziehung zu dem kalibrierten Alter der Einschläge pro Zeitraum, bezogen auf ein entsprechendes Gebiet auf dem Mond.

ren, dann implizierte diese „Jugend“ auch relativ „junge“ Veränderungen in der Atmosphäre.
Konnte ein Klima, das zu einem „Lowell'schen Mars“ notwendig gewesen sein mußte, vor 100 Millionen Jahren, also vor sehr kurzer Zeit existiert haben?
Einige Wissenschaftler, die mit dem Mariner-Projekt befaßt waren, begannen dazu Berechnungen durchzuführen.
Ein grundlegender Parameter für Klimaveränderungen ist die Schwankung der Menge an absorbierter und erneut in die Atmosphäre abgegebener Energie. Da beim Mars diese Energie vom Sonnenlicht herrührt, suchten die Forscher die Entscheidung für eine von zwei möglichen Ereignissen: starke Schwankungen der Energieabstrahlung der Sonne oder starke Schwankung in der Verteilung der Sonnenlichtenergie auf der Marsoberfläche kamen in Betracht.
Warum sollte nur die Verteilung der Energie entscheidend sein?
Um eine drastische Veränderung des Klimas des Planeten zu bewirken, so wurde argumentiert, müßten größere freiwerdende Flüssigkeitsmengen postuliert werden, z.B. durch Auftauen von CO_2-Eis oder gefrorenen Wassers.
Mariner-4-Ergebnisse hatten es vorbereitet, Mariner-6 und -7-Untersuchungen hatten es bereits bestätigt und die Instrumente von Mariner-9 bekräftigen die Vermutung, daß die derzeitigen Polkappen des Mars aus gefrorenem CO_2 bestehen mußten - aus Trokkeneis, wenn man so will.
Einige Mitglieder des Mariner-Teams hatten den Verdacht, daß unter den alljährlich stark schwankenden Polkappen - man konnte seit Jahrhunderten das Zu- und Abnehmen von der Erde aus beobachten - noch gigantische „Reste“ älterer Polkappen verborgen sein konnten. Nach deren Vorstellungen mußten sie aus tiefer liegendem, sedimentartig gefrorenem CO_2 entstanden sein.
Würden die Polkappen „erwärmt“ - und seien es nur wenige Grad - könnte womöglich eine „schlafende Atmosphäre“ geweckt werden, so argumentierten einige Wissenschaftler, und als Folge davon

wiederum könnte die ausgedünnte Atmosphäre erneut zugenommen haben.
Mathematische Untersuchungen konzentrierten sich auf Veränderungen in der Marsumlaufbahn.[1]
Insbesondere suchten die Forscher nach einer Lösung, um zu erklären, wie zusätzliche Reserven an gefrorenem CO_2 periodisch freigesetzt werden konnten - z.B. durch einen geringfügigen Anstieg der Sonnenstrahlung mit Einfluß auf beide Polkappen. Anfangs schien eine Kombination aus zwei Faktoren favorisiert:

- die langsame, aber berechenbare „Präzession“ der Polachse, bewirkt durch am Marsäquator angreifende Gravitationskräfte der Sonne und
- eine ebenso vorausberechenbare Präzession der Orbitalebene des Mars um die Sonne.

Gemeinsam könnten diese Kräfte ausreichen, um genügend zusätzliche Sonnenenergie in der Polarregionen wirksam werden zu lassen - zumindest um einen Teil des gebundenen CO_2 zu lösen.
Dieser Mechanismus wurde 1966 zum ersten Mal vorausgesagt[2] und sollte für die Menge an zusätzlicher Sonnenenergie an den Marspolen verantwortlich sein, die somit im Laufe von 50.000 Jahren um ca. 1% zunehmen würde.[3] Den Autoren Drs. Robert Leighton und Bruce Murray zufolge hätte diese Hypothese genügend Erklärungskraft für die alljährlichen unzähligen Sandstürme, die für die „chip-artige Stapelung“ aus hellem und dunklem Material in der Region der Polkappen verantwortlich gemacht werden. Insgesamt jedoch wurden die allgemein-klimatologischen Auswirkungen als sehr gering eingestuft. Sie könnten nicht - dieser Theo-

[1] es fehlten Beweise für eine Intensitätszunahme des Sonnenlichtes auf der Erde und deren Folgen auf unser Klima -

[2] noch vor der Entdeckung der „Stapelformationen“ durch Mariner-9 im Jahre 1971

[3] Leighton, R.B. und Murray, B.C., „Behavior of Carbon Dioxide and Other Volatiles on Mars“, Science 153, 136, 1966.

rie zufolge - für die Schichtung von etwa zehn einzelnen Sedimenten zu jeweils größeren Platten verantwortlich sein.
Diese Formationen mußten einst glattbegrenzte Kanten besessen haben, die im Laufe der Zeit schließlich jedoch erodierten. Sie gaben dieser Region ihr unverwechselbares Aussehen eines „umgestürzten Haufens von Jetons“[1] gaben. Die Existenz dieser „Jetons“ setzte langanhaltende häufige Perioden klimatischer Veränderungen auf dem Mars zwingend voraus.

Bei der Prüfung des Wahrscheinlichen setzt sich die Wissenschaft nicht selten im Unwahrscheinlichen fest. Genauso war es mit den Hypothesen, die erklären sollten, welche Faktoren für die Veränderungen im Marsklima verantwortlich waren.
Im Laufe der Untersuchungen traf Murray, einer der Autoren und zwei seiner Kollegen - Ward und Yeung - auf etwas, das sie selbst als „bisher nicht erkannte, langphasige periodische Abweichungen der Sonneneinstrahlung“ definierten, die „den Mars beeinflußt und geeignet ist, Zu- und Abnahme jährlicher CO_2-Ablagerungen zu erklären - wahrscheinlich auch das Entstehen globaler Sandstürme.“
Murray, Ward und Yeung stellen übereinstimmend fest, daß „die Abweichungen der Sonneneinstrahlung durch *Abweichungen in der Exzentrizität der Marsumlaufbahn* hervorgerufen werden.“[2]
Dieses Phänomen, abgeleitet von Überlegungen der beiden Astronomen Brouwer und Van Woerkom aus einer zehn Jahre alten Schrift über minimale Schwankungen der ellipsoiden Marsumlaufbahn[3], wurde durch die Gruppe um Murray entdeckt. Es hatte grundlegenden Einfluß auf zukünftige Erklärungsmodelle der Klimaveränderungen des Mars.

---

1 Roulette-Marken

2 Murray, B.C., Ward, W.R. und Yeung, S.C., „Periodic Insolation Variations on Mars“, Science 180, 638, 1973.

3 induziert hauptsächlich durch die Gravitationsfelder von Erde und Jupiter.

Weiter entdeckten sie, daß die Exzentrizität der Marsumlaufbahn[1] in zwei überlagerten Perioden oszillierte: einer „kurzen, periodischen“ Abweichung alle 95.000 Jahre und einer „langen periodischen“ Schwankung von etwa 2 Millionen Jahren.
Die Umlaufbahn kann also bei ihren „Ausreißern“ von der „Norm“ variieren, von nahezu kreisförmig bis ellipsoid weit über das derzeitige Variationsmaß hinaus (Faktor 0,004 - 0,1).
Man muß kein Naturwissenschaftler sein, um die Konsequenzen dieser Schwankungen des Abstandes zur Sonne zu erkennen: je kleiner der - mittlere - Abstand ist, desto wärmer wird es; je weiter sich der Planet von der Sonne entfernt, desto stärker wird die Temperatur sinken. Wenn diese Veränderungen im Laufe eines einzigen Jahres stattfinden (das ist wahrscheinlich dann der Fall, wenn die Umlaufbahn nicht kreisförmig ist), so liegen die Folgen für die Jahreszeiten auf der Hand.
Die der Sonne zugeneigte Hemisphäre - und somit deren Pol - wird dann einen ungewöhnlich warmen Sommer erleben, während der Winter auf der anderen Hemisphäre milder sein wird als normal. Eine halbe Umlaufbahn weiter entwickelt sich die Situation entgegengesetzt: der Winter auf der Hemisphäre unseres Beispiels wird stattfinden, wenn der Planet am weitesten von der Sonne entfernt ist, während die Sommerhemisphäre durch die größere Entfernung weniger Sonnenlicht bzw. Erwärmung erfährt.
Murray, Ward und Yeung erkannten, daß, wenn das Maß der Abweichung der Entfernung von der Sonne *variierte*, die Auswirkungen auf die allgemeine Temperatur des Mars auch variieren mußten. Aus diesem Grunde mußte es zu Abweichungen sowohl bei langfristigen Klimabedingungen als auch bei den Ablagerungen des gefrorenen CO_2 an den Polkappen kommen. Mit deren eigenen Worten:

---

1 Abweichung von einem exakten Kreis

„Diese Muster abweichender Sonnenabstrahlung scheinen durch die verblüffende Korrelation mit Fluktuationen langer und kurzer Perioden von Sedimentablagerungen dokumentiert worden zu sein."

Doch in diesen weitgreifenden Erkenntnissen verbargen sich Überraschungen. Ward warnte in einer Fußnote seiner Arbeit vor Schwierigkeiten:

'Man fand heraus (in Brouwers und Van Woerkams Berechnungen), daß die Neigung der Marsumlaufbahn zwischen 0° und 6,5° betragen könne ...' Die Wirkung dieser Neigung auf die Inklination der polaren Mars-Achse ist nicht unmittelbar ersichtlich."[1]

Die Bedeutung seiner Äußerung war, daß eine Veränderung der Neigung der Planetenachse - bezogen auf die Ebene seiner Umlaufbahn - durch eine Art „dynamische Kopplung" aus veränderlicher Exzentrizität und der kontinuierlichen Präzession (Taumeln) der Polarachse des Planeten, grundlegend die Summe an Sonnenlicht an den Polregionen beeinflußt.

Stellen Sie sich vor, der jetzige Neigungswinkel der Erdachse - ungefähr 23,5 Grad von der Vertikalen - würde sich verändern. Die Polkappen würden in zunehmendem Maße schmelzen[2], mehr Wasserdampf in der Atmosphäre würde die Anzahl und Stärke gewaltiger Stürme erhöhen und nicht zuletzt hätten die Ozeane die Tendenz anzuschwellen - Städte wie Paris, London und New York würden von der Bildfläche verschwinden!

In vergangenen geologischen Zeitaltern zeigte die Neigung der Erdachse, bezogen auf ihren Orbit um die Sonne, nur geringe Schwankungen. „Doch die Bedingungen auf dem Mars", so fuhr Warden fort, „ermöglichten eine starke Varianz der Achsenneigung."[3]

---

[1] Murray, B.C., Ward, W.R. und Yeung, S.C., „Periodic Insolation Variations on Mars", Science 180, 638, 1973.

[2] bei Vergrößerung des Neigungswinkels

[3] Murray, B.C., Ward, W.R. und Yeung, S.C., „Periodic Insolation Variations on Mars", Science 180, 638, 1973.

Der Grund dafür war in der Unsicherheit über das Vorkommen von Wasser zu suchen.
Eine der heftigsten Kontroversen *vor* der Mariner-9-Mission wurde über die Lage und Mengen möglicher Wasservorräte des Mars geführt. Mariner-4, -6 und -7-Untersuchungen hatten die Vermutung bestärkt, daß die polaren Eiskappen nicht mit denen der Erde vergleichbar seien, sondern aus gefrorenem CO_2 bestehen mußten. Temperaturmessungen von Mariner-6 und -7 an der südlichen Polarkappe bestätigten die ultra-tiefen Temperaturen, die für die „Trockeneis-Theorie" zu fordern notwendig waren."

Der Mars nimmt als Experimentierfeld eine besondere Stellung ein: nirgendwo sonst in unserem Sonnensystem hatten wir bisher beobachten können, daß eine vorherrschende Komponente der Planetenatmosphäre durch Kälte ausgefällt wird - und wie Schneeflocken sich in Sedimenten ablagert.[1]
Die Erde mit ihren großen Mengen an dampfförmigem Wasser zeigt andere Bedingungen. Schnee und Eis unserer Erde sind in geringer Menge allgegenwärtig in unserer Atmosphäre. Stellen wir uns vor, im Vergleich mit unserem Marsnachbarn, daß das vorherrschende Gas - Stickstoff - jährlich in gefrorener Form ablagern und wieder schmelzen würde - ein Phänomen, daß einen immensen Einfluß auf die Erde hätte, zumal der Gefrierpunkt von Stickstoff bei fast -185° C liegt!
Doch die Situation auf dem Mars ist anders. Dort gefriert das Kohlendioxid und wird an den Polarkappen abgelagert. Jedoch wegen des äußerst geringen Atmosphärendrucks gehen einige Wissenschaftler davon aus, daß selbst im Winterhalbjahr die *Menge* des ausgefällten CO_2 relativ gering sein muß - etwa ausreichend,

[1]Titan, der größte Saturnmond, kommt mit seinen Bedingungen dem am nächsten; Methan, ein Bestandteil seiner Stickstoffatmosphäre liegt, wegen Temperaturen von < -185°C, in gefrorener Form vor.

um gerade den Boden „höchstens ein paar Meter“ hoch zu bedekken[1].

Da bei den bisherigen Missionen auch Spuren von Wasserdampf in der Atmosphäre entdeckt wurden[2], tauchte natürlich die Frage auf: wo ist das Reservoir an gebundenem Wasser am wahrscheinlichsten anzunehmen, wenn auch nur in geringem Umfang? Während der Mariner-9-Mission ergab sich eine mögliche Antwort aus folgender Beobachtung:

Die Sonde erreichte die südliche Marshemisphäre im Sommer, also in der Zeit der Polkappenverkleinerung. Die Wissenschaftler hatten darauf gehofft, endlich den Rückgang der Trockeneisfelder aus nächster Nähe zu erfassen, um dann in der Lage zu sein, anhand der Menge an geschmolzenem Eis eine umfassende Theorie über die Beziehung zwischen der Masse der Polarkappen und dem jetzigen Atmosphärendruck zu formulieren.

Es wurde vorausgesagt - bevor die Mariner-9 die südliche Eiskappe untersuchte - daß die Polkappe im Sommerhalbjahr völlig verschwunden sein müsse - da auf dem Mars die Sommertemperaturen weit über den Gefrierpunkt von CO_2 (-85° C) steigen.

Man kann sich vorstellen, wie überrascht die Mitglieder des Mariner-9-Teams waren, als nach wenigen Wochen Beobachtung der prophezeite Rückzug des Eisfelds langsamer wurde; schließlich sistierte der Schmelzvorgang und die Masse blieb während des Rests der Sommerzeit *konstant*.

Diese Entwicklung konnte nur eines bedeuten: daß eine anders zusammengesetzte Schicht *unter* dem gefrorenen CO_2-Sediment liegen mußte - *mit einem anderen Gefrierpunkt*.

Es gab eigentlich nur eine Substanz, die für dieses Phänomen verantwortlich sein könnte: Wasser.

---

1 im Gegensatz zu den kilometerhohen Eisfeldern auf unserer Erde

2 Beobachtungen von der Erde aus bestätigten dies

Die residuale Eiskappe am Südpol des Mars als Reservoir für Wasser, das einst als Flüssigkeit an der Oberfläche existierte - und einst Kanäle gegraben hatte.
Was jetzt noch zu fordern war - irgendwann in der Vergangenheit - war ein Ereignis, daß den Mars „erwärmte“ und das Eis zum Schmelzen brachte. Der daraus freiwerdende Wasserdampf, in Verbindung mit den CO_2-Reserven, von denen man vermutete, daß sie irgendwo auf dem Planeten vorkamen[1] - in diesem Szenario hätte durch den daraus resultierenden „Treibhauseffekt“ die Durchschnittstemperatur des gesamten Planeten drastisch erhöht sein müssen.
Dies hätte den „Marsfrühling“ zur Folge haben können...
Bereits als der Viking-Orbiter 1976 zwei Sonden auf dem Planeten aussetzte, beschrieb Dr. William Ward die Bedingungen, die zu einem solchen „Frühling“ hätten erfüllt sein müssen.
In einer Reihe von Veröffentlichungen zwischen 1973 und 1981 untersuchten Ward und einige Co-Autoren die klimatischen Auswirkungen der zuvor nicht berücksichtigten spezifischen Schwankungen des Neigungswinkels der polaren Mars-Achse zu seiner Umlaufbahn .
Dabei entdeckten sie, daß der Mars eine Besonderheit besaß, einzigartig im gesamten Sonnensystem:
Er rotiert um seine Polarachse mit einer Schwankungsbreite von 24° (±12°).[2]
Eine Abweichung von der „normalen“ Neigung eines Planeten (≈ 25°), in dieser Größenordnung, könnte eine völlig veränderte Marsoberfläche hervorbringen: seine eisbedeckten Polkappen zur wärmenden Sonne weit vornüber gekippt, so könnte aus dem ehemals öden Gletscherplanet eine lebensfreundlichere, wärmere Welt - in

---

[1] im Gestein rund um die Polregion absorbiert?

[2] Privatkorrespondenz; Ward, W.R., „Large-Scale Obliquity Variations on Mars“, Science 180, 260, 1973; Ward, W.R., „Climatic Variations on Mars: Astronomical Theory of Insolation“, J. Geophys. Res. 79, 3375.

vergangenen Zeiten - entstanden sein. Eine Welt, die höherentwikkeltes Leben begünstigt haben könnte, in der Raum gewesen wäre für Wesen mit Intelligenz zum Bau einer Stadt - getrieben von dem Verlangen nach kultureller Arbeit, zum Schaffen eines großen Monuments, eines steinernen Gesichts...

4. Der Prüfstein für Leben auf dem Mars

„Sie schafften den Weg im Lichte steigender Zwillingsmonde
bis zum äußeren Rande der träumenden, leblosen Stadt.
Ihre Schatten hinter ihnen, es waren doppelte Schatten.
Es schien so, sie atmeten nicht, Minuten lang ..."
Ray Bradbury
The Martian Chronicles

Meine Gefühle schwankten zwischen einer plausiblen Einsicht, einer sinnvollen Erklärung und - völligem Unglauben.

Eine Stadt - auf dem Planeten Mars?

Realität oder war es nur Produkt meiner überhitzten Phantasie?
Ich konnte ja nicht leugnen, ich hatte mir gewünscht, daß eine solche Stadt existiert. Doch gleichzeitig war ich ängstlich berührt. Viele Menschen vergangener Generationen hatten Beweise für ein Leben auf dem Mars erhofft, Sehnsüchte so vieler waren durch den „reellen" Mars der Raumfahrtforschung zerstört worden.
Etwas in mir rief, „sie existierte!" - die Bestätigung der Marslegende.
Andererseits ermahnte ich mich, daß ich schließlich, im Sinne einer „self-fullfilling prophecy", unter „Zugzwang" gestanden hatte und nun auch etwas finden *mußte*.
Eine Regel besagt, daß Emotionen bei der Lösung von Forschungsproblemen hinderlich seien - unabhängig und distanziert habe der Wissenschaftler ans Werk zu gehen. Dies erscheint mißverständlich, denn: Wissenschaft wird, in ihrer besten Form, von leidenschaftlich engagierten Menschen durchgeführt und vorangetrieben. Das stereotype Bild vom „kalten, emotionslosen Wissenschaftler" ist nur die eine Seite. Erinnern wir uns des Weges großer Wissenschaftler wie Newton, Einstein und, wenn man so will, auch Lowell. Es war ihre Bereitschaft, Hypothesen, Meinungen ständig

neu zu *prüfen* - vor dem Hintergrund der „objektiven Realität" unserer Natur, eines Universums.

Die Größe eines Newton oder Einsteins steht außer Frage, nicht weil ein gebildeter, kleiner Kreis der Gesellschaft deren Gedanken *bevorzugte*, sondern weil durch ihre Arbeit auch alle anderen, weit weniger kreativen Individuen, die Konsequenz ihrer Tätigkeit an einem neuen „Standard" messen konnten. Diese revolutionären Erkenntnisse bildeten eine Orientierung, zu der jeder Zugang hatte. In diesem Fall bezog sich dieser neue Standard auf reproduzierbare Gesetzmäßigkeiten bei Bewegung von Gegenständen, auf Wirkungen von Kräften. Sie wurden durchgeführt in unserem größten „Labor", dem Universum.

Lowell, so möchte ich behaupten, verdient einen Platz unter den „kreativen, echten Wissenschaftlern", denn er nutzte seine Beobachtungen über die linienförmigen Markierungen auf dem Mars und entwickelte eine Reihe miteinander verknüpfter Thesen über:

- das jährliche Schrumpfen der Eiskappen an den Polen,
- die Dichte der Marsatmosphäre und
- die - damals primitive - Theorie planetarer Evolution.

Er stellte eine interessante Hypothese auf, um die Beobachtung der „Kanäle" zu erklären: er forderte die Existenz intelligenter Wesen - in früherer Zeit.

Während Lowells Suche nach Erklärungen für seine, zugegebenermaßen, sehr ausgefallene Hypothese, trug er selbst zur Bereicherung astronomischer Forschung bei: er baute ein Observatorium in einer trostlosen Wüstenregion, wo die Sichtbedingungen für ein Teleskop denen traditioneller Standorte (damals größtenteils in Städten) weit überlegen waren. Lowells unermüdliche, ja leidenschaftliche Suche nach Beweisen für „Marsianer" trugen durch seine Aktivitäten nicht zuletzt auch zu einem hohen Standard der teleskop-gestützten Astronomie bei.

Die Tatsache, daß Lowell mit seinen Kanal-Strukturen falsch lag, sagt nach meiner Meinung mehr über die Grenzen damaliger Technologie als über den Wissenschaftler Lowell aus.

Was ihm damals fehlte, das Entscheidende, das war eine Photographie...

In punkto der Hypothese über eine „Stadt auf dem Mars“ haben wir eine erste Hürde bereits überwunden. Und zwar etwas, daß Lowell nur erahnen konnte: die Viking-Sonden hatten uns mit exzellenten Photos vom steinernen Gesichtsgebildes sowie mit Bildern der pyramidalen Strukturen versorgt. Diese Objekte konnten nun endlich exakt vermessen werden - unabhängig davon, wie die Interpretation der Daten durch uns erfolgte.
Es galt nun, meine Vorstellungen - ob nun naheliegend oder nicht - einer letzten Prüfung zu unterziehen. Es galt, eine Möglichkeit zu finden, meine Hypothesen für andere Forscher nachvollziehbar zu machen.
Weit mehr aus dem Gefühl heraus, daß meine Vermutungen über eine Stadt auf dem Mars irreal sein mußten, als daß ich jemand hätte überzeugen wollen, begann ich, Lösungsansätze zur Verifizierung aufzustellen.
Am wichtigsten schien mir die Verfolgung der Frage nach dem ersten Grund zu einer Stadt, gerade an dieser Stelle, in dieser Anordnung?
Diese Fragestellung hatte sich als nützlich bei der steinernen Gesichtsstruktur erwiesen. Ich wurde somit gezwungen, über die *kulturellen Motive* hinter der Erschaffung eines solchen Monumentes nachzudenken. Ich ging auf die bereits gestellte Frage zurück:

> *„Woher kam der Antrieb zu einem gigantischen Unternehmen, solch ein massives, großartiges Bauwerk zu errichten. Hatte es eine religiöse Bedeutung für die Wesen, die es schufen?“*

Ich starrte auf das Monument in der Marswüste.
Distanziert, feierlich, eine gottähnliche Darstellung mit menschlichen Zügen, in einer Welt, wo sie einfach nicht hingehörte.

Das Alte Ägypten...

Die Blütezeit ägyptischer Hochkultur, von ersten Anfängen bis zum Erlöschen der Dynastien, die Ära dauerte 3000 Jahre. Viele Generationen von Bewohnern errichteten gigantische Konterfeis der Pharaonen, in Verehrung ihrer „Gott-Könige".
Man denkt an wuchtige Bauwerke, nicht nur an künstliche, pyramidale Berge, sondern an die Verewigung eines Menschen in Stein.
Während des „Neuen Königreichs" (1567 - 1085 v.Chr.) ließ Ramses-II, an einem Ort namens Abu-Simbel, vier 200m hohe Statuen mit seinem Konterfei aus den Sandsteinklippen hauen. Es zeigte ihn als gottähnliches Wesen. Nicht weit davon entfernt stand ein ebenso beeindruckender Tempel, geweiht der Königin Nofretete und vier weiteren massiven Sandstein-Bildnissen, die Ramses-II und zwei Abbilder der Königin selbst darstellen sollten.
Das geschah auf dem Höhepunkt der ägyptischen Hochkultur, die damals die gesamte Mittelmeerregion beherrschte. Ein Ägyptologe schrieb: „Das Zeitalter Ramses mit seinen großen Tempeln, seinen kolossalen Statuen, seine verherrlichenden Darstellungen der Leistungen ihrer Herrscher, markiert den Höhepunkt der Pharaonen-Dynastien.[1]
Während ich die Mars-Monumente auf meinen Bildern betrachtete, erscheinen mir die Worte des Ägyptologen in hohem Maße übertragbar zu sein:
Allein durch die riesige Ausdehnung der Monumente beginnt man in anderen Dimensionen zu denken. Es kam mir der Dichter Shelley in den Sinn, der durch eine der Ramses-Statuen inspiriert wurde:

Im Sand,
halb versunken, ein gebrochenes Gesicht...
Und auf dem Podest erscheinen die Worte:
„Mein Name ist Ozymandias, König der Könige:
Seht auf meine Werke, Ihr Mächtigen, und erzittert!"

[1] Casson, L., Krieger, L., consult. ed., Ancient Egypt, Time-Life Books, 1965.

Die Parallele zwischen der glanzvollen Kultur der Pharaonen und dem, was die Viking-Photos Millionen von Kilometern entfernt zeigten - sie existierte, unheimlich und zwingend.

Während ich in Gedanken eine Serie netzartig verbundener Möglichkeiten erwog: „Könnte ein Kontakt ... zwischen Menschen, die auf der Erde für die Ewigkeit gebaut hatten ... und denjenigen, die hier gebaut hatten ...?“) - doch rief ich mich zur Räson, „es ist für diese Folgerungen noch viel zu früh“.

Dennoch erschien mir der Vergleich sinnvoll und nützlich:

Die Formen ließen Parallelen zu:

Beides waren massige Bauwerke; beide waren sie erklärlich als ein Abbild einer unbekannten Gottheit oder eines göttlichen Führers und in beiden Fällen waren riesige Gesteinsmassen verwendet worden.

Der „Antrieb“ zu solchen Vorhaben, die Kraft dazu erwuchs im alten Ägypten aus der stärksten kulturschaffenden Kraft des Menschen: der Religion, als Schnittstelle zwischen körperlicher und geistiger Welten.

Könnte religiöse Glaubenskraft als „Rosetta Stein“ (Glossar) für die vielen Puzzleteilchen der Bilder-Mosaike vom Mars fungieren?

Da durchfuhr mich ein Gedankenblitz...

Die Ausrichtung, die Anordnung der Bauwerke!

Ägyptische Tempel sowie die Grabstätten der Pyramiden waren meist *nach Fixpunkten des Himmels ausgerichtet*, einige nach Sternen wie z.B. dem *Sirius*, andere nach der aufgehenden Sonne.

DiPietro und Molenaar hatten festgestellt, daß die von ihnen gefundene Pyramiden-Struktur - sie stand auf einem Hügel ungefähr sechzehn Kilometer südwestlich des steinernen Gesichtsmonumentes - direkt nach Norden ausgerichtet war. *Dies war ebenso bei den ägyptischen Pyramiden der Fall.*

Jedoch nicht die Ausrichtung dieses Objektes zog meine Aufmerksamkeit auf sich, sondern die Bedeutung, die hinter der Ausrichtung verborgen sein mußte, zumal die nördliche Ausrichtung[1] ein bereits bekannter, häufiger beobachteter Bezugspunkt für andere Formationen in Cydonia war.

Ich benötigte ein oder zwei Sekunden, bis ich realisierte: die Ausrichtung der „Hauptstraße“ der „Stadt-Gesicht-Einheit“ zeigte nicht, wie ich zuvor fälschlicherweise[2] angenommen hatte, nach Ost-West, sondern Nordost-Südwest: hin zu *Sonnenaufgang und Sonnenuntergang*.

Konnte die „Stadt“ bewußt so ausgerichtet sein, daß an einem *bestimmten* Marstag die Sonne *direkt* hinter dem monumentalen „Gesicht“ aufging? Konnte dahinter eine riesige Sonnenwend-Markierung verborgen sein?

Um das herauszufinden, begann ich mit einer Reihe von Berechnungen.

Der Zusammenhang zwischen religiösen Vorstellungen und astronomisch ausgerichteten Bauwerken war für unzählige Kulturen auf unserer Erde ein wesentliches Merkmal. Er gilt als eindeutig gesichert.

Das Ritual, der Kult der *Sonnenverehrung,* beinhaltete häufig das verschlüsselte Darstellen geomantischer Symbole, worin häufig religiöse Informationen kodiert wurden, die für die Menschen, für das Überleben der Kultur absolut notwendig erschienen: z.B. die Länge des Jahres und der Jahreszeiten, während einer Umdrehung der Erde um die Sonne etc.

Von den beeindruckenden Überresten in Stonehenge[3], den Hochkulturen am Nil, die als einzige von allen im Nahen Osten entstandenen Kulturen die genaue Länge des siderischen Jahres kannten[4], bis zu den umstrittenen Sonnenwend-Markierungen der *Anasazi-Indianer* im amerikanischen Südwesten - ein solches Wissen über

[1] wenn die damaligen Messungen DiPietros und Molenaars korrekt waren

[2] durch anfänglich falsche Angaben über Längen- und Breitengraden

[3] Gingerich, O., „The Basic Astronomy of Stonehenge, Astronomy of the Ancients“, The MIT Press, 1979.

[4] die Zeit, die von der Erde benötigt wird, um einmal die Sonne zu umrunden.

den Himmel konnte von entscheidender Bedeutung für wirtschaftliche, politische und soziale Entwicklungen einer Kulturen sein.
Wenn einerseits mathematisch ein Zusammenhang zwischen der „Stadt“ und dem „Gesicht“ und andererseits mit der Sonnenorientierung herzustellen wäre, es bedeutete nicht nur ein Meilenstein für eine exakte Beweisführung für meine Thesen, sondern auch ein wertvoller Hinweis auf die Bestimmung der Evolutionsphase, in der diese Formationen entstanden sein konnten.
Doch auch Zweifel überkamen mich. Hatte ich nicht wieder einmal meine Schlußfolgerungen überzogen - konnte ich annehmen, daß auf der Erde geltende Gesetzmäßigkeiten kultureller Entwicklung in menschlichen Gesellschaften, auch an einer anderen Stelle des Universums galten?
Warum sollten „Marsianer“ oder andere Wesen ein „Stonehenge in der Wüste“ schaffen?
Abgesehen von einigen Ausnahmen bei Organismen, die Tausende von Metern in der Tiefe der Ozeane leben, hängt alles Leben auf der Erde von der Sonne ab. Ein Bestandteil des Paradigmas über die Annahme der Existenz außerirdischen Lebens war, daß wenn wir anderswo Leben finden sollten, es nach den gleichen Gesetzmäßigkeiten hätte entstanden sein müssen, wie auf unserem Planeten vor mehreren Milliarden Jahren geschehen. Vieles sprach dafür, daß in vergangenen Jahrmilliarden, wo immer auch Leben im Universum[1] entstanden sein mag, vergleichbare molekularbiologische Prozesse abgelaufen sein mußten - nach universell geltenden Gesetzmäßigkeiten. Eine meiner Grundannahmen war, daß die Universalität der Ausrichtung zur Sonne hin - Photo-Taxie in der Biologie genannt - bei allen Lebewesen gegeben sein mußte, auf jedem belebten Planeten dieses Universums.

Wenn ich also Recht hatte, wenn eine solare Ausrichtung der Stadt und des „Gesichts“ existierte, es wäre in vielerlei Hinsicht eine fol-

[1] dies ist durch neueste interstellare Gesteinsproben mittlerweile bestätigt

genreiche Entdeckung - nicht zuletzt auch eine Bestätigung für meine These, die ich schon so lange bezüglich sogenannter „primitiver" Kulturen vertreten hatte:
Danach hat *jede* Gesellschaftsform in ihren Anfängen eine astronomische „Connection" entwickelt, eine „Standortbestimmung" ihres Daseins, ein Bewußtsein für ihren grundlegenden Bezug zu den Konstellationen der Planeten in der Geburtsstunde ihrer Kultur. Diese Kenntnisse mußten in allererster Linie für die religiösen Grundbedürfnisse einer Gesellschaft notwendig gewesen sein.
Dieses fundamentale Prinzip der „Archäo-Astronomie" auf einen anderen Planeten, den Mars zu übertragen, auf eine erstmals entdeckte außerirdische Kultur? Ich zögerte...
Die Berechnungen, die notwendig waren, um eine planetare Connection zu erkennen, ja schließlich auch zu beweisen, sie waren im Grunde genommen einfach.
Fangen wir mit ein paar Grundlagen an: ein planetarer Globus dreht sich um eine Achse. Gleichzeitig läuft er auf einer Umlaufbahn um seine Sonne. Jeder Planet ist in unterschiedlichem Maße „gekippt", er besitzt einen Neigungswinkel zwischen der Umlaufbahn des Planeten (seinem Weg um die Sonne, auf der sogenannten Ekliptik-Ebene) und der Rotationsachse des Planeten (dem Bezugspunkt der Drehbewegung).
Für die Erde sind die Kenndaten seit längerem bekannt: der Winkel zwischen Rotationsachse und Umlaufbahn beträgt 66,5°.
Der Leser wird bemerkt haben, daß *nicht* die gewöhnlich erwähnten 23,5° Neigungswinkel angegeben sind, sondern der *Komplementärwinkel* zwischen einer „vertikalen" Linie zur Ebene der Umlaufbahn (Ekliptik) und der Achsenneigung des Planeten. Dieser Winkel ist unter dem Terminus *Inklination* bekannt.
Was geschieht nun mit einem Beobachter auf der Oberfläche eines Planeten - in diesem Falle der Erde - während sich der Globus um die Sonne dreht:

Die Drehbewegung um die Planetenachse führt dazu, daß alle Objekte um ihn herum - Sterne, Mond und natürlich auch die Sonne - scheinbar im Osten „auf-“ und im Westen „untergehen.“
Jedoch ein Himmelskörper geht nur dann genau im Osten auf und im Westen unter, wenn er sich exakt auf einer gedachten Linie befindet, die durch die Projektion des Erdäquators auf die „Himmelssphäre“ entsteht. Diese imaginäre Ebene, die den Himmel in eine „südliche“ und „nördliche“ Hemisphäre unterteilt (aus Sicht eines Beobachters auf dem Planeten), nennt man[1] den *Himmelsäquator.*
Wieder aus der Perspektive einer Person gesehen, die all dies von der Oberfläche der Erde aus beobachtet, überlagert sich die tägliche „Drehbewegung des Himmels“ durch eine weitere, die den Himmelskörpern *scheinbar* durch die zweite, überlagerte Bewegung, dem jährlichen Zyklus der Erde um die Sonne verliehen werden.
Die Menschheit brauchte Tausende von Jahren, diese zusammenhängenden Bewegungen von Himmelskörpern in ihrer Komplexität und Gesetzmäßigkeit zu durchschauen. Wir brauchen lediglich das Studium einiger Textpassagen und ein wenig Geduld.
Im Verlaufe eines Erdenjahres - eine vollständige Umrundung der Sonne - ist die Bewegung der Sonne nicht so kontinuierlich und regelmäßig wie wir vielleicht annehmen möchten. Da wir sie von einem beweglichen Objekt (der Erde) aus beobachten, *scheint* sie auf die Sterne im Hintergrund zuzulaufen. Wir vergleichen die Erde einmal mit einer Person, die in einem Zimmer auf einem Stuhl sitzt. Sie würde sich ebenfalls - scheinbar - auf die Möbel im Hintergrund hin bewegen, wenn wir im Kreise um sie herumliefen.
Wenn die Erdachse, relativ zu ihrer Sonnenumlaufbahn, „senkrecht“ ausgerichtet wäre, so könnten wir die *scheinbare* jährliche Bahn der Sonne entlang der Projektion des Erdäquators beobachten - dieser entspräche dann ebenfalls der Projektion des oben erwähnten „Himmelsäquators.“

[1] aus offensichtlich *geozentrischem Bedürfnis* entstanden

Das liegt daran, daß diese beiden Globen, derjenige, der durch die Ausweitung des Erdäquators auf einen Himmels-Äquator - man hat sich dabei das Weltall als Kugel vorzustellen - entstünde, und jener, der durch die Ekliptik (Ebene der Erdumlaufbahn der Sonne) „halbiert" würde - sie fielen zusammen.
In diesem besonderen Fall, bei dem der Planet *keine* Inklination besitzt, würde die Sonne tatsächlich genau im Osten aufgehen und genau im Westen untergehen.
Die Natur hat jedoch anders „gewählt".
Durch die Inklination kann die Sonne nur dann genau im Osten auf- oder im Westen untergehen, wenn sie bei ihrer jährlichen Bewegung den Himmelsäquator *kreuzt*. Und das geschieht nur zweimal im Jahr: im Frühling und im Herbst. Die Tage, an denen dies geschieht, werden *Äquinoktium*[1] genannt - wenn Tag und Nacht genau die gleiche Dauer haben.
Wenn wir das vom Standpunkt der Geometrie aus betrachten, befindet sich genau zu diesem Zeitpunkt eine weitere imaginäre Ebene - die durch die Rotationsachse der Erde geht - im rechten Winkel zur Sonne. Diese Ebene, die sich frei im Raum orientiert, ändert sich für uns, in Bezug auf andere Sterne, nicht.
Auf die Sonne bezogen, *scheint* sie, im Verlauf eines Jahres, in einem Kreis zu rotieren - wobei sie sich während der jährlichen Umlaufbahn zweimal mit der „Breitseite" zur Sonne stellt. Das ist der Zeitpunkt der Frühlings- und Herbsttagundnacht-Gleichen.
Wenn Sie weit draußen im Weltraum stünden, „über" der Ebene der Erdumlaufbahn zur Sonne, könnten Sie die geometrischen Zusammenhänge dieser Himmelsmechanik leicht verstehen. Wenn Sie auf die Nordseite der Umlaufbahn hinunterschauten, würden Sie den nördlichen Teil der Polarachse der Erde im Neigungswinkel der bekannten 23,5° von der Vertikale „sehen". Und Sie könnten die Ebene „sehen", die diese Achse bei ihrer Drehung um die Sonne bildet, wobei sie manchmal „seitlich" zum Zentrum des

---

1 Tagundnachtgleiche, siehe auch Glossar

Sonnensystems verläuft, zu anderen Zeiten wieder genau auf die Sonne hin- oder von ihr wegzielt.
Nun zurück auf die Erde.
Wenn diese Ebene - in der die geneigte Polarachse verläuft - auf die Sonne hinzeigt, befinden Sie sich in einer der beiden Jahreszeiten: „Sommer“ oder „Winter“, je nachdem auf welcher Hemisphäre Sie sich im Moment befinden. Die Tatsache, daß „Sommer“ und „Winter“ sechs Monate auseinander liegen (eine halbe Umlaufbahn), geht auf die „fest eingebaute“ Geometrie im stellaren Raum der Ebenen, einschließlich der Rotationsachse der Erde zurück. Die Tatsache, daß diese beiden Jahreszeiten genau drei Monate von „Frühling“ oder „Herbst“ entfernt „entstehen“ (eine viertel Umlaufbahn), geht zurück auf die scheinbare Rotation dieser Axialebene um 90° (ein Viertel eines Kreises von 360°), in Bezug auf die Sonne, während wir uns 90° um die Sonne bewegten.
Oder anders: nehmen Sie einen Bleistift zur Hand, neigen Sie ihn, halten Sie ihn auf einer Ebene (z.B. ein feststehendes Möbelstück) im Raum fixiert - und bewegen Sie ihn um eine nahe bei Ihnen stehende Tischlampe, sie soll die Sonne darstellen.
Es ist „Sommer“, wenn die Achse der betreffenden Hemisphäre zur Sonne geneigt ist. Sechs Monate später ist auf der gleichen Hemisphäre „Winter“, wenn die Axialebene wieder über die Sonne streicht und die Achse von ihr abgewendet ist.
Der Umkehrpunkt dieses Geschehens wird *Sonnenwende* genannt.

Die Geheimnisse komplizierter Interaktionen aus Erdumlaufbahn und Ebenen mit Bezugspunkten wie Achse und Äquator auf der Erde, wurden durch den Menschen nur zögerlich im Laufe von Jahrtausenden entschlüsselt. Für den Menschen der Antike war das Resultat am besten durch die Bewegung der Sonne ersichtlich.
Sie beobachteten, daß *zweimal* während des jährlichen Zyklus die Sonne tatsächlich direkt im Osten aufging, dann den Himmel überquerte und *genau* im Westen wieder unterging. Zu anderen Zeiten ging sie eben nur in der *Nähe* der zwei Orientierungspunkte auf

und unter. Im weiteren Verlauf des Jahres wurden die Differenzen für den Beobachter noch größer.

Für den aufmerksamen Beobachter wurde die *Position* der aufgehenden und untergehenden Sonne ein zusätzlicher bedeutsamer Hinweis auf die Jahreszeiten. Da für die Menschen damals Beobachtungen von Tierwanderungen, Vorausschau jährlicher Regenfälle sowie Berechnung der Tageslängen unter bestimmten Bedingungen lebensnotwendig waren, wurde das Wissen um zyklische astronomische Zusammenhänge gehütet und vermehrt.

In einer Welt voller Zweifel, von scheinbar zufälligen Stürmen bis hin zu der Frage, wie die nächste Mahlzeit zu erkämpfen war, erschienen dem prä-historischen Menschen zyklische Jahreszeiten *als wenig berechenbar*. Während die primitiven Gesellschaften die Sonne jeden Tag etwas weiter im Süden aufgehen sahen und die Tage immer kürzer wurden, wer vermochte da zu sagen, ob der „Sonnengott" unbeeinflußbar und verläßlich sei oder - womöglich die Sonne am nächsten Tage nicht mehr erschien?

Um also die Jahreszeiten[1] zu markieren und festzulegen, wann entscheidende Zeremonien am günstigsten durchzuführen seien - um den Sonnenlenker zu seinem täglichen Werk zu animieren - errichteten frühe Kulturen eine Vielzahl von Monumenten auf diesem Planeten. Sie dienten der Beschwörung, zur Warnung und als Drohung gegen das unberechenbare Spiel der Götter.

Diese Monumente zur Sonnenwende nahmen verschiedenste Formen an, von wuchtigen „Megalithen", aufgestellt auf weiten Ebenen, wo es keine anderen Fixpunkte gab - wie in der Salisbury Ebene in Stonehenge - bis zu einer Vielzahl künstlicher Formationen, die genaue geometrische Beziehungen zu Schlüsselmarkierungen am Horizont hatten, etwa Tafelberge oder Gebirgszüge. Trotz der großen äußeren Vielfalt hatten alle einen gemeinsamen Zweck: die „Umkehrpunkte" - Wendepunkte - der jährlichen Bewegung der Sonnenaufgangs- und -untergangspunkte am Horizont

---

[1] durch die Verschiebung der Auf- und Untergangspunkte der Sonne entlang des Horizonts

zu markieren, während die Sonne sich im Rhythmus der Jahreszeiten von Norden nach Süden bewegte.

Nun wieder zum Mars.
Die jährliche Umlaufbahn der Planeten um die Sonne, die Neigung ihrer Achse zur Ebene der Umlaufbahn, die Progression[1] der Jahreszeiten auf der Oberfläche des Globus - diese Phänomene haben ebenso die Bedingungen auf einem anderen Planeten mitbestimmt, möglicherweise auch diejenigen einer längst vergangenen Kultur!
Die genauen Meß- und Zeitpunkte würden z.B. durch die viel größere Umlaufbahn des Mars um die Sonne von den Erdbedingungen abweichen; doch die zugrundeliegenden Gesetzmäßigkeiten, deren Geometrie sind gegeben - und somit die Vergleichbarkeit der Bedingungen.
Zufällig beträgt der Neigungswinkel des Mars *momentan* genau 25° (23,5° für die Erde), wobei fast identische geometrische Bedingungen für jeden Breitengrad des Planeten gegeben sind.

Was haben wir denn nun eigentlich gefunden?
Für jeden gegebenen Neigungswinkel der polaren Planetenachse zu der Ebene ihrer Umlaufbahn entspricht die jährliche Drehung entlang des Osthorizonts der Sonne der *zweifachen Inklination* - für jede Position auf dem Planetenäquator. Mit anderen Worten, wenn Sie sich am Äquator der Erde befinden, beträgt die jährliche Verschiebung des Sonnenaufgangspunkts nach Norden und Süden insgesamt 47° (2x23,5°) vom eigentlichen Ost-Punkt weg. Auf dem Mars würde ein Beobachter am Äquator eine 50°-Verschiebung des Sonnenaufgangspunktes nach Norden und Süden feststellen.
Was geschieht, wenn Sie sich an einer anderen Stelle des Marsglobus befänden, z.B. auf einem anderen Breitengrad?

---

[1] verursacht durch die veränderte Menge von Sonnenenergie, die als Ergebnis der Achsenneigung auf der Oberfläche auftrifft.

Die Gleichung für die Beschreibung dieser Bewegung sieht wie folgt aus:

$$\text{Sin } D = \sin \delta / \cos \phi^2$$

Dabei sei:

D =	die maximale Abweichung (Nord oder Süd) der Ost/West Linie
δ =	die Inklination des Planeten
ϕ =	der Breitengrad des Beobachters[1]

Wenn man die entsprechenden Zahlen einsetzt, kann man die maximale Ablenkung der Sonne nach Norden oder Süden, von der Ost/West Richtung, berechnen, definiert als Wendepunkt.

Bei der Ausrichtung der Steine von *Stonehenge* ergibt die Berechnung folgendes:
Stonehenge liegt auf dem Breitengrad 51,2° (Nord). Die Inklination der Erde beträgt 23,5°. Setzt man den entsprechenden Sinus- und Kosinus-Winkel in die Gleichung ein und nimmt einen Taschenrechner zur Hand, so ergibt sich:
Die jährliche Wanderung der Sonne bis zu ihrem nördlichsten Aufgangspunkt beträgt von Stonehenge aus gesehen 39,5°.
Schauen wir uns eine Luftaufnahme dieses berühmten Monumentes an. Am Ende der „Hauptstraße“, die im Winkel von 39,5° Nordost aus der Mitte des Steinkreises herausführt, befindet sich ein wichtiger Markierungsstein, der „Fersenstein“. Er ist so bezeichnet, weil darin ein kleiner Absatz eingeritzt worden war, von einem der unzähligen Gläubigen, die diese Jahrtausende alte Stätte irgendwann betreuten.
Wenn es am Morgen der Sommersonnenwende aufklart, erhebt sich die Sonne majestätisch genau über diesem besonderen Marker.

---

[1] Gingerich, O., „The Basic Astronomy of Stonehenge, Astronomy of the Ancients“, The MIT Press, 1979.

Die Bestätigung seiner Berechnungen, eine Himmelsvision wurde war - für einen Architekten aus längstvergangener Zeit.

Gab es etwa auch einen Architekten mit dem gleichen Genius auf dem Planeten Mars?

Nun, Breitengrad von „Stadt“ und „Gesicht“ waren leicht herauszufinden: es stand auf dem Computerausdruck der Viking-Photos, die das *National Space Science Data Center* besaß. Auf jeder Ecke und zentriert in der Mitte wurde auf der Computerausgabe der genaue Längen- und Breitengrad auf dem Mars vermerkt. Beim Messen der Entfernung zwischen „Stadtmitte“ und Bildmitte kam ich auf 41,8 Grad nördliche Breite für die Lokalisation des „Großen Platzes“. Dieser diente mir als Äquivalenzpunkt zur Mitte des *Stonehenge Kreises* auf der Erde.

Ich benutzte die von DiPietro und Molenaar veröffentlichte Ausrichtung der Pyramide, um „Norden“ und „Osten“ zu bestimmen und vermaß dann eine Linie, vom Zentrum dieser Anordnung aus fünf „Gebäuden“, hin zur Längsachse des „Gesichts.“ Die Messung ergab 23,5° Nordost, vom Mittelpunkt des „Großen Platzes“ bis zum „Mund.“ Im Bereich der Gesichtsstruktur ergaben sich eine Fülle von Winkeln, unter anderem 27,5° für eine Linie, die sie genau nördlich streifte oder etwa 21,5° für eine Linie, die genau südlich der „Kinnlinie“ verlief. Dieses Spektrum an Winkeln ergab neue Probleme.

Im Gegensatz zu einer sehr umschriebenen, fast punktförmigen Markierung am „Fersenstein“ von Stonehenge, wurde für die Ausrichtung des „Gesichts“ ein relativ großer Blickwinkel, für einen hypothetischen Beobachter in der Mitte des „Platzes“, ermittelt: ungefähr 7° oder genau das *Vierzehnfache* der Größe unseres Vollmondes, von der Erde aus betrachtet. Die große Bandbreite an Winkeln ließ nun die Frage entstehen: welcher Winkel - wenn überhaupt - stellte die Sommersonnenwende für diesen Breitengrad auf dem Mars dar? Oder aus anderer Sicht, welcher Teil der „Anatomie“ der Gesichtsstruktur - Stirn, Nase, Mund oder Kinn - war der entscheidende Marker, den man für den Zeitpunkt des Sonnenaufgangs „kalibrieren" sollte?

Lassen wir diese fruchtlose Frage für einen Moment außer acht. Es kam vor einigen Jahren über Stonehenge zu einem ähnlichen Diskurs darüber, ob die Sonne über dem *Fersenstein aufgehen* oder über dem Fersenstein *stehen* sollte, wenn sie *voll aufgegangen* war.[1] Ich beschloß nun, meine Berechnungen zu vervollständigen, es würde sich dann schon zeigen, ob einer der Winkel, und welcher von ihnen, tatsächlich erheblich war.
Keiner schien wichtig genug zu sein.

Der Punkt der Sommersonnenwende am östlichen Marshorizont, so wie er sich *heute,* sichtbar von der Stadtmitte aus, errechnen ließ, lag bei 34,9 Grad Nordost - mehr als 7 Grad nördlich des „Gesichts".
Ich wiederholte die gesamten Berechnungen - und kam zum gleichen Ergebnis.
Okay. Sollte dies das „Stonehenge des Mars" sein, so hatte ich mir vielleicht den falschen Platz ausgesucht, von dem ich - von der Stadt aus - den Sonnenaufgang vermessen sollte. Es gab eine Vielzahl anderer Objekte, verstreut innerhalb und außerhalb dieser Ansammlung geometrischer Formationen.
Zu viele.
Keine davon hatte die gleiche, einfache Eleganz dieser präzisen Konfiguration von vier „Gebäuden" - mit einem runden fünften in der Mitte. Auch hatte kein anderer Ort diese linienähnliche Markierung im Boden - die direkt auf das „Gesicht" zulief. Es gab aber eine weitere Markierung, genau westlich der ersten. Sie bildete ein „V" im Boden, die Spitze deutete nach Westen, ein Schenkel fast genau nach Osten, der andere im Winkel von ungefähr 66° nach

---

[1] da die Sonne in einem bestimmten Anstiegswinkel zum Horizont aufgeht und sich während ihres Laufes nach Süden und gleichzeitig nach „oben" bewegt - in einem Winkel von 51,2°

Nordosten. An der Spitze dieser V-Formation befand sich eine pyramidenförmige Skulptur, die sich direkt unterhalb des am südlichsten gelegenen „Gebäudes“ des Großen Platzes befand.
Vielleicht war meine These, das „Gesicht“ markiere einen Sonnenwendpunkt, schlichtweg falsch. Es könnte zu früheren Marszyklen noch eine ganze Reihe anderer Tage gegeben haben, die wichtig gewesen sein könnten, bevor die Sonne den jährlichen Endpunkt ihrer „Reise“, den Horizont entlang nach Norden erreichte oder aber, wenn sie wieder nach Süden wanderte. Vielleicht, wenn man die Erde direkt neben der Sonne erkennen konnte...
Könnte der Grund für die menschlichen Züge der Gesichtsstruktur darin bestanden haben, daß es für die Erbauer galt, das Gedenken an eine Connection mit dem einzigen Ort im Sonnensystem aufrechtzuerhalten, wo „Menschen“ lebten?
Und angenommen, die Geometrie hinter der Stadt-Gesichts-Formation sollte eine visuelle Bekräftigung dieser Verbindung darstellen? Sie einem Beobachter erlaubt, die Erde während des Marsmorgens aufgehen zu sehen, über einem menschlichen Monument...
Aber konnten diese Fragen etwas zur Lösung meines eigentlichen Problems beitragen: die Sommersonnenwende fand, in heutiger Zeit, eine volle „Kopflänge“ nördlich des „Gesichts“ statt!
Ich kam so nicht weiter.
Man konnte die Erde regelmäßig am Marshimmel aufgehen sehen, wenn sie westlich der Sonne stand - während der Hälfte ihrer Umlaufbahnen. Während der anderen Hälfte war sie östlich der Sonne und erschien deshalb als „Abendstern“ vor dem Sonnenuntergang.
Zwei Ausnahmen von dieser Kalkulation ergaben sich,

- 1. wenn sie, vom Mars aus gesehen, auf der längeren Seite ihrer Umlaufbahn war und somit zu nahe am Gegenlicht der Sonne, um erkennbar zu sein und

- 2. wenn sie *zwischen* Sonne und Mars durchlief und ebenso im alles überstrahlenden diffusen Licht der Marsatmosphäre unterging.

Auch stellte ich fest, daß es eine Phase gab, in der diese *un*günstigen Sichtbedingungen nicht gegeben waren, nämlich dann, wenn ständig ändernde geometrische Verhältnisse von Erde und Mars bei ihren jeweiligen Umlaufbahnen um die Sonne „sich überlagerten" und die Erde aus dem gleißenden Gegenlicht der Sonne bewegten, kurz vor Tagesanbruch auf dem Mars.
Es wäre ein „heliakischer" Aufgang, der Aufstieg eines Himmelskörpers am Sonnenaufgangspunkt, direkt bevor ihn der zunehmende Lichthof der Sonne in der Morgendämmerung verblassen ließ.[1]

Meine Gedanken kehrten wieder zum antiken Ägypten zurück.
Der Aufstieg von Himmelskörpern - wie der Stern Sirius - direkt vor der Sonne, war ein *grundlegender* Begleitaspekt der religiösen, kulturellen und *wirtschaftlichen* Existenz Ägyptens. Denn die jährliche Nilüberflutung fiel mit diesem wundervollen und endlos wiederkehrenden Phänomen zusammen: dem glitzernden Aufgang des hellsten Sterns am Firmament, direkt vor der morgendämmernden Sonne - der *heliakische* Aufgang des glänzenden *Sirius*.
Die Ägypter verewigten dieses Naturphänomen in vielen Tempeln, die geometrisch so angeordnet wurden, daß sie auf den östlichen Tagesanbruch wiesen. Ebenso gab es alljährliche, feierliche Rituale beim Aufgang des hellsten Sterns des Himmels, des „Hundssterns"[2], kurz bevor der Sonnengott selbst erscheinen würde - der Gott *Ra*.
Nichts wäre so eindrucksvoll, so einprägsam für ein gläubiges Wesen, von all diesen „magischen" Phänomenen, wenn die Erde - vom Mars aus gesehen - z.B. als glänzender „Stern", als leuchten-

---

[1] Der Terminus stammt von „Helios" - das „zur Sonne gehörend" bedeutet.

[2] siehe Glossar: Hundstage.

der Planet erstmals wieder auftauchte - nachdem sie Wochen zuvor im Abendlicht der Sonne verschwunden war.
Konnte das „Gesicht" ein Orientierungspunkt für den heliakischen Aufgang der Erde vor dem Tagesanbruch auf dem Mars gewesen sein?

Auf der Erde gab es noch eine weitere Kultur, die diese wiederholten „Auftritte" von Planeten registrierte und interpretierend in ihr Weltbild einbaute:
Die Mayas.
Der sogenannte „Dresden Kodex" scheint eine astronomische Ephemeride[1] darzustellen. Dies sind Fragmente von Maya-Aufzeichnungen, die allen spanischen Anstrengungen trotzte, jede Spur dieser höchst entwickelten Kultur auszulöschen. In diesen Aufzeichnungen hatte die *Venus* eine herausragende Stellung. Es gibt mehrere Tafeln, die ihrer relativen Bewegung in Nähe der Sonne gewidmet sind, u.a. auch den Phasen ihres Verschwindens im Westen, bei Sonnenuntergang und ihres darauffolgenden Wiederaufgangs im Osten, direkt vor Tagesanbruch.
Dr. Anthony Aveni, vielleicht die höchstgeachtete Autorität in der Archäo-Astronomie und ein außergewöhnlich guter Kenner der Maya-Kultur der Neuen Welt, schreibt:

> *".. Voraussagen des heliakischen Aufgangs der Venus scheinen das Thema zu sein" in den Tafeln des Dresden-Kodex.*[2]

Geometrisch gesehen ist die Positionierung von Erde und Venus - vom Mars aus gesehen - sowie Erde und Mars in etwa die gleiche: ein langsam laufender äußerer Planet, der von einem schneller laufenden inneren Planeten überholt wird, wobei letzterer nach einer berechenbaren Anzahl von „Tagen" (Planetenrotationen) an der

---

[1] siehe Glossar

[2] Aveni, A. und Urton, G., Hrsg., Ethnoastronomy and Archaeoastronomy in the American Tropics. Bd. 385. 1982 Annals of the New York Academy of Sciences, New York: The New York Academy of Sciences.

gleichen Stelle der Himmelskoordinaten wiederkehrt - bezogen auf die Sonne. Der größte Unterschied besteht darin, daß die Umlaufbahnen von Erde und Venus fast genau *kreisförmig* sind, während die Marsumlaufbahn es definitiv nicht ist.

Dies gab Anlaß zu einer weiteren Beobachtung: in manchen Jahren dieses wiederkehrenden Zyklus scheint die Erde gelegentlich sehr viel heller zu „leuchten". Zu anderen Zeiten kann sie merklich dunkler sein.

Das Intervall zwischen diesen Perioden wären die bereits bekannten (s. 3. Der Mars - einstmals und zukünftig) siebzehn Jahre - aus genau dem gleichen, bereits erwähnten Grund. Erde und Mars stünden sich dann in minimaler Entfernung gegenüber, denn der Mars steht der Sonne am nächsten, wenn die Erde bereits an ihr vorüber ist.

Doch im Gegensatz zum heliakischen Aufgang des Sirius auf der Erde, der jedes Jahr in *genau gleichen* Intervallen zu beobachten ist[1], würde sich der heliakische Aufgang der Erde, von der „Stadt" aus beobachtet, langsam vorwärts und rückwärts bewegen - und somit während des Marsjahres an verschiedenen Stellen am Horizont und zu verschiedenen Jahreszeiten vorkommen.

Ohne ein leistungsfähiges und mathematisch kompliziertes Computerprogramm, womit man die Bandbreite der möglichen Ausschläge dieser komplizierten Bewegungsabläufe berechnen konnte, hatte ich kaum eine Chance zu erkennen, wann Schlüsselkonstellationen des Erdaufgangs in der Morgendämmerung zu erwarten waren und an welchen Punkten des Horizonts.[2] Es würde sich auf jeden Fall schwieriger errechnen lassen als im Falle der Venus, da die Bewegung des Mars auf seiner Umlaufbahn elliptoid war.

---

[1] da er ein weit entfernter Stern ist, mit 8,7 Lichtjahre Distanz, und eben kein Planet mit irregulärer Umlaufbahn.

[2] Gerade fällt mir auf, daß wohl keine detaillierten astronomischen Berechnungen existieren, welche die Phasen und Aufgänge der Erde - vom Mars aus gesehen - enthalten, aus dem einfachen Grund, daß wir sie bisher nicht brauchten.

Außer einigen kurzen Beschreibungen, die eher in der Science-fiction-Literatur zu finden sind, gab es nie Interesse an einer intensiven, mathematisch-detaillierten Analyse solch interessanter Zyklen unseres Planeten.

Einige der komplexen Bewegungen der Venus wurden tatsächlich erst dadurch bekannt, nachdem die Aufzeichnungen der Mayas über diesen Planeten entziffert waren.[1]

Der einzig neuere Ansatz zu solchen Berechnungen wurde während der letzten Viking-Missionen unternommen. Einige Forscher, allen voran Dr. James Pollack von der NASA, wollten die Erdatmosphäre als Bezugspunkt für Transparenzberechnungen der sehr staubhaltigen Marsatmosphäre benutzen. Das Vorhaben bestand darin, eine Ephemeride (ein Erkennungsraster) für die Erde zu erstellen, die Kamera der Landeeinheit darauf zu richten und ein paar aussagefähige Bilder davon zu machen. Mittels der Erscheinung der Erde - als bloßer Lichtpunkt sichtbar - könnte man den Grad der Wahrnehmung eines relativ lichtschwachen Objektes *durch* die derzeitige Planetenatmosphäre hindurch bestimmen.

Abgesehen von der Tatsache, daß sich das Experiment wegen starker staubhaltiger Überlagerungen in der Marsatmosphäre als Fehlschlag herausstellte, blieb die Erde für die relativ unempfindlichen Viking-Kameras nahezu unsichtbar. Auch war die „Ephemeride" selbst nicht besonders nützlich, da sie nur darauf ausgelegt war, während ein paar Monate der offiziellen Dauer der Vikingmission gültig zu sein.[2]

---

[1] Die Aufzeichnungen existieren nicht deshalb, weil die Mayas geniale Mathematiker waren, sondern weil sie eine lange, detaillierte Tradition für astronomische Dokumentation besaßen, durch geduldige Beobachtungen über mehrere Jahrhunderte.

[2] es soll nicht unerwähnt bleiben, daß der Hauptgrund für die Erstellung dieser Ephemeriden aus dem Bedürfnis des NASA-Networks zu erklären ist, mit der Landeeinheit direkt zu kommunizieren.

Als ich mich mit den aufregenden Möglichkeiten der heliakischen „Erdaufgangstheorie“ beschäftigte, schoß mir plötzlich ein neuer Gedanke durch den Kopf:
Es gab einen Punkt am Horizont, für dessen Berechnung ich keinen großen Computer benötigte, der - wenn er mit dem heliakischen Aufgang der Erde zusammenfiel - sicherlich prädisponiert wäre, von intelligenten Wesen als Orientierungspunkt genommen zu werden:
Ich dachte an den Sommersonnen-Wendepunkt!
Doch der Sommersonnen-Wendepunkt liegt beträchtlich weiter nördlich als alle Anteile der Gesichtsstruktur, so erinnerte ich mich.
Ja, *heute* ist das so.
Und in der Vergangenheit? Welche Inklination hatter der Mars *damals*?
Ich erinnerte mich an ein paar Einzelheiten, die ich vor kurzem aufgeschnappt hatte. Die Polachse des Mars konnte sich *verschieben, sie torkelte*!
Nach nur Minuten eiliger Suche in meiner Bibliothek tauchte der schriftliche Hinweis eines ehemaligen Mitglieds des Viking-Teams auf. Es war ein Freund von mir, Hal Masursky. Die Notiz bestand aus einem Schema und Diagramm von der Polachsenverschiebung für Mars und Erde, im Verlauf mehrerer tausend Jahre: die des Mars war bedeutend größer. Hal erklärte sogar, daß sich die Pol-Achse des Roten Planeten um bis zu ±10° von seiner jetzigen „mittleren Position“ von 25° verschieben konnte.[1]
Welchen Einfluß hätte eine dramatische Veränderung der Neigung zwischen 15 bis zu einem Maximum von 35 Grad auf die Sonnenwend-Punkte des Mars? Nach kurzer Überlegung kam ich auf die Lösung. Ich dreht dazu die vorhin von mir benutzte Gleichung einfach um!

---

[1]Dies waren meine ersten Bemühungen, die Bedeutung der Torkelbewegung des Mars zu verfolgen. Später stieß ich dann auf Wards Originalberechnungen, mit etwas differenten Zahlengrundlagen.

Ein paarmal die Tasten meines Taschenrechners betätigt und schon hatte ich das Resultat: wenn die Sonne - und die Erde - über der Mitte des „Gesichts“ aufgehen sollten, so müßte der Neigungswinkel der Marsumlaufbahn etwas mehr als 17 Grad betragen - *fast 10 Grad weniger als jetzt*. Die tatsächliche Bandbreite von Winkeln, entsprechend des Bereiches von Sichtlinien vom „Hauptplatz“ aus bis zu den 7 Grad Abweichung des gegenüberliegenden „Gesichts“, rangierten von einer Neigung von 15,8 Grad (für eine Linie, die gerade noch „das Kinn“ streifte) bis 20,1 Grad (für eine Linie, die genau nördlich der „Krone“ des rätselhaften Kopfes verlief).

Doch wo war der korrekte Winkel anzulegen?
Ich tendierte intuitiv zu einer Formation, die dem „Munde“ entsprechen mußte. Nicht nur, daß ich sie (innerhalb der Meßgrenzen) in einer direkten Linie zum „Hauptplatz“ verfolgen konnte, nein, sie konnte auch eine ideale Fluchtlinie sein - eine lange, schmale Schlucht, die nach außen wies, in die Wüste östlich des Tafelberges führte, hin zum Horizont, an dem - so hatte ich in der Zwischenzeit berechnet - die Sonne in *idealer* Ausrichtung aufgehen würde: w*enn* die Neigungsachse des Planeten 17,3 Grad betragen würde!

Doch das hätte immer noch Zufall sein können. Es mußte weitere Argumente zur Beweisführung geben, ein weiteres Puzzleteilchen, das in das Bild der Daten paßte, eine weitere Messung...
Dann wurde mir plötzlich klar, am „Gesicht“ selbst lag die Erklärung!

Schon DiPietro und Molenaar hatten dessen bemerkenswerte Rotationssymmetrie erwähnt, das zwanglose „Zusammenpassen“ der linken und rechten Hälfte. Wenn das Gebilde wirklich symmetrisch war, dann sollte es möglich sein, das in Zahlen auszudrükken.[1]

In ihrer Broschüre war eine kleine Zeichnung des „Gesichts“ - mit einer Linie, die genau die Mitte des Bildes schnitt. Die *Neigung* der Linie interessierte mich, die durch die Mitte des „Gesichts“ gezeichnet war, denn es war offensichtlich, daß sie in einem bestimmten Winkel nach Norden verschoben war - *nur hatten DiPietro und Molenaar nie erwähnt, in welchem Winkel!*

Wenn das „Gesicht“ als Monument erbaut worden war und *wenn* sein Zweck darin bestand, aus der Perspektive der „Stadtbewohner“ gesehen zu werden, die Position der Sommersonnen-Wende zu markieren - *wenn* die „Fluchtlinie“ diese Nordost/Südwestlinie zum „Mund“ war, dann müßte die Linie in einem Winkel von 90 Grad zu der Mittellinie des „Gesichts“ laufen.

Messungen auf den Vergrößerungen des „Gesichts“ bestätigten den 90 Grad Winkel - zwischen dem „Mund“ und einer senkrechten Linie, vom „Kinn“ aufwärts durch die Mitte der „Nase“ zwischen den „Augen“ hindurch.

Die Mittellinie mußte in einem *bestimmten Winkel* von der geographischen Nordrichtung abweichen.

Dieser Winkel (innerhalb der gegebenen Meßungenauigkeit) müßte 23,5 Grad betragen. Mit bangen Erwartungen ging ich noch einmal zurück zum Computerausdruck der Originalbilder von der Viking-Sonde. Ich bestimmte den geographischen Norden, dann entwickelte ich für das Einzelbild No. 35A72, das ich über die eigentliche Photographie gelegt hatte, ein Rastersystem auf einem Stück Plastik. Sobald ich meine Bezugslinien gezeichnet hatte, womit die Vermessung aller Strukturen in diesem Bild durchgeführt werden konnte, zeichnete ich auf der Matrize eine Mittellinie über das „Gesicht“.

[1] DiPietro und Molenaar hatten keine weiteren Untersuchungen darüber angestellt.

Daraufhin maß ich, in Bezug auf den Planetenmeridian auf dem festgesetzten Raster, sorgfältig deren genaue Neigung: *der Winkel betrug 23,5 Grad.*

Falls irgendwann in der Vergangenheit dieses außergewöhnlichen Planeten, in einer Welt, die für die Menschheit immer als die Bühne für Sehnsüchte und Hoffnungen weiteren Lebens in unserem Sonnensystem galt, wenn auf dem Großen Platz der „Stadt" einer dieser hypothetischen Marsbewohner gestanden war, er hätte die Erde leuchtend in der Morgendämmerung aufgehen sehen - und ein wenig später wäre der magische Lebensspender, die Sonne selbst wäre erschienen...
Aufgestiegen wäre die Sonne direkt hinter dem „Mund" der gottähnlichen Figur in der Marswüste, wenn dieses Gebiet damals überhaupt eine „Wüste" war, denn die letzte Periode, in der diese Ausrichtung „gepaßt" haben könnte, wäre vor mehr als einer *halben Million* Jahren gewesen.
Mir war bewußt, daß die scheinbare Koinzidenz der beiden Ausrichtungen, rein rechnerisch gesehen, weniger zufällig sein konnte als bisher angenommen.

Die „Marsianer" waren ein beträchtliches Stück reeller geworden.

5. Beobachtungen aus dem Orbit

„Sie marschierten auf einer gepflasterten, prächtigen Straße.
Alle flüsterten jetzt, beim Betreten einer riesigen offenen Bibliothek oder Mausoleums,
darin lebte der Wind
und die Sterne schienen darüber..."
Ray Bradbury
The Martian Chronicles

Als ich mir wieder einmal die Photos betrachtete, die kleine Gruppe pyramidenförmiger Formationen, die sich im Südwesten des geheimnisvollen „Gesichts“ gruppierten, stellte ich mir vor, wie es gewesen sein müßte, in die Vergangenheit von einst so großen Städten mit Namen wie „Troy“ oder „Ur“ zurückzukehren; oder wie es wohl wäre, die legendärste von allen zu entdecken - Atlantis.
Wenn ich recht hatte, starrte ich auf die Ruinen einer Kultur, die zu einer Zeit untergegangen war, als die Menschen auf der Erde gerade begannen, die Wirkung des Feuers zu entdecken - wenn nicht sogar lange davor.

Die Theorie der Sonnenwend-Orientierung antiker oder frühgeschichtlicher Bauwerke kann diese Ruinen nicht präziser datieren als ich es hier beschrieben habe.
Die Monumente könnten eine halbe Million Jahre alt sein, anderthalb Millionen, zweieinhalb Millionen Jahre oder sogar älter.
Noch war es nicht möglich, von Gewißheit zu sprechen.
Schon allein der Gedanke ist phantastisch; doch eine präzise Datierung darin zu suchen erscheint hoffnungslos.
Ich saß da, bewaffnet mit dem ca. 12,5 cm x12,5 cm großen, nach dem SPIT-Verfahren vergrößerten Bild No. 35A72 und meine Gedanken überschlugen sich:

Archäologen, die im Sand nach verflossenen Welten graben, Städte betreten, in denen die Bewohner scheinbar hinter längst verlassenen Türen und Fenstern erscheinen ...
Dieses Computer-Bild das aus einer Höhe von 1600 Kilometer aufgenommen worden war - es regte an zu Visionen:
Ich erinnere mich an einen Besuch im *Chaco-Canyon*, im U.S.-Bundesstaat Neu-Mexiko, bei einer Ausgrabungsstätte von einigen bisher wohlgehüteten Geheimnissen der Vorgeschichte, von einer ersten städtischen Zivilisation in Nordamerika vor etwa tausend Jahren.
Während ich über die staubigen Wege wanderte und mir die kunstvoll gestalteten massiven Pueblos der Siedlungen aus Sandstein betrachtete, die dort unten im Canyon verstreut lagen, hörte ich, wie der Führer Panoramabilder aus 800 km Höhe erwähnte - er sprach über Land-Sat-Photographien aus dem Weltraum.[1]
„Die Archäologen des Chaco-Canyon-Projekts", erklärte er:
„haben entdeckt, daß diese Satellitenbilder dazu benutzt werden können, Formationen zu kartographieren, die von hier unten auf dem Boden gänzlich unsichtbar sind z.B. Straßen."
„Die Anasazi-Indianer", fuhr er fort, „hinterließen eine Reihe verwirrender, 90 Meter breiter Straßen durch den Canyon, obwohl wir wissen, daß sie *keine* Fahrzeuge mit Rädern und noch nicht einmal Pferde besaßen. Letztere kamen erst mit den Spaniern zu ihnen, ungefähr 1540 n.Chr. - über 500 Jahre nach der Erbauung dessen, was Sie hier sehen.
Sie können sehen, wie einige der Straßen förmlich an den Felswänden emporsteigen. Es gibt hier von Hand in den Fels gehauene Treppenstufen, die von ganz unten nach oben an den Rand des Canyon reichen. Von dort ziehen die Straßen weiter in die Wüste.

---

[1] eine faszinierende Geschichte der Luft-Archäologie, mit Datierungen durch Aufnahmen aus der Luft ist bei O.G.S. Crawfords, Wessex from the Air, Oxford; the Clarendan Press, 1928, zu finden

Wind und Regen haben die Spuren ziemlich verwischt, die vom Canyon wegführen.
Dies war der Stand der Dinge, bis jemand die glänzende Idee hatte, einen Blick auf einige der Land-Sat-Bilder des Südwestens zu werfen. Und da, auf den Bildern, die mit Filtern aufgenommen waren, erschienen die Straßen - so bestechend klar, als seien sie gestern erbaut worden! Man kann sehen, wie sie aus dem Canyon in alle Richtungen führen - nach Westen, wo es Holz gab für Pueblos und ähnliches; nach Norden, hin zur *Mesa Verde* und nach Süden in Richtung Mexiko. Dieses Netzwerk erschien plötzlich durch die veränderte Bildkontrastierung, verband eine Menge der winzigen Pueblos, die allein und verlassen vom Canyon entfernt lagen."
„Aber", so schloß er stolz, „Chaco-Canyon war der Mittelpunkt, so scheint es, die zentrale Anlaufstelle. Fast alle Straßen führen hierher zurück - und sie nahmen ihren Anfang von denen, die direkt aus dem Canyon kamen.
Ohne die Satellitenphotos hätten wir das wohl nie entdeckt."

Als ich mein Bild No. 35A72 wieder in Hände nahm und sah den rechteckigen Umriß der „Stadt", erinnerte ich mich an dieses Beispiel der satelliten-gestützten Archäologie in Neu-Mexiko.
Ich entschloß mich, unter Zuhilfenahme der Viking-Photos von *Cydonia*, im Prinzip nichts anderes zu tun als das, was bei dem Chaco-Canyon-Projekt der Anasazi getan worden war.
Der einzig Unterschied bestand in „geographischen Besonderheiten".

Es gab zuvor bereits zweimal Anstrengungen um mit Hilfe der Satelliten-Photographie artifizielle Aktivitäten auf dem Mars zu identifizieren.
Beide Projekte waren von Carl Sagan, auf Basis einer Untersuchung der 60er Jahre über die Sichtbarkeit *irdischer* Formationen (Zivilisations-Strukturen) auf Satellitenbildern geleitet worden. Sagans abschließende Beurteilung der eher informationsarmen *Ti-*

ros- und *Nimbus*-Fernsehbilder, die ursprünglich zur Wettervorhersage bestimmt waren, lautete folgendermaßen:

„... es wurden bei der Tiros-Serie mehrere hunderttausend Photos aufgenommen und ausgewertet. Diese Bilder wurde am 4. April 1961 durch Tiros-2 von einer waldreichen Gegend nahe der kanadischen Holzfäller-Siedlung Cochrane, Ontario, aufgenommen. Auf einigen dieser Photos sind noch Objekte in einer Größenordnung von etwa 600 m auszumachen. Doch von all diesen Photos zeigt nur eines eindeutige Zeichen für Leben auf der Erde.

Im linken oberen Teil des Bildes kann man mehrere breite parallele Streifen erkennen und im rechten Winkel dazu noch eine weitere Reihe. Die Holzfäller hatten 1,6 Kilometer breite Schneisen durch den kanadischen Wald geschlagen. Die Schneisen lagen ungefähr 3 Kilometer auseinander. Nachdem die Schneisen geschlagen waren, fiel Schnee, der den Kontrast zwischen noch stehenden Bäumen und den baumlosen Schneisen verstärkte. Doch selbst hier, auf dieser Photographie im Maßstab 1:1.000.000 hätten wir da, von einem Mars-Aussichtspunkt aus, etwa eindeutige Zeichen von Leben erkannt...?

... mit einer Auflösung von ein paar hundert Metern (aus den Untersuchungen des Nimbus-Satelliten mit höherer Bildauflösung entnommen) haben wir eine erst kürzlich fertiggestellte Autobahn in Tennessee entdeckt, vielleicht auch noch einen Kondensstreifen eines Flugzeuges, die Spur eines Schiffs im Roten Meer, aber auch - die völlig geradlinigen Formationen an der Nordküste Marokkos mit allen Anzeichen intelligenter Konzeption. Jedoch diese waren in Wirklichkeit eine natürliche Halbinsel. Mit einer Auflösung von ein paar Zehntel eines Kilometers können somit Hinweise für intelligentes Leben auf der Erde entdeckt werden, jedoch nicht eindeutig.

Überzeugende photographische Zeugnisse intelligenten Lebens auf der Erde setzen eine Auflösung von 10 Metern oder feiner voraus.[1]*"*

Die hier zitierten Schwierigkeiten, Präsenz von Intelligenz auf unserer Erde durch Satellitenphotographie schlüssig zu bestätigen, wirft weitreichende Fragen auf:

[1] Sagan, C. und Shklovskii, I.S., Intelligent Life in the Universe, New York: Dell, 1967.

Wie haben intelligent und nicht rein zufällig angeordnete Gebilde auszusehen, wenn man sie von einer Umlaufbahn aus sucht? Sicher hatten die Archäologen des Chaco-Canyon-Projekts Funk-Bilder in weitaus besserer Qualität als zu Zeiten Sagans früherer Studien. Der entscheidende Unterschied war: in Neu-Mexiko wußte man, *wonach man suchen mußte.*

Meine Überlegungen führten mich zu den zwei neuesten Untersuchungen und deren Auswertungen mit Satellitenphotos von der Marsoberfläche.

Kurz nach der gewaltigen Flut digitaler Mariner-9-Bilder vom Mars begannen Ende 1971 Sagan und der Student Paul Fox auf den anfänglichen Satellitenbildern mit der Suche nach Zeugnissen für Intelligenz auf dem Mars.[2]

Die Kriterien für „zweifelsfreie" Zeichen von Leben waren anscheinend die gleichen, wie sie bei den vorhergehenden Tiros- und Nimbus-Studien angewandt worden waren: vergleichend-morphologische Prüfung der Topographie des Mars und der Erde, bei ähnlicher Auflösung, wobei bekannte artifizielle Formationen auf der Erde als Maßstab benutzt wurden.

Sagan und ein Mitarbeiter nahmen 1976 die Forschung mit einem 50.000$-Zuschuß durch die NASA erneut auf. Sie benutzten dazu die Viking-Bilder für ihre Auswertung. Beide Studien, soweit sie jemals veröffentlicht wurden, verliefen erfolglos.

Der Leser möchte mich sicher jetzt fragen, auf Grund welcher neuer Erkenntnisse die Akzeptanz für die Annahme von *Leben auf dem Mars* plötzlich einfacher geworden sein soll, zumal wenn frühere Versuche, solche Hinweise zu finden - seitens eines Wissenschaftlers mit hoher Reputation - fehlgeschlagen sind?

Die Antwort, davon bin ich überzeugt, liegt bereits in den unterschiedlichen Grundannahmen der voneinander unabhängigen Studien Sagans und des Autors.

---

[2] Privater Briefwechsel

Grundsätzlich handelt es sich um *Differenzen in der Beurteilung von Größenordnungen.*

Aus den früheren Satelliten-Untersuchungen, die Sagan auf der Erde durchgeführt hatte, ist abzuleiten, daß seine Kriterien für extraterrestrische, artifizielle Strukturen sehr stark durch seine terrestrischen Erfahrungen geprägt waren. Gerade die Bemerkung: „eine überzeugende, photographisch geführte Beweisführung zu intelligentem Leben auf der Erde, setzt eine Auflösung von 10 Metern oder höher voraus ...“ ist bezeichnend dafür.[1]

Obzwar er konzediert, daß die gewählten Kriterien allein auf die Erde zuträfen, lassen Äußerungen in der Mars-Analyse wie: „... bei einer Auflösung (auf dem Mars), die zu der Entdeckung einer entsprechenden (irdischen) Zivilisation hätte führen müssen (durch Mariner- und Viking-Bilder) ... ergibt sich kein Hinweis für intelligente Spuren ...“ erscheint dazu widersprüchlich und läßt uns fragen, ob einige Folgerungen aus den Mars-Untersuchungen nicht eher ein weiteres Zeichen für ungebrochenen Anthropomorphismus (Glossar) der Wissenschaftler darstellt?

In keinem der Berichte wird die Existenz der Gesichtsstruktur angesprochen, ganz abgesehen von einer Diskussion darüber. Die Tatsache, daß wir - nach mehreren Jahren Recherchen - das Objekt schließlich ernst nahmen, Herr Sagan aber im Grunde genommen nicht, führt auch zu der Frage, warum unsere beiden Untersuchungen zu radikal unterschiedlichen Schlußfolgerungen bezüglich des Bestehens von Intelligenz auf dem Mars geführt haben.

Allein die Existenz eines solchen Monuments - ein megalithisches Kunstwerk riesiger Größenordnung - hätte für alle ein Hinweis auf die Bedeutung anderer artifizieller Konstrukte bedeuten müssen - vorausgesetzt, man akzeptiert das „Gesicht“ als künstlerisches, monumentales Werk!

---

[1] Sagan, C. and Shklovskii, I.S., Intelligent Life in the Universe, New York: Dell, 1967

Tatsächlich wurde Sagans Suche nach Zeichen von Intelligenz auf dem Mars stark beeinflußt durch einen offensichtlichen Anthropozentrismus, der eine Akzeptanz fremder, ungewöhnlicher Ideen behindert.
Er wies von vornherein diese Hypothesen von der Hand, ironischerweise durch eine typisch menschliche Feststellung, daß wir: „grundsätzlich '*wissen*', wie *Zeichen* für Intelligenz, vom All aus gesehen, zu erkennen sind, da wir unsere *eigene* Welt von der Umlaufbahn aus gesehen haben und damit einen entsprechenden Maßstab besitzen". (frei wiedergegeben)

Im Gegensatz zu den Bildern des Chaco-Canyon war ich mir sicher, daß wir etwas auf den Viking-Bildern von Cydonia nicht finden würden - Straßen...

Während vieler Jahrhunderttausende herrschten stärkste Stürme auf dem Mars, Winde fegten mit knapp 500 km/h über die Oberfläche hinweg, auch im Bereich der Standorte der Viking-Landeeinheiten. Mir war klar, daß solche Naturkräfte, deren Einfluß bis hoch in die durchlässige Atmosphäre reichten, schon vor langer Zeit starke Ablagerungen erzeugt hätten, Sedimente auf logistischen Strukturen an der Oberfläche erzeugen mußten - wenn die „Marsianer" überhaupt jemals *solche* Wege würden gebaut haben.
Unter den jetzigen Marsbedingungen wären bereits nach einigen Millionen Jahren die meisten artifiziellen Zeugnisse kleinerer Größenordnung verweht, und nur Objekte wären residual erhalten, die ursprünglich in riesigen Dimensionen errichtet worden sind:
Das „Gesicht", die massige „Pyramide" und natürlich die linear-rechtwinkligen Anordnungen, die ich in zunehmendem Maße als *urbane Strukturen*, als Residuen eines riesigen Projektes ansehe, sie hielten bis heute den Sandstürmen stand.
Sie mußte anders ausgesehen haben, nicht wie eine übliche Stadt - zumindest nicht wie eine moderne, uns bekannte Stadt. Wohl nicht

mit emporragenden Turmspitzen eines Manhattan, ohne ein rasterförmiges, irdisches Straßennetz.

Warum also hielt ich es für eine Stadt?
Diese Anlage war ein rechteckiger Komplex größerer und kleinerer Strukturen, die anscheinend in ihrer Längsachse auf einen Sonnen-Orientierungspunkt hin ausgerichtet waren - mir erschienen sie, auf rätselvolle Weise, als eine Spiegelung von irdischen, ebenso gigantischen Bauwerken.
Es war nicht so sehr eine „Stadt“, sagte mir die Intuition, als vielmehr ein „heiliger Ort“ - vielleicht einem Gott gewidmet, der durch das „Gesicht“ verewigt worden war.
„Weihe-Stätten“, die sich von den Ufern des Nils bis in die Dschungel von Yucatan erstrecken...
Eine Reihe von Bildern liefen an meinem inneren Auge vorbei: schweigende Prozessionen von „Marsbewohnern“ in Roben und Kapuzen, die sich zur Sonnenwende um geweihte Stein-Monumente versammeln...ihre ganze Aufmerksamkeit auf das gottähnliche „Wesen“ mit wulstigen Brauen gerichtet ...verharrend...während der Tagesanbruch auf dem Mars die pechschwarzen Schatten in sonnenüberfluteten Glanz verwandelte...

Die fast ironische Bemerkung Sagans kam mir erneut in den Sinn: „Intelligentes Leben auf der Erde äußert sich durch geometrische Regelmäßigkeiten als dessen Produkt.“[1]
Das fragliche Referenz-Gebiet auf dem Mars schien aus ungefähr sieben größeren Pyramidenformen zu bestehen - in verschieden gutem Zustand der Erhaltung. Dazwischen lagen mindestens noch ein halbes Dutzend kleinerer Objekte, von denen einige auch pyramidenförmig geformt waren. Ebenso weitere, die wie „Kuppeln“, „Kegel“, vereinzelte „Mauern“ und wie mir schien, ebenfalls nach fast völlig verdeckten linearen Orientierungspunkten im Südwesten

[1] Sagan, C., Cosmos, New York: Random House, 1980

des Hauptkomplexes angeordnet waren. Eine Messung des durchschnittlichen Abstandes zwischen diesen Objekten in der Stadt zeigte, daß er variierte, von ungefähr 0,8 km bis ungefähr 1,2 km. Das stand in scharfem Kontrast zu den weitaus größeren Abständen der zufällig verstreuten Monumente im Südosten, wo der durchschnittliche Abstand 4 km betrug. Die zuletzt genannten Objekte waren auch sehr viel größer als die Gebilde innerhalb der „Stadt". Sie bestanden aus großen, unregelmäßigen Blöcken mit etwa einer Länge von 3,2 Kilometer, ohne ergiebige Hinweise auf prägnante Ausrichtung.

Die „Stadt" *unterschied* sich also quantitativ und qualitativ von der Landschaft der Umgebung. Sie war rechteckig angelegt und umschloß ein Gebiet mit einer Ausdehnung von ca. 6,4x11 Kilometern. Die nordöstliche Grenze ergab sich durch einen geraden wandartigen Aufbau der „Festung", 11,2 Kilometer von der Mittellinie des „Gesichts" entfernt. Die Südwestgrenze schien durch die verfallenen Form der Großen Pyramide, die auf einem erhöhten Gesteinssockel stand, in diesem Komplex festgelegt zu sein.

Der zuvor geschilderte „Hauptplatz" schien fast genau in der Mitte des Komplexes zu stehen.

Ich legte meinen Zirkel an das kleine runde „Gebäude" in der Mitte des Hauptplatzes. Es ergab sich ein Kreis um den gesamten Stadtkomplex, wobei der Radius die äußeren Begrenzungen der „Ruinen" im Nordosten und Südwesten tangierte. Übereinstimmend mit dem Verlauf der Längsachse des Rechtecks lag der Hauptplatz auf genau einem Viertel der Distanz zwischen der Südwestkante der „Stadt" und dem „Gesicht."

Ich kam nun auf mein ursprüngliches Vorhaben zurück, die parallelen Kanten, die „Mauern" des Komplexes mit der Längsachse des „Gesichts" in Beziehung zu setzen, wobei ich exakt die Ausrichtung des pyramidenförmigen Objektes maß, das die „Südwestkante der „Stadt" darstellte. Ich wählte dafür seine „Basisplattform"; sie hatte noch klar umrissene Kanten.

Sie war *parallel* zur Längsachse des „Gesichts" angelegt, mit einer Abweichung von *weniger als 1 Grad.*

Daraufhin maß ich die Ausrichtung zweier anderer „Hauptmauern" - wobei eine davon der Scheitelpunkt eines eher mexikanisch aussehenden pyramidalen Objektes mit flachdach-ähnlicher Form darstellte, die andere eher einer ägyptisch wirkenden Pyramide ähnelte - direkt östlich der „Mexikanischen Pyramide". Beide Scheitelpunkte waren ebenso *parallel* zur Längsachse des „Gesichts" angeordnet, im Rahmen meiner Meßmöglichkeiten und des kleinen Maßstabes der Photographie betrachtet.

Das gleiche galt auch für die Nordostgrenze des Komplexes: der Mauer der „Festung."

Während ich mit meinem Raster arbeitete, ging ich dazu über, Strukturen zu identifizieren und zu messen, die im rechten Winkel zu den parallel ausgerichteten Formationen hin zu dem „Gesicht" geordnet waren.

Es gab eine Menge davon.

Ich begann erneut am südwestlichen Ende der „Stadt", wo ich eine rampenförmige Formation fand, die sichtbar vom Boden bis zur Höhe der Basisplattform der bereits erwähnten Pyramide aufstieg. Sie lag im rechten Winkel zur 1,6 Kilometer langen Kante, die ich zuvor gemessen hatte.

Im „Stadtzentrum", nördlich der inneren Formationen, lagen Strukturen, die am ehesten klassischen Pyramiden ähnelten - einschließlich einer Felsspitze, die einen langen, scharfen Nachmittagsschatten auf den Boden des Mars warf. Zwei Seiten (eines erkennbar vierseitigen Objektes) lagen im Sonnenlicht: die Südwest- und die Nordostseite. In der Mitte der Kanten - *genau* in der Mitte - lagen zwei kleinere Objekte. Das von der Nordostseite ähnelte einem „abgebrochenen" Kegel. Dagegen sah das im Südosten gelegene eher wie eine kleine Kopie derjenigen Pyramide aus, gegen die sie „angelehnt" schien.

Die Hauptpyramide hatte eine riesenhafte, etwa 1,6 Kilometer Kantenlänge messende Ausdehnung. Die kleineren Bauwerke

schienen einen Durchmesser von etwa 300 Metern zu haben. Das entspricht ungefähr der Ausdehnung Ägyptens *Großer Pyramide von Gizeh.* Jedoch, gegen diese gewaltigen Ausmaße der großen Pyramiden-Struktur wirkten jene winzig, eher Beiwerk des Kernstückes, das sie umrahmten - denn sie umrahmten es tatsächlich.
Eine Linie verlief senkrecht zur Südwestkante der Pyramide, durch die Spitze der kleineren Pyramide, *parallel* zur Längsachse der rechteckigen Stadt-Konfiguration. Darüber hinaus lief diese Linie eng an der Spitze der großen Pyramide vorbei, so nahe, daß ich zu dem Ergebnis kam, sie müsse direkt hindurch verlaufen, *wenn* die 12 Grad Neigung der Viking-Photographie, weg von der Nord-Süd-Richtung, in Betracht gezogen würde!
Als ich die Linie nach Nordosten fortsetzte, machte ich eine *höchst* interessante Beobachtung. Sie schnitt ein weiteres Objekt, das zwischen „Hauptpyramide" und „Festung" stand. Doch die eigentliche Entdeckung war: wenn man die besagte Linie hälftig unterteilte und eine weitere Linie - senkrecht zur ersten Linie - nach Nordosten zog, teilte sie den „abgebrochenen" Kegel, der an der Mitte der Nordwestseite der Pyramide lag! In entgegengesetzter Richtung (Südosten) verlief diese Gerade erst durch die Kuppelstruktur, die ungefähr anderthalb Kilometer von der Spitze der großen Hauptpyramide entfernt lag, bevor sie durch den höchsten Punkt des stark erodierten runden Objekts lief, das auch ungefähr einen Durchmesser von anderthalb Kilometern hatte. Sollte letzteres einmal eine Pyramide gewesen sein, so war es jetzt nur noch ein formloser Haufen, der einen unförmigen Schatten in Richtung Südosten warf.
Allein, daß ich durch eine Reihe senkrechter Hilfslinien die pyramidale Formation in ein zunehmend größer werdendes, von mir konstruiertes Gitter, zwanglos einbeziehen konnte, wies nach meiner Meinung sehr stark auf den gemeinsamen Verbund hin, den einst diese Formation mit weniger erodierten Nachbarstrukturen gemein hatte: als Teil eines sorgfältigen Entwurfs.

Dies bestärkte sich in mir mit jeder Geraden und jedem Winkel mehr, den ich ermittelte.
Auf Bild No. 35A72, das mir DiPietro zur Verfügung gestellt hatte, kam ich mit meinen Auswertungsmöglichkeiten bald an die Grenzen dessen, was mit solch einem kleinformatigen Abzug grundsätzlich zu ermitteln war. Um die vorausgegangenen Messungen zu präzisieren, die Winkel genauer über die Grenzen des gezeichneten Rasters und der Lupe hinaus zu bestimmen, benötigte ich nun eine exakte Vergrößerung des Bildes. Außerdem wußte ich, daß es neben der No. 35A72 ein weiteres Bild mit einem *zweiten* Sonnenwinkel von der „Stadt" gab - Vince hatte es zunächst versehentlich vergessen mir zu schicken: Bild 70A11, es war während der 70. Umlaufbahn entstanden, ein Anschlußbild der Umgebung von No. 70A13. (siehe Abbildung 6)
Damit war möglich geworden, Ausrichtungen und Details der „Stadt" bei höherem Sonnenwinkel zu vergleichen, in die Schatten der pyramidenförmigen Objekte Einsicht zu bekommen und ihre Umrisse klarer zu bestimmen. Es war einfach aufregend. Doch ich Wegen der deutlich besseren Bildqualität wollte ich versuchen, an eine NASA-Bildversion heranzukommen.
Ich rief Mike Carr an, einen alten Freund, der nur ein paar Kilometer entfernt im United States Geological Survey in Menlo Park, Kalifornien, arbeitete.
Mike war Geologe.
Ich fragte ihn nach Kopien von rechtwinklig-transformierten Versionen der Bilder No. 70A11 und No. 70A13. Zu meiner Überraschung bot mir Mike sofort an, Aktenkopien aus der USGS-Bibliothek zu schicken, vorausgesetzt, meine Bitte beschränke sich auf wenige Abzüge. Das Budget für neue Abzüge sei „verdammt knapp" knurrte er nur.
Er war es dann auch, der mir einen kompetenten Gesprächspartner für offene Fragen bezüglich der Schwankungen des Mars-Neigungswinkels vermittelte. „Oh, ja, Du mußt mit Bill Ward am JPL

sprechen. Er ist der größte Experte für alle Fragen, die Neigungswinkel betreffen."
Sein Grinsen konnte ich förmlich über das Telefon „sehen".
Sie erinnern sich noch, verehrter Leser, wie sich verändernde Neigungen des Marspols auf die Position des Sonnenaufgangs zum Zeitpunkt der Sonnenwende auswirken?

Während der Tage bis die neuen Abzüge ankamen beschäftigte ich mich mit wiederholtem Messen von Details, die ich auf No. 35A72 ermittelt hatte.
Und ich fand eine hochinteressante „Felswand."
Zunächst hatte ich sie übersehen, weil sie an der Oberkante einer sehr häufig erscheinenden Struktur auf der Marsoberfläche fast verborgen schien: an einem *Krater*. Dieser Krater war einer von Millionen, von denen die Marsoberfläche überzogen ist. Es war ein etwa 3 Kilometer im Durchmesser großes Einschlagloch, rund herum mit einer fast kreisförmigen „Schürze" aus Trümmern übersät.
Das ausgeworfene Material hatte sich wie ein großer Teppich um den Krater verteilt. Die Erklärung Carrs und auch anderer dafür war einfach die, daß die Trümmerbruchteile rund um die Marskrater durch den Einschlag von Asteroiden oder Kometen in *sehr* nachgiebigem Boden entstanden sind und dabei möglicherweise eine Schicht flüssigen Wassers unter der Oberfläche durchschlugen. Die daraus entstandenen Krater sind klar zu identifizieren: runde Becken, umringt von einem Kranz aus Gestein, um den sich ein radiales Muster in mindestens der Größe eines weiteren Kraterdurchmessers erstreckte.
Es hatte also überhaupt keinen triftigen Grund gegeben, solch einen Krater auch nur flüchtig anzuschauen, außer, weil eine Linie, die vom Punkt des Sonnenwend-Sonnenaufgang von der „Stadt" durch die Mitte des „Gesichts" gelegt, diesen besonderen Krater, der 22,5 Kilometer *hinter* dem „Gesicht" liegt, kreuzte.
„Die Felswand" war eine - auf dem Bild - winzige, lineare Formation, die, vom „Gesicht" aus gemessen, auf dem Trümmerfeld un-

gefähr 1,5 Kilometer vor dem Krater lag. Überraschend war, daß sie sich zwanglos in das Muster einordnete und - sie schien genau parallel zum „Gesicht“ zu liegen.
Darüber hinaus lag die „Felswand“ auch im rechten Winkel zur Sonnenwend-Sonnenaufgangs-Gerade, die sich aus der „Stadt“ heraus durch den schlitzähnlichen Mund des „Gesichts“ zog; als ob jemand es dort plaziert hätte, als Standort, von dem aus man die anderen Himmelsspektakel, die entlang dieser Linie sichtbar waren, gut beobachten konnte. Doch in der anderen Richtung...
Die Sonne der Wintersonnenwende ging hinter dem „Gesicht“ *unter*!
Aber warum sollte eine Felswand benutzt worden sein? Warum nicht ein kleiner Orientierungspunkt, so daß ein Beobachter, der am Abend der Wintersonnenwende den Sonnenuntergang betrachtete, den Schnittpunkt mit dem Horizont hinter dem „Mund“ des „Gesichts“ markieren konnte?
Die Felskante wäre in der Lage, die kontinuierliche Südverschiebung der Sonne während ihrer Näherung an den Wendepunkt „nachzuzeichnen“.
Bilder von Priestern in Roben, die beim Sonnenuntergang die Länge der etwa 3,2 Kilometer langen Felswand, die den leuchtenden Schnittpunkt mit dem Horizont markierte, abschritten, während die Sonne im Westen versank, weit hinter dem aufgerichteten Blick eines „Gottes“, der ein paar Kilometer weiter im Südwesten lag. Ich fühlte mich an eine Art marsianischen „Sonnendolch“ erinnert, entsprechend der alten Sonnenwend-Marker der Anasazi, wovon tatsächlich einer im Chaco-Canyon gefunden worden war: die einstrahlige Sonne, während sie auf den „Mund“ fokussiert wurde - 21 Kilometer entfernt ...
Doch mein bisheriges Mosaik - allein durch das Bildmaterial - war zu klein, um die Einzelheiten dieser hypothetischen Konstruktion zu überprüfen wie z.B. die Lage - falls sie überhaupt in Frage kämen - von „Orientierungspunkten“ für Jahreszeiten, die möglicher-

weise in Intervallen angeordnet an der Felswand angebracht sein mußten.
Ganz plötzlich war da eine Idee.
Die „Felswand“ war ein *Teil* des gut durchdachten Entwurfs des gesamten Komplexes: „Stadt“, „Gesicht“ und „Felswand“.
Der Grund war einleuchtend: damit das „Gesicht“ als klare Silhouette am Morgen der Sonnenwende gesehen werden konnte, mußte es die *solitäre* Silhouette am Horizont bilden. Der Krater weiter draußen, 22,4 Kilometer hinter dem „Gesicht“, wäre ein Problem, da die *Krümmung des Mars* den hügeligen Kraterrand in die Sichtlinie der „Stadt“ gebracht hätte. Das Panorama mit seinem Fixpunkt am Horizont wäre dadurch zerstört worden.
Die „Felswand“ ist ganz einfach ein langer, *künstlicher, flacher Horizont*, genau aus dem gleichen Grunde, warum Stonehenge von einem Erdwall eingeschlossen ist.
Sonne *und* Erde wären somit hinter dem „Gesicht“, über einer markanten Begrenzung der marsianischen Welt aufgegangen, ohne Interferenzen durch die ursprüngliche Beschaffenheit des Horizonts.
Auf einmal *paßte* alles zusammen: die aufgerichtete, monumentale Silhouette, die Sichtlinien, die dazu ergänzende Felswand, die sich genau über eine bestimmte Entfernung am Horizont entlang erstreckte - und eben nicht weiter - um als flache Schneide für die bedeutungsschweren Sonnenaufgangs-Ereignisse zu fungieren.
Anzunehmen, daß dies alles purer Zufall sein sollte, ohne die Möglichkeit zu erwägen, umsichtig handelnde, intelligente Wesen miteinzubeziehen: es wäre nach meiner Meinung ziemlich naiv. Ich fühlte mich, als ob eine Science-Fiction-Erzählung doch noch wider Erwarten sich erfüllen würde.

Monolithen!

Einen Tag später kamen Mikes Bilder - No. 70A13, 70A11 und die bekannte No. 35A72. Ungeduldig riß ich den Umschlag auf und

breitete sie auf dem Tisch aus, Vince' Version der No. 35A72 als Vergleich daneben.
Da war die „Stadt"!
Bei höherem Sonnenwinkel war sie auf dem Abzug aus den USGS-Akten deutlich zu erkennen, und sah weit geradliniger, deutlicher rechtwinklig angeordnet aus als auf der Version No. 35A72 unter Spätnachmittags-Licht. Und dort, wo die tiefen, langen Schatten des späten Nachmittags die meisten Einzelheiten der Südostseite verbargen, da ließ der Abzug von No. 70A11 eine Menge erkennen - einschließlich einer weiteren Überraschung.
Die klar konturierte Hauptpyramide in der „Stadt", die von drei, in rechtem Winkel zueinander stehenden, kleineren pyramidenförmigen Objekte begrenzt ist - sie stellte sich auf diesem Bild anders dar. Sie war *nicht* quadratisch.
Tatsächlich, das konnte ich durch den steileren Sonnenwinkel erkennen, fehlten zwei Seiten (auf die ich durch die No. 25A72 geschlossen hatte) - als ob die beiden anderen zerstört worden waren.
Dieser Lichteinfall enthüllte die „Hauptpyramide" ausgestattet mit einer dreieckigen Grundfläche.
Es gab augenscheinlich einen selektiven, kontinuierlichen Abbau aller Formationen der „Stadt" - am stärksten zeigte es sich im Südosten. Die „Festung", „Hauptpyramide", „Mexikanische Pyramide" und viele andere Objekte in diesem Komplex waren auf der betreffenden Seite definitiv stärker erodiert als auf der anderen. Der Grund für diese richtungsbezogene Erosion war unklar, es hatte wahrscheinlich etwas mit bereits seit Jahrtausenden anhaltenden Windrichtungen zu tun. Ich nahm mir vor, das irgendwann einmal nachzuprüfen.
Da nun das Bild No. 70A11, aufgenommen bei einem Sonneneinfallswinkel von 30 Grad und das Bild No. 35A72 mit einem Aufnahmewinkel von 10 Grad vorhanden war, nutzte ich die Möglichkeit der stereoskopischen Bildauswertung. Während verschiedene Sonnenwinkel lediglich unser visuelles Zentrum beim Betrachten zweier Bilder durch den Stereo-Sucher irritieren würde, hatten Bil-

der, aufgenommen von verschiedenen Umlaufbahnen aus - im Abstand von 35 Tagen und über eine Grundlinie von weit mehr als zehn Meilen voneinander entfernt - den Vorteil, daß man sie stereoskopisch benutzen konnte, um das Oberflächenrelief innerhalb der „Stadt" besser hervorzuheben! Eine ähnliche Technik zum Nachweis der Dreidimensionalität des „Gesichts" war von Vince und Greg während des AAS-Treffens der Astronomen 1980 in Baltimore angewandt worden.

DiPietros SPIT-verbesserte Version von No. 35A72 und die No. 70A11 vom USGS hatten *nahezu* den gleichen Maßstab. Mit etwas Mühe konnten zu guter letzt meine Augen die beiden Bilder im Sichtgerät *zu einem* verschmelzen. Ich „schwebte" über einer alten Ruine, in einer sonnengebleichten Wüste. Ich konnte die gebrochenen Scheitelpunkte der Pyramiden erkennen, konnte mir vorstellen, auf drei Viertel Kilometer breiten Prachtstraßen zwischen monumentalen „Gebäuden" hindurchzuschreiten.

Die „Stadt" schien im Südwesten, zum „Gesicht" hin, höher gelegen als in Richtung Nordosten.

Die deutlich prominenten Erhebungen in der Stereoperspektive betonten gewisse Strukturen: die „Stadt" lag geduckt, am Rande einer flachen Ebene. Man benötigte nicht viel Phantasie, um die Umrisse einer alten Küstenlinie zu entdecken, vielleicht eines Sees oder sogar die schmale Bucht eines Ozeans (!) mit einem Umfang, der sich von Nordwesten nach Südosten erstreckte. In der Stereoansicht lag die „Stadt" im Südosten am Fuße eines steilen Berges. Man konnte tatsächlich etwas, daß an einen Bach - im Dauerfrost erstarrt - erinnerte, den Berg hinunterfließen sehen, hin zu den kleinen, geradlinig angeordneten Gesteinsformationen.

Zwischen dem Hauptkomplex der „Stadt" und dem sich nach vorne ausdehnenden „pastösen" Material, konnte man einige „Mauern" sehen.

Ironischerweise lag das Objekt, das ich mir immer als **„Festung"** vorgestellt hatte, ziemlich genau dort, wo man eine echte Festung

errichtet hätte: auf der äußersten Landspitze, vor dem „offenen Wasser." Und das „Gesicht"...
Ich erschrak, als ich realisierte, daß dort, in diesem vertrockneten Becken, wo jetzt nur noch Umrisse die Phantasie beflügelten, *Wasser* geflossen sein könnte. Das bedeutete, das „Gesicht" hätte man über das Wasser hinweg gesehen, wobei durch Lichtspiegelungen während des Marsmorgens das „Gesicht" sich nach *unten* auf dem Wasser - ebenso wie nach oben - dargestellt haben mußte.

Tagelang befaßte ich mich mit der „Stadt", verschlang gierig jedes Detail, die Formenvielfalt der Pyramiden und die mathematisch-architektonische Anlage des Komplexes. Aber einige der Objekte ließen sich definitiv nicht mit mondialen Formationen zur Deckung bringen. Neben vierseitigen Gebilden hatten sich die „Marsbewohner" anscheinend ihre eigenen einzigartigen Formen geschaffen z.B. eine *trapezförmige* Pyramide.
Mehrere dieser trapezförmigen „Pyramiden" waren über die „Stadt" verteilt, eine davon stand mitten in der „Stadt."
Eine Betrachtung mit der Lupe, in Verbindung mit dem erhöhten Relief durch die Stereobetrachtung der beiden Bilder, ermöglichten es mir, im Verlaufe von Tagen viele Details ausfindig zu machen, Details, die mir anfangs entgangen waren.
Es geschah nicht zum ersten Mal, daß jemand, der etwas Neues beobachtet, in dem Maße offener für Entdeckungen wurde, in dem sich Auge und Gehirn gleichermaßen an die „Neuheit" der Details, die sie wahrnahmen, gewöhnte.
Ich dachte hier besonders an Percival Lowell, der behauptet hatte, der Grund, daß viele Beobachter nie „Kanäle" sähen, würde daran liegen, daß *ihre Augen einfach nicht an die reichhaltigen Details dieses Planeten gewöhnt seien.*
Ich konnte mir nicht helfen, der Vergleich war klug gewählt ...

Die Mariner-9-Sonde verdeutlichte uns die Schwankungen, denen das Klima auf dem Mars (auch) in früheren Phasen ausgesetzt ge-

wesen sein mußte. Auch wissen wir seither ziemlich sicher, daß es auch schon etwas freundlichere Perioden, als es die derzeitige kalte Gletscher- und Wüstenwelt erwarten ließ, gegeben haben mußte. (siehe 3. Der Mars - einstmals und zukünftig, S. 70).
Carl Sagan war einer der ersten, der nach der erfolgreichen Mariner-9-Mission ein Marsklima mit zyklischen Schwankungen vorschlug. Um die Stapelformationen an den Polkappen als Folgeerscheinungen eines solchen zyklischen Klimas zu erklären, schlug Sagan vor, daß es alle 50.000 Jahre einen „Marsfrühling" gegeben haben mußte, induziert durch eine günstige Kombination aus Veränderungen der Planetenumlaufbahn und dem veränderten *Neigungswinkel* der Rotationsachse *zur* Umlaufbahn. Diese Folgen, so fuhr er fort, könnten ein globales „Tauwetter" hervorgerufen haben. Besonders die Polkappen mußten betroffen gewesen sein, wodurch riesige Mengen an gefrorenem Kohlendioxid freigesetzt und somit verstärkt Sonnenwärme zurückgehalten wurde. Durch diesen vermuteten Treibhauseffekt hätte sich die globale Temperatur *über* den Gefrierpunkt von Wasser anheben können und - es wäre zu einem „Frühling" gekommen.[1]
Wäre es möglich, auf einem Planeten mit solch extremen Bedingungen zu leben...mit einem Klimawechsel alle 50.000 Jahre?
Ich dachte an unsere Eiszeiten...
Obwohl es der Viking-Sonde nicht gelungen war, Kohlendioxid unter den Polen zu finden (durch Mariner-Ergebnisse zunächst in Aussicht gestellt worden), waren die Bilder doch Beweis genug, daß die Mars-Vergangenheit anders gewesen sein mußte. Die Anzeichen von Erosion und somit ein Hinweis für Wasser in flüssiger Form, sprachen für sich. Vielleicht waren es nicht 50.000-Jahr-Zyklen, sondern größere Intervalle, in denen sich die gravierenden klimatischen Veränderungen abspielten.

---

[1] Sagan, C., The Cosmic Connection: An Extraterrestrial Perspective, New York: Doubleday, 1973.

Doch weitere Erkundungen und Messungen ergaben auch zusätzliche Fragen: warum waren es gerade Pyramiden?
Warum eine Festung?
Teile dieser Formation erschienen sehr *einfach* angelegt wie z.B. die gerade *Mauer*, die gleichzeitig die Nordostkante der „Stadt“ darstellte. Diese Struktur verlief über 1,6 Kilometer lang *pfeilgerade:* Nordwest-Südost. Parallel dazu lag eine zweite lineare Formation, die jener Wand ihre erhebliche *Tiefe* verlieh. Auf ihr konnte man seltsame Muster entdecken, mit eigenen kuriosen Verwinkelungen und auch - rechten Winkeln.
Am südwestlichen Ende der linearen Formation befand sich eine weitere „Mauer“. Sie verlief in einem 75 Grad Winkel nach Südwesten. Anscheinend hatte sie zwei parallele „innere“ und „äußere“ Kanten, welche die gleiche Tiefe hatten, wie die Mauer. Der dadurch entstandene „Innenhof“ war dunkel und mysteriös. Selbst bei einem Sonnenwinkel von 30 Grad auf No. 70A11 ergab sich dieses Bild. Dieser „Hof“ war einer der Hauptgründe, warum ich diesem seltsamen geometrischen Objekt den Namen „Festung“ gegeben hatte.
Der komplexere Teil lag im Nordwesten der beschriebenen Strukturen. Das Haupträtsel dieses Objektes ging von seiner Form aus - lang und unförmig, wie ein „gestrandeter Wal“. Sie war nach Nordosten-Südwesten ausgerichtet und zog mich mit der eigenartigen Form in ihren Bann.
Das Nordostende war spitz und schien auf der vorher beschriebenen Plattform zu liegen, wie die Spitze eines abgestürzten Raumschiffes. Dort teilte es sich, in zwei parallele und ausgeprägt symmetrische „Schwanzflossen“.
In der Mitte dieser „Schwanzflossen“ befand sich ein eigenartig geformter „Krater“, davon schien eine Hälfte abrupt abgeschnitten. Ich beließ es bei meinen Überlegungen und legte eine Denkpause ein.

Eines Samstag nachts, ziemlich spät, es wird wohl etwa zwei Uhr früh gewesen sein, warf ich, bevor ich zu Bett gehen wollte, noch einen letzten Blick auf die „Stadt". Plötzlich fiel mir auf der SPIT-entwickelten Version von No. 35A72 ein kleiner Fleck, südwestlich dieses abrupten Einschnitts an der „Festung" auf. Er befand sich zwischen „Festung" und Hauptpyramide. Ich richtete die Lupe darauf und stellte fest, daß ich auf ein Muster winziger, wabenförmiger, zellenartiger Strukturen blickte. Mehrere Sekunden vergingen, bis ich langsam verstand, was ich sah. Indem ich die Lupe ein bißchen nach unten bewegte, konnte ich die „Waben" über die gesamte 3,2 Kilometer lange Region, die mich so lange gefesselt hatte, verfolgen. Ich sah, wie der Schatten der Hauptpyramide über diesen winzigen Bereich fiel, dort, wo deutlich ein erhöhtes, dreidimensionales Relief sichtbar geworden war. (siehe Abbildung 10)
Plötzlich paßten die Teile zusammen.

Ich schaute auf eine weitere Pyramide mit 1,6 km langer, quadratischer Grundfläche. Diese Pyramide hatte offenbar kein Dach - und war gemustert mit winzigen Parzellen.
Ich saß da und hatte das Gefühl, daß meine ganze „Geschichte" zunehmend deutlichere Konturen annahm; sie war plötzlich nicht mehr so einfach vom Tisch zu wischen!
Ich blickte auf etwas, was man nicht als „geologische Besonderheit" oder „Folge erosiver Kräfte" abtun konnte. Es ähnelte sehr einer mehrstöckigen Formation mit zahlreichen Zwischenplateaus, die von der erleuchteten oberen Ebene hinab zur Marsoberfläche führten und - es wirkte sehr artifiziell.
Einige der Parzellen waren über die angrenzenden Kompartimente der „Festung" gebaut. Es schien innerhalb einer Versenkung noch mindestens ein weiteres wabenartiges Plateau zu geben. Die Wabengitter waren gerade hell genug, um ein wenig Sonnenlicht durchzulassen.

Tausende von Fragen schwirrten mir durch den Kopf. War es Realität? Oder ein Artefakt des speziellen Computerverfahrens, das Vince und Greg auf No. 35A72 angewandt hatten?

Wenn es nur ein Effekt des Computers war, warum sollte dann genau an dieser *einen bedeutungsvollen Stelle,* auf einer fast 3000 km^2 umspannenden Photographie zu einem Artefakt gekommen sein - optisch oder architektonisch?

Es mußte eine Erklärung geben, für das Bestehen dieses sonderbaren, stumpf abgeschnittenen Bereichs am Südwestende der „Festung"; man konnte es sowohl auf der entwickelten als auch der unentwickelten Version des Bildes gut erkennen.

Was die Architektur betrifft, sprachen sowohl Geometrie als auch genaue Lage der Waben dafür, daß es sich um eine nicht-zufällige Konstruktion handelte. Die Umrisse, Dimensionen, sogar die Ausrichtung fügten sich zwanglos in die benachbarte Geometrie der „Festung" und der daneben stehenden Hauptpyramide.

Mein Intuition sagte mir, daß es „paßte".

Sie ließ mir die Freiheit für neue kühne Interpretationen über die „Stadt", das „Gesicht" und über diejenigen, die diesen außerordentlichen Komplex konzipiert hatten.

Die Existenz einer kilometerweiten offenen Rahmenstruktur erinnerte mich an die Architekten, die das vermessen und angelegt haben könnten. Dies war keine Kultur mit ägyptischem Einschlag, sie war anders, weit mehr...

Ich fröstelte plötzlich, nicht so sehr aus Angst, als vor Erwartung.

Das lange Warten war vorbei. Die Frage war, was würden wir tun, wo würden wir beginnen, wenn wir zurückkehrten, um alles zu erkunden -

Ich erinnerte mich an eine Zeile von Harlan Ellison:

„Eine Stadt am Rande der Ewigkeit[1]
das „Gesicht", „Hüter der Ewigkeit", es schaute voraus.

---

[1] Auszug aus Harlans, mit dem Hugo Award preisgekrönten Skript, meiner liebsten Star Trek Episode: „City on the Edge of Forever."

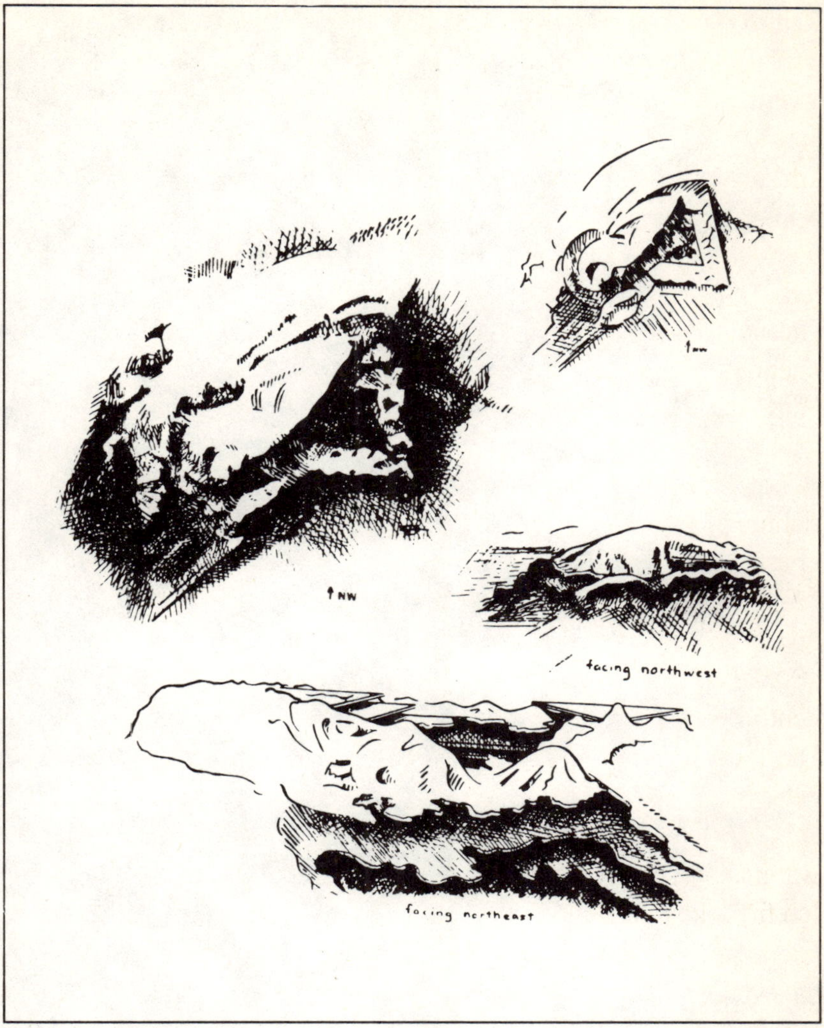

Abbildung1: „Die Festung“:
oben links, Aufnahme der „Festung“, wie sie sich auf den Mosaik-Photos der NASA darstellt;
oben rechts, vereinfachte Skizzierung des Gefüges der „Festung“ aus der Luft;
unten links, Seitenansicht der „Festung“ Richtung Nordosten, mit Wabensektion im Vordergrund;
unten rechts, Seitenansicht der „Festung“ Richtung Nordwesten, mit Wabensektion auf der linken Seite. Zeichnungen von K. Lynn.

6. Erste Mutmaßungen

„Dessen Schöpfer bereiteten Es auf viele Aufgaben vor - und dies war eine davon.
Es erkannte, was zu ihm hoch kroch, aus dem warmen Herzen des Sonnensystems".
„Hätte es gelebt, Es hätte die Aufregung gespürt..."
Arthur C. Clarke
2001 - Odyssee im Weltraum

Als ich mit meinen Untersuchungen begann, war da nur ein „Gesicht" und ein seltsames pyramidenförmiges Objekt, einige Kilometer davon entfernt. Nun hatte ich der wachsenden Zahl ungewöhnlicher Strukturen, die dieser Region des Planeten eigen waren, eine ganze Reihe weiterer mysteriöser Objekte durch meine Messungen hinzugefügt; z.B. eine exakt angelegte „Stadt" aus Pyramiden. Doch weit mehr als das, ich war ziemlich sicher, die eigentliche Bedeutung dieser außergewöhnlichen Anordnung von Objekten entdeckt zu haben: *Aufmerksamkeit* der Bewohner auf einen zentralen Blickfang zu lenken, auf die Darstellung eines menschlichen „Gesichts".

Trotz meiner Vorbehalte trug jede weitere Messung dazu bei, die Hinweise auf eine *bewußte Konzeption*, sowohl in den Proportionen als auch in der Ausrichtung dieses Monuments, zu erhärten. Als ich z.B. eine Längsachse einzeichnete, erkannte ich, daß die Meridianlinie (Nord-Südlinie) so durch das „Gesicht" verlief, daß sie, von der Südwestecke des Mundes aus, genau nach Norden mitten *zwischen* den Augen hindurchzog. Dies schien nur durch die ebenmäßigen Proportionen des „Gesichts" und dessen Längsachse möglich. Sie mußte um einen *bestimmten* Winkel gegen den Meridian geneigt sein.

Die Abstimmung mehrerer einzelner Elemente aufeinander, einen solchen Grad an Präzision als zufällig anzunehmen, halte ich schlichtweg für falsch.

Dann gab es noch die Beziehung der Gesichtsstruktur zu anderen, sehr artifiziell erscheinenden Objekten in Cydonia: die Pyramiden-Formation von DiPietro und Molenaar und die noch eindrucksvollere „Felswand", die in einer ganz besonderen Position zu dem „Gesicht" stand.

Auf dem kleinen Abzug von No. 70A13, den mir DiPietro zur Verfügung gestellt hatte, konnte ich die Ausrichtung der von ihnen entdeckten Pyramide messen. Eine der „Pfeiler" schien direkt auf das „Gesicht" zu weisen. War es Zufall? Oder war es die Hand eines Baumeisters gewesen?

Was die Objekte in der „Stadt" betrifft, so hatte ebenfalls die „Festung" mit ihrer Südostmauer des „Innenhofs" eine Schlüsselstellung gegenüber dem „Gesicht". Die zweitgrößte Pyramide hinter der „Festung" (Richtung Südwesten) besaß ebenso eine Formation, die auf das „Gesicht" ausgerichtet war: deren Nordwestecke bildete einen linearen „Kontakt", ja sie verlängerte sich nach hinten in Richtung zum „Gesicht"- durch die „Festung" hindurch (!), bis sie an der Kante der Nordostwand - der Umrandung des Innenhofes - verschwand. (siehe Abbildung 9)

Eher zufällig wies nun diese nordöstliche Mauerstruktur des „Forts" auf die südöstlich von der „Stadt" gelegene Pyramide - mit ihren eigenartigen „Stützpfeilern".

Sämtliche geologisch oder meteorologisch gestützten Erklärungsversuche, diesen Komplex mit seinen unzählig miteinander verknüpften geometrischen und mathematischen Beziehungen als Zufallsgebilde zu interpretieren - dies bedarf, nach meiner Meinung, sehr großer Phantasie.

Wenn ich im Geiste noch einmal eine Prüfung auf Zufälligkeit durchführe, fühle ich mich wegen meiner ursprünglichen Leichtgläubigkeit zu einer fast unausweichlichen Schlußfolgerung gedrängt: was für mich als eine Art „Einstein'sches Denkexperiment" begann, hatte sich mittlerweile durch schlüssiges, ständig wachsendes Datenmaterial soweit konkretisiert, daß es mir schwerfiel,

diese Gebilde auch weiterhin als ausschließlich zufällig, durch Naturkräfte erschaffen, anzusehen.
Vorliegende Daten stützten eindeutig meine Vermutung, daß diese Objekte nicht das alleinige Ergebnis zufällig waltender Naturkräfte sein können.
Konnte es überhaupt eine *einfache* Erklärung für diese Reihe von Befunden geben, eine seltene Koinzidenz komplexer Gebilde etwa, durch chaotisch-launenhafte Kräfte der Erosion, Eruption und Tektonik hervorgebracht?
So unwahrscheinlich anfänglich diese Konstrukte uns artifiziell entstanden erschienen, desto wahrscheinlicher wurde mir diese Annahme im Verlauf meiner Recherchen - und erschien mir auch als die einfachere Lösung.

Als ich mich später entschloß, ein Buch über die Monumente des Mars zu schreiben, war eines meiner Hauptanliegen, daß ich den P*rozeß der Meinungsbildung* verdeutlichen wollte, insbesondere auch, wie ich durch vorsichtiges Abwägen zu einer bestimmten Interpretation des Datenmaterials, im Laufe der Untersuchung, gekommen bin.
Einige dieser Spekulationen mögen manchen Lesern absurd erscheinen. Jedoch der wichtigste Faktor, nach dem Sie urteilen müssen, ist der Maßstab für *alle* wissenschaftlichen Forschungsbemühungen - die Frage, ob *Hypothesen nachprüfbar* sind? Werden aus ihnen neue Folgerungen gezogen, so müssen diese wiederum durch die neu erkannten Gesetzmäßigkeiten verifizierbar sein.
Lange nachdem DiPietro und Molenaar das zweite Bild des „Gesichts", welches unter einem höherem Sonnenwinkel aufgenommen war, entdeckt hatten, teilten NASA-Sprecher mit, „daß es kein weiteres, beweiskräftiges Bild gibt ... das Objekt, durch den besonderen Lichteinfallswinkel, wie ein Gesicht erscheint..."

Einige vertraten sogar die Meinung, daß das zweite Bild[1] *keine* Unterschiede zum ersten aufwiese. Sie beharrten darauf, daß die schattige rechte Seite dieses Objektes auch auf dem zweiten Bild noch im Schatten (No. 70A13) liege, obwohl man schon mit flüchtigem Blick die bisher „fehlende" rechte Seite und deren rotationssymmetrisch ergänzenden Aspekt erkennen mußte. Berechnungen der Geschwindigkeit, in der die Sonne den Mars-Himmel überstreicht, ergaben, daß sich der Marsoberfläche - unter der Sonne - in zwei Stunden[2] um fast 30 Grad verschoben haben wird; dadurch könnten die jetzt sichtbaren Unterschiede des Beleuchtungswinkels auf den verschiedenen Aufnahmen erklärt werden.
Diese Situation erinnerte mich an mehrfach überlieferte Beobachtungen von einer der größten, jemals mit bloßem Auge sichtbaren Sternenexplosion in der jüngeren Geschichte der Astronomie: der Supernova im Jahre 1054 n.Chr.
Das Ereignis strahlte 23 Tage lang hell genug, um auch bei Tageslicht sichtbar zu sein, was in den Annalen astronomischer Dokumentation von China über Korea bis zu den Felsdarstellungen im „primitiven" amerikanischen Südwesten dargestellt worden war. Jedoch waren keine Aufzeichnungen über diesen explodierenden Stern im mittelalterlichen Europa überliefert.
Die einzige Erklärung für dieses Phänomen[3] war wohl, daß sich die Kirche weigerte, die Existenz einer Störung am Himmel anzuerkennen. Die beobachtenden Mönche durften im wahrsten Sinne des Wortes ihren Augen nicht trauen.
Etwas ähnliches scheint bei der Beurteilung des „Gesichts" auf dem Mars vor sich zu gehen. Dahinter könnte das „Paradigma" stehen, daß menschenähnliche Wesen sich *nur* auf einem einzigen

---

1 aufgenommen 35 Tage nach dem ersten, und mit einem tageszeitlichen Unterschied von zwei Stunden

2 die Geschwindigkeit der Marsrotation ist nahezu identisch mit der Erde

3 die glühende Supernova konnte für fast *zwei weitere Jahre* am Nachthimmel beobachtet werden

Planeten im Sonnensystem entwickelt haben konnten, und *nur* dort...

Die vielleicht prägnanteste Äußerung dieses Standpunktes wurde in einem Artikel im Magazin *Science* 1966 vom Harvard Biologen George Gaylord Simpson verfaßt: „The Nonprevalence of Humanoids“[1]. In diesem Artikel äußerte Simpson die Meinung, daß menschliche Intelligenz, ganz abgesehen von menschlicher anatomischer Morphologie, einzig und allein das Produkt irdischer Umwelt sein könne. Er wurde von Carl Sagan während der ersten sowjetisch-amerikanischen Konferenz über „Kommunikation mit außerirdischer Intelligenz“, die im September 1971 im sowjetischen Armenien abgehalten wurde, zitiert:

> *„Das Hauptargument seiner Ausführungen besteht darin, daß es eine große Anzahl besonderer und relativ unwahrscheinlicher Abfolgen bedurfte, um die Voraussetzungen für eine Evolution des Menschen zu erfüllen. Die Chance für eine zufällige Wiederholung dieser Sequenz von Schritten ist so klein, daß ich sagen würde, dies macht die Existenz von Menschen (anderswo) unmöglich.“*[1]

An diesem Punkt wies ein anderer Konferenzteilnehmer, John Platt, von der University of Michigan darauf hin, daß Simpson sich ganz spezifisch auf *Menschen,* und nicht auf die Wahrscheinlichkeit für außerirdische Intelligenz an sich, bezogen hatte. Darauf antwortete Sagan:

> *“...das ist genau der Kritikpunkt Simpsons. Es sind sehr viele andere Wege zu Organismen, die in der Funktionalität dem Menschen gleichgestellt sind, denkbar. Diese haben dann jedoch nicht notwendigerweise wie Menschen auszusehen.“*[2]

Dieser Dialog spiegelt die grundlegende wissenschaftliche Kontroverse in dieser Angelegenheit sehr gut wider: es könnte also außer-

---

[1] „die Nichtvorherrschaft von Humanoiden“

[1] Sagan, C., Verl., Communication with Extraterrestrial Intelligence (CETI), Cambridge: MIT Press, 1973

[2] ebd.

irdische Intelligenz geben, jedoch durch die unzähligen Evolutionsschritte, die nötig waren, um den modernen Menschen hervorzubringen, sind die Chancen, daß die Natur in diesen Wesen die gleichen Evolutionsschritte wie bei den Menschen gegangen sein könnte, sehr gering.

Angesichts dieser Standpunkte war die Entdeckung einer kilometergroßen „menschlichen" Physiognomie auf dem Mars für viele zu anmaßend.

Im Verlauf der o.g. Konferenz wurde Simpson aufgefordert, seine Ausführungen, die er sieben Jahre zuvor gemacht hatte, zu erläutern:

> *„Der Kenntnisstand über Venus und Mars hat sich in den letzten acht Jahren beträchtlich erhöht. Es wurde uns die Unmöglichkeit von Leben auf der Venus, daß auf Kohlenstoff-Verbindungen basiert, bestätigt und es reduzierten sich die Chancen für solche Lebensformen auf dem Mars. Die Chancen für intelligentes Leben (wenn auch nur im entferntesten menschlich) auf einem der beiden Planeten oder irgendeinem anderen Himmelskörper in unserem Sonnensystem, sind verschwindend gering."*[1]

Es gibt einen kleinen Kreis von „Abweichlern" innerhalb der Wissenschaft, die eine Lehre der „parallelen Evolution" verteidigen. Sie vertreten eine Anschauung, die in etwa diametral zu Simpsons und Sagans Meinung liegt.

Isaac Asimov, mit mehr als 350 Büchern ein sehr renommierter Wissenschaftsautor, setzt sich für deren Hypothesen ein. Er stellt sich auf den Standpunkt, daß zwar Sagan sich für *vielfältige* Wege zum „Heiligen Gral" der Intelligenz ausspricht, aber ebenso *vielfältige* Wege zu einem humanoiden „Träger", in dem diese Intelligenz beherbergt ist, möglich seien. Eine rotations-symmetrische Form, kurze Leitungsbahnen zwischen Augen und Gehirn und mit feinmotorisch beweglichen Händen *vor* dem Körper seien Elemen-

---

[1] Sagan, C., Verl., Communication with Extraterrestrial Intelligence (CETI), Cambridge: MIT Press, 1973

te eines Konzepts, das auch, in ansonsten stark divergierenden Milieus, Verbreitung gefunden haben mußte.
Mit anderen Worten, Asimov behauptet, Evolution bringe wahrscheinlich keine intelligenten „Spinnen“ oder „Muscheln“ hervor, sondern *konvergiert* zu einer Kreatur, die zumeist menschenähnliches Aussehen und Funktionen besitzen wird. Robert Bier führte 1964 im *American Scientist,* in einem Artikel über „Menschenähnlichkeit auf anderen Planeten“, entsprechende Begründungen an.
Wie es auch immer sein mag, die artifiziellen Formationen auf dem Mars wurden bei allen, auch den neueren Diskussionen ignoriert.
Ironischerweise waren selbst meine eigenen, gelegentlich geäußerten *Vorurteile* denen von Simpson und Sagan ähnlich. Trotz mehrerer, zum Teil widersprüchlicher Phänomene wie z.B. unabhängig voneinander entwickelten Augen bei Säugetieren und Kraken, bei denen sich grundlegende Strukturen *identisch,* unabhängig und parallel voneinander entwickelt hatten, stromlinienförmige Körper von verschiedensten Meeres- und Süßwasserbewohnern oder reptilische Vorgängerformen, die Dinosauriern und heutigen Delphinen gemeinsam sind: es sind auch andere Entwicklungen, nach meiner Meinung, möglich gewesen.
Alles Leben wurde offenbar in hohem Maße von dem Medium beeinflußt, in denen sich die Arten unabhängig voneinander entwickelten. Dennoch, ich sehe in der Evolution unseres Planeten eine bemerkenswerte Vielfalt und nicht Hinweise für eine *konvergente* Entwicklung.
Es gibt weitaus mehr Beispiele für eine *einzigartige* Morphologie, für *eine* Färbung oder *ein* bestimmtes Verhaltensmuster unter mehreren *Millionen* einzelner Arten auf der Erde als für, voneinander unabhängige, Nachahmung (Mimikrie) oder „paralleler Evolution.“ Es ist wahrscheinlicher, daß bei der überwiegenden Anzahl

aller Arten, die gemeinsame Merkmale aufweisen[1], diese auf *direkte* Vererbung zurückgeht, obwohl über oftmals weit voneinander abweichenden Wegen. Um mit Simpson zu sprechen: „Es ist unwahrscheinlich, daß *Konvergenz* jemals wirklich identische Strukturen hervorbringt - sicher wurde bisher *noch nie ein Fall demonstriert*."[2]
Humanoide Spuren auf einem anderen Planeten zu finden, war für mich ebenso überraschend und unerklärlich, wie wenn die NASA vor meiner Haustüre einen Dinosaurier photographiert hätte. Daß der Zufall ein „konvergierendes" Spiegelbild auf dem Mars geschaffen haben sollte, zumal dies noch nicht einmal auf der Erde gelungen war - es schien mir absurd.
Wenn andere Faktoren als rein zufällige Auswahlkriterien bei dem Kampf fürs Überleben, für die Entwicklung der Arten im Laufe der Evolution verantwortlich gewesen waren, dann mußte die Vorstellung von der Konvergenz falsch sein. Dies wiederum wäre nur zu verifizieren, wenn wir einen deutlichen Hinweis für Leben (auf Basis von DNA) finden würden, das unabhängig vom Umfeld der Erde entstanden sein mußte. Hier schien wieder die Tatsache eines „Gesichts" auf dem Mars von einzigartiger Bedeutung für die Erforschung *universeller Mechanismen der Planetenevolution* und von Intelligenz im All. Wenn das „Gesicht" tatsächlich menschenähnliche Züge trägt, dann mußte es sich auf eine rätselhafte Weise auf den Planeten beziehen, auf dem es bereits „Menschenähnlichkeit" gibt: auf die Erde.

Der Mars, ein Planet mit etwas mehr als einem Drittel der Schwerkraft der Erde, mit einer völlig anderen geologischen und klimatologischen Vergangenheit, ohne ein erden-ähnliches Magnetfeld, daß seiner Oberfläche Schutz gegen die Auswirkungen der ionisie-

---

[1] nach Schätzungen sind etwa eine halbe *Milliarde Arten* in einem relativ kurzen Zeitraum ausgestorben

[2] Le Gros Clark, W., The Fossil Evidence for Human Evolution, Chicago, 1964

renden Strahlungen aus dem All bieten könnte - es schien der *letzte Ort* zu sein, an dem man nach solch einem außergewöhnlichen Fall von konvergenter Evolution suchen sollte.
Doch ich möchte nochmals betonen: wenn man das „Gesicht“ als menschenähnlich akzeptiert, dann muß es auch eine menschliche Bedeutung haben!
Es galt nun zu untersuchen, ob dieses Phänomen eine bestimmte Verbindung zu dem vierten Planeten unseres Sonnensystem hatte... unsere Heimat war ja schließlich der dritte Planet...
Die drei plausibelsten Erklärungen, wir erwähnten sie bereits, schienen mir:

- 1) Die Figur war von „Marsianern“ geschaffen worden, als Produkt einer möglicherweise konvergenten Evolution auf dem Nachbarplaneten.
- 2) Das „Gesicht“ war das Werk eines künstlerischen Wesens, von *außerhalb* unseres Sonnensystems, eine „kosmische Laune, ein Gruß“; dies würde eine fortschrittliche Kultur mit hoher Reiseaktivität zwischen den Sternen voraussetzen.
- 3) Eine bisher unerkannte, unbekannte technische Zivilisation hatte sich in früherer Zeit auf der Erde entwickelt, war zum Mars geflogen und ließ dort eine Bildnis ihrer Wesen oder einer Gottheit - für die Nachkommen! - zurück.

Intuitiv tendierte ich anfänglich zu der 3. Möglichkeit, zu einer Hypothese, die sich nach meiner Meinung am ehesten *zwanglos* mit den heutigen Erkenntnissen der Wissenschaften in Übereinstimmung zu bringen ließe. Auf unserem Planeten eine prähistorische, technisch begabte Zivilisation anzunehmen schien mir auf den ersten Blick wahrscheinlicher als die Annahme einer, unabhängig von irdischer Evolution, entstandenen Mars-Kultur.

Die unvermindert wachsende Zahl archäologischer Neuentdeckungen, aus bisher unbekannten, längst vergangenen Kulturen auf der Erde, unterstützen meine Vermutung.
Also, warum eigentlich nicht?
Dennoch, je mehr ich diese Möglichkeit betrachtete, desto weniger schien sie mir im Laufe meiner Überlegungen plausibel. Es fehlten nicht nur greifbare Beweise für eine prä-historische, hochentwikkelte Zivilisation auf dem Mars, ebenso fehlten mir Beweise ihres Wirkens auf unserem Planeten. Solch eine technische Zivilisation hätte in der Lage sein müssen, Techniken zum Bau von Raumschiffen anzuwenden, mit all deren Begleiterscheinungen wie Spuren in der Atmosphäre und im Erdboden zu hinterlassen. Sollten deren Aktivitäten etwa gänzlich ohne Spuren von Bergbau, abgebauten Ölvorräten, ohne „Geschenke" aus Giftmüll für die Nachkommen abgelaufen sein?
Ich verwarf diese Möglichkeit und entschied mich für die 2. Hypothese:
Extra-terrestrische Wesen mußten vor Äonen diese Gebilde in den rostfarbenen Stein geschlagen haben; möglicherweise gedacht als eine „Botschaft" für die irdische Bevölkerung.

Meine Gedanken waren bei *unserer* auf einer Metallplatte gravierten Botschaft an Bord der Raumsonde *Pioneer-10*, die mit rasender Geschwindigkeit, ohne Möglichkeit der Wiederkehr, gerade im Begriff war, unser Sonnensystem in Richtung des unendlichen Raumes zu verlassen.
Die Idee mit den Gravur-Platten war während der historischen Stationierung der Mariner-9-Sonde in die erste Marsumlaufbahn, im November 1971, entstanden.
Ich befand mich gerade im JPL, als eines (irdischen) Nachmittags ein von Menschenhand gebautes Fahrzeug erstmals erfolgreich auf eine Marsumlaufbahn plaziert wurde. Gerade sank die Bewegung des Raumschiffs unter die kritische Grenzgeschwindigkeit. Sollte der Motor in diesem Moment versagen, würde das Raumschiff der

Anziehungskraft des Mars nicht mehr entfliehen können. Plötzlich brachen in dem mit Hunderten von Presseleuten, Kameramännern, Wissenschaftlern, Ingenieuren und Besuchern bis zum Brechen gefüllten Auditorium Applaus und Jubelschreie aus. Wir hatten es geschafft! Wir waren durch das All zu dem Roten Planeten von Lowell, Burroughs, Wells und eines Bradburry gereist - und wir hatten einen großen „Brocken“ aus Plastik und Aluminium, einen winzigen, von Menschenhand geschaffenen Mond plaziert. Ein kleiner Satellit, der eine Kamera mit sich führte, trug später dazu bei - wie wir damals noch nicht ahnten - daß eine neue Marslegende entstand...

Inmitten dieser überschwenglichen Freude gab es einen Mann, der seiner Freude etwas halbherzig Luft ließ.

„Stimmt etwas nicht“? fragte ich, während wir hinten im Auditorium standen und die strahlenden Gesichter betrachteten. „Nun“, sagte er ruhig, fast niedergeschlagen: „Wir haben schließlich noch unser Pioneer-Projekt für den Jupiter, aber das scheint jetzt für viele weniger attraktiv geworden zu sein...“

Es war Pete Waller. Er arbeitete für das NASA-Ames-Zentrum oberhalb der Küste in der Nähe von San Francisco, an einem Ort namens Mountain View.

Jahrelang zuvor hatte es einen freundschaftlichen Wettstreit zwischen *Ames* und *JPL* um den Zuschlag für *das* Zentrum für unbemannte Erkundungen des Sonnensystems gegeben. Sie liegen sich „gegenüber“ - es sind an Ost- bzw. Westküste gelegene Einrichtungen der NASA.

Waller arbeitete damals in der Öffentlichkeitsabteilung bei Ames und informierte mich darüber, daß er für den folgenden Dienstag eine kleine Party für Pressemitglieder plante, eine Besprechung über das *Pioneer-F-Unternehmen* mit Wissenschaftlern, die Experimente an Bord des Raumschiffes planten und durchführen wollten.

Am darauffolgenden Dienstag, gewaltige Sandstürme hatten gerade beide Kameras der Mariner-10-Sonde erblinden lassen, nahm ich mir die Zeit und folgte der Einladung von Wells.
Er hatte gleich ein Überraschung parat: „heute Morgen", so kündigte er fröhlich an (am Ende von nicht endend wollenden Erklärungen der Wissenschaftler über eine *Magnetosphäre* - die der Jupiter, im Gegensatz zum Mars besitzt), „haben wir eine kleine Überraschung. Wir haben für sie arrangiert, daß sie das echte Pioneer-Raumschiff sehen können, bevor es in einigen Tagen nach Cape Canaveral transportiert wird. Wenn Sie sich also bitte draußen in die Busse begeben wollen..."
Die allgemeine Stimmung hellte sich auf!
Ein echtes Raumschiff aus der Nähe betrachten zu dürfen, war selbst für ein Mitglied der Wissenschafts-Presse ein seltenes Ereignis.
Diese Sonde mußte sich in Konstruktion, Materialanforderungen und Sicherheitstechnik von früheren Typen unterscheiden. Doch unabhängig davon, ob die Instrumente den extremen Belastungen einer starken Magneto-Sphäre standhielten, Pioneer-10 würde spätestens zwei Jahre nach dem ersten Kontakt mit dem Gravitationsfeld des Jupiter aus dem Sonnensystem hinausgeschleudert.
Durch eine Besonderheit seiner Gravitationsbedingungen würde der Jupiter diesem winzigen Raumschiff genügend Geschwindigkeit hinzufügen, um es *für immer* aus dem Gravitationskäfig der Sonne zu beschleunigen ...
Wir betraten den hoch aufragenden, thermischen Vakuumtank. Die Kammer bestand aus zwei Unter-Kammern, einer inneren, der eigentlichen Vakuum-Kammer und einer äußeren Schutzschale. In dieser äußeren Hülle konnte selbst eine größere Schar von Menschen problemlos untergebracht werden. Über dicke Quarzglasfenster konnte man einen Blick in den inneren Vakuumtank wer-

fen. Sie waren fast völlig zugeeist[1], sie ließen jedoch den Blick auf ein, aus dem Hintergrund leuchtendes Objekt frei. Es war die Pioneer-10-Sonde. Die verschiedenen Lagen goldbeschichteten Polyesters und reinen Aluminiums, aus denen die Steuer- und Elektronikbereiche bestanden, reflektierten das Licht unzähliger Glühlampen wie eine Miniaturgalaxie, die in einem Zimmer festsaß. Das Lichterspiel erinnerte mich an die Sterne, mit denen diese Sonde eines Tages zusammentreffen würde...

Der Ausleger des Magnetometers und der Atomgeneratoren waren in der Vakuumkammer hochgeklappt - nicht ausgefahren, wie später im All.

Unten an der Treppe, auf der zur inneren Vakuumkammer gegenüberliegenden Seite, traf ich zufällig einen alten Freund, Eric Burgess, ein Mitbegründer der British Interplanetary Society. Eric jedoch schien nicht allzu ungeduldig zu sein, zur Cafeteria zu kommen, wie die meisten anderen, die in Scharen am Fuße der Treppen herumstanden. Er schien eher gedankenverloren.

Als er mich am Fuße der Stufen ankommen sah, wies er hinauf zu der Vakuumkammer hinter mir: „Ist Dir bewußt, daß das Ding da drinnen bald das Sonnensystem verlassen wird?“

Ich nickte.

„Es sollte eine Botschaft mit sich tragen, wenn es unser Sonnensystem verläßt.“

Das war der Gedanke, der auch mich, seit ich durch diese vereisten, dicken Quarzfenster blickte, gequält hatte.

Verglichen mit den „geflüsterten Bits“ elektromagnetischer Wellen, die man lange als *die* Form der Kommunikation mit extraterrestrischer Intelligenz favorisierte, würde die Beobachtung eines herrenlos treibendes Raumschiff im All eine wahre Flut an Hinweisen darstellen. Durch detaillierte Untersuchungen des Raumschiffs, mit all seiner Elektronik, Metallen und - irdischen Keimen

---

[1] durch Temperaturen auf Flüssigstickstoff-Niveau, zur Simulation der Distanz Jupiter-Sonne

- es könnten sich auf diesem Wege intelligente Wesen in kürzester Zeit ein Bild von uns Menschen und unserem Planeten machen. Durch jahrzehntelanges Senden von Radiowellen könnte dies nicht erreicht werden.
Die Idee war zu verlockend:
„Eric“ sagte ich, „Du hast vollkommen recht, das Schiff muß eine Botschaft mitnehmen. *Die Botschaft wird auch an uns selbst gerichtet sein!“*
Und wir beide begannen zu planen:
Fünf Jahre bevor die Viking-Sonde ein Photo dieses eigenartigen Tafelberges auf dem Mars aufnehmen sollte und zwölf Jahre vor meinen Untersuchungen über dessen Bedeutung.

Innerhalb von Stunden später hatten wir damals im Ames-Center Carl Sagan ausfindig gemacht, die einzige Person auf dem Planeten, die Möglichkeiten besaß, die NASA-Behörden in der verbleibenden Zeit von wenigen Monaten zu bewegen, in der Pioneer-10-Sonde einen Gegenstand ohne direkten wissenschaftlichen Wert, um eine Botschaft zu deponieren.
Carl wollte gerade einer Gruppe von Presseleuten einen Vortrag über „wissenschaftliche Erkenntnisse über Sandstürme auf dem Mars...“ halten.
Im Laufe zweier Tassen Kaffee lauschte anschließend Carl geduldig unserer Vision einer Botschaft an Bord der Pioneer-Sonde. Dann breitete sich das bekannte Grinsen über sein Gesicht und er sagte zunächst nur:
„Was für eine nette Idee!“
Der Rest ist, so könnte man sagen, Galaxie-Geschichte.[1]
Keiner von uns machte sich Illusionen darüber, daß „irgend jemand da draußen“ eines Tages die Platte finden könnte. Das All war unvorstellbar groß und die Antriebssysteme der Pioneer-Sonde zu schwach; ganz abgesehen davon würde die Sonde wahrscheinlich

[1] Sagan, C., Sagan, L.S. und Drake, F., „A Message From Earth“, Science 172, 881, 1972

kaum den Eintritt in eine Atmosphäre, geschweige denn einen Aufprall auf die Oberfläche eines Planeten überstehen. Die Chance, daß dieser Aufprall sich ereignen könnte, war immerhin etwa 1: 1.000.000.
Nein, Pioneer transportierte diese Botschaft primär aus einem anderen Grund: um den Menschen auf unserer Erde die Bedeutung dieses einzigartigen Ereignisses näher zu bringen.

Ich blickte auf die kleine Abbildung No. 35A72, das „Gesicht" schaute mich an und ich erinnerte mich an jede Einzelheit dieses Nachmittags.
Wenn nun letztlich die Erklärung für das „Gesicht" auf dem Mars einfach lautete:
Eine Botschaft an die Menschheit?

Zurück zu den Überlegungen über die marsianische Botschaft:
Von diesen drei Möglichkeiten schien die kosmische „Visitenkarte" wohl am besten zu den Fakten zu passen.
Jedoch, ein ganze Reihe von Fragen, die damit zusammenhingen, blieb weiterhin unbeantwortet:
Wer könnte z.B. eine solche Botschaft in der Marslandschaft hinterlassen haben? Viel problematischer war, daß die Hypothese des „Gesichts" als Botschaft die Erklärung für die Objekte in Cydonia keinesfalls erleichterte.
Da waren noch die Pyramiden.
Warum einen weitläufigen und megalithischen *Komplex* auf einem - heute - feindseligen Planeten bauen, wenn man eine Botschaft senden wollte? Warum deren besondere Konstellation zum „Gesicht"?
Warum sollte man 22,5 Kilometer hinter dem „Gesicht" eine glatt begrenzte Felsstruktur positionieren?

Was hätte der Bau solch eines Komplexes zu bedeuten, die massiven, miteinander verknüpften Objekte?
Besiedelung?
Aber warum auf dem Mars, einer - heute - desolaten, fast luftleeren, eisigen, unfruchtbaren Welt - wenn der blaugrüne „Juwel“ des Sonnensystems, die Erde so einladend in der Nähe lag?
Fragen, Bilder, Paradoxien wirbelten durcheinander.
Anscheinend waren alle Teile da, nur paßten sie zu keiner der bisherigen Beobachtungen vom Mars.
Es war an der Zeit, alle Daten noch einmal durchzugehen, *alle* Daten, die wir über diesen Planeten zusammengetragen hatten, von den Ergebnissen der Mariner-4- bis hin zu den Daten der Viking-Sonde.
Meine Gedanken kehrten zu einem Bild meiner Kindheit zurück:
„The Sentinel“ - Der Wächter.

Arthur Clarkes berühmte Geschichte hatte das klassische „Begegnungs-Thema“ zum Inhalt.
Eine Menschheit, die sich wie eine starke Weinranke nach oben strebend in den Weltraum ausdehnt, sich dort fortpflanzt, würde eines Tages ein seltsames „Objekt“ finden. In Clarkes ursprünglicher Geschichte stand dieses Objekt auf sonnenbeschienenem Felsen auf dem Mond. In der Geschichte *2001-Odyssee im Weltraum* war es ein geheimnisvoller „Monolith“. Eine menschliche Expedition, die einer seltsamen „magnetischen Anomalie“ nachging, hatte ihn im Krater Tycho gefunden. Einmal entdeckt, strahlte der Monolith ein hell leuchtendes Signal zum Rande des Sonnensystem, wo es von einem „großer Bruder“, der den Jupiter umrundete, empfangen wurde...
Dieses Szenario wurde in den Jahren nach Erscheinen der Kurzgeschichte von Clarke (1953) durch einige Mitglieder der astronomischen Gesellschaft, die am Thema des Kontaktes mit außerirdischer Intelligenz interessiert waren, aufgegriffen - lange bevor der Film entstand.

Bracewell, ein Mitglied dieser Gesellschaft, schrieb seine Gedanken über die Möglichkeit interstellarer Botschaften nieder. Sie wurden 1960 veröffentlicht und 1968 erschien *2001-Odyssee im Weltraum.*
1976 kam es dann zu der Photographie über den zur Realität gewordenen „Wächter“...
Hierzu eine Zeile aus Clarke's Vorwort:

„Die Wahrheit, wie so oft, wird sehr viel befremdender sein ..."

7. Verlockende Annahmen

„Das Universum ist nicht nur rätselhafter als wir uns vorstellen, sondern rätselhafter als wir grundsätzlich zu denken in der Lage sind."
J. B. S. Haldane

Wenn meine Hypothese über mögliche außerirdische Intelligenz wahr ist, dann müßte zumindest etwas bezüglich unseres derzeitigen Verständnisses der Geschichte des Planeten Mars und - vielleicht auch über die Erde - falsch sein.

Das war die Stelle, wo ich ansetzen wollte.

Zur wissenschaftlichen Rückdatierung vergangener Ereignisse auf der Erde wurden mehrere Methoden entwickelt:

Die *relative* Datierung durch Sedimentierung von Schichtgestein und den darin eingeschlossenen Fossilien bis hin zur Radio-Isotopen-Datierung, die bei Vulkangestein angewandt wird.

Folgende Überlegungen liegen diesen Methoden zugrunde:

Die jüngste Schicht des Gesteins liegt gewöhnlich oben. Dies macht sich das *stratigraphische* Meßprinzip zunutze: wenn sich Sedimente in einem Strom oder am Rande eines Ozeans durch Landerosion ablagern, so kommt es im Laufe großer Zeiträume zu einer Übereinanderlagerung, zur Bildung horizontaler Schichten. Diese Schichtung spiegelt das relative Alter der abgelaufenen geologisch-meteorologischen Ereignisse, die den Sedimenten zugrunde liegen, wider. Die ältesten Ereignisse sind im tiefstliegenden Stratum, die jüngsten Ereignisse oben dokumentiert. Durch extreme Druck und Austrocknen bilden sich im Laufe von Jahrmillionen Gesteinsformationen.

Wenn andere störende geologischen Prozesse auszuschließen wären wie Erdbeben oder Verwerfung, so würde diese Regel eine *relativ* zuverlässige Datierung der Erdkruste ermöglichen. Doch die Natur hat es uns nicht so einfach gemacht:

Vulkane können *durch* Schichtgestein hindurch aufbrechen, durch Rißbildungen bis hin zur Erdoberfläche. „Junge" Lava dringt mit

hohem Druck in Schichten alter Ablagerungen oder aber, das Klima einer Region ändert sich. Ein tief in Sedimente eingedrungenes Wasserbett wird dann austrocknen und die Lagen des tieferliegenden Schichtgesteins der Witterung aussetzen.
Schichten *erodieren* und mischen sich mit riesigen Mengen an Geröll, das aus weiter oben liegenden Schichten ausgewaschen und nach unten gerissen wurde. Man nennt sie Strukturbrüche. Diese Brüche ebenso auch Vulkaneruptionen und Einschlaglöcher von Meteoriten geben darüber Aufschluß, wann in vergangenen Zeitaltern sich das Klima einer bestimmten Region geändert hat.
Den biologischen Strukturen selbst haben wir eine weitere Datierungsmethode zu verdanken: Ablagerungen fossiler Organismen in riesigen Sedimenten stellen in ihrer Aufeinanderfolge einen einzigartigen Kalender dar. Ganze Biotope sind in übereinander liegenden Gesteinslagen kalendarisch dokumentiert. Die *spezifischen* Organismen für jede Schicht nennt man Leitfossilien.
Vom ersten dokumentierbaren Schalentier namens *Trilobit* bis hin zu den Frühmenschen Ostafrikas hat die Evolution ein gigantisches „Tagebuch" hinterlassen. Eine bestimmte Spezies, deren Fossilien in einer Gesteinsformation gefunden werden, kann zur Altersbestimmung der Schicht, umgekehrt kann dieses Sediment auch zur näheren Bestimmung der Fossilien herangezogen werden.
Eine Gesetzmäßigkeit wurde bisher nie durchbrochen, zumindest liegt bis zum heutigen Tage keine entsprechende Beobachtung vor: *niemals* wurden Sedimente mit z.B. Trilobiten *über* einer Gesteinsschicht abgelagert gefunden, die evolutionär jüngere Arten enthält.[1]

Durch diese Methoden gibt es seither exakte Beweise, daß sich die Ereignisse in dem „geologischen Kalender" nicht in den biblischen „6000 Jahren ..." abspielen konnten, wie der Erzbischof Usher 1664 in Irland behauptete - die Erde sei „am 26. Oktober 4004 vor

[1]Geikie, Sir Archibald, The Founders of Geology, Reprint, New York, Dover Publications, 1962

Christus um 9.00 morgens" geschaffen worden - sondern sich in einem Zeitraum von über 4 Milliarden Jahren abgespielt haben mußten.

Man könnte z.B. die Menge der Sedimente schätzen, die durch ozeanische Wassermassen vom Land abgetragen wird, weiterhin die derzeitige Häufigkeit solcher Ereignisse ermitteln, um schließlich mit diesen Parametern die Zeit zu errechnen, die notwendig erscheint, um geologische Ablagerungen in der gemessenen Stärke zu erzeugen. Diese Technik wurde von James Hutton entwickelt, erstmals 1785 veröffentlicht und führte zu der Formulierung des Lyell'schen Prinzips der „Einheitlichkeit". Es besagt, daß „die Gegenwart der Schlüssel zur Vergangenheit ist" oder anders: daß die geologische Evolution im Laufe der Erdgeschichte unverändert den gleichen Naturgesetzen folgte.

Hutton war der erste, der die *zyklische* Natur dieser Vorgänge wie Aufwölbung, Erosion, Absenkung und Sedimentation sowie die Rolle dieser Prozesse bei der Entstehung neuer *Brüche* verstand. Er erkannte, daß sie genauere Schätzungen der Entstehungs- und Wandlungsperioden von Gesteinsformationen unmöglich machten.[1]

Altersschätzungen auf Grundlage von Huttons Theorien machten deutlich, daß die Oberfläche der Erde, und somit auch die Erde selbst, sehr *viel* älter sein mußten als die Schätzung des guten Erzbischofs. Bereits um etwa 1830 ermittelte man das Alter der Erde, allein auf Berechnungen durch das Hutton'sche Prinzip, auf etwa 100 *Millionen* Jahre.

Damit war auch schon der Weg bereitet für die Entdeckungen Charles Darwins, die er in seiner Arbeit *Über den Ursprung der Arten durch natürliche Selektion* im Jahre 1859 veröffentlichte.

---

[1] McIntyre, D.B. „James Hutton and the Philosophy of Geology", in: The Fabric of Geology, Reading, MA: Addison-Wesley Publishing Co., 1963; McIntyre, D.B., Craig, G.Y. und Waterstone, C.D., The Hutton Lost Drawings, San Francisco: Freeman, Cooper & Co., 1981

Seine Gedanken führten zu einer Revolutionierung unseres Verständnisses über die Entstehung und Evolution des Lebens auf der Erde.

Allein die frei zu tage kommenden Schichten des Grand Canyons werden heute auf mindestens 75 Millionen Jahre geschätzt.

Doch nach Berechnungen Immanuel Kants, dem führenden Wissenschaftsphilosoph des 19. Jahrhunderts, konnte die Sonne nicht älter als 1000 Jahre sein, *wenn* - ihr Licht, wie man im 19. Jahrhundert glaubte, durch Verbrennung allein erzeugt würde.

Die Physiker gingen an das Problem der Altersbestimmung der Erde von einem ganz anderen Ansatz aus.

Hermann von Helmholtz, der große deutsche Physiker des 19. Jahrhunderts und einer der großen Begründer der Thermodynamik, wurde lange von einem scheinbaren Paradoxon fasziniert: die Erde mußte, von bestimmten Überlegungen ausgehend, älter als die Sonne sein!

Von Helmholtz legte eine geniale Alternative als Erklärung vor, denn es war schließlich offensichtlich, daß das Alter der Sonne und Erde, zumindest in etwa, sich entsprechen mußten. Er schlug vor, daß ein anderes physikalisches Prinzip, eine potentielle *Gravitations-Energie* die Wärmeabstrahlung in den Sonnen unterhielt. Schon eine alljährlich geringfügige Größenabnahme äußerer Schichten der Sonne, von nur wenigen Metern, nachzuweisen (bei einem Durchmesser der Sonne von etwa 150.000 Kilometer), durch seine exakten Berechnungen hätte dies schon damals als Beweis ausgereicht.

Die Geologen atmeten auf, doch als die Berechnungen bekannt wurden, folgte zunächst eine Ernüchterung. Nach Helmholtz' Berechnungen würde selbst eine großzügige Schätzung des gesamten Energiepotentials an Sonnenwärme und Sonnenlicht „nur" Vorräte für ca. 40 Millionen Jahre ergeben. Wenn man das geologische Alter des Grand Canyons als Grundlagen nahm, war dies etwa die Hälfte des angenommen Entstehungszeitraums.

Die Erde müßte als *immer noch* älter als die Sonne sein!

Was war also die Erklärung für das scheinbare Paradoxon?
Von Helmholtz hatte seine Berechnungen 1854 veröffentlicht. Ende des 19. Jahrhunderts, um genau zu sein 1899, hielt der Physiker Kelvin eine Rede vor der angesehenen *Amerikanischen Gesellschaft für Wissenschaftliche Errungenschaften.* Kelvin war in die Fußstapfen von Helmholtz getreten und kündigte zuversichtlich an, die Erde könne nicht älter sein als es die Ergebnisse *seiner* Überarbeitung von Helmholtz's ursprünglichen Berechnungen zuließen: 20 Millionen Jahre.[1]
In einer anschließenden Erwiderung, die sehr weitblickend war, spekulierte T.C. Chamberlin, er war Vorsitzender der geologischen Fakultät der damals neu eröffneten University of Chicago, daß vielleicht „den Physikern etwas entgangen sein könnte ... daß es noch unentdeckte Energiequellen aus Materie-Partikeln geben könne, die eine Annahme, daß bisher bekannte Verbrennungsprozesse oder „Gravitation" als Quelle für die Sonnenenergie verantwortlich sein müßten, unnötig mache.[2]
Diese Debatte fand 1895 statt, vier Jahre *nach* der Entdeckung der Radioaktivität durch den französischen Physiker Henri Becquerel.
Das faszinierende ist rückblickend daran, daß keiner der Teilnehmer dieser Debatte sich der Tragweite dieser Vermutung bewußt zu sein schien, zumal die Zusammenhänge zerfallender Atome als Energiequelle und dem Energiegewinnungsprozeß der Sonne noch nicht verstanden wurden.
1905 kam der entscheidende konzeptionelle Durchbruch, der all diese einzelnen Fäden zusammen bringen sollte und - das Paradoxon löste.
Der Physiker Ernest Rutherford schlug als erster vor, daß man Isotope, d.h. in diesem Falle radioaktive Minerale, zur Bestimmung des Alters von Gestein benutzen könnte.

---

[1] Hallam, A., Great Geological Controversies, Oxford: Oxford University Press, 1983
[2] Press, F. und Siever, R., Earth, 3. Auflage, San Francisco: W.H. Freeman & Co., 1982

Es vergingen nur zehn Jahre zwischen Becquerel's Beobachtung und der Veröffentlichung des klassischen Werkes *Das Alter der Erde* von Arthur Holmes. Holmes trug radioaktive Daten gegen eine stratigraphische Zeitskala in einem Koordinatensystem ein, indem er die Altersbestimmungen der Sedimente - die damals durch Fossilien datiert waren - benutzte und interpolierte diese dann mit den Altersbestimmungen vulkanischer Infiltrationsmassen[1]. Das Ergebnis war bemerkenswert: in einem Wissenschaftszweig, der damals noch sehr jung war, sind Holmes radioaktive Kalibrierungen der stratigraphisch ermittelten Zeitskala - mit kleinen Abweichungen - seit seinen ersten Messungen unverändert gültig - seit mehr als fünfzig Jahren.

Das älteste Sedimentgestein, das Fossilien - darunter Trilobiten - enthielt, wird auf ein Alter von über 600 Millionen Jahre geschätzt. Das *Entstehen* von Tierarten wird nochmals etwa 150 Millionen Jahre weiter zurückdatiert.

Aus grundsätzlichen technischen Gründen läßt die Präzision der Altersbestimmung mit radioaktiven Isotopen schnell nach, je größer die Zeiträume sind. Die Datierung basiert auf der *schwindenden* Menge eines radioaktiven, in Spuren enthaltenen Isotops, das mit normalen, im Gestein enthaltenen Atomen, verglichen wird. Je älter das Gestein ist, desto mehr radioaktives Material wurde abgebaut. Aus methodischen Gründen liegen die Schätzungen über das Alter der Erdentstehung (4,6 Milliarden Jahren) um etwa ± 100 Millionen Jahre im Ungenauigkeitsbereich. Das entspricht einer Spanne, die ungefähr die Hälfte der geschätzten Dauer zur Entwicklung einfacher Lebensformen entspräche.

Durch die Entdeckung der Radioaktivität wurde schließlich die Ubiquität kosmischer nuklearer Reaktionen sehr bald in seiner gesamten Tragweite erkannt, vom Zerfall von Elementen und deren

[1] datiert durch Abkühlung und Verfestigung der Lava-Eruptionskanäle

Isotopen in der Erdkruste bis hin zur nuklearen *Fusions-Reaktion* der Sonne.

Hans Bethe, ein deutscher Astrophysiker, lüftete in den 30er Jahren endgültig das Rätsel um die Herkunft der Sonnenenergie: er fand die Lösung in der Kernfusionierung, bei der leichte Elemente - Wasserstoff - in schwerere Heliumkerne durch Freisetzung von Energie umgewandelt werden.[1] Im inneren Drittel der Sonne ist die Kollisionskraft ionisierter Wasserstoffatome hoch genug, um eine kontinuierliche Nuklear-Reaktion aufrechtzuerhalten und Energie freizusetzen, die der Sonne die lebenspendende Leuchtkraft verleiht. Sie besitzt mit der Kernfusion eine Energiequelle, die etwa *eine Million* mal mehr energetische Ausbeute liefert als jede andere chemische Reaktion.

Und somit wird die Sonne eine etwa um den Faktor 10^6 längere Lebenszeit haben als wenn sie tatsächlich durch chemische Verbrennungsprozesse Energie abgegeben hätte. Schließlich wird sie als weißer Zwerg enden.

Für unsere Sonne wurde ein Alter von ungefähr 10 Milliarden Jahren errechnet, davon sind seit der Entstehung der Planeten und ihren Satelliten etwa 4,6 Milliarden Jahre vergangen.[2]

Der Mars ist also ebenso alt wie die Erde.

Die Schlüssigkeit für die Hypothese, daß einstmals intelligentes Lebens auf dem Mars existiert habe, hängt also in entscheidenden Maß von unserem Verständnis über Datierungen geologischer Ereignisse an der Marsoberfläche ab.

Uns stehen bis jetzt keine direkten Bodenproben des Mars zur Verfügung, lediglich einige Meteoritenstücke vom Mars wurden auf der Erde gefunden. Die Viking Landeeinheiten hatten an zwei Stellen auf der Oberfläche zwar Bodenproben entnommen, jedoch

---

[1] Noyes, R.W., The Sun, Our Star, Cambridge: Harvard University Press, 1982

[2] Planeten und Satelliten wurden durch Altersbestimmungen von Meteoriten genauer datiert. So wird vermutet, daß alle Himmelskörper in unserem Sonnensystem ungefähr 4,65 Milliarde Jahren alt sein müssen.

waren von Anfang an keine Rückführungen von Proben vorgesehen. Auch die Fragestellungen bei den Analysen „vor Ort" waren nahezu ausschließlich auf Nachweis von organischen Substanzen ausgelegt.

Wir müssen uns deshalb auf die Methode der *indirekten* Datierung der *Oberfläche* verlassen. Man zählt dazu Einschlagkrater in verschiedenen geologischen „Einheiten" (Regionen) und versucht dann, eine „Kraterkurve" zu erstellen. Diese wird dann mit einer auf unserem Mond ermittelten Extrapolation, die als sehr zuverlässig gilt, in Beziehung gesetzt. Der Mond dient dabei als Bezugskörper, da er der einzige außerirdische Himmelskörper ist, von dem wir *direkte* - nicht durch Meteoriteneinschläge erzeugte - Proben vorliegen haben (Apollo-Mission).[1]

Altersschätzungen des Mars durch mehrere voneinander unabhängige Forscher auf der Grundlage der Mariner- und Viking-Bilder (Kraterzählung) ergaben Abweichungen bis zu einer *halben Milliarde* Jahre. Dies ist in etwa die Zeitspanne, die für Entstehung und Evolution höher entwickelten Lebens bis zum Auftreten von mehrzelligen Wesen auf der Erde zu veranschlagen ist![2]

Die Nähe des Mars zum Asteroidengürtel (über 5000 Asteroiden sind zwischen Mars und Jupiter geortet worden, (siehe Glossar) führte zu der Vermutung, daß die Anzahl der zu erwartenden Meteoriteneinschläge auf dem Mars deshalb höher sein müßten. Dies machte weitere Korrekturen der Berechnungen erforderlich.[3]

Ebenso erschwerend für die Kalibrierung der Formation der Einschlag-Krater erweist sich ein Phänomen, daß auf dem Mond wohl nie existierte:

Erosive Kräfte auf dem Mars. Schon auf den ersten, wenig differenzierten Mariner-4-Bildern, die bereits 1965 aufgenommen wur-

---

1 Sonderblom, L.A. et. al., „Martian Planetwide Crater Distributions: Implications for Geologic History and Surface Processes", Icarus 22, 239, 1974.

2 Neukum, G. und Wise, D.U., „Mars, A Standard Crater Curve and Possible New Time Scale", Science 194, 1381, 1976.

3 Hartmann, W.K., „Cratering in the Solar System", Scientific American 236, 84, 1977.

den, zeigten sich Formen von Marskratern über einer bestimmten Größe in großer Varianz - im Vergleich zu denen, die auf anderen Planeten und Monden des Sonnensystems kartographiert worden waren.

Jene sind relativ flach - selbst bei einem Durchmesser von 30, 60 oder gar 160 Kilometern - als ob ihre Ränder „aufgefüllt“ und abgerundet seien, anders als die „schroffen“ Krater ähnlicher Größenordnung wie z.B. *Kopernikus* oder *Tycho* auf unserem Mond.

Irgendwann in der Vergangenheit wurde durch eine *dichtere* Marsatmosphäre Erosionskräfte freigesetzt, doch w*ann* eine solche Atmosphäre existierte, und wie stark die Erosion war, die sie verursachte - und wie viele Krater dadurch völlig erodierten! - dies ist *die* geologische Frage, die alle Ansätze zur Datierung der Marsoberfläche verzerrt.

Der kontinuierliche Anstieg von Sedimentschichten und evolutionär bedingten Sedimentationen von Fossilien, die eine Korrelierung, und damit die Datierung[1] der Gesteinsformationen ermöglichten, läßt sich auf den Mars nicht übertragen.

Dort ergibt sich eine wesentlich andere Situation:

Die Datierungstechnik, die uns für den Mars zur Verfügung steht, beruht auf der Formierung und Erosion von Kratern und deren relative Verteilung über die Oberfläche des Planeten.

Es fehlen uns bisher *sichere* Bodenproben vom Mars, die zur Kalibrierung der „Kraterprofile“ notwendig wären. Jedoch, versprengtes, auf der Erde gefundenes Meteoritengestein vom Mars scheinen wir zu besitzen.

Trotz aller Unwägbarkeiten sind einige Folgerungen aus bisherigen Datierungen größerer geologischer Ereignisse auf dem Mars möglich:

- 1) Auf allen Planetoiden und Monden unseres Sonnensystems sind große Teile der Oberfläche mit zum Teil sehr

[1] unterstützt durch die absolute, radiometrische Datierung der Anfänge des Universums mittels Blei-Isotopen. .(siehe Glossar)

großen Kratern > 20 Km Umfang „*gesättigt*". Dagegen ist auf dem Mars überwiegend die südliche Hemisphäre mit Kratern bedeckt.

- 2) In einer sehr frühen Phase der Entstehung unseres Sonnensystems muß es eine Periode stärkster Meteoritenaktivität und -einschläge gegeben haben. Das von vielen Kratern übersäte Terrain des Mars ist mit hoher Wahrscheinlichkeit in dieser Phase entstanden.
- 3) Der nahezu unveränderte Bestand „alter" Krater-Gebiete auf unserem Mond, Merkur und den Monden äußerer Planeten (Jupiter, Saturn und Uranus) spricht für lange Phasen *ohne* Atmosphäre und somit für deren „Konservierung" im Vakuum ihrer Oberflächen. Die überwiegende Abwesenheit einer dichten Atmosphäre ist aufgrund geringer erosiver Kräfte auf dem Mars sehr wahrscheinlich.
- 4) Wenn man davon ausgeht, daß die *eine* Hemisphäre des Mars - die nördliche - hinsichtlich der Häufigkeit von Kratereinschlägen vergleichbarem Terrain auf Mond und Merkur ähnelt, dann spricht die „zweiseitige" Verteilung von Kratern dafür (sowie bei Mond und Merkur), daß es einen dramatischen *Abfall* in der Rate der Einschläge auf dem Mars gegeben haben mußte, einen allgemeinen Rückgang des starken „Bombardements" vor etwa 4 Milliarden Jahren.

Die physikalische Erklärung für das „Bombardement" in unserem Sonnensystem lautet: als sich Planeten und deren Monde aus einem um die Sonne rotierenden ellipsoiden Nebel aus Staub und Gas formierten, entstanden in einer relativ späten Phase dieses Vorgangs, während der Genese von Uranus und Neptun, weit am Rande unseres Sonnensystems, Millionen von relativ kleinen in einer separaten Umlaufbahn verteilte vereiste Planetoide.

Es muß *Massenkollisionen* mit den erstarrten Oberflächen von Merkur, Mond, Erde und Mars gegeben haben, bis das Bombardement „plötzlich" nachließ, vor weniger als 100.000.000 Jahren!

Die „uni-laterale" Strukturierung vieler „innerer" Planeten wie Merkur, Mond, Mars), durch *eine* von Kratern übersäte Hemisphäre und eine zweite, eher „glatte" Halbkugel, erklären sich die Astro-Geologen damit, daß während der Phase *externer* Einflüsse durch Einschläge interstellarer Gesteinsmassen auch gleichzeitig *interne* geologische Prozesse Kräfte freigaben - wie Vulkaneruptionen und Lavaströme sowie tektonische Bewegungen der erkalteten Gesteinsmassen abliefen.

Diese Aktivitäten des Planeteninneren müssen ebenso in der Frühphase der Entstehung des Sonnensystems abgelaufen sein. Die Eruptionstätigkeit entwickelte sich auf dem Mars vorwiegend auf einer Hälfte des Globus, so wurden große Einschlagkrater wieder eingeebnet, bzw. zugeschüttet.[1]

Während der folgenden Jahrmilliarden sistierten diese Aktivitäten bzw. beschränkten sich auf vereinzelte Meteoriten-Kollisionen, ohne weitere interne Prozesse nach sich zu ziehen[2], die in der Lage gewesen wären, Einschlagspuren zu verwischen. Durch vorherrschendes Vakuum wurde auf der Oberfläche der Himmelskörper der turbulente Geburtsakt unseres Sonnensystems „festgeschrieben".

Mit einer Ausnahme, der Mars...

Der Mars besitzt eine Menge anderer topographischer Besonderheiten, die sich schlüssigen Erklärungen bisher zu entziehen vermochten.

Dies ist ein Grund, warum die NASA ihre Pläne zur Gewinnung von *datierbaren* Mars-Bodenproben weiterhin vorantreibt. Wie bereits angedeutet, hatten die Viking-Landeeinheiten zwar Boden-

---

[1] Hoagland, R. und Bova B., „The Origin of the Solar System", in: Close-Up: New Worlds, New York: St. Martin's Press, 1977.

[2] unsere Erde ist eine Ausnahme

proben mit ihren Greifarmen in ihr mobiles Labor eingegeben, jedoch ließen die mitgeführten Geräte keine Datierungsexperimente zu.

Verschiedenste, an besonders ausgewählten Stellen entnommene Bodenproben wären notwendig, um die Kraterkalibrierungen zu präzisieren. Damit könnte eine *globale* Kalibrierung der Krater auf dem Mars und eine exakte Datierung einer Menge verblüffender topographischer Besonderheiten ermöglicht werden.[1]

Was bedeutet dies nun für das „Gesicht", die „Stadt" und „Pyramide", für mögliches Leben auf dem Mars?

Einige der Besonderheiten geologischer Formationen des Mars wie z.B. flüssiges Wasser, besitzen eine Schlüsselrolle für ein realistisches „Szenario" über den Ursprung und Evolution marsianischen Lebens.

Es gibt zwei linear angeordnete, geologische Formationen, das sind die „Ausflußkanäle" und das „Kanalnetz", die einige Forscher dahingehend interpretieren, daß irgendwann in der Geschichte des Planeten flüssiges Wasser auf seiner Oberfläche existierte (s. 70).[2]

Das „Kanalnetz" ist geeignet, dafür Erklärungen zu liefern. Das verästelte Muster von erodierten Rinnen, Tälern und ausgetrockneten Wasserläufen sind jedem vertraut, der jemals ein periodisches Trockengebiet aus einer Vogelperspektive gesehen hat. Man findet diese Gebilde in einem breiten marsianischen Äquatorgürtel, doch hauptsächlich auf einem „Hochplateau", das mit alten Kratern übersät ist. Dies veranlaßte einige Wissenschaftler dazu, eine mögliche Beziehung zwischen Kanälen und Wasservorkommen als nicht rein zufällig anzusehen.[3]

Die Entstehungsweise der Kanäle ist stark umstritten.

---

[1] Beatty, K., O'Leary, B. und Chaikin, A., Hrsg., The New Solar System, Cambridge, MA: Cambridge University Press and Sky Publishing Corp., 1981.

[2] Sagan, C., Toon, O. und Gierasch, P., „Climatic Change on Mars", Science 181, 1045, 1973.

[3] Weihaupt, J.G., „Possible Origin and Probable Discharges of Meandering Channels on the Planet Mars", J. Geophys. Res. 79, 2073, 1974.

Die Anhänger einer „Wettertheorie" glauben, sie stellten das übliche, uns bekannte Erosionsmuster dar, das durch strömendes Wasser verursacht wird. Dies müßte eine Marsatmosphäre voraussetzen und lebensfreundliche Temperaturen, die schützend und warm genug für die Entstehung von Regen gewesen sein mußten![1]
Und das wiederum setzte einen unserer Erde sehr ähnlichen Planeten voraus - irgendwann vor langer Zeit.
Wie zu erwarten, bei dieser Art von Kontroversen, hatten andere eine ganze Reihe divergierender Ideen in punkto der Entstehung dieser Netzstrukturen. Ein Schmelzen des dauergefrorenen Untergrundes, ein Vorgang, der Erosionen am Ende kurzer, breiter Täler in der Landschaft verursachte und den man mit einem periodischen Sickern verglich - auch das sei als Erklärung heranzuziehen.
Diese Hypothese benötigt keine kräftige Atmosphäre oder höhere Temperaturen zur Erklärung der Formationen. Es genügt, anzunehmen, daß Bodenschichten vorhanden waren, die mit Wasser (vorwiegend Eis) gesättigt, bzw. bedeckt waren, daß sie während der Mars-Sommermonate schmolzen, und daß die erosiven Kräfte des Schmelzwassers groß genug seien, um canyon-artige Muster zu erzeugen.[2]
Die Tatsache, daß man diese Kanäle in überwiegender Anzahl im Terrain der alten Krater entdeckte, stützte folgende Annahme:
Sie konnten sich zur gleichen Zeit wie die frühesten Krater gebildet haben!
Wenn das Kanalnetz, dem einige Forscher den mißverständlichen Namen „Ablauf-Kanäle" gaben, tatsächlich während einer frühen „feuchtwarmen Epoche" gebildet wurde, dann schienen sie auch - durch deren Beziehungen zu den geologisch ältesten Arealen des Mars - die Datierung zu ermöglichen. Dies hätte etwa während der ersten halbe Milliarde Jahre nach der Entstehung des Mars - die

[1] Masursky, H., „An Overview of Geological Results from Mariner-9", J. Geophys. Res. 78, 4009, 1973.
[2] Sharp, R.P., „Mars: Troughed Terrain", J. Geophys, Res. 78, 4063, 1973.

Periode des Meteoriten- und Asteroiden-Bombardements - möglich sein können. Erleichtert wird die Rückdatierung dadurch, daß diese Kanäle in den geologisch jüngeren Marsregionen im wesentlichen *fehlen.*

Man könnte fragen, warum es notwendig sei, die Kanäle durch darunter- oder daneben liegendem *Terrain* zu datieren? Kann man die Kanäle nicht einfach *direkt* datieren, indem man die Krater *auf ihnen*, bzw. *in ihnen* zählt?

Die Antwort lautet, daß diese Methode, aus statistischen Gründen, zu ungenau wäre, wegen eines nur geringen Areals an Kanälen, das uns zur Messung zur Verfügung steht.

Der Grund meiner Führung durch einen wissenschaftlichen Irrgarten der letzten Kapitel war es, dem Leser zu zeigen, wie leicht *Vermutungen* und Schlußfolgerungen über vermeintlich „objektive" Daten, bei Annahme unterschiedlicher Prämissen, sich verändern können.

Man hat sich nach meiner Meinung eine umfassende, tragfähige Alternative zur Theorie über Abfluß-Kanäle auf den Hochregionen der „alten" Krater folgendermaßen vorzustellen:

Die Kanäle tauchen überwiegend in kraterübersätem Terrain auf, weil dieses Gebiet durch die Wirkung starker Asteroideneinschläge während der ersten halbe Milliarde Jahren der Marsgeschichte auch am stärksten der Erosion ausgesetzt war!

In diesem Szenario wäre das Terrain mit geringerer Anzahl von Kanälen als *resistenter* gegen Erosion[1] anzusehen. Es konnten Regenfall und Erosion auf dem Mars, besonders in einigen Gebieten, starke Veränderungen hervorrufen, nicht weil sie notwendigerweise überall gleichzeitig erfolgten, sondern weil die geologischen Formationen unterschiedlich stark erodierten!

Sollte das zweite Szenario korrekt sein, erscheint die mögliche Zeitspanne für Regenfälle auf dem Mars zunehmend größer zu werden. Mit anderen Worten, die Dauer der frühestmöglichen

---

[1] da es sich aus „neuen" Lavaströmen wieder aufbaute

„feuchtwarmen Epoche" des Mars erweitert sich um mehrere hundert Millionen Jahre, wenn nicht länger. Und das wiederum erweiterte das „Fenster" für Ereignisse, die uns hier interessieren: der Ursprung und die Entstehung von Leben auf dem Mars.
Die bereits erwähnten „Ausflußkanäle", ich nenne sie aus Gründen der Anschaulichkeit besser „Drainage-Kanäle", haben eine ähnlich turbulente Kontroverse hervorgerufen (s. Teil I, Kap. 3. Der Mars - einstmals und zukünftig). Von Mariner-9 wurden sie erstmals photographiert. Sie sind geomorphologisch völlig verschieden von dem wesentlich feineren Kanal-Netz. Sie werden mit strömendem Wasser und *riesigen Fluten* in Verbindung gebracht wird. Man schätzt diese Wassermassen auf „die zehntausendfache Menge, die bei einer Überflutung des Mississippi registriert wurde.[1] Einige Drainage-Kanäle sind 200 km breit, erstrecken sich auf 2000 Kilometer über die Marslandschaft und haben anscheinend alles auf ihrem Weg bis in eine Tiefe von mehreren hundert Metern erodiert. Als gewaltige Wasserlawinen mußten die Fluten über die Hochebenen nach Norden, hinunter auf die Marsebenen gerauscht sein.

Der ursprüngliche Plan der Wissenschaftler der Viking-Mission sah vor, die Viking-Landeeinheit-1 auf einem größeren Trümmerfeld an der Mündung einer der riesigen Drainage-Kanäle abzusetzen. Die detaillierten Bilder aus der Umlaufbahn zeigten jedoch, daß an der geplanten Landestelle Felsbrocken herumlagen, so groß wie Zweifamilienhäuser. Diese Beobachtungen führten zu einer Änderung der Pläne und zu einer Verzögerung der Landung um mehr als einen Monat - unterdessen produzierte die Viking-Sonde bei ihrer Suche nach einem sicheren Landeplatz eine Flut von interessanten Bildern.
Die Viking-Bilder zeigten tränenförmige, inselartige Gebilde und anderen Landschaftsformen, die offensichtlich durch starke hydraulische Kräfte gebildet worden waren. Sie stellten einen klaren

---

[1] Carr, M.H., The Surface of Mars, New Haven: Yale University Press, 1981.

Beweis für erosive Kräfte durch *Wasser* dar. Es muß eine *große* Menge an Wasser gewesen sein, die irgendwann die Marsoberfläche gestaltet hatte.

Es blieb die Frage nach dem „Wann"?

Anders als bei den Widersprüchlichkeiten des komplexen Kanalnetzes, schienen die Drainagekanäle die Datierung etwas leichter zu machen.

Sie mußten mit großer Wahrscheinlichkeit *jünger* als das Hochland der „alten" Krater *und* der - fast - kraterlosen Ebenen sein. Sie zerteilten *beide* Areale in großer Anzahl. Auf einigen Bildern konnte man „alte" Krater sehen, die offenbar durch starke Wassermassen erodiert waren, mit unregelmäßig unterbrochenen Kraterhängen. Schliffbildungen und andere Zeichen massiver, tiefreichender Erosion waren stumme Zeugen von Ereignissen unvorstellbarer Gewalt. Da dieses erhöhte Terrain „alter" Krater nach Norden einige Kilometer abfällt, mußten die Fluten, eine vernarbte Landschaft zurücklassend, mit unvorstellbarer Gewalt abwärts geströmt sein.

Was diesen „Kanälen" auf der Erde am nächsten kommt, sind die geologischen Überbleibsel der „Missoula Fluten" des Pleistozäns (Eiszeitperiode). Der Name rührt von einem See, dessen Eisdamm vor ca. 10.000 Jahren in der letzten Eiszeit gebrochen sein mußte und dabei eine riesige Flut erzeugt hatte. Dieses „kanalisierte Schorfland" ist eine bizarre Landschaft mit seltenen geologischen Formationen im Osten des Staates Washington. Sie sind stumme Zeugen urzeitlicher und ungebändigter Wasserkraft.

Viele Vermutungen der Astronomen über die Natur der Drainage-Kanäle des Mars entstanden aus den Vergleichsbeobachtungen dieser außergewöhnlichen Formationen.[1]

Das Alter der irdischen Kanäle wurde überwiegend mit Hilfe jener geologischer Formationen geschätzt und datiert, die durch die Wassermassen zerteilt wurden. Wobei auch hier die Datierung

---

[1] Baker, V. und Milton, D., „Erosion by Catastrophic Floods on Mars and Earth", Icarus 23, 27, 1974.

durch Anzahl, Größe und Dichte von Einschlagkratern beeinflußt wurde. Doch man konnte ihr Alter auch direkt schätzen, indem man die Anzahl der Krater auf dem Grunde des Wasserbettes ermittelte.

Nach Auswertung der ersten Viking Bilder ergab sich etwas Verwirrendes: das Alter der Drainagekanäle umfaßte eine Spanne von 3,5 - 0,5 Milliarden Jahren. Diese Schätzung stand in krassen Gegensatz zur Interpretation der Entstehung der Ausflußkanäle. Nach deren Entstehungsgeschichte mußte der Mars nämlich in der „Anfangsphase" nach mehreren hundert Millionen Jahren „gestorben" sein.
Wenn wir einmal die Prämisse des Harvard Biologen George Gaylord Simpson außer acht lassen, daß, so wie er sagt, „eine substantielle Ähnlichkeit, die parallele Evolution eines Wesens mit der Spezies *Homo sapiens,* irgendwo im Universum ... völlig ausgeschlossen..." ist, so bliebe doch die Frage nach Ursprung und Evolution von Leben auf dem Mars weiterhin unbeantwortet.
In diesem Zusammenhang ist das Alter von gewissen Schlüsselformationen auf dem Planeten - wenn die Existenz flüssigen Wassers angenommen wird - von überragender Bedeutung. Wasser ist ein wesentlicher Parameter aller Szenarien für das Entstehen und Evolution *allen* Lebens auf der Erde. Seine Existenz in flüssiger Form muß zur Erklärung der Entstehung von Leben auf dem Mars zwingend gefordert werden.
Die heutigen wissenschaftlichen Erkenntnisse über die Entstehung von organisch-biologischen Systemen sowohl auf der Erde als auch auf anderen Planeten mit „terrestrischen" Bedingungen[1] basieren auf folgenden Überlegungen: eine Reihe Vorstufen von Verbindungen, die heute ubiquitär in lebenden Zellen gefunden werden, standen ursprünglich in hohem Austausch miteinander. Sie standen in der „Ursuppe" in relativ hoher Konzentration

---

[1] Day, W., Genesis on Planet Earth, New Haven: Yale University Press, 1984.

miteinander im Gleichgewicht. Darunter waren insbesondere Aminosäuren und deren Vorstufen. Nach heutigen Erkenntnissen wurden sie, entsprechend der Methode des „Versuchs und Irrtums" gebildet, aus zufälligen Kombinationen anorganischer Vorstufen und deren Elementarsubstanzen wie Wasserstoff, Sauerstoff, Kohlenstoff und Stickstoff, in Verbindung mit Energiezufuhr.[1] Aus ihnen wurden - und sie sind es heute noch - die Bausteine verschiedenster Proteine, der elementaren Bausteine für die Bildung und Erhaltung von Leben, wie wir es hier auf der Erde kennen.

Die Evolutionszeit, zwischen dem Auftreten einfachster Vorstufen wie Ammoniak- und Phosphorverbindungen nachdem sich die Erde von ihrem intensiven Verschmelzungsprozeß abgekühlt hatte bis hin zur Entstehung bakterienartiger Organismen (Protozoen), wird auf etwa hundert Millionen Jahre geschätzt.

Die ersten einzelligen Organismen, die man in Sedimenten fand und rückdatieren konnte - sogenannte Blaualgen (*Cyanophyten*) - wurden durch radiometrische Messungen auf 3,5 *Milliarden* Jahre geschätzt.

Blaualgen sind bereits relativ komplizierte Geschöpfe. Sie sind fähig, Sonnenlicht mit Hilfe von mit Kohlendioxid und Wasser für die Synthese körpereigener Stoffe zu nutzen. Dabei wird neben anderen Stoffen auch Sauerstoff als Nebenprodukt dieses Prozesses freigesetzt. Das entstehende „Abfallprodukt" Sauerstoff wurde über Jahrmillionen kontinuierlich in die Uratmosphäre abgegeben. Eine stark oxidierende Atmosphäre - mit heute fast 21% freien Sauerstoffs - begann sich langsam zu entwickeln.

Übertragen wir nun unsere Überlegungen auf die Situation des Mars. Die erste Frage, die ein Exo-Biologe hinsichtlich des Ursprungs von Leben auf dem Mars stellte, würde lauten: „Gab oder gibt es dort flüssiges Wasser?"

[1] Blitzschlag, Vulkanwärme, ultraviolettes Sonnenlicht etc.

Aus einer Reihe von Gründen, die bereits erörtert wurden, muß die Antwort lauten: „Ja, das gab es, und zwar in beträchtlicher *Menge*!"

Darauf hat die zweite Frage zu folgen: „Standen die chemischen Bestandteile, wie sie für irdische Entstehungsbedingungen von Leben zu fordern sind, auf dem Mars zur Verfügung?"

Dank der Viking-Landeeinheiten, die sorgfältige Analysen des Marsbodens und Atmosphäre durchführten, können wir antworten: „Ja, einige wichtige Bestandteile, einschließlich Stickstoff."

Hatte die Evolution in einer lebensfreundlicheren Phase des Mars überhaupt Zeit genug, die erforderlichen Prozesse in Gang zu setzen?

Ein Grund, warum Geologen zu der Vorstellung der „frühen" Entstehung der Kanalsysteme votieren, liegt in der allgemein anerkannten Vorstellung über die Entstehung aller Planeten: in der „Jugendphase" waren sie geologisch wesentlich aktiver.

Diese Annahme basiert auch auf der Vorstellung, daß Planeten in ihrer Frühphase eine für sie typische innere Quelle der Eigenaktivität besitzen: radioaktive Wärme.

Erinnern Sie sich an die Spuren radioaktiven Gesteins, die bei Datierungen so unschätzbare Dienste leisten. Stellen Sie sich einmal die Situation „am Anfang" vor, als die Erde und all die anderen Planeten und deren Monde sich gerade gebildet hatten. Das Ausmaß der heute nur noch in Spuren meßbaren radioaktiven Strahlung des Gesteins[1] muß damals weitaus größer gewesen sein. Die Energie, die von zerfallenden Elementen, umschlossen von Billionen von Tonnen an Gestein, freigesetzt wurde - sie wurde von der Erde in ihrer Hülle über Millionen an Jahren gespeichert. Und während die radioaktiven Elemente zerfielen, ließ auch die daraus entstehende Wärme nach...am Ende dieser Entwicklung standen

[1] wesentliches Merkmal der Radioaktivität ist der exponentiell verlaufende Abbau der Strahlung

„erkaltete" Himmelskörper . Ein Beispiel für diesen Prozeß ist unser Mond.

Mit den Proben von der Mondoberfläche brachten die Apollo-Astronauten auch den Beweis, daß Planeten erkalten und sterben. Durch die radioaktive Datierung der Proben des Mondes bestätigte sich durch Rückschlüsse ein Verdacht, der schon durch die Kraterzählungen in den „Hochländern" und dunkleren „Meeren" aufgekommen war. Nach der Phase der großen Lavaströmen, die aus den dunkel schattierten „Meeren" ausgebrochen sein mußten, war, geologisch gesehen, außer gelegentlicher Kollisionen mit kleinen Asteroiden-Fragmenten oder Meteoriten auf der Marsoberfläche nicht viel weiter passiert - mehrere Milliarde Jahre lang.

Eine direkte Folgerung daraus führte zu einer wenig erfreulichen Vorhersage über Herkunft und Evolution von Planetenatmosphären. Alle, initial für die Bildung einer Planetenatmosphäre notwendigen Gase, so wird heute angenommen, werden aus dem inneren des Planeten durch vulkanische Tätigkeit „ausgegast." Messungen, die in der Nähe von Vulkanen wie z.B. der Mount St. Helens durchgeführt wurden, beweisen eindeutig, daß neben Quarz-Gestein und Felsspat, (zumeist) riesige Gas-Ströme und große Mengen Lava ausgespien werden. Die Kumulation unzähliger Eruptionen aus dem Innern bildet einen zunächst nur dünnen Film eines Gasgemischs. Dadurch wird die Bildung einer „primitiven Atmosphäre" auf einem Planeten in Gang gesetzt.

Wenn die Zahl der Eruptionen bzw. der Ausstoß an *innerer* Energie mit dem Alter eines Planeten abnimmt, dann sollte diese Tendenz auch für die atmosphärischer Dichte zu fordern sein. Eine sich langsam abbauende Atmosphäre wäre als Folge denkbar. Warum?

Weil eine Atmosphäre ohne ihre inneren Gasquellen sich kontinuierlich ausdünnen würde. Die Elemente mit geringerem Atomgewicht müßten direkt ins All entweichen und viele der schwergewichtigen würden sich im Gestein binden.

Ohne die Möglichkeit, Atmosphärenbestandteile als ständig sich selbstregenerierend vorzustellen, würde man bei einem Planeten

mit abnehmenden Vulkanausbrüchen erwarten, daß Atmosphärendichte und Atmosphärendruck kontinuierlich sinken.
Diese Überlegungen gelten auch für den Mars.
Hochrechnungen von den „Kraterprofilen“ des Mondes, gestützt durch die Ähnlichkeit der beiden „Objekte“, haben eine perfekte Schablone zur Datierung des „alten“ Kanalnetzes ergeben: es muß zu Urzeiten, zu den Anfängen der Marsgeschichte entstanden sein.
Diese Interpretation stand vollkommen im Einklang mit den wachsenden Hinweisen, daß an diesen Formationen die wichtigsten Phänomene für Sedimentation und Vulkanaktivität der Erde fehlten: die *Plattentektonik.* (siehe Glossar).
Auch diese Überlegungen paßten in das Bild, gaben aber keine nähere Erklärung für diese eindrucksvollen Kanäle.
Um diesen Diskrepanzen Rechnung zu tragen wurden Theorien von „fossilen wasserführenden Schichten“, „plötzlichem Tauwetter in den Dauerfrostregionen“ zu Hilfe herangezogen - bis hin zum Ausschluß der Kanäle als ehemals wasserführende Formationen. (s. Teil I, Kapitel 3. Der Mars - einstmals und zukünftig)

Was uns wieder zu dem „Gesicht“, „Pyramide“, der „Stadt“ und der Möglichkeit zurückbringt, daß diese Konstrukte von *marsianischen* Bewohnern geschaffen worden sein könnten.
Allen physikalischen Schwierigkeiten zum Trotz sollte man der Vermutung, daß Leben in einer „feuchtwarmen Atmosphäre“ in der (relativ) kurzen Zeit der Planeten-Frühphase entstehen konnte, auch weiterhin eine Chance einräumen. Aber selbst wenn man Vulkanismus und periodischen Klimaveränderungen[1] die Potenz des Aufbaus, Erneuerung und Erwärmung einer Atmosphäre einräumt, eines bliebe dennoch weiterhin erklärungsbedürftig:
Die *Geschwindigkeit* der Evolution des Planeten.

---

[1] z.B. entstanden durch die von William Ward berechneten Abweichungen des Neigungswinkels der Polachse und deren Auswirkungen auf das Marsklima

Die Biologen sagen, Evolution hänge von vielen Faktoren ab, u.a. von Umwelteinflüssen wie Strahlung, Umgebungstemperatur, Verhaltensmerkmalen und unterschiedliche Physiologie, die für das Maß der Anpassungs- und Wettbewerbsfähigkeit der Arten verantwortlich sind. Auf der Erde kann man z.B. die Folgen des Parameters Temperatur an der Artenvielfalt und der Geschwindigkeit ihres Metabolismus erkennen.
Am Äquator der Erde explodiert das Leben in einem Feuerwerk von Farben, Merkmalen und Vielfalt der Funktionsweise von Organismen und deren Populationen. Vom Insekten- bis zum Pflanzenleben gedeihen im tropischen Regenwald des Amazonas und den Dschungeln von Neuguinea größte Vielfalt an Arten, Größen, Einfallsreichtum und Populationsdichte „um die Wette".
Im Gegensatz dazu beherbergen die eisigen Polarregionen des Planeten nur einige wenige, dafür in der Populationsdichte reduzierte Arten.
So ist es einleuchtend, daß die Evolutionsgeschwindigkeit in den Äquatorialregionen der Erde am höchsten ist, dort, wo ein optimales, vielfältiges Nahrungsangebot herrscht und der Konkurrenzkampf und Verdrängungswettbewerb am höchsten ist. Für die Geschwindigkeit der Evolution ist die Umgebungstemperatur also entscheidend. Verändert man die Umgebungstemperatur eines biologischen Systems um 10°C, dann beschleunigt oder verzögert man die biochemischen Reaktionen des Systems um den Faktor *zwei.*[1] Für die meisten höherentwickelten Organismen existieren Kompensationsmechanismen, um eine thermische Differenz zwischen Innen- und Außenwelt aufzubauen. Doch bei vielen Insekten-, Reptilien und Pflanzenarten bestimmen in hohem Maße äußere Temperaturen den Metabolismus der Zellverbände.
Wie wir gesehen haben, reichen die heutigen Marstemperaturen von gemäßigtem Winterklima bis hin zum tiefstem Kältesturz in Nähe des absoluten Nullpunktes! Die Viking-Landeeinheiten regi-

[1] 10°er-Regel, gilt für die meisten biochemischen Reaktionen

strierten verläßlich über mehrere Jahre nach ihrer Landung sämtliche Temperaturdifferenzen: von minus 100° C als durchschnittliche Tagestemperatur bis hin zu nächtlichen Tiefst-Werten von über minus 300° C!
Die Polartemperaturen fallen tief genug, um die dünne Atmosphäre zum Ausfällen zu bringen. Kohlendioxid-Schnee bedeckt den stark eisenhaltigen, rostig-roten, dürren Boden.

Und der „Marsfrühling“?
Als damals sich Regen von einem tiefblauen Himmel in Flüsse ergoß, Leben keimte ...
Der minimale Luftdruck, der nötig ist, um der Marsoberfläche ein wärmendes Treibhausmilieu zu ermöglichen, wurde bereits mehrfach von Wissenschaftlern, zum Teil voneinander unabhängig, ermittelt.[1] Trotz der größeren Entfernung des Planeten zur Sonne, ist ein erhöhter Luftdruck dazu geeignet, eine Erwärmung des Mars und die Verflüssigung möglicher Wasservorräte zu begünstigen, wenn auch nur am Äquator. Und noch wichtiger erscheint mir, daß auf diesem Wege über längere Phasen Wasser auf der Planetenoberfläche gebunden werden konnte.
Dennoch, selbst daraus resultierende Durchschnittstemperaturen wären auf dem gesamten Planeten kaum freundlicher als ein Sommertag in einem Polargebiet unserer Erde.
Nehmen wir einmal an, es entstand tatsächlich Leben auf dem Mars, etwa zur gleichen Zeit wie auf der Erde und erlebte möglicherweise den gleichen initialen Evolutionsweg - von einfachen Zellen, die sich aus anorganischen und einfachen organischen Verbindungen ernährten bis hin zu differenziert strukturierten Arten, die mit der Fähigkeit zur Photo-Synthese ausgestattet sind. Nach den fossilen und geologischen Kalendern aus Sedimenten und Gestein, fanden die Anfänge diese Entwicklung auf der Erde

---

[1] Sagan, C., „Reducing Greenhouses and the Temperature History of Earth and Mars“, Nature 269, 224, 1977.

vor 3,5 Milliarden bis 800 Millionen Jahren statt. Wir wissen weiterhin, daß die Erde der Sonne ein gutes Stück, um mindestens das 1,5fache, näher als der Mars ist.
Für diese fiktive „feuchtwarme Epoche" aus den Anfängen unseres Sonnensystems wurden um mehrere Grad geringere Durchschnittstemperaturen errechnet als sie auf der Erde, zu einer entsprechenden Phase der Entwicklung, existiert haben mußten. Eine grobe Schätzung ergibt, daß alle chemischen Reaktionen, die in den „Ur-Einzellern" abliefen, d.h. die *Geschwindigkeit* des Metabolismus primitiver Bakterien, auf dem Mars deutlich langsamer, ja sogar *wesentlich* langsamer gewesen sein mußte. Wenn also die Durchschnittstemperaturen der Planetenoberflächen als „Uhren" der Evolution fungierten, dann müßte der Mars in seiner biologischen Evolution weit hinter dem Planeten Erde zurück liegen.
Wie weit zurück?
Selbst mit wohlwollender Interpretation der vorliegenden Extrapolationen, wäre der Mars immer noch *mehrere Milliarden Jahre* von dem Auftreten der ersten Frühmenschen auf der Erde entfernt. Und auch diese Vermutung wäre nur gültig, wenn sich die Durchschnittstemperatur auf dem Mars[1] über dem Gefrierpunkt von Wasser befunden hätte.
Das war eben auf dem Mars nicht der Fall:
Dessen Atmosphäre kondensiert in Form von trockenem Schnee, lange Perioden von Tiefst-Temperaturen erlauben keine - schnelle - Evolution. Selbst wenn man eine hochresistente Spezies annähme, die, vergleichbar einem Sporen-Stadium, über riesige Zeiträume bis zu einem neuen „Marsfrühling" überdauern könnte,[2]so muß man dennoch eine, durch die langen „Abschaltphasen", ausgesprochen langsame Evolutionsgeschwindigkeit annehmen. Eine Dominanz von vegetierenden Mikroben, über fast 3,5 Milliarden Jahre

---

[1] dies war in den letzten Jahrmilliarden auf der Erde ständig gegeben

[2] Sagan, C., „The Long Winter Model of Martian Biology: A Speculation", Icarus 15, 511, 1971.

- und dann schließlich sollten einige wenige evolutionäre Schritte geschehen sein?
Marsianisches Leben - wenn es jemals existierte - konnte nur eine sehr robuste Sorte, überwiegend von *Mikroorganismen,* gewesen sein!
Es ist sehr unwahrscheinlich, daß sie eine Vorliebe für Pyramiden und Gesichtsstrukturen besessen haben konnten...
Womit ich wieder am Anfang stand.
Es war also eine irrtümliche Annahme, daß die „Marsianer" selbst vom Mars waren.
Allein schon die Anwendung der Grundprinzipien der Thermodynamik hatten es wenig wahrscheinlich gemacht, marsianisches Leben höher als im Stadium einzelliger, kälteresistenter Organismen anzunehmen. Selbst wenn wir eine Evolutionszeit annehmen könnten, die dem Alter unseres Sonnensystems entspräche!
Doch wenn das „Gesicht" und die Pyramiden real waren, dann mußten diese fremden Wesen auf dem Planeten einen Komplex von außerordentlicher Gestaltungskraft und Größe geschaffen haben.
Von woher konnten sie gekommen sein?

Die Berechnungen für Position und Ausrichtung, aus denen ich meine vorläufige Schätzung des Alters der Objekte in Cydonia abgeleitet hatte, waren durch ihre hohe geometrische Präzision geeignet, möglicherweise über eine Million Jahre Voraussagen zu gestatten, durch eine endlos lange Reihe von Regressionen zyklisch schwankender Neigungswinkel zurück bis hin zu den Anfängen des Planeten Mars.
Eine geologische Besonderheit erschwerte dabei besonders die Berechnungen: die *Tharsis Erhebung.* Es war eine riesige Gebirgsverwerfung, durch deren Entstehung Billionen von Gigatonnen Gestein innerhalb des Planetenmantels umgeschichtet wurden und somit schließlich auch das Drehmoment des Kreisels Mars änderten. Auch wurden auf diesem Wege von außen angreifende Kräfte

wie z.B. die Tiden vom Jupiter beeinflußt. Diese wiederum wirkten auf die Variation des Neigungswinkels der Marspolachse. Nach diesem geologischen Ereignis war nichts weiter geschehen, das den unerbittlichen Rhythmus des planetarischen „Nickens“[1] während der letzten 2,5 Milliarden Jahren gestört haben könnte.

Da Berechnungen über geologische Mars-Besonderheiten keine Hinweise auf das Alter der Objekte in Cydonia bot, was für Methoden standen noch zur Verfügung? Die einzig mögliche Alternative bestand in der Vermessung der Krater.

Das Gebiet, über dem das Viking-Bild No. 35A72 entstand, umfaßte eine Fläche von etwa 1500 km^2, also etwa tausendmal *kleiner* als die Gebiete, die zu Untersuchungen über Kraterauszählungen bisher herangezogen wurden. Trotzdem beschloß ich, diese erprobte und - in ihren Grenzen - zuverlässige Technik auf das Viking-Bild anzuwenden. Es würde mir zumindest eine grob geschätzte Vorstellung über das Alter der darunterliegenden Landmassen vermitteln.

Meine Auswertung zeigte sogleich ein Paradoxon: es gab einfach „zu viele“ Krater. Die Daten, die in früheren Untersuchungen veröffentlicht wurden, ergaben Annäherungswerte über das Alter der Landschaft, wobei folgender Berechnungsmodus benutzt wurde:
Anzahl von Kratern mit mehr als einem Kilometer Durchmesser/ 1 Million km^2 / 1 Milliarde Jahre.[2]

Bei der Auswertung dieser *50 km^2 großen Region* von Cydonia wäre ungefähr nur *ein* Krater in Kilometergröße zu erwarten gewesen, wenn wir ein Durchschnittsalter, entsprechend den Altersbestimmungen ähnlicher Regionen mit „unruhigem Terrain“, angenommen hätten.

Doch die tatsächliche Anzahl von Kratern mit einem Durchmesser von weniger als 1km war *drei bis fünf mal* höher als erwartet werden konnte.

---

[1] nach Wards Berechnungen

[2] Carr, M.H., The Surface of Mars, New Haven: Yale University Press, 1981.

Dies könnte durch „Clusterbildung", wie die Statistiker sagen, erklärbar sein[1] oder es könnten von Anfang an primäre Krater gewesen sein...
Im letzteren Falle müßte Cydonia eine der ältesten Regionen auf dem Planeten sein, über 4 Milliarden Jahre alt!
Das Hauptproblem meiner relativ winzigen Meßfläche war, wie nicht anders zu erwarten, eine relativ hohe statistische Ungenauigkeit.
Doch ich war und bin unverändert überzeugt davon, daß meine Datierungsberechnungen für dieses Gebiet realistisch sind.
Mit der Lupe untersuchte ich nochmals alle Objekte, die Pyramiden-Strukturen innerhalb der „Stadt", die D&M-„Pyramide"[2] und natürlich das „Gesicht".
Bisher hatte ich winzige diffuse Vertiefungen auf den Monumenten übersehen, z.B. zwischen den „Augen" des „Gesichts". Auch waren einige beträchtlich größere Formationen auf der schattigen Seite der D&M-„Pyramide", südöstlich der „Stadt" wie z.B. ein Krater mit einem Durchmesser von über 300 Meter, auszumachen.
Es erschien zunehmend unwahrscheinlicher, daß diese Monumente lediglich Folge von Einschlägen über einen Zeitraum von einer halben Million Jahren gewesen sein sollten. Ich weigerte mich zu glauben, daß dies auf einer so kleinen Fläche des Areals von „Gesicht" und Pyramiden rein zufällig hatte entstehen können.
Ich erinnerte mich an etwas, das Mike Carr über dieses Gebiet des Mars geschrieben hatte, daß es

> *„dort Formationen gibt, die 'entkleidet' erscheinen, als ob eine Schicht darüber lagerte und schließlich durch Erosion 'abgetragen' wurde..."*[3]

---

[1] durch vermehrtes Auftreten *sekundärer* Krater, hervorgerufen durch größere Einschläge in der Nähe

[2] die Pyramide, die DiPietro und Molenaar gefunden hatten - wir benannten sie nach ihnen

[3] Carr, M.H., The Surface of Mars, New Haven: Yale University Press, 1981.

Eine ganze „Stadt“, *vergraben* ... und dann durch natürliche Erosionskräfte der letzten Jahrmillionen - oder gar früher - wieder freigelegt worden?
Carrs grobe Schätzungen darüber, wann auf den nördlichen Ebenen, einschließlich der Region Cydonia, die Phase des „Entkleidens“ stattgefunden haben könnte, liefen auf „nicht weniger als vor mehreren Milliarden Jahren...“ hinaus.
Könnte es möglich sein, daß der faszinierende Komplex in Cydonia nicht Millionen Jahre alt war, sondern tatsächlich *Milliarden*?
Ich glaube, genau in diesem Augenblick wurde mir so richtig bewußt, wohin ich getreten war. Es konnte eine Beobachtung von immenser Bedeutung sein, womöglich ein erster, ernsthafter Beweis dafür, daß wir nicht alleine sind, bzw. waren.
Tatsächlich stand ich vor der Möglichkeit, durch einen Beweis letztendlich alles über den Haufen zu werfen.

Konnten vielleicht die miteinander verzahnten Kausalitäten durch diese Anordnung ungewöhnlicher und unerklärlicher Objekte zurückverfolgt und gelöst werden?
Wenn die „Marsianer“ nicht Abkömmlinge von Erde oder Mars waren, dann gab es nur eine Erklärung, woher sie gekommen sein konnten: *von außerhalb des Sonnensystems*. Parallelen mit Holmes großer Vision aus *2001-Odyssee im Weltraum* drängte sich auf: die „Stadt“ am Rande der Ewigkeit, ein uraltes Domizil und - Experiment.
Das „Gesicht“, möglicherweise vor Jahrmilliarden auf dem einsamen Planeten aus dem Fels gemeißelt, lange bevor ein entsprechendes Ebenbild auf der Erde erscheinen sollte.

Die letzten 400 Jahre haben der Menschheit mehrere revolutionäre Veränderungen der Sichtweise ihres Stellenwerts im Universum gebracht:
Von der „Dezentralisierung“ der Erde durch Kopernikus bis hin zu der „Rückstufung“ der Sonne zu einem relativ unbedeutenden

Stern, einem Partikel unserer Milchstraße, am Rande eines gigantischen Sternenhaufens von 100 Milliarden Sonnen bis schließlich zu der Erkenntnis, daß selbst unsere Galaxis nur eine von Milliarden ist.
Es bleibt also bei der Erwartung, daß alle Hoffnungen, unsere Hinweise sich bestätigen lassen werden. Unabhängig von der Region, aus der die „Marsianer" gekommen sein konnten, es gibt einen Ort, an dem wir die Wahrheit finden werden.

Wir sollten zum Mars zurückkehren, so bald wie möglich.

Teil II

Untersuchungen und Reaktionen

1. Weitere Urteile

„Rufe, so wirst Du erhört werden,
Suche, so wirst Du finden,
Klopfe an, so wird Dir aufgetan..."
Bibelzitat

Es ist einfach zu sagen „Laßt uns zum Mars zurückkehren", doch weitaus schwerer, es zu tun.

Im Juli 1983, als DiPietro uns die Viking-Bilder einschließlich der SPIT-bearbeiteten Version von No. 35A72 zur Verfügung stellte, die er und Molenaar entwickelt hatten, verknüpfte er damit auch eine Bitte: ich sollte mich um „ernsthafte Bemühungen" in der NASA verwenden, daß erneut Menschen und Gerät auf den Mars geschickt werden - „um endlich Klarheit über die Bedingungen auf dem Mars zu erlangen".

Nun, eine Rückkehr zum Mars konnte noch dreißig Jahre entfernt sein, da bis zum Jahre 1983 weder die Vereinigten Staaten noch die Sowjetunion fundierte Pläne zu einer bemannten Expedition zum Roten Planeten besaßen.

Was zu fordern war, schien mir eindeutig: eine umfassende, dreidimensionale photographische Übersicht der „Stadt", mit neuen, technisch verbesserten Messungen über deren - astronomische - Ausrichtung, für Daten zur Anfertigung statistischer Analysen und einer genaueren, geomorphologischen Kartographierung des Umlandes.

Ebenso würden detailgetreue Computergraphiken - aus der Perspektive eines Beobachters auf der Marsoberfläche - sehr hilfreich sein: eingeschlossen die „Felswand", dieser auffällig gut plazierte „künstliche Horizont" und die Sonne, wie sie in der Zeit der Sommersonnenwende genau hinter den Monumenten aufgeht.

Doch die Realität sah anders aus. (siehe Abbildung 15, 16)
Selbst das Anschneiden des Themas *„Gesicht" auf dem Mars* erzeugte ausgesprochene Heiterkeit bei der NASA. Die Chancen, *in deren Kreis* ernstgemeinte Aufmerksamkeit zu erlangen, standen also ziemlich schlecht. Doch genau diese Aufmerksamkeit in Verbindung mit den gesamten Forschungsressourcen der nationalen Raumfahrt-Behörde wären nötig gewesen.
Um Akzeptanz, um die Behörden zu „erreichen", schienen mir zwei Dinge besonders wichtig: zunächst benötigte ich genauere Daten, zumindest eine aussagefähigere *Form* der mir vorliegenden Daten. Bislang hatte ich all meine Messungen auf dem 12,7x12,7cm Originalabzug, den mir DiPietro überlassen hatte, und auf einer Reihe von 20,3x25,4 cm Abzügen, die Mike Carr geschickt hatte, durchgeführt. Also eine bessere Qualität der Abzüge war gefragt, auch deshalb, um Anderen die Nachvollziehbarkeit meiner Überlegungen zu erleichtern. An meinem Schreibtisch durch ein Stereosichtgerät auf winzige Bildmosaike zu starren, wie ich es jetzt schon seit fast zwei Wochen getan hatte, schien mir nicht der geeignete Weg, meine Vermutungen zu erhärten.
Der zweite Schritt galt der Überprüfung der *Wabenformationen*. Konkretere Hinweise dafür, daß sie keine Fiktion sind, sondern artifizielle Formationen, wäre die Bestätigung dafür, daß die „Stadt" keine Laune chaotischer Naturgewalten war.
Nur ergänzende Bilder mit hoher Auflösung könnten uns mehr Gewißheit geben.
Schließlich wurde ein für alle befriedigender Lösungsweg gefunden:
Es wurde eine *„Unabhängige Mars-Untersuchung"* gebildet.
Als möglichen Verbündeten zur Argumentationshilfe für eine zukünftige neue Marserkundung hatte ich der kalifornischen Denkfabrik *SRI-International* zugewandt - nicht zuletzt wegen eines bestimmten Mitarbeiters, des bekannten Physikers *Lambert Dolphin*, der einige Jahre zuvor ein Team zur Erforschung ägyptischer Py-

ramiden geleitet hatte. Dabei hatte er sich neuester Techniken bedient.

Der Kontakt kam zustande. Bei unserem ersten Treffen legte ich ihm die Bilder vor und erklärte ihm meine Überlegungen. Dr. Dolphin beugte sich aufmerksam über die Marsbilder, während ich ihn schnell durch die verwickelte Geschichte lotste. Ich berichtete von der Suche der NASA nach Lebensformen auf dem Mars, einer Mission, der wir schließlich auch unsere Bilder zu verdanken hatten und berichtete über die Versäumnisse der NASA in der Vergangenheit, speziellen Fragestellungen nachzugehen. Ich erzählte ihm von den engagierten Bemühungen DiPietros und Molenaars, für das „Gesicht" Publicity zu erhalten, und der folgenden Ablehnung durch die NASA - und schließlich von *meinen* Bemühungen und Entdeckungen. Ich berichtete ihm auch über den Fund einer ganzen Reihe von Formationen, die möglicherweise durch mathematisch-geomerische Besonderheiten miteinander verknüpft waren. Wir sprachen über die Wabenstruktur, dem auffälligsten, besonders artifiziell anmutenden Gefüges des gesamten Komplexes und deren Schattenbildungen, die belegten, daß es sich um eine *dreidimensionale* Form handeln mußte und daher nicht so einfach als „Computer-Artefakt" zu erklären ist. Ebenso wies ich auf die strategisch besondere Plazierung des Komplexes hin, die eine künstliche Herkunft bekräftigte.
Ich formulierte ihm meine Ziele folgendermaßen:

- 1) Die Einsicht in die Datenbänder der NASA, um DiPietros und Molenaars ursprüngliche Arbeit zu verifizieren.

- 2) Die Möglichkeit zur gründlichen Suche nach weiteren Aufnahmen der Cydonia-Region auf den betreffenden Datenbändern der NASA.

Desweiteren drängte ich auf eine ausgedehnte Analyse der „Stadt" durch dreidimensionale Darstellungen, auf eine Verifizierung der Existenz der Wabenstrukturen und Bestätigung als artifizielles

Produkt[1] sowie auf die Suche nach weiteren „Wabenformationen" auf den Einzelbildern No. 35A-70, -71, -73 und -74.

Später schrieb Dolphin über das Treffen:

„Das „Gesicht" an sich, oder gar in Kombination mit der (D&M)-Pyramide, so beeindruckend beide auch sein mögen, sie sind nicht so verblüffend wie die Stadtstrukturen, die...offensichtlich sehr viel intensivere Untersuchung verdienten... die Entdeckung des Gebietes der „Stadt" ist eindeutig Hoaglands sorgfältigen Studien zu verdanken...(und) verleiht den bisherigen Funden wesentlich mehr Gewicht".

Gemeinsam mit anderen einflußreichen Interessenten wurde am Ende beschlossen, eine „Computerkonferenz Mars" abzuhalten. Dazu sollten Dolphin und andere Wissenschaftler, in den Staaten ebenso wie im Ausland, elektronisch zusammengeschlossen werden.

Ein paar Tage später flogen Paul Shay und ich nach Los Angeles, zu Merton Davies, einem Vermessungsexperten einer weiteren „Denkfabrik" in Kalifornien, der bekannten Rand Corporation. Merton war der „Karten-Papst" des Sonnensystems, ein Titel, den ich ihm inoffiziell verliehen hatte, weil seine von ihm ermittelten „Kontrollpunkte" eine Erstellung präziser Karten der Oberflächen aller Himmelskörper ermöglicht hatten, einschließlich aller Planeten und Satelliten, die wir in den letzten zwanzig Jahren „vor Ort" beobachten konnten.

Kraft seiner wissenschaftlichen Autorität baten wir Merton Davies um Bestätigung für die Besonderheiten der Objekte von Cydonia Er hatte im Laufe der Zeit *riesige Areale an Planetenboden* ausgewertet und besaß deshalb unersetzlich wertvolle Erfahrungen in der Beurteilung detaillierterer Koordinaten-Angaben für die Region um die „Stadt" und des „Gesichts".

Diese waren absolut notwendig für eine detaillierte Analyse der „Objekte" - wir mußten einfach genau wissen, wo *geographisch*

---

[1] insbesondere durch das Bild No. 70A11, mit einem höheren Sonneneinfallswinkel aufgenommen

Nord war. Auch zur Erforschung archäo-astronomischer Ausrichtungen und zur Bestätigung der Hypothese über die Existenz außerirdischer Intelligenz waren seine Erfahrungen von unschätzbarem Wert.

Nachdem Davies *seinen* eigenen Expertenbereich exakt umrissen, und die Möglichkeiten seines Beitrags abgegrenzt hatte, stimmte er schließlich zu, der „*Unabhängigen Mars-Untersuchung*" die notwendigen kartographischen Daten für Cydonia zur Verfügung zu stellen. Wir waren wieder einen bedeutenden Schritt „auf dem Weg zum Mars" weiter gekommen.

Das nächste Treffen fand ein paar Tage später statt. Teilnehmer waren Lambert Dolphin, Randy Pozos und ich. Unser Ziel war, Mike Carr von dem United States Geological Survey (USGS) in Menlo Park in unsere Untersuchungen miteinzubeziehen. Schließlich war er früher der Leiter des Viking-Orbiter-Bilderteams gewesen. Er mußte uns behilflich sein, den Zugang zu den NASA Datenbändern zu sichern, ohne die wir keine weiteren Nachforschungen durchführen konnten.

Mike Carr war reserviert und knapp. Nur flüchtig schaute er auf den großen (40,6x50,8 cm) Abzug der „Stadt" und des „Gesichts", den ich auf den Konferenztisch gelegt hatte. Auch hörte er kaum auf Dolphin und Pozos, als sie erklärten, warum sie der Meinung seien, daß diese Bilder es wert seien, näher betrachtet zu werden.

Höflich, aber bestimmt, lehnte er jegliche Beteiligung bei der *Unabhängigen Mars-Untersuchung* ab.

Fairerweise erteilte er uns gegen Ende des Treffens dann doch die Genehmigung, die Datenbänder einzusehen.

Jemand verfiel nun auf den Gedanken, die Firma SRI dazu zu bewegen, die ganze Untersuchung aus dem „Präsidenten-Fond"[1] zu finanzieren, aus einer Geldquelle, die unter direkter Kontrolle des Vorsitzenden Dr. William Miller war.

---

[1] erschließt potentielle Forschungsgebiete für die spätere SRI-Nutzung

Er war ein persönlicher Freund von Dr. George Keyworth, des wissenschaftlichen Beraters des Präsidenten der Vereinigten Staaten und früheren Leiters des Rechenzentrums im berühmten *Stanford Linear-Beschleunigungs-Zentrum (SLAC)*, eines der leistungsfähigsten Hochenergie-Forschungslabors der Welt.
Verglichen mit dem SRI-Budget von etwa $ 300 Millionen war das, worum wir baten, verschwindend wenig. Schließlich handelte sich um eine Investition in eine - möglicherweise - Jahrhundert-Entdeckung.
Als er mich fragte, ob ich es in bar oder als Scheck haben wollte, wußten wir, daß wir gewonnen hatten.

Ein paar Tage später begannen wir offiziell mit der Organisation der Mars-Computerkonferenz.
Wir nannten sie *Mars-Tagebuch.*
Randy sollte als Projektverwalter der Konferenz fungieren. Ich wollte mich hauptsächlich um die Ausarbeitung des wissenschaftlichen Programms kümmern.
„Willkommen zu einer höchst ungewöhnlichen Initiative..." so begann mein erster Eintrag für unsere elektronische Konferenz, am 5. Dezember 1983, um 23 Uhr.

„Eine Untersuchung über die Wahrscheinlichkeit einer früheren Zivilisation auf dem Mars"

„Es begann im Juli 1976, Viking-Orbiter-1 machte gerade eine Bilderserie von der Marsoberfläche..."

2. Die „Unabhängige Mars-Untersuchung“

„Die Stimme des Verstandes ist sehr zart, läßt aber nicht locker, bis sie erhört wird.“

Sigmund Freud

Die *Unabhängige Mars-Untersuchung* begann offiziell am 5. Dezember 1983, fast zehn Jahre nachdem die NASA-Bilder eine Reihe höchst seltsamer Objekte in Cydonia zutage gebracht hatten, und doch waren sie zunächst wieder in Vergessenheit geraten.
Sie endete nach sieben Monate mit einem Resümee, das später in die *Mars-II Konferenz,* die für den Juli 1984 in der University of Colorado in Boulder geplant war, miteinbezogen werden sollte.
Sieben Monate faszinierender und zuweilen zur Verzweiflung treibende Dialoge, Diskussionen und Debatten einer interdisziplinären Gruppe aus Natur- *und* Geisteswissenschaftlern lagen hinter uns. Wissenschaftler aus verschiedensten Disziplinen wie Geologie, Anthropologie und Kunst waren beteiligt.
Jede Facette der Daten, die von DiPietro, Molenaar, einigen anderen sowie von mir zusammengetragen wurden, nahmen wir unter die Lupe und debattierten darüber zum Teil sehr heftig.
Die Unabhängige Mars-Untersuchung ergab widersprüchliche Ergebnisse, insbesondere über die Beobachtungen einiger bisher nicht bekannter, „ungewöhnlicher Objekte“: sie wurden fast über den halben Planeten verstreut gefunden!
Dies galt mir auch als eine Bestätigung dessen, was ich schon vermutete: die Monumente von Cydonia waren nur ein Teil eines größeren Komplexes intelligenten Schaffens.
Jedoch war der größte Erfolg der *Untersuchung,* meiner Meinung nach, allein schon in deren Existenz zu sehen: eine Gruppe fairer und mutiger Individualisten hatte sich zusammengefunden, wenn auch nur auf elektronischem Wege per Bildschirm, um erstmals unvoreingenommen Hinweise auf einige Rätsel in einem Bündel von Viking-Photographien zu prüfen.

Am 13. Dezember trafen sich Randy und ich für einen Nachmittag, um Ziele, Methodologie und Finanzierung unserer Untersuchung zu besprechen. Wir entschlossen uns, folgende Arbeitsgruppen zu bilden:

- 1) Ein Graphik-Team, bestehend aus Computerexperten wie Vince und Greg, das die grundlegende Daten liefern sollte, u.a. „ungewöhnliche Perspektiven" und dreidimensionale Transformationen.

- 2) Ein Geologen-Team, das die Wahrscheinlichkeit des Auftretens „ungewöhnlicher Objekte" durch *natürliche* Kräfte einzuschätzen wüßte.

- 3) Ein Photometrie-Team, das optische Eigenheiten der Cydonia-Objekte, beurteilt unter verschiedenen Sonneneinfallswinkeln, einzuschätzen wüßte.[1]

- 4) Eine mathematisch-geometrische Arbeitsgruppe, die den Kontext der Objekte zu ihrer Sonnenorientierung, deren Beeinflussung durch die Schwerkraft und energetische Besonderheiten an der Marsoberfläche[2] prüfen sollte - mit der Zielsetzung, weitere Hinweise für künstliche Formationen zu erhalten.

- 5) Ein kultural-anthropologisches Team, um alle Ergebnisse der genannten Sparten in einem übergeordneten Kontext zu vereinen und zu prüfen, ob sich bekannte, anthropomorphe (menschliche) Muster dahinter verbergen.

Es wurden Vorbereitungen für dreidimensionale Stereo-Iso-Kontur-Kartographierungen des „Gesichts" und der Objekte der

[1] auch in Hinblick auf die Theorie, daß künstliche Objekte sich durch optische Effekte anders verhalten als natürliches Gestein

[2] es war auch zu prüfen, ob allein die Ausdehnung der Monumente ein Argument gegen ihre artifizielle Herkunft darstellte

„Stadt“ getroffen, einschließlich der DiPietro-Molenaar-Pyramide (D&M-Pyramide). Die Ausarbeitung einer Generalkarte der Region wurde beschlossen.

Jede Sparte, die Bild-Daten benutzte wie Geologie, Bildauswertung, Photometrie und Strukturierung, verfaßte gegen Ende einen Bericht, der generell *allen* Teammitgliedern zur Kenntnisnahme und Durchsicht weitergereicht wurde.

Zirka einen Monat nach unserem SRI-Treffen wurde ein bereits *drei Jahre altes* Interview mit DiPietro und Molenaar im Fernsehen gezeigt. Bei dieser Gelegenheit wurden auch andere Bilder wie spektakuläre Nahaufnahmen des „Gesichts“, erneut einer breiten Öffentlichkeit gezeigt.

Einer von denen, die sich die Bilder ansahen, war der Physiker John Brandenburg. Er war Mitglied des Sandia-Laboratoriums in Albuquerque, New Mexiko, und damals stark im Atomwaffenprogramm engagiert.

Durch das Bild des „Gesichts“ stark beeindruckt, fühlte sich Brandenburg dazu verpflichtet, weitere Informationen und Recherchen einzuholen. Daraufhin wurde er Mitglied unserer Computerkonferenz.

Einige Tage später ging ich mit John bei einem Telefonat statistische Auffälligkeiten verschiedenster Kraterformationen in der Nähe des „Gesichts“ und der D&M-Pyramide durch. Auch andere Beobachtungen kamen zur Sprache. Bei meinen früheren Untersuchungen hatte ich direkte Anzeichen von *Schmelz-* und *Fließprozessen* an der Hauptpyramide in der „Stadt“ entdeckt. Es ergaben sich Anzeichen starker Zerstörung der Südwestseite, sowohl an der Pyramide als auch an der Festungs- Formation.

Ebenso erörterten wir die Möglichkeit, ob eine *nukleare* Explosion bestimmte Krater deformiert haben könnte...

Er gab mir den Hinweis auf eine Möglichkeit, wie man prüfen könne, ob die Krater dieser Marsregion, „artifiziell“ erzeugt worden waren. Sein - telefonischer - Eintrag in das Konferenztagebuch lautete:

„atomar erzeugte Krater sind im Gegensatz zu Meteoriten-Kratern sehr viel flacher...andererseits sind Krater, die als Teil der neuen Weltraum-Verteidigungs-Initiative (SDI) durch Simulationen im Labor erzeugt wurden, sehr tief und deshalb Meteoritenkratern - bedingt durch ihre höhere Eindringtiefe - nicht unähnlich".

Dies relativierte zwar seine Argumente, doch durch das Fehlen jeglicher Hinweise auf Radioaktivität bei den Viking-Untersuchungen erschien diese Möglichkeit wenig wahrscheinlich.

In der Bildauswertungs-Gruppe schien man bedeutend besser voranzukommen. Vince Pietro, der an einem Terminal irgendwo in Goddard saß, machte seinen ersten Eintrag am 9. Januar um 14:21. Zunächst schickte er eine Liste potentieller weiterer Mitglieder für die Untersuchung. Darin tauchten mehrere Wissenschaftler auf, die im Laufe der Jahre seine gemeinsame Arbeit mit Greg positiv bewertet hatten. Einige Tage später sandte er mehrere Gruppen von SPIT-entwickelten Negativen, darunter die Einzelbilder No. 35A72 und No. 70A13.[1]

Auch Dolphin entwickelte beeindruckende Bilder im SRI-Photolabor. Es waren Abzüge aus DiPietros und Molenaars fünf Jahre alter Bildauswertung, von Negativen der *ersten Generation*, digital vergrößert, darunter auch Vergrößerungen des „Gesichts".[2]

Was für ein Anblick: die Bilder in den 28x35,5 cm Vergrößerungen waren einfach *spektakulär!*

Das „Gesicht" stellte sich jetzt noch geheimnisvoller dar, war noch fesselnder als zuvor. Die Zahl der Details, z.B. die „Verzierung" in der Ecke des rechten Auges, die „Träne" unter demselben Auge, selbst die geschwungene Kontur, die wir als „Wange" definierten

[1] die SPIT-Vergrößerung von No. 70A11, dem Bild mit den Stadtstrukturen, fehlte noch.

[2] und einem Vollbild von No. 70A13, welches das andere ungewöhnliche Objekt enthielt, die rechteckige „Pyramide mit den Stützpfeilern"

und weitere Einzelheiten sprachen zwingend dafür, daß es sich hier um ein *Kunstwerk* handeln mußte.

Tabelle 1. Geometrische Beziehungen an der „D&M-Pyramide"

Winkel-Verhältnisse	**Theoretisch erwarteter Wert**	**Gemessener Wert**	**Abweichung %**
C/A	$\sqrt{2} = 1,$	1,42	0,71
B/D	$\sqrt{3} = 1,73$	1,73	0,00
C/B	$\sqrt{5}/\pi = 0,712$	0,711	0,14
C/E	$\sqrt{6} = 2,45$	2,46	0,
A/D	$e/\pi = 0,865$	0,865	0,00
(B+D) /C	$\pi/\sqrt{2} = 2,22$	2,22	0,00

Trigonometrische Funktionen

sin A	$e/\pi = 0,865$	0,866	0,12
tan A	$\sqrt{3} = 1,73$	1,73	0,00
tan D	$\sqrt{7} = 2,65$	2,66	0,38
cos E	$\sqrt{5}/e = 0,823$	0,822	0,12
Mittlerer Fehler: 0,19%	Standard-Abweichung des Fehlers: 0,23%		

Etwas anderes zog meinen Blick auf der Vergrößerung des Bildes magisch an, etwas, das ich vorher nur zaghaft vermutet hatte...
Die D&M-Pyramide war ein *fünfseitiges* und nicht, wie wir zuvor erwartet hatten, ein vierseitiges Objekt!
Etwas wie „fünfseitige Pyramiden", so erkannte ich später, gibt es und gab es, nach heutigen Informationen, auf der Erde nicht, oder doch?
Als ich das Bild im 28x35,5cm-Abzug betrachtete, wurde unmißverständlich klar: die „D&M-Pyramide" war definitiv fünfseitig und, in ihrer Längsachse *rotations-symmetrisch*!
Auf der bisher schattigen Stelle (No. 35A72) dieser neuen Version war unter höherem Sonnenwinkel eindeutig ein *fünfter* Stützpfeiler sichtbar geworden, genau östlich des ersten Pfeilers, der zu dem „Gesicht" gerichtet war.(Abbildung 6 sowie S. 371. Ein modernes Mars-Tagebuch)

Es gab nun also *drei* kurze Seiten und *zwei* lange Seiten[1], in einem Verhältnis zueinander, wie es auch von DiPietro und Molenaar gemessen wurde: das Verhältnis betrug *1:1,6.*
Bei näherem Hinsehen schien außerdem der mittlere Stützpfeiler ebenfalls rotations-symmetrisch zu sein, insgesamt *drei Stützpfeiler,* ein „Dreizack", wobei das mittlere Glied das längste ist.
Dieser symmetrische Körper - er wiederum war genau auf das bedeutendste Objekt in der Landschaft, das „Gesicht", ausgerichtet - wurde genau hälftig durch das mittlere Glied des „Dreizacks" „gespalten".
Aber da war noch mehr...
Schon lange Zeit vorher war ich mir vage einer gewissen „Vertrautheit" mit der gefundenen Proportion bewußt gewesen. Das erwähnte Seitenverhältnis 1:1,6 kam einer allgegenwärtig in der Natur vorkommenden und auch sehr „menschlichen" Proportion nahe: dem „*Goldenen Schnitt*", berühmt geworden durch Leonardo da Vinci's Darstellung des menschlichen Körpers nach „heiligen" Proportionen. Als ich nun da Vinci's berühmte Figur „Mann in vitruvianischen Proportionen (3:2)" über die stark konturierten Umrisse der D&M-Pyramide legte, erwiesen sich die geometrischen Proportionen als *deckungsgleich*!
Diese Pyramidenstruktur war anscheinend eine *geometrische Dokumentation menschlicher Proportionen*[2], angeordnet im Schatten des menschenähnlichen Bildes...

Mit den Waben-Formationen verhielt es sich im Laufe der Untersuchungen anders. Es entstanden Kontroversen mit unerwarteten, widersprüchlichen Ergebnissen:
Einer der Fachleute, der bereits einige Monate zuvor an den ersten Treffen teilgenommen hatte, war *Gene Cordell,* ein Experte für Bildverarbeitung. Er arbeitete für eine große Computerfirma im

[1] durch die neue „Stütze" geschaffen
[2] Cook, Theodore A., The Curves of Life (1978).

Silikon Valley, die modernste Bildvergrößerungs- und Graphikcomputer-Systeme herstellte. Auf unsere Bitte hin untersuchte er sorgfältig die Vergrößerungen von No. 35A72 sowie die SPIT-entwickelten Originale (alle 12,7x12,7 cm) von DiPietro. Nach dieser Überprüfung, die etwa eine halbe Stunde dauerte, stellte er überzeugt fest:

„die Wabenstrukturen sind ein Produkt der Computerentwicklung... ausgerichtet im rechten Winkel zu den Scan-Linien des Original-Vikingbildes...“

An einem Januarabend, kurz nachdem sich DiPietro aus dem Osten der Vereinigten Staaten der Computerkonferenz angeschlossen hatte, fanden Cordell und Dolphin im Computerraum der Konferenz zusammen, um einen ersten Blick auf die gerade aus den USGS-Bändern auftauchenden Viking-Bilder zu werfen. Daraufhin gaben sie am nächsten Morgen folgenden Bericht in die Mars-Dokumentation:

„Wir legten besonderen Wert auf die Stadtstrukturen westlich des 'Gesichts'; wir betrachteten insbesondere No. 70A11 mit (elektronischen) Filtern und allen uns zur Verfügung stehenden Kontrast- und Vergrößerungsmöglichkeiten. Doch wir konnten keinerlei *Hinweise auf straßen-ähnliche Formationen, lineare Ausrichtungen oder Waben, die auf dem alten No. 35A72-Vollbild sichtbar waren, erkennen...*

Als nächstes benötigen wir eine weitere Prüfung von No. 35A72, um sicherzugehen, daß wir es nicht mit einem Artefakt (im Laufe der Bildentwicklung) zu tun haben ...“

Am darauffolgenden Morgen, dem 26. Januar, gab Cordell eine abschließende Beurteilung in das „Tagebuch“ ein:

„Wir haben das „Gesicht“ und die „Stadt“ auf dem elektronisch behandelten Bild untersucht. Es gab keine *bienenwaben-ähnlichen Muster auf diesem Bild...*

Es scheint so, daß die Wabenformationen des SPIT-entwickelten Bildes der „Stadt“ <u>Folgen des Entwicklungsprozesses</u> sind.“

Dann fuhr er in einem zweiten Eintrag fort:

„In Hinblick auf das „Gesicht“ und anderen interessanten topographischen Formationen in der Umgebung ... besteht die Marslandschaft aus ähnlichen Strukturen, das bezieht sich auf alle Bilder, die ich gesehen habe. Das bedeutet, daß auf allen Bildern ähnliche geologische Formationen sichtbar sind. Es gibt viele Plateaus mit Hügeln. Als wir diese Bilder untersuchten, fanden wir viele 'Gesichter', manche klein, manche groß, keines so groß wie das schon bisher als 'Gesicht' bekannte...“

Was hier passierte war genau das, was ich *nicht* wollte. Es wurde anscheinend versucht, der Hypothese über extra-terrestrische Intelligenz, auf Grundlage **eines** *Beweisstücks,* den „Prozeß zu machen“.

Schließlich hatten wir nur noch etwa zwei Jahre Zeit, bis sich erneut ein astrophysikalisch günstiges Fenster zum Mars öffnen würde. Mir war nicht daran gelegen, hier wissenschaftlich exakte Beweise für die - in Vorzeiten - mögliche Existenz von Leben auf dem Mars zu finden, sondern es galt vielmehr, die Besonderheit der gefundenen Gebilde zu würdigen und sie als Argument für eine weitere Mars-Mission zu akzeptieren!

Als Dr. Pozos sah, was hier ablief, pflichtete er meiner Forderung nach einer Berücksichtigung für den „Blick auf größere Zusammenhänge“ hinter den Daten, bei.

Sein Eintrag in die Konferenzdokumentation lautete wie folgt:

„Ich muß Ihnen ein großes Lob für das Niveau der bisherigen Diskussion aussprechen. Jedoch, bevor wir uns weiter in die Kontroversen über Waben-Muster verstricken, sehe ich es als sehr wichtig an, die hier benutzten Methoden der Bildentwicklung und Verarbeitung gegenüberzustellen, zu vergleichen und anschließend allgemein gültige Merkmale der Geologie des Mars und seiner Naturgeschichte herauszuarbeiten. Ich würde einfach vorschlagen, daß wir etwas Zeit darauf verwenden, Hypothesen aus verschiedenen Perspektiven, von verschiedenen Fachdisziplinen vorzustellen und ihre Plausibilität aufzeigen. Das gehört ebenso in die Konferenzmappe, bevor wir uns weiter in Kontroversen oder Prioritätengerangel über Wahrscheinlichkeiten dieser Hypothesen stürzen.“

Schon seit ich die „Waben“ entdeckt hatte, war mir klar, daß ihre Existenz sowohl für als auch gegen marsianisch entwickelte Intelligenz sprechen konnte.
Die Feststellungen von Gene Cordell, diesmal seltsamerweise mit Unterstützung DiPietros, waren geeignet, alle hier geäußerten Hypothesen über den erstmaligen Versuch, extra-terrestrisches Leben zu verifizieren, zum Scheitern zu bringen.
Wenn die Waben-Muster tatsächlich ein Computer-Artefakt waren, wie Cordell und DiPietro behaupteten, so schien es (für sie) naheliegend, alle Hypothesen zu verwerfen.
Die mathematisch-geometrischen Besonderheiten der Ausrichtung, der Orientierung verschiedener „Gebilde“ zueinander ebenso wie die Beobachtung einer harmonischen, architektonischen Proportion (1:1,6), die einem elementaren Harmoniebedürfnis der Natur, aber auch des Menschen (z.B. in der Architektur) entsprach: die Proportion des *„Goldenen Schnitts“* - all dies war Teil unserer Hypothesen.
Randy formulierte unser Dilemma auf folgende Weise:

> *„Vom anthropologischen Standpunkt stellt die Analyse der Marslandschaft unsere Fähigkeit, über die grundsätzlichen Wahrnehmungsschranken unserer Spezies hinauszugehen, in Frage. Generell basieren unsere Kriterien zur Auswertung dieser Landschaftsformen und Datenanordnungen - ganz abgesehen von der Strukturierung unserer Wahrnehmung selbst - auf anthropomorphen Kriterien, die nur unter den Bedingungen eines der beiden Planeten entwickelt wurden...*
> *Es stellt sich also die Frage: wie konstruieren wir und/oder interpretieren wir Datenmaterial, daß mit terrestrischen Methoden ermittelt wurde, auf einem terrestrischen Planeten, und woher beziehen wir die Legitimität dazu, mit unserem anthropozentrischen und geozentrischen Erfahrungshorizont extra-terrestrische Formationen angemessen zu beurteilen?“*

DiPietros Argument, daß die „Störungen“ - die „Waben“ - die zufällig über Bild No. 35A72 verstreut waren, wahrscheinlich ein

Computerartefakt seien - ich konnte es weder glauben noch für wahrscheinlich halten.
Wenn man sich die Mühe machte, die „Bit-Einschläge" im Bereich der „Waben" zu zählen (ich hatte mir die Mühe gemacht), so entdeckte man etwas sehr interessantes: es gab nur *ein oder zwei* dieser verdächtigen elektronischen Bildstörungen, verteilt über eine Fläche von über einer Quadratmeile (2.59 km^2). Es waren also bedeutend *weniger* als auf jeder anderen, zufällig ausgewählten, Fläche gleicher Größe.
Wodurch unterschied sich dann diese eine Quadratmeile von den anderen? Warum war dieser „Unterschied", selbst auf den nicht vergrößerten Bildern, so klar als eine Art „Verschleierung" zu erkennen. Nicht nur über diesem Gebiet, sondern auch über dem Bereich der daran angrenzenden „Festung" war dieses Phänomen zu beobachten.
Ich wußte (noch) nicht, was es bedeutete, aber ich wollte es herausfinden. Ich war anscheinend einer der wenigen, denen es so ging...

Viele Team-Mitglieder nahmen augenscheinlich die Feststellung Cordells, daß die „Waben" lediglich ein „Rechenfehler" des Computers seien, für das definitiv letzte Wort in dieser Diskussion. Und indem sie das akzeptierten, verwarfen sie auch die Existenz der Stadt und die Notwendigkeit, diese Region weiter zu erforschen!
Diese Einstellung wurde durch Lamberts Eintrag in die Konferenzdokumentation vom 27. Januar, 6:37 morgens, deutlich gemacht:

> *„Mein Denkansatz unterscheidet sich insofern ein wenig von Randy Pozos', als ich der Meinung bin, daß weitere Auszüge interessanter Marslandschaften gesammelt und begutachtet werden sollten, bevor Theorien über ihren möglichen Ursprung formuliert werden. Je mehr Indizien gesammelt werden, desto besser... Ich vermute, daß z.B. viele Bilder vom Mars bisher nicht näher betrachtet wurden, vermutlich nicht einmal überflogen. Da die Geologie des Mars nicht mit irdischen Gegebenheiten zu vergleichen ist, werden sicherlich weitere geologische Studien zu vielen Überraschungen führen, selbst heute noch.*

Abbildung 4. Bild No. 35A72, niedriger Sonneneinfallswinkel, sequenz-verarbeitete NASA-Version. So sah es Toby Owen zuerst : "Gesicht" (a), "Stadt" (b) und "D&M-Pyramide" (c).

Abbildung 5. Bild No. 70A13, hoher Sonneneinfallswinkel, sequenz-verarbeitete NASA-Version.

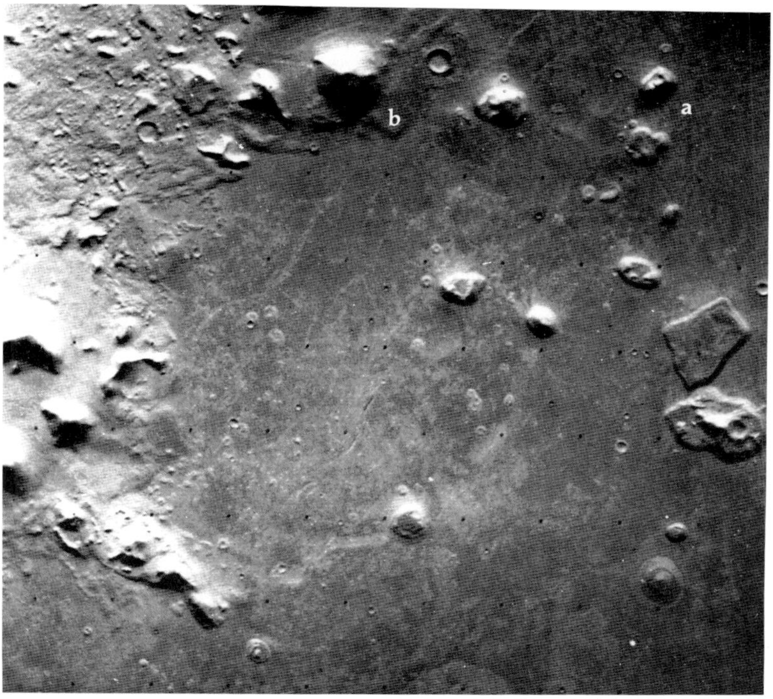

Abbildung 6. Bild No. 70A13, von SRI-International entwickelt, mit "Gesicht" (a) und "D&M-Pyramide" (b). Beachten Sie die "Pfeiler" in den Ecken der "D&M-Pyramide". Diese sind auf der NASA-Rohbildversion nicht zu sehen.

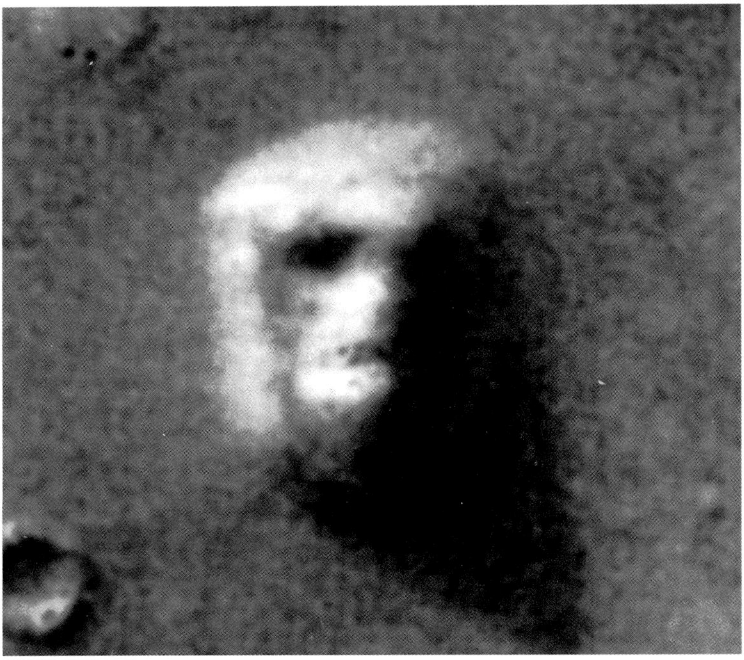

Abbildung 7. Bild No. 35A72. Computervergrößerung des "Gesichts" bei niedrigem (10 Grad) Sonnenwinkel. Beachten Sie Proportionen und Details, einschließlich der "Zähne" im "Mund."
Photo zur Verfügung gestellt von Dr. Mark J. Carlotto, Analytic Sciences Corporation (TASC).

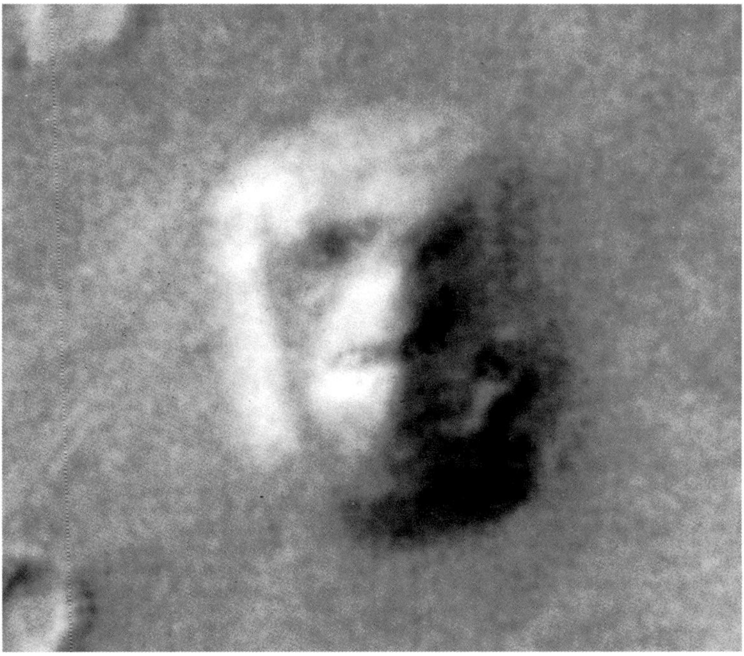

Abbildung 8. Bild No. 70A13. Computervergrößertes Photo des "Gesichts" bei hohem (30 Grad) Sonnenwinkel. Dieses zweite Bild, vom Raumschiff Viking, 35 Tage nach Bild No. 35A72 aufgenommen, zeigt deutlich Details der "fehlenden", schattigen Seite, die vorher im Dunklen lag. Es bestätigt auch eine zweiseitig symmetrische "Plattform" an der darunterliegenden Struktur. Das dunkle Zeichen auf der unteren, rechten Seite des "Gesichts" ist eine Kamera-Markierung.

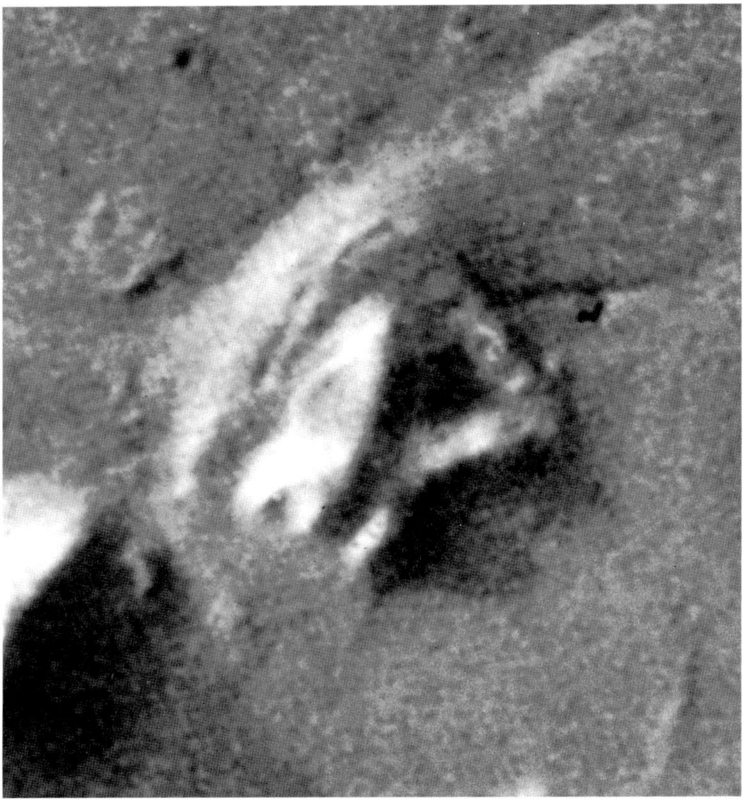

Abbildung 9. Computervergrößerte Nahaufnahme der "Festung", die sich in der Nordost-Ecke der "Stadt" befindet. Beachten Sie die drei geraden "Mauern", die einen dreieckigen Innenraum umschließen sowie eine Reihe wirr verlaufender geometrischer Linien.

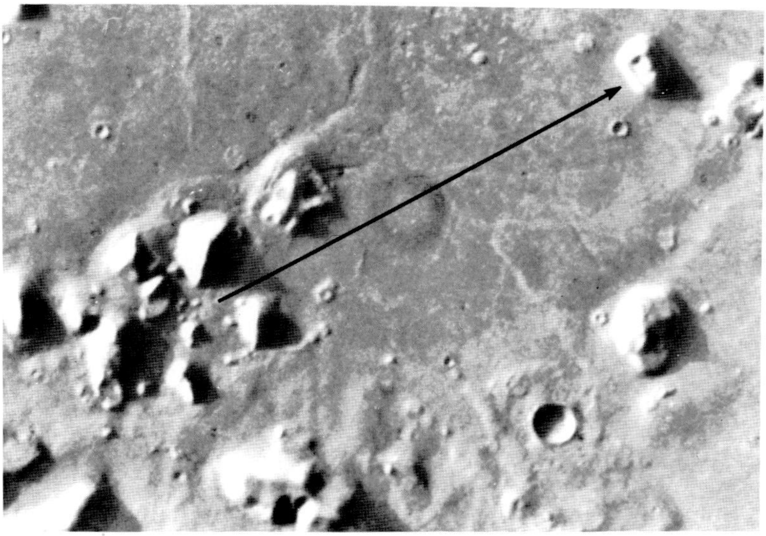

Abbildung 10. Blick auf das "Gesicht" vom "Hauptplatz" aus; eine Gruppe von Besonderheiten, genau am "Stadtrand", die ungefähr wie eine Zielscheibe oder Fadenkreuz aussehen.

Photo zur Verfügung gestellt von Dr. Mark J. Carlotto, Analytic Sciences Corporation.

Abbildung 11. Bild 70A11, hoher Sonnenwinkel, sequenz-verarbeitete NASA Version, "Stadt" in Klammern angedeutet.

MARS-VIKING FRAME 35A72

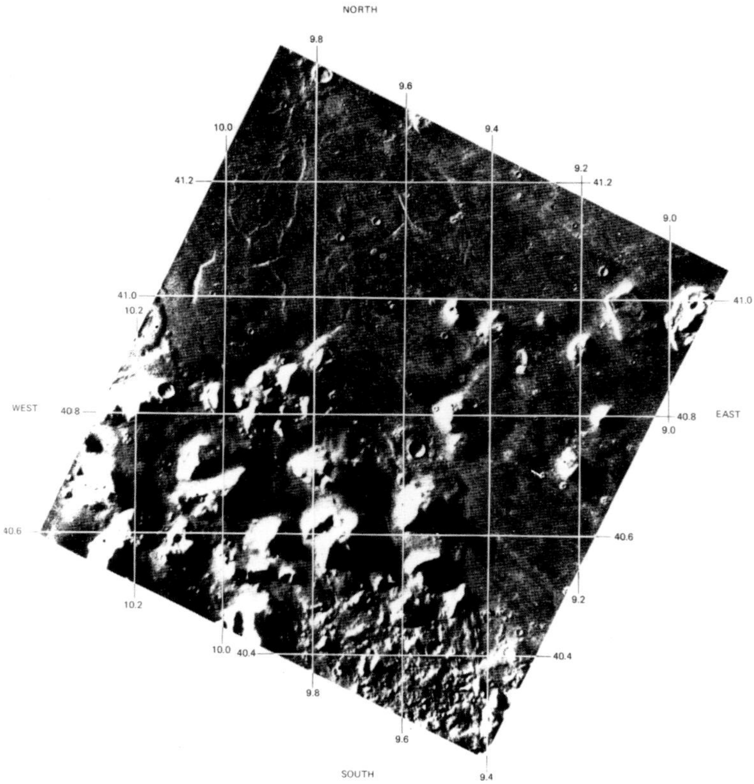

Abbildung 12. Bild No. 35A72, Rohversion (Teile) der Original-NASA-Viking-Daten. Koordinatennetz von Merton Davies, RAND Corporation. Das Koordinatennetz wurde leicht revidiert, auf Basis neuer Analysen der Original-Protokolle über die navigatorischen Manöver der Viking-Sonden, die für die bevorstehende Mars-Observer-Mission benötigt wurden, die für September 1992 geplant war. Photo von der NASA-JPL zur Verfügung gestellt.

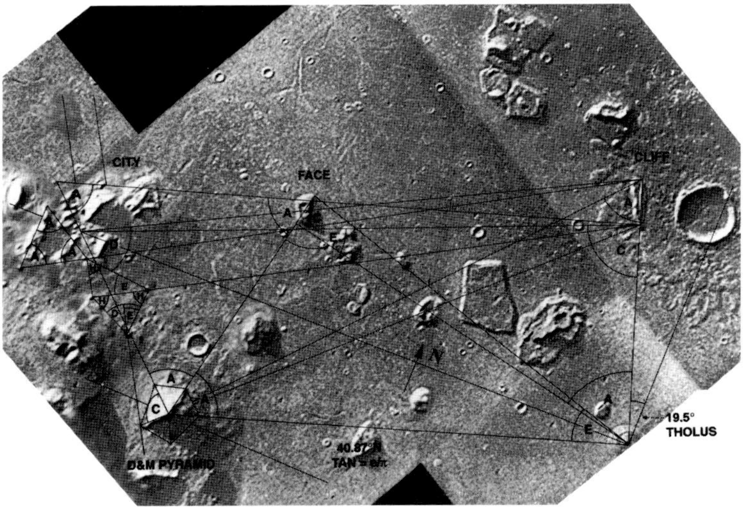

Winkel in Grad + Bogenmaß	Winkelverhältnis	trigonometr.Funktion $\tan A=\sqrt{3}$
$A=60{,}0=\pi/3$	$C/A=\sqrt{2}$	$\tan B=\sqrt{3}$
$B=120{,}0=2\pi/3$	$B/D=\sqrt{3}$	$\sin B=e/\pi$
$C=85{,}3$	$C/F=\sqrt{3}$	$\sin A=e/\pi$
$D=69{,}4=e/\sqrt{5}$	$A/D=e/\pi$	$\tan F=\pi/e$
$E=34{,}7$	$C/D=e/\sqrt{5}$	$\cos E=\sqrt{5}/e$
$F=49{,}6=e/\pi$	$A/F=e/\sqrt{5}$	$\sin G=\sqrt{5}/\pi$
$G=45{,}1$	$H/G=e/\sqrt{5}$	$\sin C=1$
$H=55{,}3$	$C/B=\sqrt{5}/\pi$	$\tan G=1$
$I=100{,}4$	$D/F=\pi/\sqrt{5}$	$\tan I=-2e$
		$\tan 40{,}87°$ westl.$=e/\pi$

Abbildung 13. Die Botschaft von Cydonia. Das orthographisch ausgerichtete Photo-Mosaik, zusammengesetzt aus einer Reihe von computervergrößerten Original Vikingbildern (No. 35A71, 72, 73 und 74), illustriert das geometrische Beziehungsmodell des Autors. Beachten Sie die parallele Ausrichtung von Strukturen in der "Stadt", die von der fünfseitigen "D&M Pyramide" genau auf das "Gesicht" und die strategische Position der "Felskante" zielen, den Auswurfkegel eines alten Einschlagkraters, hinter dem "Gesicht", vom "Hauptplatz" aus gesehen. Beachten Sie auch den "Tholus", einen rätselhaften, kilometerbreiten, fast 200 m hohen Hügel mit äußerem "Graben" und inneren spiralförmigen "Rillen", der sich genau im Osten des "Hauptplatzes" befindet. Die geodätische Breite des Cydonia-Komplexes (mit der Spitze der "D&M-Pyramide" als Zentrum) stellte sich als 40,87° heraus - genau gleich dem Bogenmaß von e/, einer Konstante, die man wiederholt, sowohl in der "Pyramide", als auch im "Komplex" findet. Die Buchstaben auf dem Mosaik zeigen bestimmte Winkel (und deren mathematische Beziehungen), ursprünglich von Torun innerhalb der "D&M-Pyramide" entdeckt, von Hoagland in dem gesamten größeren "Komplex" wiederholt bestätigt. (s. Epilog). Die Konstanten bestätigen die mathematische Botschaft von Cydonia - u.a. der topologischen Eigenschaften eines Tetraeders innerhalb einer rotierenden Kugel und der vorausgesagte Schlüssel-Breitengrad (19,5 Grad) der drei Scheitelpunkte, dem polaren Scheitelpunkt gegenübeliegend.
Vergrößerung eines Vikingmosaikbildes von Dr. Mark J. Carlotto (TASC) zur Verfügung gestellt. Überlagernde Graphik von The Mars Mission zur Verfügung gestellt.

Abbildung 14. Der "Tholus", etwa sechzehn Kilometer südlich der "Felskante" gelegen. Seine Proportionen und der ihn umgebende "Festungsgraben" oder Randgraben sind charakteristisch für ähnliche, prähistorische Strukturen auf der Erde. Die "Felskante", die "D&M-Pyramide" und der "Tholus" bilden ein rechtwinkliges Dreieck. Beachten Sie die Ähnlichkeit der seltsamen, breiten Rillen auf dem "Tholus" und seinem satellitenartig angelagerten Tafelberg.

Photo vom National Space Science Data Center zur Verfügung gestellt.

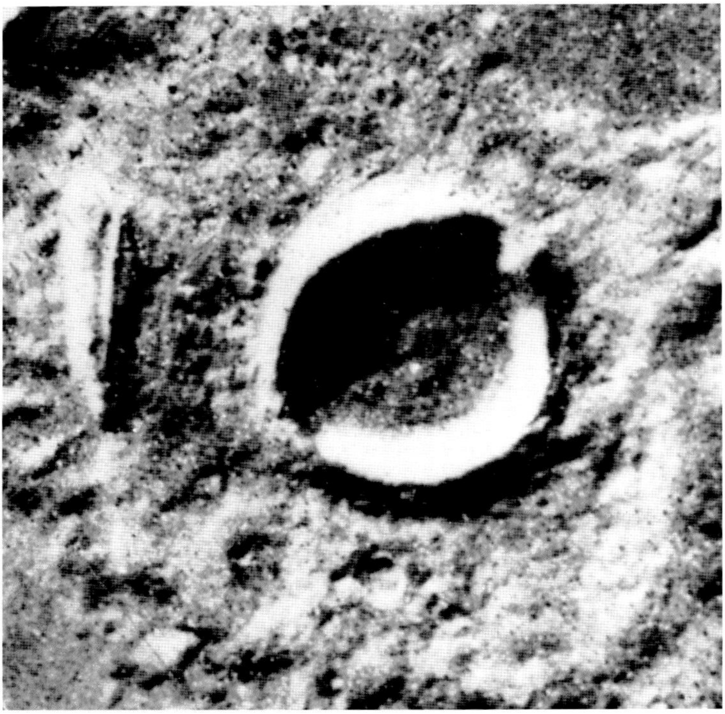

Abbildung 15. Bild No. 35A74, Vergrößerung der "Felskante" auf der Auswurfdecke eines alten Mars Einschlagkraters. Fehlende Beschädigung oder "Explosionsschatten", rund um die "Felskante", trotz größerer Einschläge in der Nähe, lassen darauf schließen, daß die "Felskante" später entstand als der Krater. Die ebenso eigenartige "tetraedrische Pyramide", am gegenüberliegenden Kraterrand, bestätigt eine später stattgefundene, unerklärliche Modifikation der Oberflächenformationen in diesem Gebiet. Diese Fakten betonen die Bedeutung der Tetraeder-Geometrie, die mit diesen Figuren in Cydonia assoziiert ist.(s. Epilog und Abbildung 16).
Photo nicht durch Computer vergrößert. Zur Verfügung gestellt vom National Space Science Data Center.

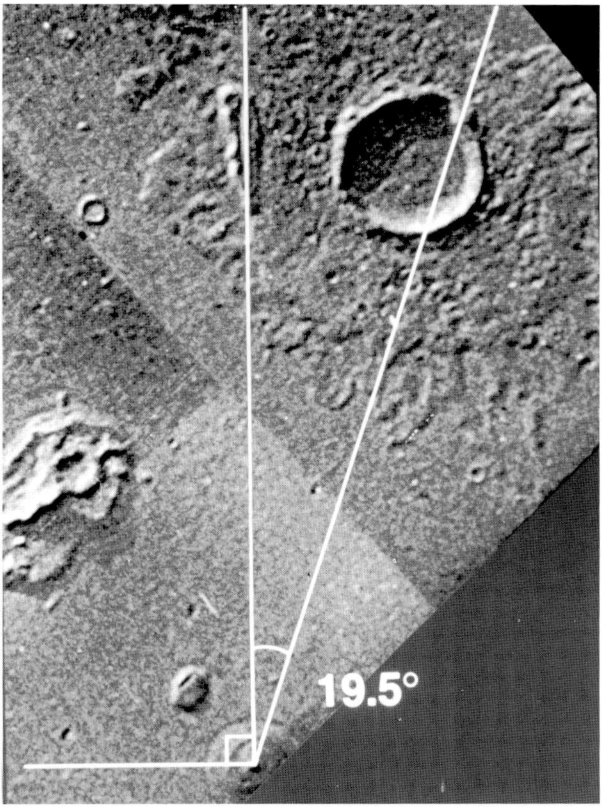

Abbildung 16. Bild No. 35A74: Vergrößerung der "Felskante", der "tetraedrischen Randpyramide" und den geometrischen Konstanten. Die Tatsache, daß die tetraedrische Pyramide genau nördlich des "Tholus" liegt und mit der "Felskante" durch einen 19,5 Grad Winkel mit dem "Tholus" verbunden ist, ist eine wichtige Stütze einer übergeordneten, "tetraedrischen" Botschaft Cydonias. Ähnliche 19,5 Grad Winkel kann man am entgegengesetzten Ende des gleichen Komplexes sehen, innerhalb der "D&M-Pyramide" (s. Abbildung 18). Zusammengesetztes Mosaik, zur Verfügung gestellt von The Mars Mission.

Tetraedrische Graphik und Mathematik zur Verfügung gestellt von Erol Torun.

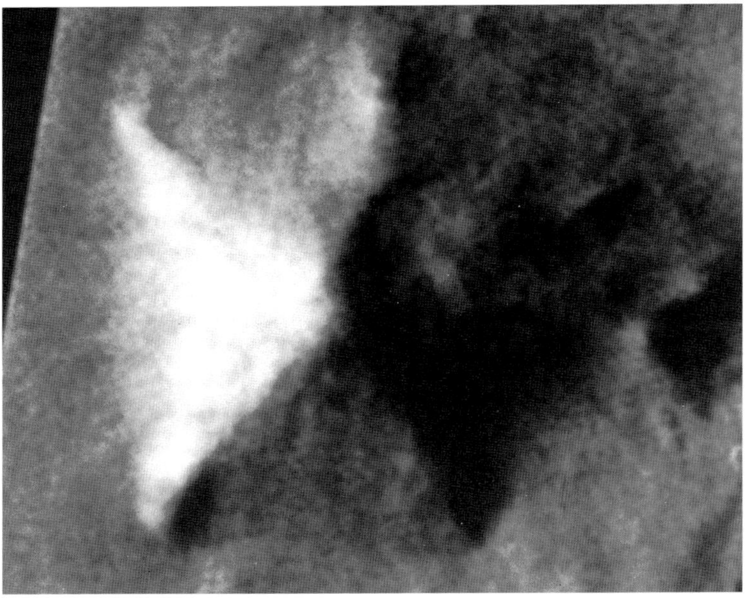

Abbildung 17. Die "D&M-Pyramide". Diese einzigartige, fünfseitige Figur, bestehend aus drei kurzen Seiten (jede etwa 1,6 Kilometer lang) und zwei langen Seiten, zeichnet sich durch eigenartige "Pfeiler" an jeder Ecke aus. Beachten Sie die großen Schäden auf der rechten Seite und den, daraus entstandenen, Trümmerfluß um die Basis. Es verleiht ihr den Eindruck eines verkürzten rechten "Beins". Als Ursache dieses Defektes ist das Eindringen eines Geschosses denkbar: beachten Sie das "bodenlose" (Eingangs)-Loch auf der rechten Seite und die sichtbare kuppelförmige Erhebung (Folge einer inneren Explosion?), direkt rechts von der Mitte der Pyramide. Neue geomorphologische Analysen, durchgeführt von E. Torun (s. Epilog), sprechen stark gegen jeden bekannten natürlichen Mechanismus, als Urheber für diese rätselhafte Figur. Geometrische Analysen (s. Epilog und) unterstreichen die Möglichkeit eines intelligenten Konzepts und definieren diese Formation als den mathematischen "Rosetta Stein" von Cydonia.

Computervergrößertes Photo von Dr. Mark J. Carlotto (TASC) zur Verfügung gestellt.

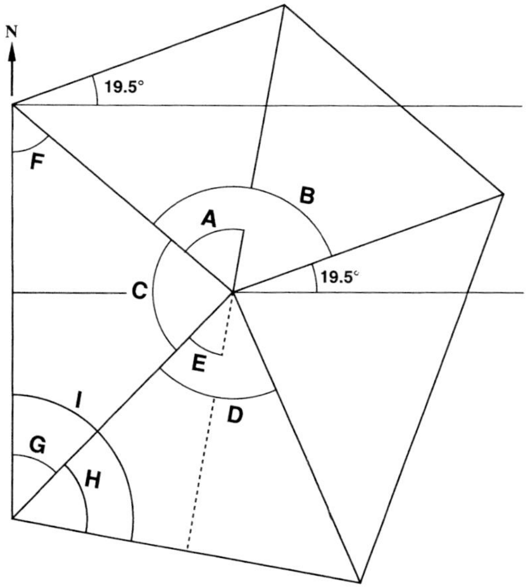

Abbildung 18. Die "D&M-Pyramide", der mathematische "Rosetta Stein" von Cydonia. Toruns umfassende geometrische Analyse dieser außergewöhnlichen topographischen Formation enthüllt nicht nur symmetrische Innenwinkel, sondern eine Reihe redundanter, mathematischer Konstanten, die aus diesen Winkeln abgeleitet werden. Die "Botschaft", die diese Konstanten implizieren, wird besonders durch die geometrischen Eigenschaften eines pol-orientierten Tetraeders in einer rotierenden Kugel, bestimmt. Die Geometrie eines solchen eingeschriebenen Tetraeders wird nicht nur durch entsprechende Ausrichtung anderer Strukturen in Cydonia unterstrichen (s. Abbildung 18), sondern auch durch die Positionierung auf einem speziellen Breitengrad planetarer Orientierung und Innenwinkeln der "D&M-Pyramide": 19,5 Grad.

Maße, Graphik und Mathematik zur Verfügung gestellt von Erol Torun.

Graphische Zusammenstellung zur Verfügung gestellt von The Mars Mission.

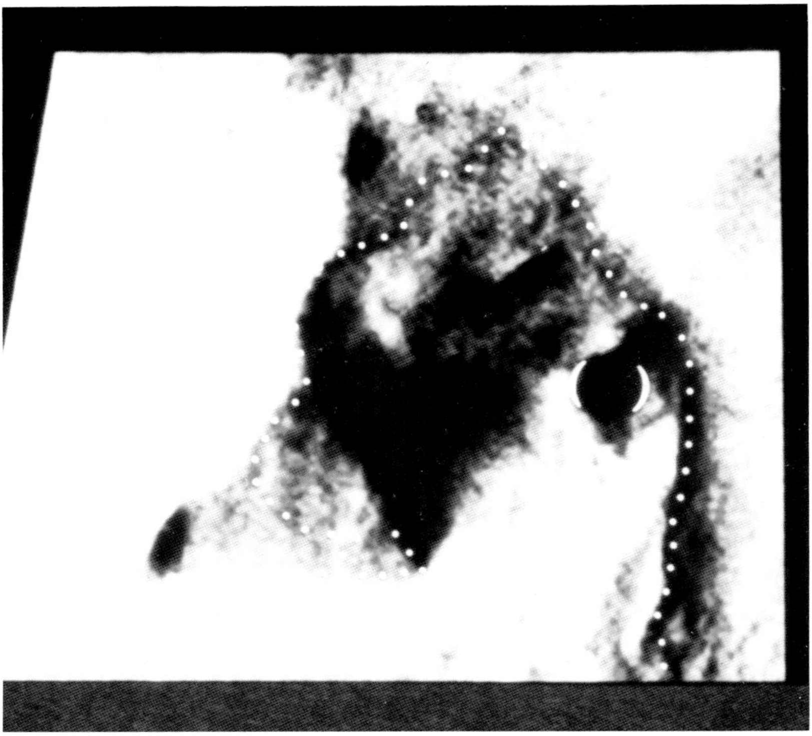

Abbildung 19. Die "D&M-Pyramide" mit sichtbaren Oberflächenschäden, Trümmerfluß um die Basis - das "bodenlose" Loch mit etwa 330 m Durchmesser. Diese Beschädigung gab Anlaß zu Spekulationen über "feindliche" Aktivitäten.

Photo zur Verfügung gestellt von Dr. Mark J. Carlotto, The Analytic Sciences Corporation.

Überlagernde Zeichnung von Daniel Drasin.

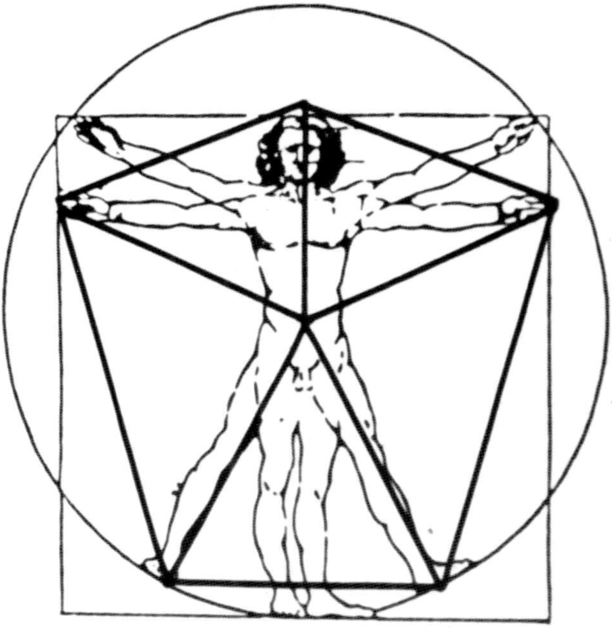

Abbildung 20. Leonardo Da Vincis Zeichnung eines "Mannes in vitruvianischen Proportionen (3:2)", der in der Struktur der "D& M-Pyramide" ebenfalls auftaucht. Seitdem diese Ähnlichkeit 1983 entdeckt wurde, bieten neue mathematische Analysen der "D&M-Pyramide" durch E. Torun (Abb. 15 und 31) einen möglichen Schlüssel zu dieser bemerkenswerten Kongruenz. Die Übereinstimmung wird durch die innere Geometrie dieses Konstrukts ("D&M-Pyramide") erzielt. In ihr vereinigt sich die fünf-strahlige Symmetrie lebender Systeme (einschließlich des Menschen) mit der sechs-strahligen Symmetrie anorganischer Strukturen, wie Kristalle und atomare Gitterstrukturen und der ihnen zugrunde liegenden Physik. (s. auch Epilog).

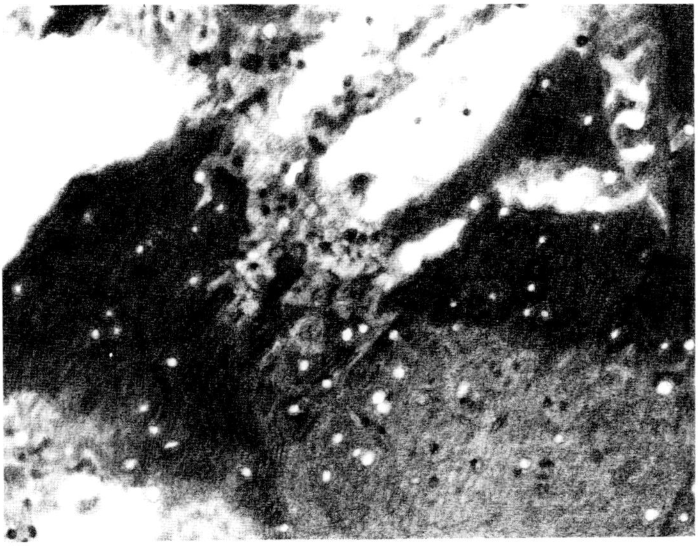

Abbildung 21. Die "Waben", zwischen der "Festung" und der größten "Pyramide" der "Stadt". In der SPIT-Version (nicht aber auf dieser Zeichnung) liegen die meisten der Waben parallel zu den Scan-Linien des Bildes. Jedoch, andere wiederum, zeigen eine andere Orientierung, was ein architektonisches Relief dahinter vermuten läßt.
Dies ist eine Zeichnung der Künstlerin Kynthia Lynne, nach dem Original SPIT-entwickelten Photo (auf das Vincent DiPietro und Greg Molenaar das Copyright haben und das für diese Veröffentlichung nicht zur Verfügung stand).

Abbildung 22. Ein Beispiel für Moiré-Muster, die entstehen, wenn ein regelmäßiges Muster über ein anderes geschoben wird. Dies illustriert, daß die "Waben", die auf dem SPIT-entwickelten Photo zu erkennen sind, das Produkt einer echten Zellstruktur sein könnten. Sie stellen sich, durch den "Waben-Effekt" des SPIT-Prozesses, verstärkt dar.

Abbildung 23. Bild No. 43A01, niedriger (6 Grad) Sonnenwinkel (s. Anhang). Die "Kraterpyramide", eine 1,6 km2 große, keilförmige Formation, die sich an den Rand eines riesigen (100-Megatonnen entsprechenden) Einschlag-Kraters schmiegt. Wie die "Felskante" in Cydonia, zeigt die "Kraterpyramide" keine Beschädigung oder "Explosionsschatten", die darauf schließen ließen, daß die Struktur später als der Krater entstanden sein muß. Die Form orientiert sich ungefähr 45 Grad zum Meridian. Sie befindet sich auf 46 Grad nördlicher Breite, zirka 320 Kilometer westlich des "Cydonia Komplexes." Die "Kraterpyramide" ist die höchste Formation in einem Umkreis von 160 Kilometern, ihre Höhe entspricht in etwa den 0,8 km Höhe der "D & M Pyramide."
Durch Computer vergrößertes Viking-Photo, zur Verfügung gestellt von Dr. Mark J. Carlotto (TASC).

Abbildung 24. Starke Vergrößerung von Bild No. 43A01. Am äußeren Steilhang des Kraters neben der "Kraterpyramide" ist ein ungewöhnliches lineares Netzwerk aus zylindrischen Furchen zu erkennen. Die kleineren Segmente scheinen im rechten Winkel zu dem längeren, ungewöhnlich geraden Segment, abzuzweigen, das sich genau Nord-Süd orientiert und als Tangente zum Kraterrand verläuft. Die diagonalen Linien, unten rechts, sind keine linearen Formen der Marsoberfläche, sondern durch mechanische Verschlußvibrationen des Objektivs entstanden. Die schwarzen, leiterähnlichen Markierungen sind Daten, die auf eine öffentlich freigegebene Version des Bilds aufgedruckt werden.

Photo vom National Space Science Data Center zur Verfügung gestellt.

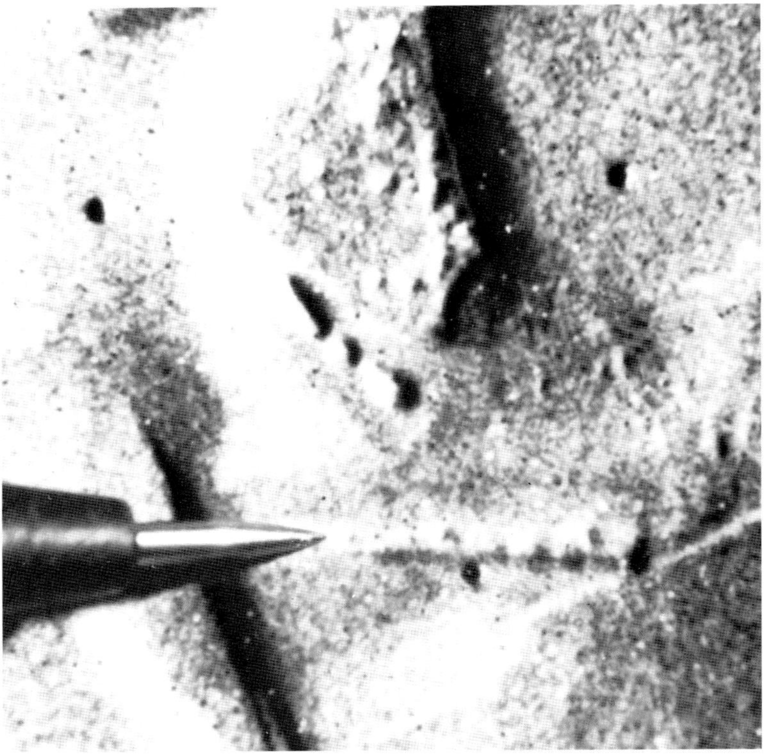

Abbildung 25. Bild No. 86A08, hoher (45 Grad) Sonnenwinkel (s.). Großaufnahme des "Rollbahn-Komplexes", rätselhafte lineare und damit verbundene Figuren in der Region Utopia, auf einer Höhe von etwa 4,8 Kilometern auf den Hängen eines massiven Vulkans, Hekates Tholus, fast auf der gegenüberliegenden Seite von Cydonia. Der Zeiger weist auf die Rollbahn-Formation, die ursprünglich so genannt wurde, weil sie als winzige, gerade Linie auf dem Original- NASA Viking-Photo auftauchte. Sie besteht aus einer, offenbar kerzengeraden, 4,8 Kilometer langen Aufreihung von gleich geräumigen "Kegeln", oder "Pyramiden." Sowohl die "Startbahn", als auch die schmetterlings-förmige Formation (über dem Zeigestab), scheinen in einem flachen Gesteins-Becken zu stehen.

Photo vom National Space Science Data Center zur Verfügung gestellt.

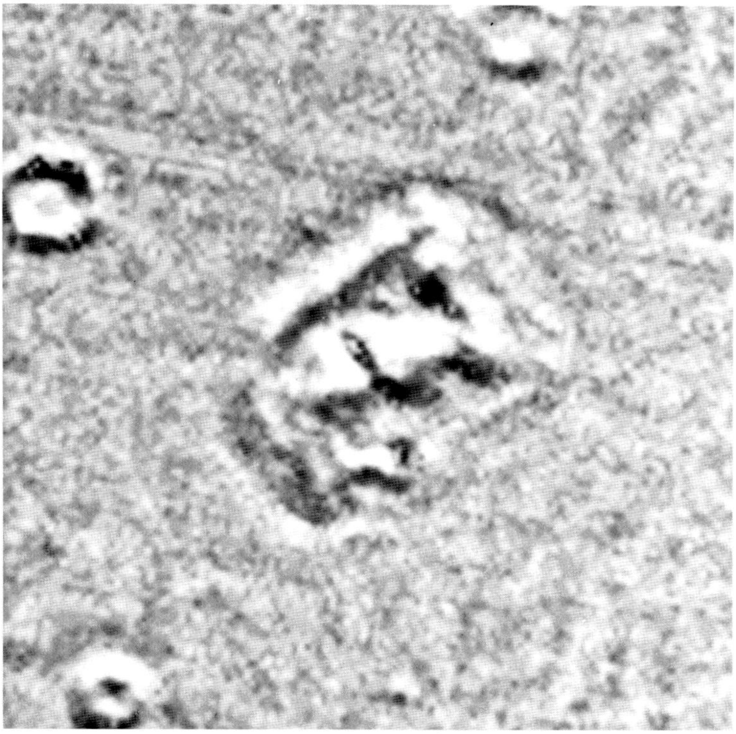

Abbildung 26. Das "Gesicht", wie es sich darstellt in einer lokalen "Kontrastdehnung" durch den Computer, bei hohem Sonnenwinkel (No. 70A13). Die festgestellte Rotations-Symmetrie der Strukturen des Gesichts - "Augen, Mund und Haare" - wird durch vorliegende Darstellung bestätigt. Die strategisch günstige Plazierung schattenwerfender, pyramidenförmiger Substrukturen auf dem darunterliegenden Tafelberg, ist offenkundig das Mittel, um bei allen Lichteinfalls- und Sichtwinkeln den Eindruck eines Gesichts, dem Beobachter zu vermitteln. Der große dunkle Punkt, rechts unten, auf dem "Gesicht", ist ein nicht entfernbarer Rest einer Kameramarkierung.

Photo von Dr. Mark J. Carlotto (TASC) zur Verfügung gestellt.

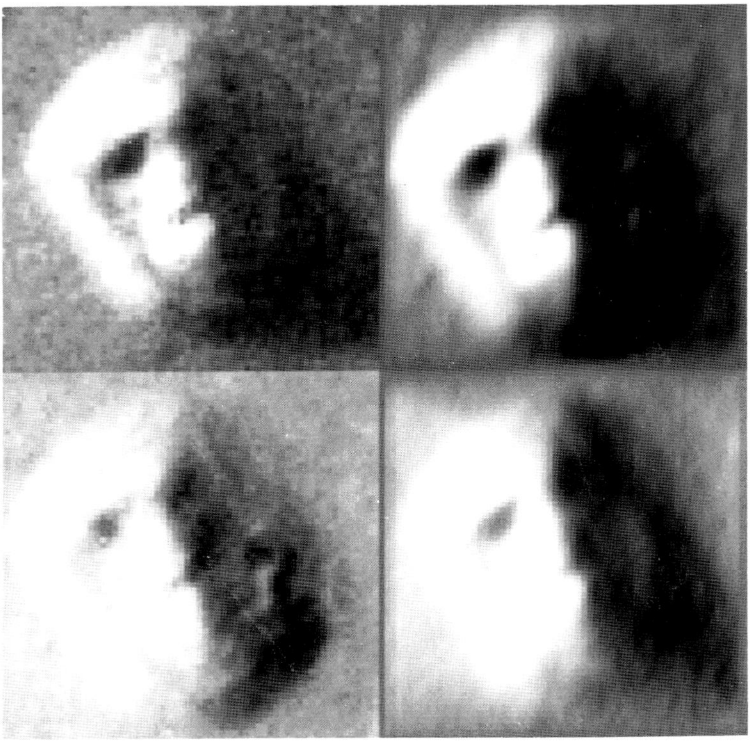

Abbildung 27. Überprüfung der Gültigkeit einer digitalen Rekonstruktion des "Gesichts". Ein elektronisch erstelltes Relief, hergestellt von Dr. Mark Carlotto, The Analytical Sciences Corporation (Bilder rechts). Die Beleuchtung entspricht den Original-Bildern No. 35A72 und No. 70A13 (spiegelbildlich gedreht). Die Original Viking-Daten wurden elektronisch, neu zusammengestellt.

Photomontage von Dr. Mark Carlotto, The Analytical Sciences Corporation, zur Verfügung gestellt.

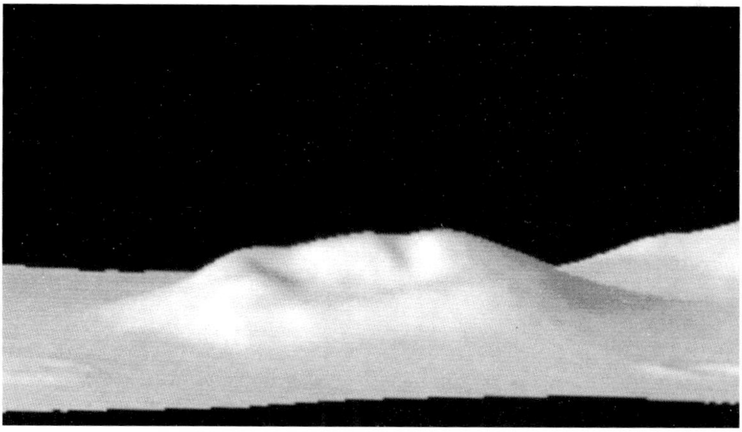

Abbildung 28. Zwei voneinander unabhängige 3-D Modelle des "Gesichts." Oben: Ton-Modell, von Kynthia 1984 auf Basis klassischer Bildhauermethoden, in mühevoller Handarbeit erstellt. Unten: 3-D Computer-Rekonstruktion des "Gesichts", "Form-durch-Kontrastierung" (s. Epilog), 1988 von Dr. Carlotto erstellt. Trotz der unterschiedlichen Rekonstruktionstechniken und weitgehend unabhängiger Arbeitsweise der Forscher kann man verblüffende Ähnlichkeiten der Ergebnisse feststellen.

Modell oben von Kynthia zur Verfügung gestellt, Photo von Daniel Drasin.

Photo unten von Dr. Mark J. Carlotto (TASC) zur Verfügung gestellt.

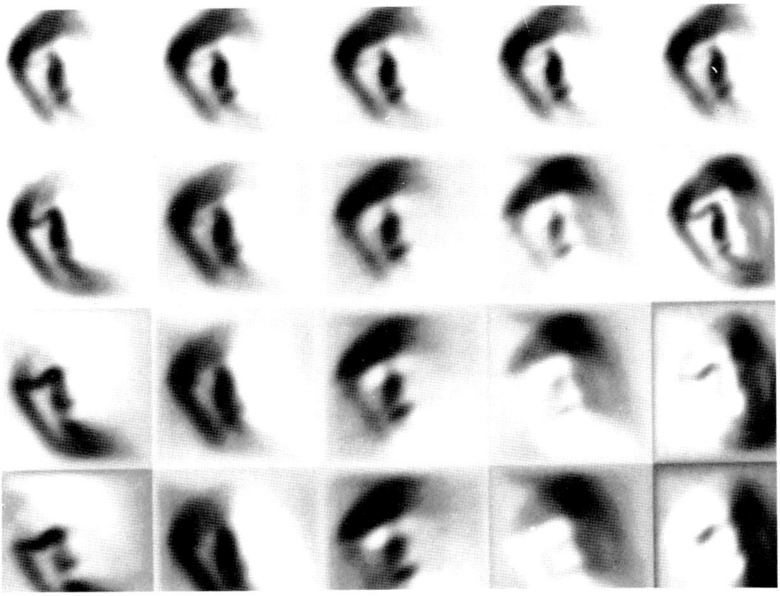

Abbildung 29. Computergestütztes, mathematisches Modell des "Gesichts", auf Basis von NASA-Photos der erhellten linken Seite. Es beweist, daß das gesichts-artige Gefüge unter allen Sonnenwinkeln erhalten bleibt, womit die Hypothese des "Spiels von Licht und Schatten", definitiv ausgeschlossen werden kann.

Photo von Dr. Mark J. Carlotto, The Analytic Sciences Corporation, zur Verfügung gestellt.

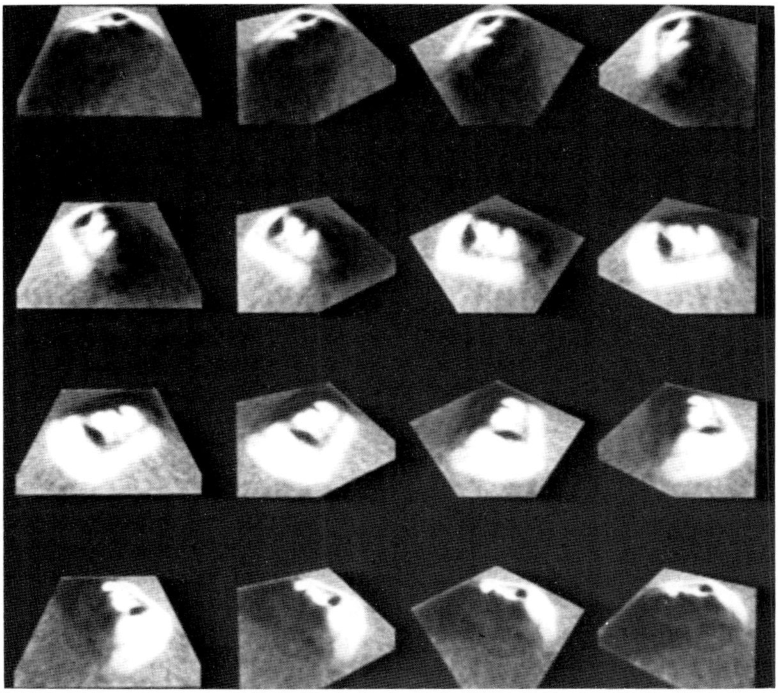

Abbildung 30. Computer-Modell einer dreidimensionalen Rotation des "Gesichts."

Photo zu Verfügung gestellt von Dr. Mark J. Carlotto, The Analytic Sciences Corporation.

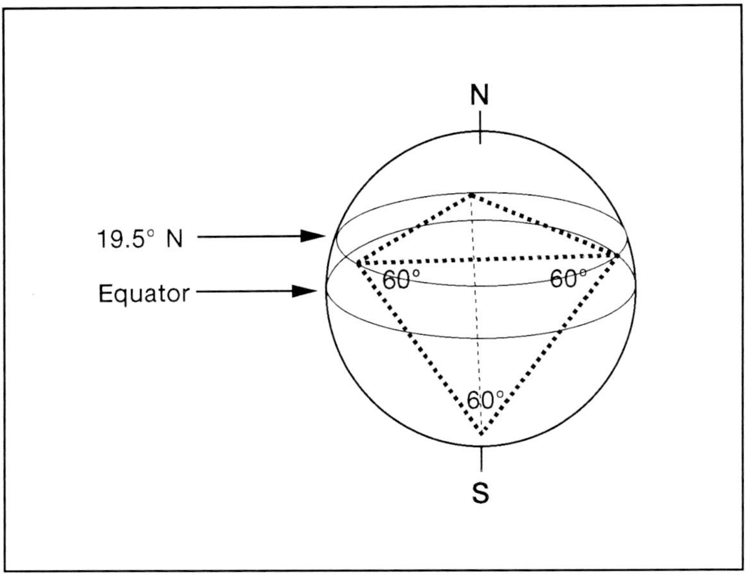

Abbildung 31. Ein eingeschriebenes Tetraeder in einer Kugel. Der einfachste der fünf, sogenannten Platon'schen, geometrischen Körper, das Tetraeder, ist eine Pyramide mit vier Oberflächen und vier Scheitelpunkten, zusammengesetzt aus Ebenen, die sich in 60 Grad-Winkeln zueinander schneiden. Stellt man ein Tetraeder in eine Kugel mit einer Rotationsachse, wobei ein Scheitelpunkt an einem der beiden Rotationspole liegt, werden die anderen drei Scheitelpunkte das Innere der Kugel bei genau 19,47 Grad Breite, gegenüber dieses Pols, berühren. In vorliegender Untersuchungwird der tetraedrische Breitengrad, bei einer Genauigkeit von drei Ziffern hinter dem Komma, auf 19,5 Grad abgerundet.

Graphik von The Mars Mission zur Verfügung gestellt.

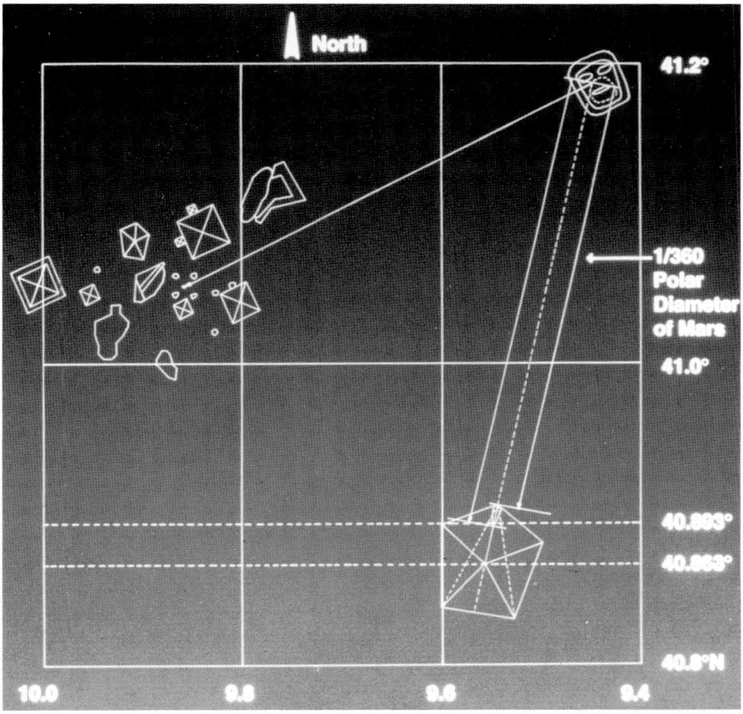

Abbildung 32. Auffällige Beziehung - der Abstand zwischen der vorderen Fläche der "D&M-Pyramide" und der "Träne" auf dem "Gesicht", beträgt genau 1/360 des Durchmesser des Mars. Das deutet stark darauf hin, daß unser 360-Grad-System, für die Winkelbeschreibung eines Kreises, auch in Cydonia angewandt wurde. Weitere Abmessungen in Cydonia, die dieses dahinterliegende revolutionäre Konzept unterstützen, werden vom Autor beschrieben: z.B. 2,7, auch als Euler'sche Zahl "e" bekannt, wird im gesamten Komplex, wiederholt, in Gradmaß, festgehalten. Später schlug David Myers die Möglichkeit vor, daß sich diese Abmessungen, auf ein, sich wiederholendes Segment des marsianischen Poldurchmessers beziehen könnten. Dies wurde später bestätigt, durch die hier dargestellten Messungen von Erol Torun und dem Autoren.

Originalgraphik von Erol Torun zur Verfügung gestellt.
Abänderungen von The Mars Mission.

FIVE SYMMETRY

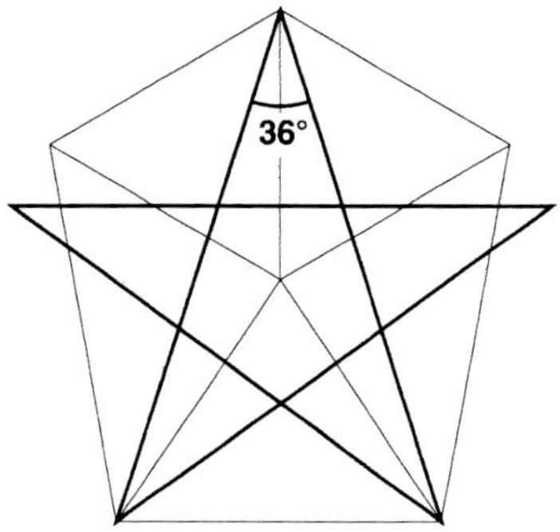

SIX SYMMETRY

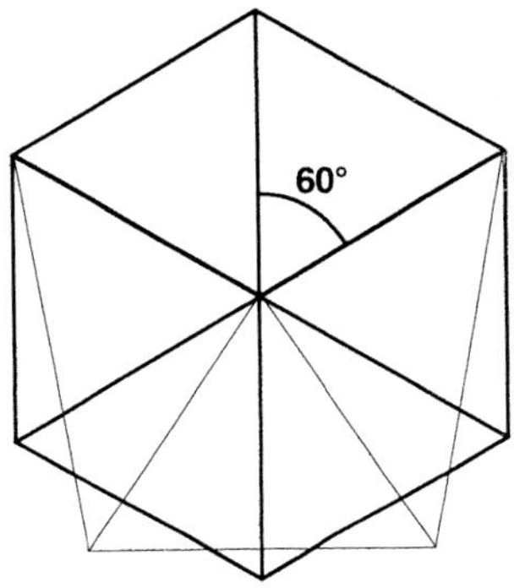

Abbildung 33. Die bereits erwähnte 1/360 Grad des polaren Durchmessers, welche die "D&M-Pyramide" mit der "Träne" des "Gesichts" verbindet, halbiert einen speziellen, inneren Winkel in der "D&M-Pyramide" und beträgt genau 1/10 von 360 Grad. Dieses allgegenwärtige Auftreten dieser Beziehung unterstreicht die Bedeutung des 360-Grad-Systems in Cydonia. Wie in der Abbildung gezeigt, löst das 36-Grad-Konzept die "5er, 6er-Problematik" der Tetraeder-Geometrie - die auch in Biologie und Physik zu finden ist - auf elegante Weise. Die zweifache Information, die in der Botschaft aus Cydonia zu uns spricht, wird durch die ubiquitären geometrischen Gesetzmäßigkeiten anderer Strukturen aus dem Komplex unterstrichen.

Messungen von Erol Torun; korrigiert durch The Mars Mission.

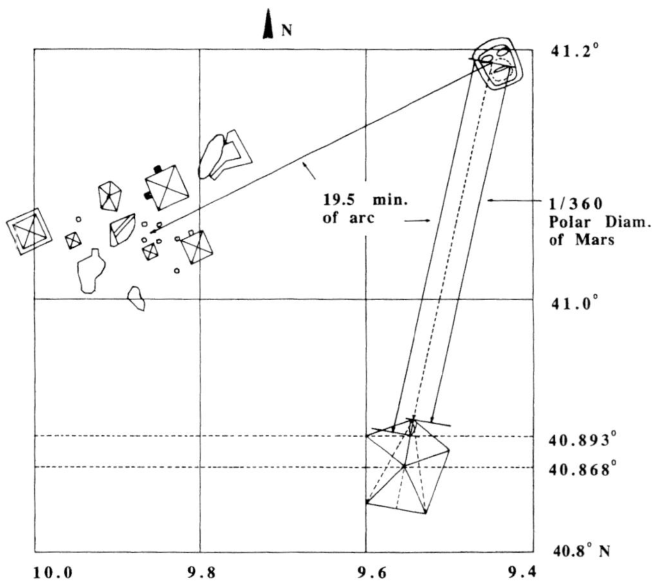

Abbildung 34. Die Beobachtung von 19,5 Bogenminuten, marsianischer Breite, zwischen der "D&M-Pyramide", dem "Gesicht" und des "Hauptplatzes". Da eine Bogenminute der Marsoberfläche, einem 1/60 Grad auf der Erde entspricht, kann das nur bedeuten, daß der Cydonia-Komplex auf terrestrische Einheiten des 360-Grad-Systems hin ausgelegt worden war - ein Zeichen, wie wichtig die "tetraedrische" Breite von 19,5 Grad gewesen sein muß...Fragen über die Herkunft unseres 360-Grad-Systems tauchen auf.

Original Messungen zur Verfügung gestellt durch Erol Torun und Autor; korrigiert in The Mars Mission.

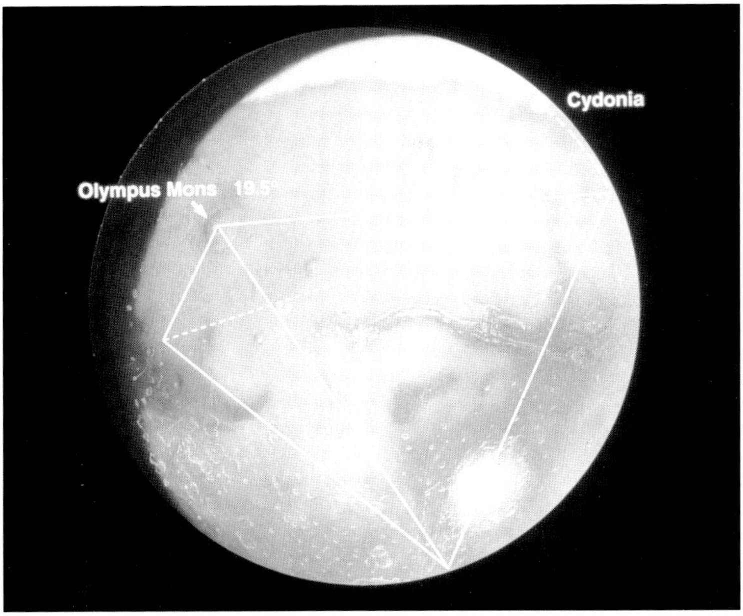

Abbildung 35. Die Lokalisation von Cydonia auf der Marsoberfläche ist der Höhepunkt "planetarer Tetraeder-Geometrie". Mons Olympus, der größte Schild-Vulkan des Sonnensystems, ist eine Marsbesonderheit, hervorgerufen durch "ein Ereignis von innen". Es befindet sich genau am 19,3. Breitengrad. Wenn man durch die Spitze des Mons Olympus (134. Grad westl. Länge) einen Scheitelpunkt als Achse, eines im Mars "rotierenden" Tetraeders, verlaufen, so kommt die folgende Tetraeder-Spitze bei 9,5 Grad westl. Länge zu liegen. Die besondere Lokalisation des Cydonia-Komplexes ist eine elegante Betonung der "Botschaft von Cydonia": daß die Tetraeder-Geometrie von profunder Wichtigkeit für das Verständnis der Eigendynamik der Planeten ist (siehe auch Abbildung 31).

Original Längengrad-Messungen durch Erol Torun. Mars Artwork Sally Bensusen, Science Photo Library. Tetraedrische Graphikgestaltung aus The Mars Mission.

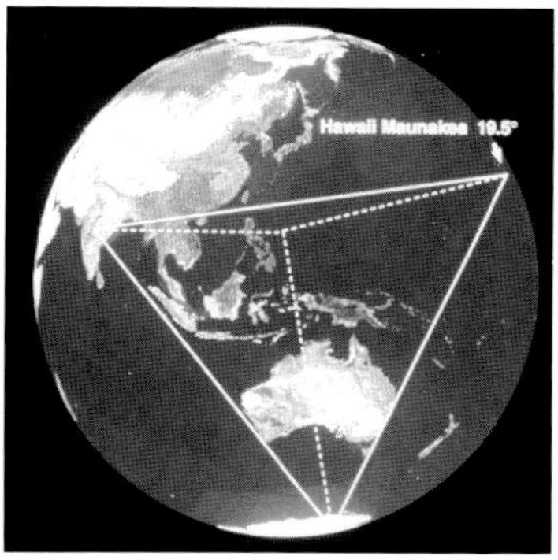

EARTH

NEPTUNE

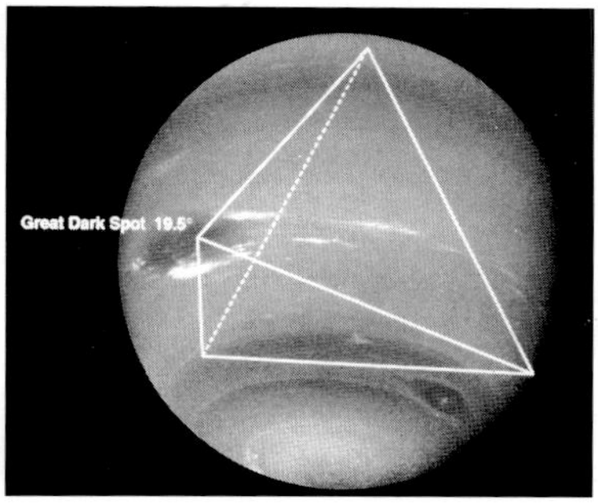

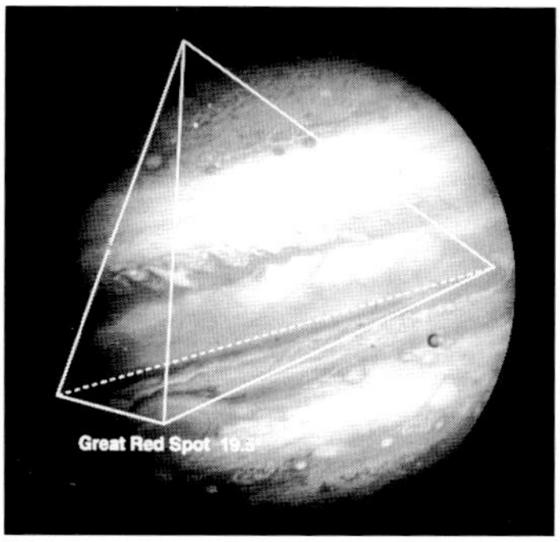

JUPITER

Abbildung 36. die folgenden Photos waren im Laufe der Jahre von verschiedenen unbemannten NASA-Raumschiffen aufgenommen worden. Sie enthüllten ein bisher unbekanntes, neues Phänomen in unserem Sonnensystem: die größten Energieausbrüche scheinen auf einigen Monden und Planeten vorzugsweise am 19,5. Breitengrad entweder nördl., oder südlich sich zu ereignen - oder, bei langsam rotierenden Himmelskörpern, wie die Sonne, an beiden Orten gleichermaßen. Es erscheint dem Autor als eine bisher nicht bekannte, tetraedrische Eigenschaft, deren zugrundeliegende physikalische Gesetzmäßigkeit einen Bezug zur Hyperdimensionalität, der im Raum rotierenden Körper herstellt - in einem übergeordneten Raum-Zeit-Gefüge.
Von der Erde errechnete Bild-Daten von Land-Sat, gesammelt durch Van Sant und Geosphere Project. Planeten-Photo von der NASA freundlicherweise zur Verfügung gestellt. Tetraeder-Projektionen aus The Mars Mission.

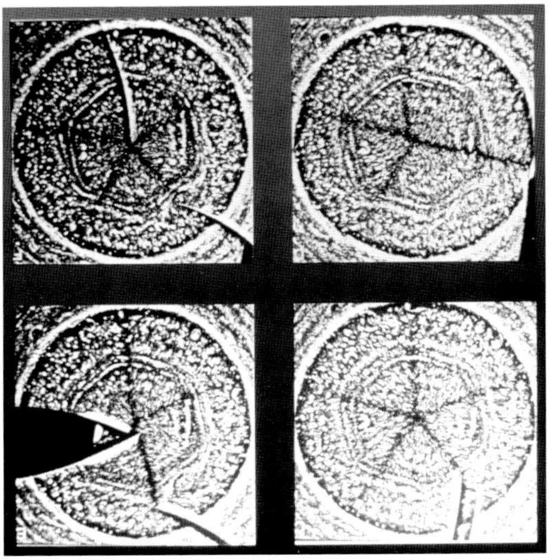

Abbildung 37. Hexagonale Wolkenstrukturen auf dem Saturn. Erstmals 1988 von D.A. Godfrey von einer Serie computer-korrigierter Schrägbildern der Voyager-Sonde von der Polar-Region des Saturns (oben). Diese Sequenzaufnahmen enthüllen eine bemerkenswerte, hoch-strukturierte Wolkenformation, die Erklärungsversuchen der Forscher bisher nicht zugänglich war. Nach Meinung des Autors ergibt dieses Merkmal, in Verbindung mit den bereits "klassischen", "eruptiven" 19,5-Grad-Strukturierungen auf allen Planeten des Sonnensystem, ein zweites, mehr involutives Kennzeichen einer, hyperdimensionalen Struktur unseres Sonnensystems (siehe Epilog). Das erstaunlich pol-orientierte Magnetfeld des Saturns erscheint (im Widerspruch zu allen bisherigen Erklärungsversuchen) als Beweis, für nahezu ideale Flußbedingungen im Inneren des Saturn. Das steht auch in Übereinstimmung mit den Bedingungen, welche die erwähnten "überdimensionalen" Hexagone in den oberen Atmosphärenschichten erzeugen.
Oberes Photo: NASA-Archiv, Bildsequenz (unten) von D.A. Godrey, aus "Ein hexagonales Muster am Saturn-Nordpol", ICARUS, 76, 1988.

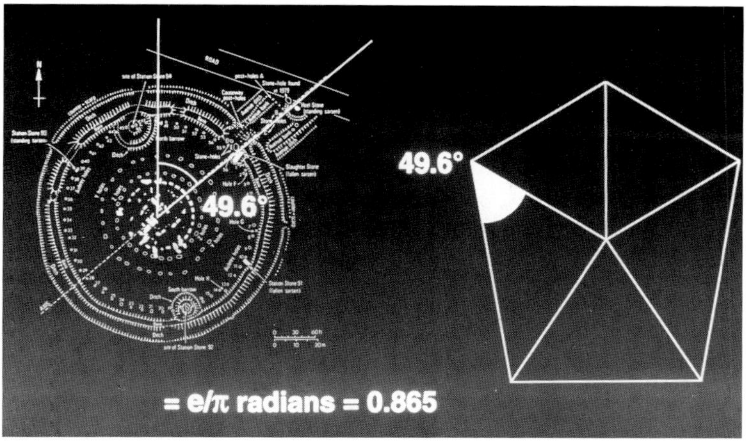

Abbildung 38. Die Mars Connection zur Erde. Dieses Diagramm von Stonehenge, erarbeitet von Carl Munck, zeigt uns eine bemerkenswerte Beobachtung: der höchst strittige Winkel der Nordost-Flucht, vom Zentrum der Anlage aus gemessen, beträgt genau 49,6 Grad geograpisch Nord. Dieser Wert entspricht nicht nur identisch dem "Schlüssel-Winkel" des Cydonia-Komplexes (Front-Pfeiler der "D&M-Pyramide") sondern entspricht auch dem Faktor e/ in Bogenmaß, oder 0,865 - dies ist die substantielle "Tetraeder-Botschaft von Cydonia". Sir Norman Lokyer, Britanniens großer Astronom des 19. Jahrhunderts, erstellte Berechnungen über Stonehenge und leitete daraus den Azimut der besagten Flucht ab. Er ist, mit einer Genauigkeit von weniger als 0,2 Bogensekunden, identisch mit dem so entscheidenden Winkel auf Cydonia. Dies ist das Ergebnis, nur einer, von vielen voneinander unabhängiger Messungen, die ebenfalls bestätigen, daß Stonehenge, im wesentlichen, tetraedrisch strukturiert, angelegt worden war.

Diagramm aus The Mars Mission.

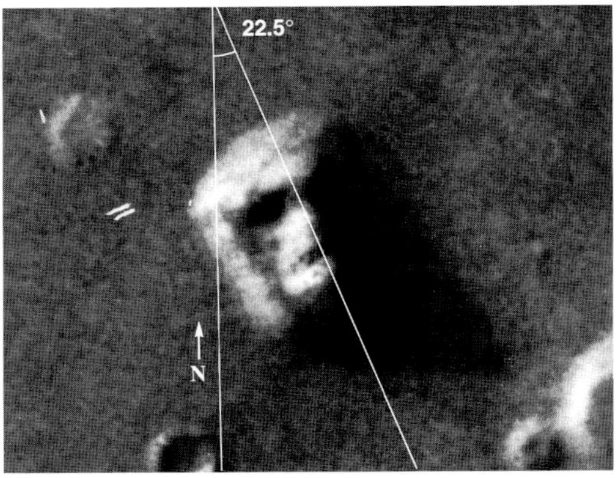

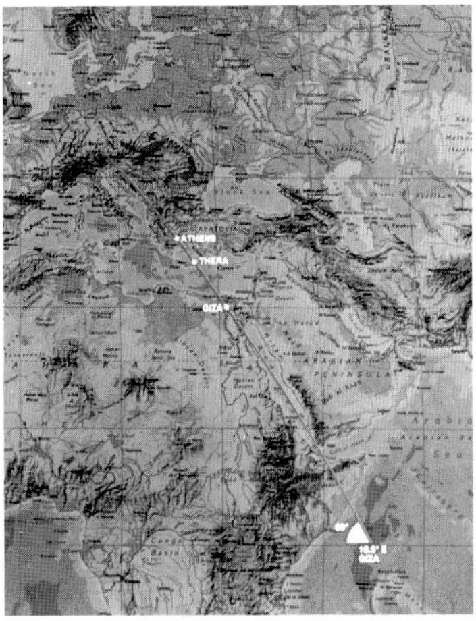

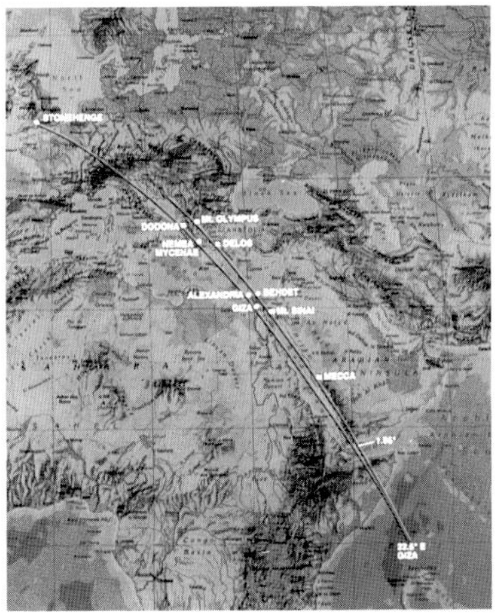

Abbildung 39. Weitere terrestrische Verbindungen zu Cydonia. Oben: Der Winkel der Abweichung des "Gesichts" von geographisch Nord, 22,5 Grad, im Verhältnis zum Tetraeder-Winkel von 19,5 Grad, entspricht ebenfalls der zentralen "Botschaft von Cydonia" : e/. Unten: Identisch mit dieser Beziehung verhalten sich einige geodätische Beziehungen ("Großkreise") zweier heiliger Stättten archäologischer Drehpunkte: Stonehenge und die Pyramiden von Gizeh (siehe Epilog). Ein auf die Erdoberfläche gelegter "Großkreis", in einem Winkel von 19,5 Grad, östlich der Pyramiden (von ihnen ausgehend), Richtung Äquator gelegt, schneidet diesen genau in einem Winkel von 60 Grad, der Winkel der wesentlich für einen Tetraeder ist. Ein zweiter "Großkreis" zwischen Gizeh und Stonehenge schneidet den Äquator in 22,5 Grad östlich der Pyramiden. Und: 19,5/22,5 Grad entspricht der Konstanten e/ - und wir sind wieder bei unserer "Botschaft von Cydonia". Cydonia-3D-Bildverstärkung (oben) freundlicherw. von Dr. Mark J. Carlotto (TASC) und geodätische Original Messungen (unten) von David Myers zur Verfügung gestellt. Graphik von The Mars Mission.

Abbildung 40. Die Sphinx. John Antony West hat sich mit revolutionären Berechnungen über das Alter der Sphinx, besonders verdient gemacht. Seine Berechnungen lassen es als wahrscheinlich gelten, daß "jemand" - jedoch nicht die alten Ägypter - für dieses erstaunliche Kunstwerk verantwortlich gewesen ist. Diese Daten, in Verbindung mit den mathematisch-geometrischen Zusammenhängen zwischen Gizeh und Cydonia (siehe Epilog,) müssen uns die Symbolik, die möglicherweise hinter den Monumenten von Gizeh stehen, neu überdenken lassen: eine Verschmelzung des Menschlichen mit dem Katzenelement. Die kürzliche Beobachtung eines identischen Symbolismus, kunstvoll verschlüsselt in dem "Gesicht" des Mars - in Avinsky's prophetischen Worten, ein echte marsianische Sphinx - wirft neue Fragen auf, über die Bedeutung der terrestrischen Verbindung zu Cydonia.

Photos von Caroline Davies.

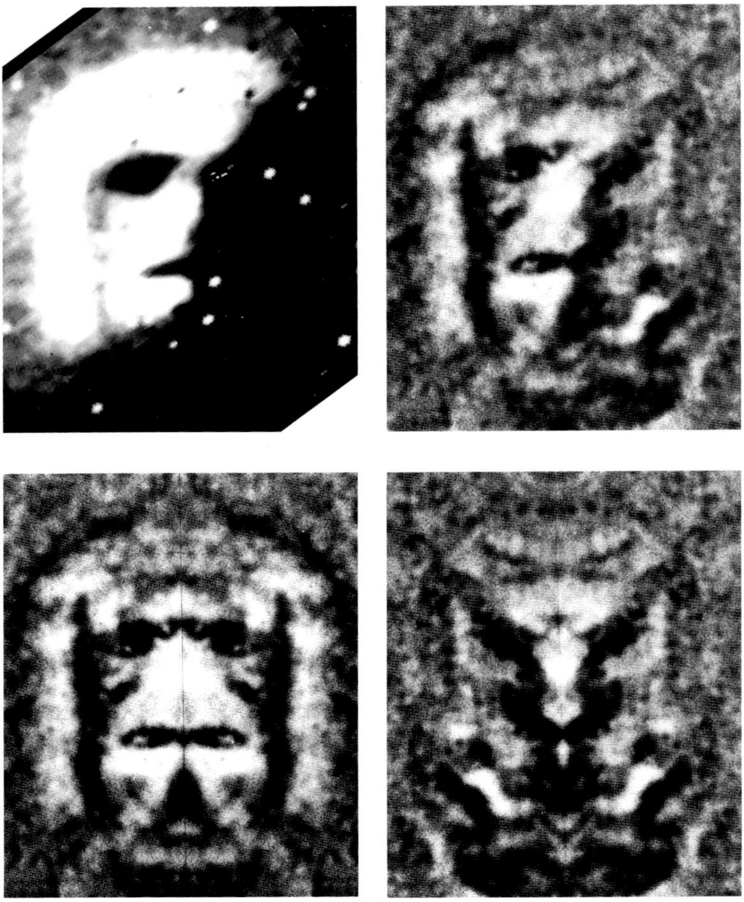

Abbildung 41. Die "Mars-Sphinx". Links oben: die Rohfassung des Viking-Bildes läßt nicht den Reichtum an Details erkennen, der durch weitere Berechnungen ermittelt werden konnte. Rechts oben: das "Gesicht" (hoher Sonneneinfallswinkel, No. 70A13) nach einer Behandlung mit elektronischer Kontrastdehnung. Dieses Verfahren ermöglichte die nähere Auflösung und Kontrastierung der im Schatten gelegenen Seite.Unten links: die linke Hälfte wurde elektronisch, spiegelbildlich, nach rechts gekippt. Zu beachten ist die bemerkenswerte Ähnlichkeit mit rekonstruierten Physiognomien der Hominiden, vor etwa 500.000 Jahren, z.B. dem Homo erectus. Unten rechts: das selbe Verfahren, angewendet auf die rechte Gesichtshälfte. Erinnert es uns nicht an etwas bekanntes (siehe Epilog)?
Daten der NASA. Elektronische Bildverstärkung von Dr. Mark J. Carlotto (TASC). Original Links-Rechts Manipulationen vom Autor. Graphiken von The Mars Mission.

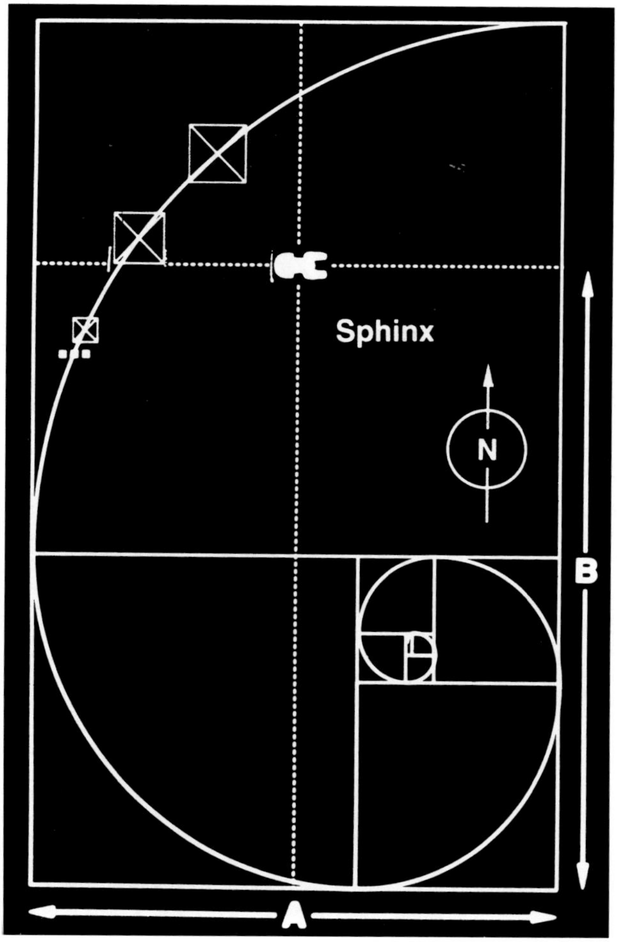

Abbildung 42. Die Position der Sphinx auf dem Gizeh-Plateau, in Übereinstimmung mit der e/-Beziehung. Dieses Diagramm stellt die Koordinaten der drei großen Pyramiden von Gizeh dar, in Übereinstimmung mit einer Fibonacci-Sequenzierung, in Form einer Spirale, die das Gizeh-Plateau in eine Folge von Rechtecken aufteilt. Die Position der Sphinx zu diesen Rechtecken und den Pyramiden erweist sich in präziser Übereinstimmung mit der e/-Relation: A/B= e/ = 0,865 - wieder die "Botschaft von Cydonia". Original Fibonacci-Diagramm von Rocky McCullum. Beobachtung der e/-Beziehung der Sphinx in der Spirale von Erol Torun.

Graphik von The Mars Mission.

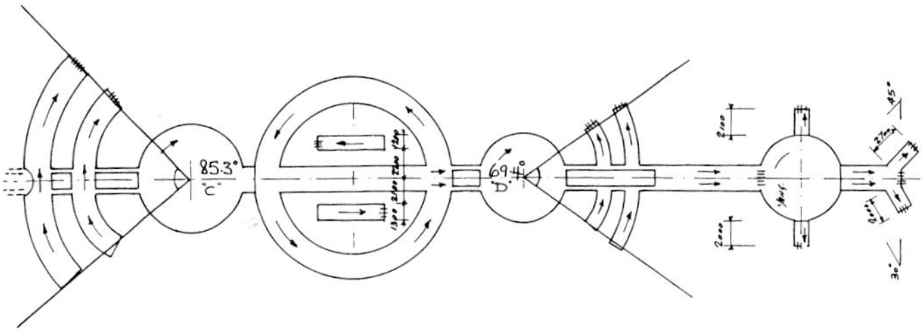

Abbildung 43. Die Cheesefoot Head "Korn-Zeichen", am 3. August 1990 aufgetaucht in Mittelengland, kennzeichnete in dem Jahr turbulenter "Entwicklung" der Geometrie der Korn-Kreise einen Höhepunkt. Der Autor ermittelte, nachdem er die Komplementärwinkel zum Vollkreis einzeichnete, zwei entsprechende Winkel im Komplex von Cydonia - 85,3 und 69,4 Grad. Darüberhinaus enthüllten auch die Relation dieser beiden Winkel zueinander, ebenso das Bogenmaß des einen von beiden (69,4 Grad), erneut e/5, eine "Botschaft", die häufig in biologischen Formen und Tetraeder-Strukturen zu finden ist; so also auch nun im Cydonia-Komplex. Folgende Messungen weiterer Kreis-Engramme ergaben zweifellos, daß die "Korn-Zeichen" eindeutig und unerklärlich, uns die "Botschaft von Cydonia" vermitteln (siehe Epilog). Für weitere Einzelheiten zu den Beziehung der Korn-Kreise zu dem Cydonia-Komplex siehe auch "The Crop-Glyphs" und die "Message of Cydonia" von Richard C. Hoagland, "Martian Horizons, vierteljährlich erscheinendes Magazin über die Mars Mission, Vol. 1, Nr. 1, 1991.

Photo von Busty Taylor und The Mars Mission. Winkel-Graphik vom Autor.

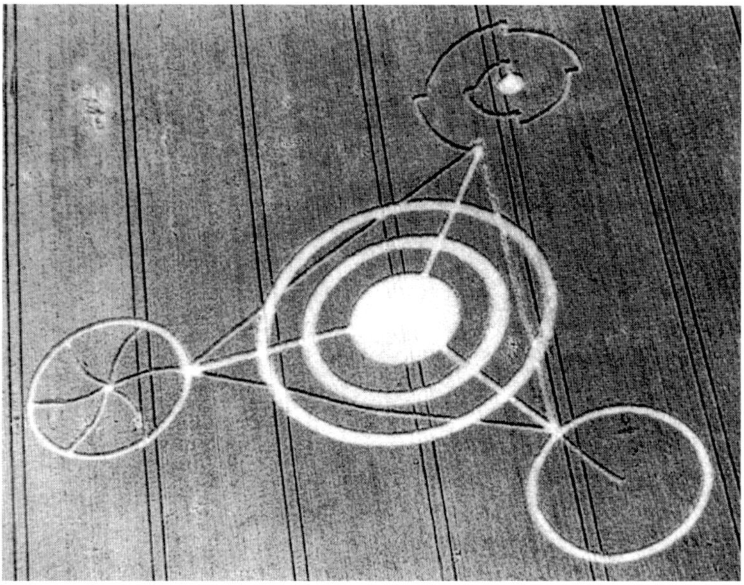

Abbildung 44. Die Barbury Castle "Korn-Kreise". Diese bemerkenswerten Engramme, mit der Grundfläche eines Tetraeders, wurden am 17. Juli 1991 in einem Weizenfeld in Mittelengland entdeckt, eines der vielen, das seit 1975 in aller Welt entdeckt worden war. Die Kreise, Satelliten und Spiralen erstrecken sich über eine Kreisfläche mit einem Durchmesser von über 90 Metern. In diesen Strukturen scheinen auf elegante Weise alle wesentlichen Elemente der "Botschaft von Cydonia" miteinander verbunden zu sein.

Photo von Busty Taylor and The Mars Mission.

DIRECTION	BEARING	DISTANCE
X D	0°	105' 10"
X A	120°	106' 0"
X B	234°	104' 0"
A B	268°	177' 0"
B C	24°	91' 0"
C D	30°	93' 5"
D E	148°	65' 10"
E A	150°	116' 0"
D Q	0°	38' 0"
A Y	108°	46' 6"
B Z	234°	36' 8"

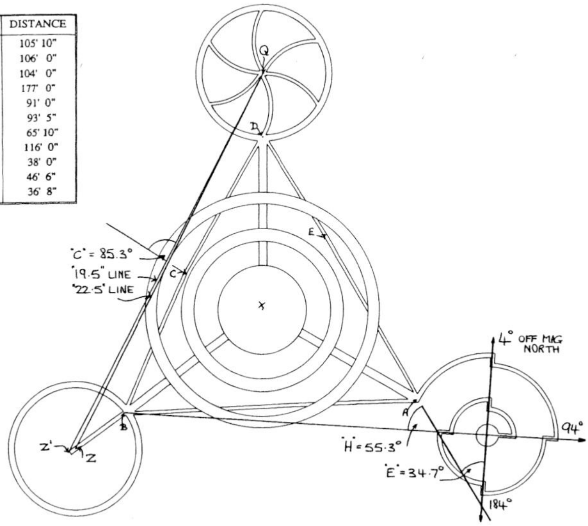

Abbildung 45. Die Graphische Darstellung der Barbury Castle "Kreise" ergeben Winkel mit identischen Relationen zu dem Cydonia-Komplex. Die Tatsache, daß bei den vorliegenden Tetraeder-Messungen identische Relationen, auch beim Zugrundelegen von Feet- und Gradeinheiten ermittelt wurden, weist nach Ansicht des Autors zwingend auf einen sehr alten, gemeinsamen Ursprung dieser Skalierungen hin - mit eingeschlossen die Erwägung, daß dieses System von Cydonia selbst stammen könnte (siehe Epilog).

Aufnahmen von John Langrish. Zusätzliche Berechnungen vom Autor, Colette Dowell, David Myers, David Percy und Erol Torun.

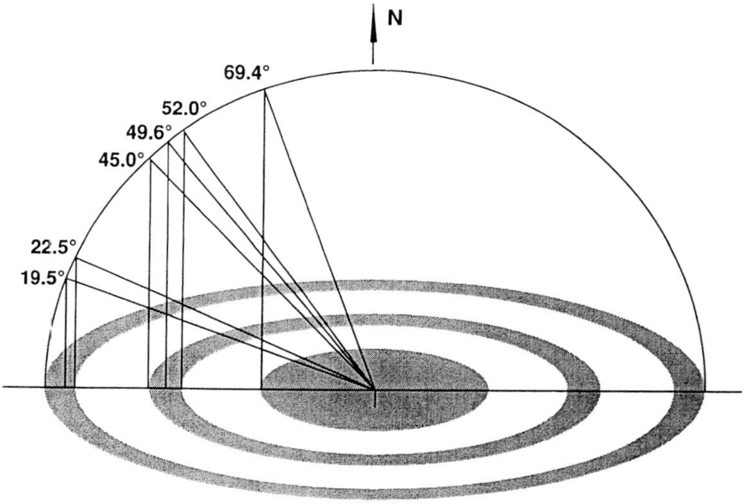

Abbildung 46. Die "Bullaugen" von Barbury Castle. Das ubiquitär erscheinende Tetraeder-Prinzip der Zeichen wird in vollem Umfang deutlich, wenn man das "Bullaugen-Muster" der zentralen Ringstrukturen in eine polare Cosinus-Projektion äquivalenter Breite konvertiert. Die daraus sich ergebenden Breitengrade, einschließlich derjenigen, die durch Verlängerungen von "Schlüsselkurven und Strukturlinien durch die zentralen Ringe, sich ergaben (siehe Epilog für weitere Erklärungen), zeigen ein kraftvolles, elegantes Tetraeder-Muster.

Berechnungen der polaren Transformations-Koordinaten durch den Autor. Photographische Messungen und graphische Darstellung durch D. Percy und D. Myers. Graphik von The Mars Mission.

Abbildung 47. Wiederholung der Photographie vom Süden, in einem Neigungswinkel zur Oberfläche von etwa 20 Grad. Die "Felskante" erscheint als ein stilisiertes, menschliches Gesicht, mit zwei Augen, symmetrischen Wangenknochen, Nase, Mund und Kinn.
Photo von Dr. Mark J. Carlotto, Gesellschaft für analytische Wissenschaften.

Beobachtung und Neuablichtung durch Daniel Drasin.

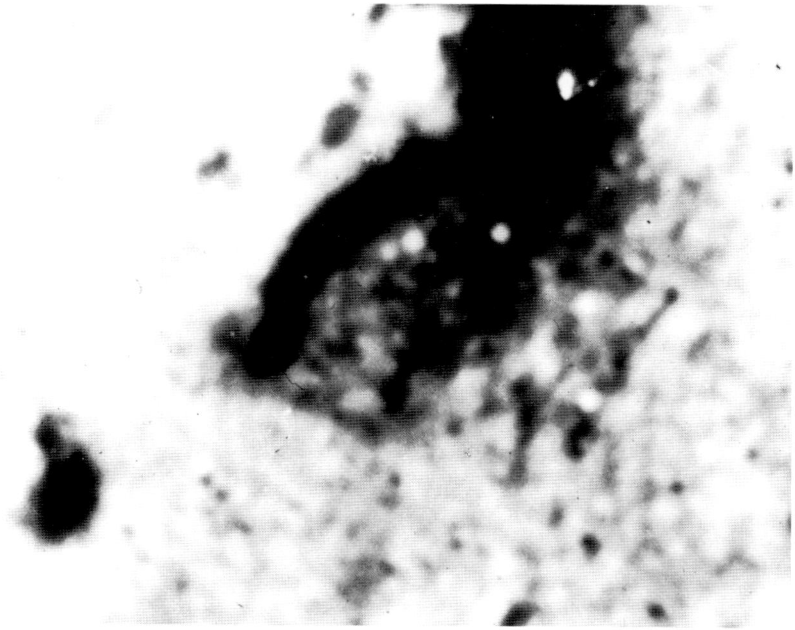

Abbildung 48. eine große ovale Struktur auf dem Plateau, in unmittelbarer Nähe der "Rollbahn". Das Oval schließt eine "Zellformation" mit ein, die an die Facetten eines Insektenauges oder an eine Phasen-Gitterantenne erinnert.

Photo von National Space Science Data Center. Beobachtung und Vergrößerungsphoto von Daniel Drasin.

Abbildung 49.

Die Veröffentlichung von Dr. Vladimir Avinsky, Darstellung aus der August-Ausgabe 1984, Soviet Life Magazin.

Marsglobus mit Nordpol und Länderregionen von Viking I + II (ca. 7.500 km auseinander liegend).

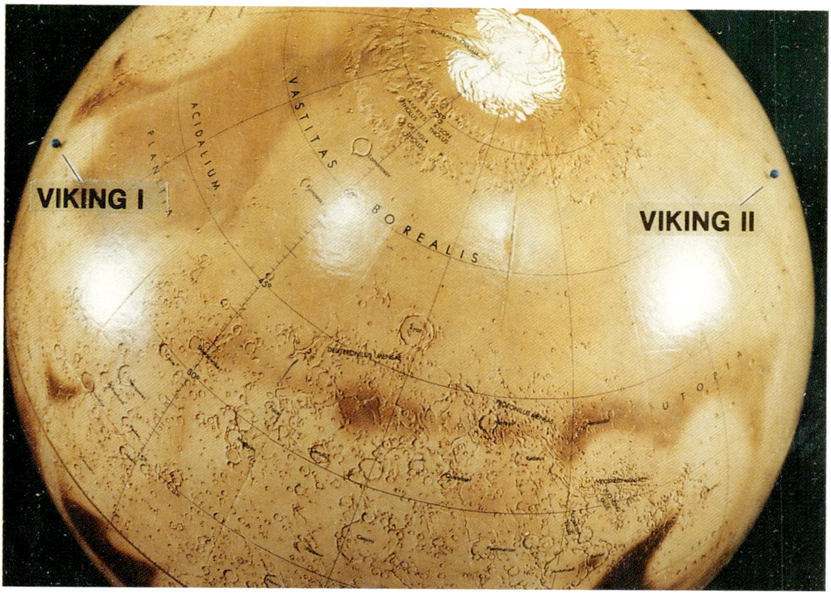

Marsfahrzeuge sollen Untersuchungen auf der Oberfläche vornehmen und Informationen über Satellit zur Erde funken.
Die Marsfahrzeuge können täglich 5 km fahren.

Fotos: laenderpress, Düsseldorf

Gesteinsbrocken „Big Joe" auf der Marsoberfläche mit leichter Grünfärbung. (bisher von der NASA noch nicht näher untersucht).

NASA Viking-Mission:
Marsoberfläche mit Lander.

Fotos: mit freundlicher Genehmigung der NASA und Johannes von Buttlar.

Das klang sehr vernünftig und wissenschaftlich fundiert - doch was Dolphin da andeutete, war von immenser Tragweite...

Dolphin, Brandenburg und DiPietro richteten eine ergiebige Daten-Pipeline neuer Bilder ein, für ungewöhnliche Objekte, die während der Viking-Mission aufgenommen worden waren. Sie stammten aus Zentren wie dem *NSSDC* der *NASA* in Goddard und der *USGS*-Bildbibliothek in Flagstaff, Arizona.
Gerade in dieser Phase, als die Nachforschungen dem finanziellen Aushungern oder dem schleichenden Mangel an „Vertrauen" zum Opfer zu fielen schienen, erinnerte ich mich daran, daß ich schon seit Monaten einen Termin hatte, und zwar am *Institut zur Erforschung menschlichen Bewußtseins.* Ich sollte dort eine Rede halten über „*Hinweise für eine Gesichtsstruktur auf dem Mars - Eine neue Untersuchung über Ursprünge des Bewußtseins*".
Als ich am Vorabend nervös auf meine Dias wartete, bat ich Randy Pozos darum, einige einführende Bemerkungen, aus der Sicht eines Anthropologen, zu machen. Er entwarf zur Einleitung der Bilddokumentation ein interessantes Motto:

> *„Ein künftiges Marsprojekt bietet eine ideale Gelegenheit, Forschungen über zentrale menschliche Frage der Geistes- und Humanwissenschaften voranzutreiben.*
> *Wenn wir die Frage untersuchen, ob geologische Mars-Formationen das Produkt natürlicher oder intelligenter Prozesse sind, so wird durch die Suche nach anderen intelligenten Lebensformen im Universum auch die Frage über die Natur des Bewußtseins und denkender Intelligenz neu gestellt werden müssen ..."*

Was Randy anscheinend nicht wußte, Arthur Young hatte in einem seiner Bücher: *Das Bewußte Universum,* eine gute Antwort auf genau diese Fragen angeboten.
Randy fuhr fort:

> *„Neuere Forschungen in den Bereichen der Elementarteilchen-Physik, Metaphysik, Psychologie und Anthropologie bieten Ansätze, die über den kartesianischen Geist-Körper-Dualismus hinausgehen und darauf hindeuten, daß menschliches Bewußtsein ein Teil des ge-*

samten Universums, und somit außerhalb des Geistes eines Einzelnen gelegen, es allgegenwärtig ist.
Die Herausforderung, die für einen Anthropologen ein Marsprojekt darstellt, liegt darin, brauchbare Hypothesen aufzustellen, die dann durch verbesserte Bildauflösungstechnik und neuere Auswertungen überprüft werden können. Nicht zuletzt stellt ein solches Projekt eine, wie ich meine, sehr wertvolle intellektuelle Neuerfahrung dar".

Und er fährt fort, „drei der wichtigsten Fragen sind hervorzuheben:

- *1. Ist Intelligenz ein Produkt der Evolution eines Planeten? Mit anderen Worten, wurde dieses Prinzip unabhängig von extra-terrestrischen Einflüssen gebildet?*
- *2. Ist sich-selbst-bewußte, denkende Intelligenz etwas, das übermittelt oder weiterverbreitet werden kann?*
- *3. Was sind die Gesetzmäßigkeiten bei der morphhologisch-anatomischen Entwicklung einer intelligenten Spezies und dem Entstehen ihres Geistes?*

Natürlich ergeben sich daraus weitere Fragen.
Selbst im Falle, daß die Existenz einer weiteren Zivilisation oder die Überreste davon, in nächster Nähe unseres Sonnensystem und Galaxis, nicht bestätigt würden, sind darüber hinaus alle Anstrengungen, die unternommen werden, die Plausibilität einer Zivilisation auf dem Mars zu untersuchen, in hohem Maße geeignet, einen idealen Testfall zur Neu-Überprüfung unserer Erkenntnisse über die Sozial- und Wissenschaftsstrukturen des 18. Jahrhunderts abzugeben, also aus einer Zeit, die für unser heutiges Verständnis darüber, was Menschsein bedeutet, so elementar prägend war. Eine Neuorientierung wäre angebracht, ein neues Selbstverständnis der gesamten Menschheit, als eine große Gemeinschaft, aber auch eine Analyse über die Mechanismen, die uns in die bedrohliche Lage einer drohenden Ausrottung gebracht haben.
Unabhängig davon, ob jemals Ruinen auf dem Mars gefunden werden, bietet das Projekt eine wichtige Gelegenheit, zentrale Fragen der Humanität und Sozialwissenschaften neu zu formulieren...natürlich

aber auch dann, wenn eine vergangene extra-terrestrische Zivilisation gefunden würde...“

Dr. Randy Pozos hatte mir damit aus der Seele gesprochen. Er hatte den Punkt getroffen, der für alle an diesem Thema Interessierten, der kleinste gemeinsame Nenner sein könnte.

Anschließend folgte eine ausführliche Begründung meiner Sichtweise, die Resonanz und zunehmendes Interesse an meinen Hypothesen zurückließ.

Später traten zwei Zuhörer auf mich zu und sprachen mich zu einigen speziellen Details an. Einer von beiden war Dan Lieberman, ein Architekt, der inbesondere von den Stadtstrukturen in Bann gezogen war.

Er machte mir insofern Mut, als er unter anderem auf die „architektonische Ganzheit“ dieser Formationen hinwies. Lieberman hatte darüber hinaus weitere ungewöhnliche Gebilde am Pyramiden-Komplex ausgemacht: „kuchenförmige“ Muster, nördlich der „Waben“.

Nach genauer Betrachtung bestätigte ich seine Ansicht über deren artifizielles Aussehen. Besonders überraschte mich die Schattenbildung im Inneren, die auf starke Ausdehnung in die Tiefe hinwies und in mir die Vorstellung wach rief, daß dies ebenso gut Eingänge zu einem unterirdischen Kammer- oder Tunnelsystem darstellen könnten. Dies könnte auch eine weitere Stütze für die Hypothese sein, daß die Marsianer irgendwann gezwungen waren, ihr Leben *unter* die Pyramiden auszudehnen und dort weiterzuführen.

Thomas Rautenberg, ein Sozialwissenschaftler von der Universität Kalifornien, lernte ich an diesem Nachmittag kennen. Er hatte mich angesprochen und bedeutete mir sein Interesse an unseren Untersuchungen - schließlich bot er uns seine aktive Unterstützung an.

3. Die Öffentlichkeit war dabei

„In der Wissenschaft wird Wahrheit zur beweglichen Zielscheibe..."
Michael McCollum
Procyon's Promise

Als direkte Folge meiner Bekanntschaft mit Thomas Rautenberg sowie durch unser wachsendes Bedürfnis an zusätzlichen Daten, ergab sich eine *neue Linie* der Mars-Untersuchungen. Die „offizielle "Richtung, angeführt von Randy Pozos und mir und eine „inoffizielle", durch Tom Rautenberg.[1]

Im Verlauf der Computer-Konferenz - trotzdem wir kaum noch finanzielle Mittel zur Verfügung hatten und zunehmend untereinander durch grundsätzliche Meinungsverschiedenheiten gespalten waren - schlossen sich einige weitere, wissenschaftlich interessierte Teilnehmer uns an. Ich ermutigte Rautenberg, sein Angebot, im Interesse unserer Sache zu reisen, wahr zu machen, um auch anderen Kollegen die Brisanz vorliegender Daten zu demonstrieren.

Im Verlauf von ausgiebigen Informationsreisen traf Tom mit vielen führenden Wissenschaftlern bekannter Universitäten und Forschungseinrichtungen zusammen. Zumeist präsentierte er die Abzüge der rätselhaften Viking-Photographien mit der nüchternen Frage: „Was halten Sie davon?"

Das Ergebnis war ebenso folgerichtig wie ermutigend: viele Wissenschaftler wiesen darauf hin, daß es für die geologischen Eigenarten „keine simple Erklärungen" gäbe und - daß eine *offizielle*, interdisziplinäre Untersuchung sinnvoll sei.

Die Experten, bei denen Rautenberg vorstellig wurde, stammten aus verschiedenen Berufssparten, darunter Geomorphologen aus Berkeley, Bildexperten der berühmten MIT-Institution[1], den Bell-

---

[1] Eine sorgfältige Abhandlung über die ursprüngliche „Independent Mars Investigation" siehe, The Face on Mars: Evidence of a Lost Civilization?, von Dr. Randolfo Pozos, Chicago Review Press, 1986.

[1] Massachusetts Institute of Technology

Laboratorien bis hin zu den Anthropologen des bekannten Peabody Museums an der Harvard University. Einige ihrer Reaktionen waren sehr einprägsam wie z.B. folgende:
Ein bekannter Raumfahrtwissenschaftler, der früher bei der NASA beschäftigt war, rief, nachdem er hörte, um was es ging: „Stecken Sie bloß die Bilder weg! Wenn Sie hier sind, um über dieses blödsinnige Gesicht zu sprechen, dann sind wir jetzt am Ende! Die Idee wurde schon lange verworfen, da ist nichts!"

Im Laufe unserer Diskussion untersuchten Rautenberg und ich eine mögliche Beziehung der Daten von der Marsoberfläche zu bestimmten irdischen Formationen. Gab es auf der Erde irgendeinen Hinweis auf eine Verbindung?
Eines schönen Abends hatte ich einen sehr aufgeregten Rautenberg am Telefon:
„Gerade habe ich eine fast identische, *irdische* Gesichtsstruktur gesehen!" rief er ins Telefon. „Beim Betrachten einer archäologischen Dokumentation über frühe mittelamerikanische Beobachtungen von Super-Nova-Explosionen, über Ergebnisse einer Expedition nach British Honduras, habe ich eine solche Skulptur gefunden".
Ein paar Tage später war Tom für die University of California geschäftlich an der Harvard University. Er ergriff die Gelegenheit und beschloß, Harvards berühmtem Peabody Museum einen Besuch abzustatten - weltweit bekannt wegen hochkarätiger archäologischer Forschung und wertvollen Sammlungen. Er legte mehreren Archäologen und Anthropologen die Marsbilder vor und stellte ihnen die Schlüsselfrage:
„Gibt es ihres Wissens nach irgend etwas Vergleichbares auf der Erde?"
Mehrere der befragten Wissenschaftler wiesen auf eine Ähnlichkeit mit bestimmten Skulpturen in Mittelamerika hin.
Nach einigen Diskussionen stimmten zwei jüngere Archäologen zu, in den riesigen Archiven des Museums eine Suche nach mögli-

chen Beispielen irdischer Formationen, die dem „Gesicht" auf dem Mars" ähneln könnten, durchzuführen.
Eine ihrer Kolleginnen, die während des Gespräches zufällig das Büro betreten hatte, identifizierte spontan das „Gesicht" als *Hanuman*, einen indischen Affengott, der bekannt dafür war, das er der Menschheit Weisheit bringt...
Konnte diese Ähnlichkeit bewußt konzipierte, künstlerische Absicht sein?

Beim Vergleich der Formation unter zwei verschiedenen Sonneneinfallswinkeln, bzw. verändernden Lichtverhältnissen - 30 Grad bei No. 70A13 und 10 Grad bei No. 35A72 - wandelte sich der Eindruck von dem Monument dramatisch. (siehe Abbildung 7)
Von einer Ähnlichkeit mit einem Menschenaffen - am Nachmittag - bis hin zu einem eher sphinx-artigen Aussehen auf der später belichteten Aufnahme. Konnte auch dieses Lichtspiel Teil eines bewußten Konzeptes sein? *Ein bildhaftes Gleichnis für die evolutionäre Veränderung eines unfertigen Gefüges - bis hin zu einem vollendeten Gesicht?*[1] (siehe auch Abbildung 40)
Bereits vor Rautenbergs Besuch des Peabody-Museums, noch zu Beginn unserer Forschungsinitiative, hatte ich in unsere Dokumentation, unser Mars-Tagebuch über die Notwendigkeit einer *künstlerischen Analyse* des „Gesichts" folgendes eingebracht:

> *„Diese ganze Kontroverse über Realität oder Nichtrealität des „Gesichts", als ein künstlerisches Monument, hat bisher einen elementaren Gesichtspunkt außer acht gelassen:*
> *Es haben sich an dem Monument, einem menschlichen Gesichts entsprechende <u>mathematische Proportionen</u> ergeben. Eben genau dieje-*

[1] Der wichtigste Teil in Dubois Entdeckung (des Homo Erectus) war eine Schädeldecke des Homo Erectus, die mit ihrer flachen Stirnpartie, dem kräftig ausgeprägten supra-orbitalen Rücken, dem extrem breiten, flachen Schädel und dem kleinen Schädelvolumen (auf ca. 900 cm^3 geschätzt) stark an einen Menschenaffen erinnert. Le Gros Clark, W., The Fossil Evidence for Human Evolution, Chicago, 1964.

nigen Proportionen an Stirn, Augen, Nase, Mund und Kinn, die wir an Kunstwerken in aller Welt bewundern können.
Wir benötigen deshalb dringend eine mathematisch-genaue Analyse, die gemeinsam mit Anthropologen und Künstlern durchgeführt werden sollte.
Schließlich war dies ja einer der Hauptgründe, warum ich gemeinsam mit Randy diese Konferenz organisierte.
Nach R. Pozos' Ansicht sind zusätzliche vergleichende Beobachtungen dazu geeignet, die Stadtstrukturen nach harmonischen Proportionen zu untersuchen.
Meine Damen und Herren, mit anderen Worten, bevor wir diese Untersuchung nicht primär zu einer numerisch-orientierten Untersuchung umgestalten, d.h. versuchen, alle möglichen Konstellationen quantitativ zu erfassen und auf deren mathematisch immanente Gesetzmäßigkeiten hin zu überprüfen, solange werden wir auch weiterhin uns im Kreise drehen."

Einer der ersten, der meiner Bitte nachkam, war ein Künstler namens Jim Channon. Er arbeitete als beratender Designer und Illustrator für große Firmen wie AT&T.
Bei unserem ersten Zusammentreffen in Los Angeles verblüffte mich Channon, indem er auf Anhieb viele der Parameter des „Gesichts", die ich erst nach *Wochen* mühevoller Strukturierung und sorgfältig durchgeführten Messungen gefunden hatte, spontan und intuitiv erkannte und skizzierte.
Nach nur wenigen Tagen hatte er alle Formationselemente des gesamten Cydonia-Komplexes, die „Stadt", „D&M-Pyramide" und „Gesicht" in einer gleichermaßen scharfsinnigen, wie zeichnerisch wertvollen Analyse zu Papier gebracht und erstellte weitere, detaillierte Zeichnungen, über besondere Wechselbeziehungen der Objekte. Weiterhin erstellte er eine *künstlerische Analyse* wesentlicher Objekte in Cydonia. Er berichtete anschließend von seiner Arbeit in einer interessanten Analyse:

DAS „GESICHT“ AUF DEM MARS

von Jim Channon

Nach einer zweitägigen Sichtung des Bildmaterials, das mir freundlicherweise Dick Hoagland zur Verfügung gestellt hatte, möchte ich meine Ergebnisse darlegen und begründen.
Drei Elemente sind hier zu erörtern:

- 1. Proportionen der Gesichtsstrukturen - Anthropometrie
- 2. Stützformationen - Architektonische Symmetrie
- 3. Der Ausdruck - künstlerisch-kulturelle Gewichtung

Proportionen
Der Künstler benutzt klassische Proportionen und Beziehungen bei der Erstellung des menschlichen Gesichts. Die Augen befinden sich z.B. kaum merklich oberhalb einer Linie, die den oberen vom unteren Teil des Gesichts trennen. Ein morphologisch arbeitender Anthropologe würde eine Reihe klassischer Proportionen erkennen, die sich in prädiktiver Weise auf menschliche Gesichtszüge beziehen. Die Merkmale des Gesichts auf dem Mars liegen innerhalb der Definitionen, die gleichermaßen von Anthropologie und Kunst akzeptiert werden. Ich kann *keine* Gesichtszüge finden, die diesen klassischen Konventionen zu widersprechen scheinen.

Stützende Formationen
Der Sockel, auf dem das „Gesicht“ steht, weist auch eine Reihe eigener klassischer Proportionen auf. Selbst wenn wir das „Gesicht“ von seiner Unterlage entfernt uns vorstellen, würden wir *vier Gruppen von parallel angeordneten Linien sehen, die vier identische Flächen gleicher Größe umrahmen.*
Da diese vier gleich großen Seiten in rechten Winkeln zueinander stehen, entsteht ein geometrisch-definierbares Rechteck. Das Photo No. 70A13, aufgenommen bei einem Sonneneinfallswinkel von 30 Grad, zeigt deutlich, daß diese Strukturen sich eindeutig über das

Niveau der umgebenden Landschaft erheben. Schon allein die Stützformationen lassen ein Stück *bewußt konzipierter Architektur* vermuten. (siehe Abbildung 8)

Der Ausdruck

Für einen Künstler gibt es weitere, noch genauere Methoden, um die Authentizität dieser Form zu bewerten. Die zur Verewigung gebrachte Physiognomie *eines Herrschers, der mächtig genug gewesen war, in einem Monument dieser Größe dargestellt zu werden*, kann nicht als rein zufällig angenommen werden.

Künstlerische, kulturelle, mythische und spirituelle Überlegungen hinter solch einem Kunstwerk lassen nur einige, wenige Darstellungsmöglichkeiten erwarten. Der Ausdruck des Gesichts auf dem Mars strahlt Unvergänglichkeit, Präsenz, Stärke und ähnliche Eigenschaften an Verehrungswürdigkeit und Ehrerbietung, aus.

Anscheinend stellt das Bildnis einen mächtigen Mann dar, möglicherweise gerade während des Höhepunkts seiner Macht.

Materialien wie Stein verleihen einem Monument dieser Größe oft einen eher leblosen Ausdruck. Gewöhnlich geht das auf besondere technische Anforderungen zurück, die erfüllt sein müssen, um einem Bild dieser Größe einen *proportionierten* Maßstab zu verleihen. (siehe Abbildung 27)

Es ist besonders zu betonen, daß die künstlerische Sorgfalt, die nötig ist, eine Ausdruckskraft zu schaffen, wie sie sich hier uns darstellt, keine Kleinigkeit an Aufwand bedeutet. Allein geringste Veränderungen an der Augen-Partie sind geeignet, *eine völlig andere Art von Physiognomie entstehen zu lassen.* Die Form einer Gesichtsskulptur, wie die vorliegende, wird immer *Präzisionsarbeit* sein müssen.

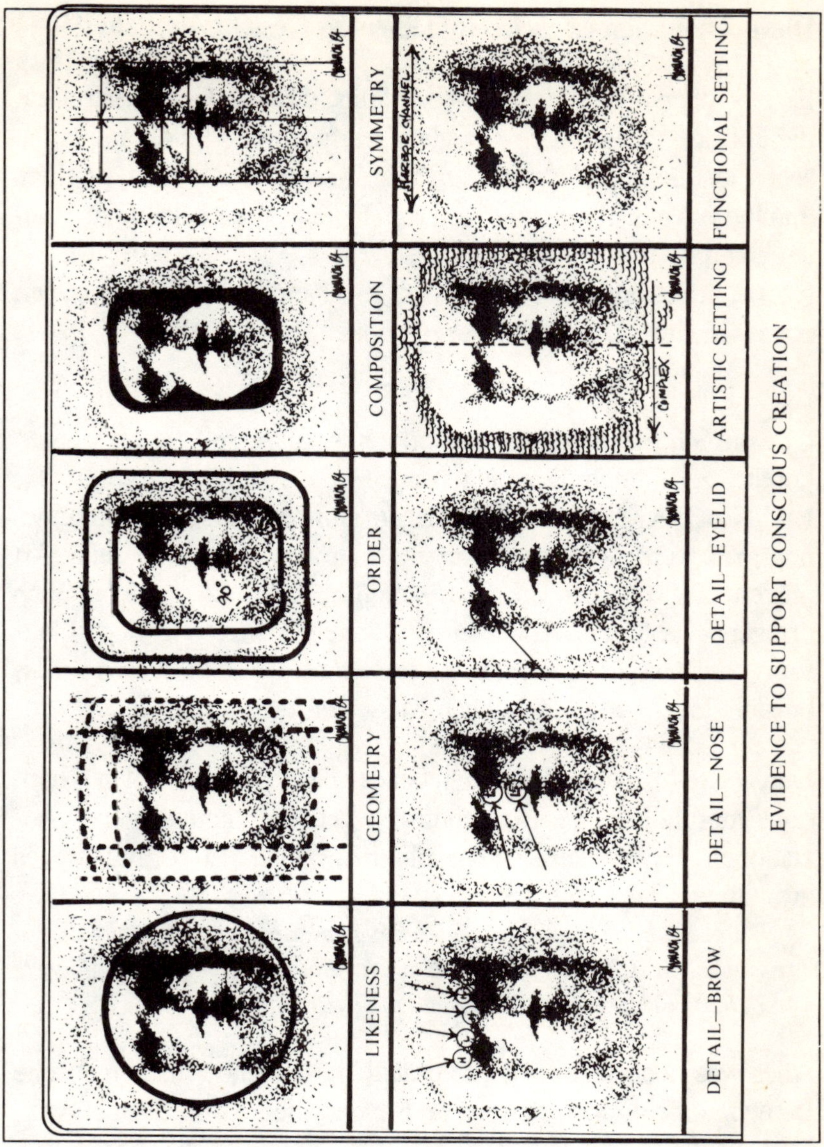

Abbildung 2: Beweise für die Hypothese, daß die Formationen von intelligenten Wesen erschaffen wurden: Morphologische Messungen der Gesichts-Symmetrie.

Diese Formation ist nicht einfach etwas Gesichtsähnliches!

Es gibt überwältigende Hinweise dafür, daß die Gesichtsstruktur, die auf den von Richard Hoagland vorgelegten Photographien zu sehen ist, *ein künstlich geschaffenes Monument* ist, mit typischen, durch die Archäologie und Anthropologie bestens bekannten Stilelementen.
Ich benötigte an dieser Stelle weit mehr eindeutige Beweise, um etwas Gegenteiliges feststellen zu können".

Obwohl ich bei einigen Aspekten der Analyse spitzfindig werden könnte, z.B. durch Jims augenscheinliche Konzentration auf das Bild No. 35A72, das unter niedrigem Sonneneinfallswinkel aufgenommen wurde - dennoch war es im großen und ganzen eine Art „frischer Wind", den die *Unabhängige Mars-Untersuchung* auch dringend benötigte. Außer einer flüchtigen Messung der „Plattform" auf No. 70A13, vermißte ich eine Bewertung dieses Bildes hinsichtlich des affen-ähnlichen Aussehens der Skulptur.[1]

Durch Greg Molenaars anschließender Feststellung wurden Channons morphologische Betrachtungen und die interessanten Assoziationen der Harvard-Anthropologin gestützt. Er formulierte es zwar anders, doch mit identischer Folgerung:

> *„Wenn ein Bergmassiv auf dem Mars stark an eine gemeißelte Skulptur eines Gesichts erinnert, so ist nach meiner Meinung die einfachste mögliche Erklärung: es wird dann auch der Fall sein!"*

Alles was noch fehlte waren zusätzliche stützende mathematische Berechnungen! Doch ohne neue Bänder, die erst noch zu entwikkeln waren oder detaillierte Berechnungen wurde das Mars-Tagebuch zunehmend zu einem theoretischen Geplänkel.

---

[1] Auf einer weiteren späteren Serie von Zeichnungen hielt Channon die Ähnlichkeit mit Menschenaffen fest. Abbildung 41

Als Teil der Diskussion schrieb ich eine Reihe von Einträgen unter dem Titel „Gedanken zum Marsklima“:
Hintergrundinformation über die geologische und klimatologische Vergangenheit des Mars und deren Einfluß auf Bedingungen möglichen Lebens auf dem Mars (siehe Seite 70).

Zur selben Zeit fand John Brandenburg bei der Durchforstung der Datenbänder weitere, möglicherweise auch *alle* Bilder, die von der Viking-Sonde 1976 über die Cydonia-Region gemacht worden waren. Darunter fand er vier neue Aufnahmen mit niedriger Auflösung, die aus ungefähr einer zehnmal größeren Entfernung aufgenommen waren als die No. 35A72 und No. 70A13.[1]

Brandenburgs großer Erfolg bestand darin, *zwei* Bilder entdeckt zu haben, die *morgens aufgenommen* waren, gerade als die Sonne im Osten aufging. Sie mußten, im Vergleich mit Bildern die unter entgegengesetztem Lichteinfallswinkel aufgenommen waren, zumindest dazu geeignet sein, die Symmetrie des Sockels, auf dem das „Gesicht“ gelagert war, zu bestätigen.
Am 5. März bemerkte Lambert Dolphin über den Befund des SRI-Geologen Bill Beatty:

> *„nachdem er all die widersprüchlichen Bilder angesehen und alle Bezugnahmen zum Mars, die in der Bibliographie aufgeführt waren, gelesen hatte, rang er sich zu der Annahme durch, daß es eine 5%ige Chance gäbe, diese Formationen als nicht-natürlich anzusehen ...“*

Dolphin ging noch weiter, in dem er sagte, daß er selbst:
„auf Grund dessen, was ich bisher gesehen habe, für artifizielle Herkunft plädieren möchte, mit einer 25-30 %igen Wahrscheinlichkeit.“

[1] Schon DiPietro und Molenaar waren Jahre zuvor auf zwei von ihnen gestoßen, hatten sie jedoch wegen der niedrigen Auflösung der Bilder außer acht gelassen.

Anscheinend hatten die Auswertung der neu hinzugekommenen Photos und die Bestätigung der Symmetrie des „Gesichts" seine ursprüngliche Überzeugung bestärkt.

Ich zögerte nicht, nun auch schriftlich, meine eigene Ansicht über Wahrscheinlichkeiten zu äußern. Ich legte mich fest, daß ich selbst, mit einer Sicherheit von 80%, mich für einen nicht-natürlichen Ursprung der Monumente entschieden habe.

Auch Brandenburg erwiderte noch am selben Tag dazu:

> *„... ich sehe mich durch die bisherigen Messungen gezwungen, eine vorläufige, jedoch verbindliche Folgerung zu ziehen ... Ich schätze dieses Objekt (das „Gesicht") als etwas künstlich Geschaffenes ein. Nachdem ich die wichtigsten Daten eingesehen habe, halte ich meine Vermutungen für sehr wahrscheinlich."*

Noch wichtiger als Johns Folgerung schienen mir die *Mittel*, mit denen er zu diesem Schluß gekommen war: er hatte eine Auflistung von Argumenten, Punkt für Punkt, in einer Strichliste aufgeführt und sie als Entscheidungshilfe benutzt.
Eine dieser „Erwägungen" sprang mir ins Auge ...

> *„... die Anwesenheit enormer Mengen von Roteisenerz auf der Marsoberfläche. Man nennt es Hämatit. Ihm verdankt der Mars sein rotes Kolorit. Hämatit, Fe^{3+}, findet man häufiger als zweiwertiges Eisen (Fe^{2+}) und <u>nur dort, wo es große Mengen an ungebundenem Sauerstoff gibt ... oder gab</u>.*
>
> *Das Vorhandensein von Hämatit in präkambrischem Gestein späterer Epochen und sein Fehlen in früherem Gestein gilt dem Geologen zur Datierung der (langsamen) Verwandlung der Erdatmosphäre von der Uratmosphäre in eine von Algen beeinflußte, Sauerstoff enthaltende Atmosphäre."*

Dieser geo-chemische „Durchbruch" blieb nicht ohne nachhaltige Wirkung. Brandenburg hatte auf einen sehr sensiblen Punkt für die Frage der ehemalige Existenz von lebenden Organismen auf dem Planeten hingewiesen:

Wie steht die zwei- und dreiwertige Eisenoxidation in Beziehung zu den limitierenden Lebensbedingungen?

Was ist mit all dem *Stickstoff* passiert?
Die Erdatmosphäre besteht zu etwa 75% aus Stickstoff, aus annähernd 21% Sauerstoff in molekularer Form und aus weiteren 5% Wasserdampf sowie „seltenen“ Gasen wie Argon.
Auf der Erde stationierte Spektroskope können den Stickstoff in anderen Planetenatmosphären nicht nachweisen, da die Erdatmosphäre für deren ultraviolette Emissionen bzw. Absorptionslinien undurchlässig ist. Aus diesem Grunde mußte die Bestätigung des Vorhandenseins von Stickstoff auf dem Mars „vor Ort“ erbracht werden - das Raumschiff Mariner-4 brachte diese Bestätigung bereits 1965 mit.
Man hatte zwar, durch spektroskopische Messungen von der Erde aus, schon vorher erfahren, daß ein Großteil der dünnen Mars-Atmosphäre aus *Kohlendioxid* bestehen mußte; doch die Messungen des Raumschiffs in jener Julinacht, im Jahre 1965, überraschten, da sie zwingend *auf mehr als 95%* Kohlendioxid hinwiesen. *Stickstoff* fehlte entweder vollständig oder konnte nur in geringen Mengen vorhanden sein!
Das Vorkommen großer Mengen an Stickstoff auf der Erde und dessen Beitrag zur Entstehung von Leben, scheint ein außerordentlich glücklicher kosmischer Zufall gewesen zu sein - auch negative Messungen auf der Venus bestärkten dies. Schließlich spielt Stickstoff eine Schlüsselrolle in der Entstehung organischer Moleküle wie Aminosäuren und deren Abkömmlinge, den Proteinen.
Bei der Viking-Mission 1976 fand man eine Stickstoff-Konzentration von ungefähr 2,5%. Selbst nach einer Korrektur im Hinblick auf die Unterschiede in der geologischen Entstehungsgeschichte beider Planeten - die im Falle des Mars zu einem Vorwiegen von Kohlendioxid in der Atmosphäre geführt hat - scheint die Menge an Stickstoff auf dem Mars immer noch etwa um *die Hälfte* der

Menge geringer *als* im Vergleich mit der Erde zu erwarten gewesen wäre.
Man erklärt sich diese Differenz damit, daß der Stickstoff langsam im All „verloren" ging. Für mehr als 10 Jahre sollte diese Ungewißheit andauern, bis...
John Brandenburg nochmals darauf hinwies, daß der Mars schließlich *rot gefärbt* sei...
Mich drängte es zum Computerterminal:

> *„... im Lichte unserer Betrachtungen über geo-chemische Bedingungen auf dem Mars (bzw. Oxidationsvorgänge) und die bisher nicht erwogenen biologischen Prozesse, möchte ich vorschlagen, daß für den fehlenden Stickstoff-Betrag auch eine* <u>*biologische*</u> *Erklärung herangezogen werden kann:*
> *Ich bitte die Möglichkeit zu überprüfen, ob Stickstoff durch blaugrüne Algen in Sedimenten des Mars „eingeschlossen" wurden und somit, weit unter der heutigen Marsoberfläche gelegen, bisherigen Nachweistechniken entzogen ist."*

Neben den Messungen atmosphärischer Gasanteile konnte die Viking-Sonde auch die *Gas-Isotope* (Glossar) differenzieren.
Die Ingenieure verkleinerten einen gas-chromatographischen Massenspektrometer auf weniger als 0,028 m^3 und plazierten davon zwei in die obere Mars-Atmosphäre und weitere zwei mit den Landeeinheiten auf die Oberfläche. Letztere arbeiteten über ein Jahr lang fehlerlos und sandten wertvolle, detaillierte Gas-Analysen aus der Atmosphäre sowie Bodenproben von der Marsoberfläche zurück.
Die von Viking-Landern durchgeführten Isotopen-Analysen - es waren unsere einzigen zuverlässigen Messungen über die Zusammensetzung der Oberfläche des Planeten - konnten entscheidend sein, bei unserer weiteren Diskussion über Wahrscheinlichkeiten der Entstehung von Leben auf dem Mars und der Szenarios darüber, warum und wann es erloschen sein könnte. (s. Teil I, Kapitel 4. Der Prüfstein für Leben auf dem Mars)

fentlicht: daraus ging hervor, daß eine über-proportionale Menge an dem Isotop N-^{15} festgestellt worden war. (siehe Glossar).
Dr. McElroys Folgerung aus dem von ihm ermittelten Isotopenverhältnis N-^{15}/N-^{14} war, daß es früher in der Planetengeschichte des Mars eine sehr viel dichtere Atmosphäre[1] gegeben haben mußte, wahrscheinlich „ausgegast" durch Vulkanaktivitäten. Im Laufe der Zeit hätten Solarwinde, so berichtete er weiter, die äußere Atmosphäre des Mars beeinflußt.
Das führte dazu, daß mehr von dem leichteren Isotop (N^{14}), gegenüber dem schwereren Isotop N-^{15} ins All gesaugt, also der Marsoberfläche entzogen wurde. Dies mußte schließlich „zu einer selektiven Anreicherung des schwereren Stickstoff-Isotops und zu einer Verschiebung des Quotienten gegenüber irdischen Verhältnissen geführt haben."[2]
Doch kurz nach John Brandenburgs Bemerkung über die Herkunft der roten Tönung des Marsgesteins und der Tatsache, daß darin Hinweise auf *frühere biologische Aktivitäten enthalten sein könnten,* stellte ich mir die Frage, ob nicht auch für die Stickstoffkonstellation auf dem Mars die Erklärung in Besonderheiten der ehemals abgelaufenen Stoffwechselprozesse in organischem Material liegen könne?
Konnten nicht auch Mikroorganismen existieren mit einer bisher übersehenen Eigenschaft, selektiv *N-^{14} zu binden* ? Jedoch, im Allgemeinen zeigt irdisches Leben eine temperaturabhängige, selektive Präferenz für bestimmte Isotope wie Kohlenstoff-^{12} > Kohlenstoff-^{13}, Sauerstoff-^{16} > Sauerstoff-^{17} oder Sauerstoff-^{18}.

Brandenburg zitierte aus dem Bericht über die chemische Analyse der Oberflächenzusammensetzung:

> *„... Boden voll von Maghämatit, einem eher selten vorkommenden Mineral auf der Erde, im Lehm des Roten Meers, völlig oxidierter*

---

[1] u.a. mit Stickstoff

[2] McElroy, M.B., Yung, Y.L. und Nier, A.O., „Isotopic Composition of Nitrogen: Implications for the Past History of Mars Atmosphere", Science 194, 70, 1976.

Roteisenstein. Der Boden besteht aus Magnesium, Aluminium, eisenhaltigem Lehm und deutet auf Ausbildung von Basalt durch Verwitterung hin. Am besten mit Erdmineralen zu vergleichen: lehm-artige Nontronit-, Montmorillonit-, Saponit- und Kieseritmischungen - Nontronit kommt in tiefen Ozeanen vor -
H. Masursky et al.: 'viel Wasserfluß in vergangenen und unterbrochenen neueren Epochen'. Wirre Aufzeichnung:
'Keine Strände, also keine Ozeane.' Es muß in der Vergangenheit höheren Atmosphärendruck gegeben haben, um Ströme von Flüssigkeiten zu ermöglichen ...“

Brandenburg hatte offenbar eine entscheidende Analogie zwischen Zyklen auf der Erde und möglicherweise ähnlichen Ereignissen auf dem Mars aufgedeckt. Es waren deutliche Hinweise gegeben, daß etwas Ähnliches wie ein Wasserkreislauf zu irgend einer Zeit in der Vergangenheit auf dem Planeten Mars stattgefunden haben *mußte*. Wenn es auf dem Mars kein Gegenstück unserer Plattentektonik (Kontinentalverschiebung) gab, so mußte entgegen all dem, was Viking-Wissenschaftler[1] behaupten - nach der starken Ähnlichkeit lehm-artiger Verbindungen auf beiden Planeten zu urteilen - so *etwas wie einen Ozean gegeben haben.*

Mein Eintrag in das Mars-Tagebuch lautete:
„Ich glaube nicht an extensive Lavaflüsse, von denen angenommen wird, daß sie für die nördlichen[2] Marsebenen verantwortlich sind. Statt dessen glaube ich, daß diese weite nördliche Ebene einst der Boden eines *Ur-Ozeans* auf dem Mars gewesen war, und daß die Sedimente, die von den alten Kraterhochländern nach Süden drifteten, das Becken mit Material der anderen Hemisphäre des Mars füllten. Die Vermischung des Urkohlendioxids mit dem Oberflächengestein - bei reichen Beständen fließenden Wassers - erzeugte große Mengen Carbonatgestein, das den Druck - und die „Treib-

1 z.B. Hal Masursky

2 auf der weniger stark durch Kratereinschläge zerklüfteten Hälfte des Planeten

hauseigenschaften" - der Marsatmosphäre reduzierte. Dies mußte zu einem raschen Abfall der Oberflächentemperaturen führen, wodurch schließlich der Planet vereiste..."

Das Fehlen jeglicher *Strandformationen* sollte nicht übermäßig wundern, da geologische Merkmale früherer Ozean-Land-Schnittstellen mit Sicherheit starke Veränderungen über Milliarden von Jahren erlebt haben mußten, sei es in Form von Winderosionen oder durch später folgende Sedimentbildungen.

Ich fuhr im Tagebuch fort:

„...das „große Dünenmeer" an der nördlichen Polarregion[1] ist von besonderer geologischer Bedeutung für dieses Modell. Die über eine Million Quadratkilometer große „Meereswüste" setzt sich aus einem Gestein zusammen, das an einer *anderen* Stelle des Planeten erodiert war. Ich vermute, daß es S*edimente* aus einem großen früheren Marsmeer der gesamten nördlichen Hemisphäre sind. Sie wurden im Laufe der Zeit durch erosive Kräfte pulverisiert und mit gigantischen Winden weiter nach Norden geweht".

Nitrate sind Verbindungen, die auf der Erde entstehen, wenn sich Stickstoff mit Sauerstoff verbindet, z.B. bei Gewittern, durch Blitze. Dabei entsteht auch Salpetersäure. Die Viking-Analysen des Mars ergaben neben großen Mengen Schwefel und Chlor, daß *Nitrate* im Boden *völlig* fehlten.

Die *fehlenden Nitrate* waren ein *gravierendes* Faktum *gegen* meine Vermutungen.

Ich trug in die Dokumentation ein:

„... eine Antwort auf die Frage: warum keine Nitrate auf der Marsoberfläche gefunden wurden, kann damit erklärt werden, daß die Proben der Viking-Sonden sehr viel *früher,* bevor biologische Prozesse abliefen, in ozeanischen Sedimenten abgelagert worden waren.

---

[1] es ist nur in der Polarregion nachzuweisen!

Viking landete an zwei Stellen auf dem Planeten: Die Region *Chryse Planitia* und *Utopia Planitia*, die fast eine Hemisphäre voneinander entfernt sind. Aber beide Landestellen befanden sich in der *nördlichen* Hemisphäre und wenigsten *einige Kilometer unter* der mittleren Mars-Höhe.[1]. Wenn man tatsächlich alle Areale der Oberfläche *unter* dieser „mittleren" Höhe mit einem Flüssigkeitsspiegel bedeckt sich vorstellte, dann hätten Lander-1 und -2 ungefähr 3,2 Kilometer *unter* der Wasseroberfläche gestanden.[2] Auch der überraschend hohe Anteil an Chlor in den Chryse-Proben scheint für mich ein Hinweis darauf, daß die Region früher der Boden eines salzigen! Ozeans gewesen sein mußte. Anteile einer gesinterten Salz-Kruste, die um das Raumschiff herum gefunden wurden, stehen im Einklang mit diesem Konzept.

Trotz der Erfolge in unserem Bemühen, einen gemeinsamen Konsens in unserer „*Unabhängigen Mars-Untersuchung*" zu erlangen, stellte sich zunehmend ein Engpaß für die weitere Finanzierung des Projektes heraus.

Aus diesem Grunde war auch unsere Dokumentation, die weiterhin u.a. von der Firma Info-Media unterstützt worden war, seit geraumer Zeit als eine Konferenz mit nur wenig innerer Kohärenz weitergelaufen.

---

[1] eine willkürliche „Null-Linie", die NASA-Kartographen, in Ermangelung einer Meereshöhe, definiert hatten

[2] Controlled Photomosaics of the Mare Acidalium Southeast Quadrangle of Mars, Miscellaneous Investigation Series, U.S. Geological Survey, U.S. Government Printing Office, 1981; Batson, Bridge und Inge, Atlas of Mars: the 1:5.000,000 Map Series, NASA SP-438, U.S. Government Printing Office, 1979.

Schließlich und endlich erreichte das Wohlwollen der Geldgeber einen kritischen Punkt. Eines Nachmittags, gegen Ende März 1984, wurden die Verbindungen der Konferenzteilnehmer an ihren Terminals unterbrochen - die elektronische Konferenz war gestorben...

4. Reaktionen - auch von den Sowjets

...und wenn wir uns nicht entschließen, die Abgeordneten zu beseitigen, sie nackt in der Sonne zu bleichen...
so werden wir ewig in Gängen gegen Spiegel laufen und
schwankend und hilfesuchend nach unserer linken Hand schauen,
die uns von der Sonne gegeben.
Robert Kelly - Die Alchimie des Quecksilbers.

Im Juli 1984 war die Konferenz „Fall Mars II" zunächst in Boulder an der Universität Colorado geplant worden. Zur Unterstützung als Sponsoren hatten sich das Mars-Forschungsinstitut der Planetaren Gesellschaft, das Zentrum für Wissenschaft und Politik in Boulder, das Nationale Raumfahrtinstitut sowie die amerikanische Gesellschaft für Aeronautik bereit erklärt. Alles was Rang und Namen hatte, kündigte seine Teilnahmebereitschaft an.
Doch leider mußte ich im Laufe der Vorbereitungen feststellen, daß mein Optimismus etwas verfrüht gewesen war. Die erste Hürde war bereits die Form, die Darstellung unseres Referates, dessen, was wir zu sagen hatten.

Wissenschaftliche Konferenzen werden nach alter Tradition in zwei Formen der Präsentation unterteilt. Üblicherweise gibt es wahlweise mündliche Referate und Bild-Demonstrationen.
Frau Carol Stoker, die Vorsitzende der Konferenz, schien für unsere Thematik wenig aufgeschlossen zu sein. Sie war lediglich bereit, uns einen Platz in der Poster-Session zu sichern, „da das Thema die Hauptthematik des Kongresses: 'Zukünftige Besiedelung des Mars', lediglich am Rande" streife.
Eigentlich wollten wir mit unserem Thema „Ungewöhnliche Oberflächenstrukturen des Mars Teil IV: eine Untersuchung zur bemannten und unbemannten Exploration gewisser Regionen", eine groß angelegte Diskussion erreichen.

So mußten wir uns nun mit einer Posterdemonstration begnügen. Ich tröstete mich damit, daß es anderen noch schlechter ergangen war. DiPietro und Molenaar hatten 1981, bei der ersten Mars-Konferenz, noch nicht einmal einen Platz für eine Poster-Demonstration erhalten.
Die erste Hürde hatten wir zwar für uns akzeptabel genommen, doch wir wahren uns nicht klar darüber, *wie* wir unser Material demonstrieren, verständlich machen sollten. Wir waren uns bewußt, daß die Thematik nur sehr schwierig eine Akzeptanz unter nüchternen Wissenschaftlern finden würde, zumal unsere Behauptungen scheinbar gut fundierte Vermutungen der NASA ad absurdum führen mußte.
Es kam wie es kommen mußte. Nach John Brandenburgs Präsentation vergaß die Gilde der „etablierten" Wissenschaftler ihre gute Erziehung. Sie reagierten mit zum Teil unverhohlener Verachtung bis hin zu Weigerungen, überhaupt den Ausführungen zu folgen, geschweige denn, an einer Diskussion über unsere Daten und Erklärungen teilzunehmen.

Rautenberg hatte keine Spur mehr Erfolg mit seiner Kontakten zu Mitgliedern der Planetaren Gesellschaft. Als er Chris McKay, den Leiter des Mars-Instituts ansprach, um ihn zu bitten, sich für die an der Universität von Kalifornien geplanten Konferenz einer Mars-Untersuchungs-Kommission einzusetzen, war die Reaktion von McKay im wesentlichen: „Was wollen Sie denn mit den Bildern unternehmen, das die NASA nicht schon längst getan hätte"?
Die Vorstellung, daß unsere Suche vergebens sein muß, wenn die NASA-Experten schon nichts gefunden haben, war durchgehend unter den Weltraum-Experten zu vernehmen.
Meine Entgegnung, „daß man zunächst einmal die Bilder anschauen sollte, bevor man ein Urteil abgibt", hatte leider nicht sehr viel Wirkung...

Die Arroganz der etablierten Forschung, die Vorstellung, daß der Weg zur Wahrheit nicht allen gleichermaßen offen steht, gipfelte schließlich in der Bemerkung, die Carl Sagan John Brandenburg gegenüber machte: „Es geht weniger darum, ob Sie recht haben oder irren. Ihre Vorstellungen sind noch nicht einmal diskussionswürdig".

Doch zu meiner Beruhigung mußte ich gegen Ende des Kongresses doch eine positive Bilanz unserer Bemühungen ziehen: am Rande des Kongresses kamen sehr viele fruchtbare Gespräche zustande, z.B. mit Hal Masursky, vom astro-geologischen Institut der USGS in Flagstaff, Arizona.

Er war schon immer ein glühender Verfechter der Theorie gewesen, daß irgendwann einmal flüssiges Wasser auf dem Mars[1] starke Erosionskräfte freigesetzt haben mußte. Masursky ging noch weiter, indem er hartnäckig und geduldig auf einer früheren „warmen und feuchten Epoche" auf dem Mars beharrte. Er war auch von Anfang an der Meinung gewesen, daß *starke Regenfälle* zur Mars-Erosion beigetragen haben mußten.

Wir vereinbarten, ein zukünftiges Rundtisch-Gespräch mit anderen Wissenschaftlern zu führen.

Eine weiterer, interessanter Konferenzteilnehmer war Brian O'-Leary, ein früherer Wissenschafts-Astronaut, der zur Zeit der Apollo-Flüge ursprünglich als Astronaut für eine Mars-Mission vorgesehen war.

Er besaß die Art Ausbildung und breitem Fachwissen, die wir benötigten, um komplexe Fragestellungen über z.B. Lichtreflexionen an artifiziellen Gesteinsschichten zu erläutern. Wir wollten gerne von ihm wissen, ob die mit unterschiedlichen Sonneneinfalls-Winkeln aufgenommen Bilderserien eine Differenzierung zwischen artifiziell und natürlich reflektierendem Gestein zuließe.

---

[1] dies äußerte er in einer Zeit, als schon das Erwähnen von „fließendem Wasser" zu einem Exkommunizieren aus der Gemeinschaft der Astro-Geologen geführt hätte

Der Anlaß für O'Leary, hier in Boulder einen Vortrag zu halten, schien mir fast ebenso revolutionär, wie der unsrige.
Er schlug nämlich alternativ vor, den direkten Zugang bei einer erneuten Mars-Mission zu verwerfen und statt dessen zunächst die Monde Phobos und Deimos anzufliegen. Das Konzept schien bestechend, die Marsmonde sollten quasi als Orbitalstationen, als Ausgangsbasis für eine nähere Marserkundung benutzt werden.

Eines unserer wichtigsten Anliegen in Boulder war gewesen, an neue Daten über die Marsoberfläche heranzukommen. Auch wollten wir uns, im Falle einer zukünftigen Mars-Mission, das Nutzungsrecht an den Ergebnissen und Bildern von der Cydonia-Region sichern.
Viele Präsentationen und Referate hatten die für das Jahr 1992 geplante Mars-Mission zum Thema. Doch von keinem der Referenten wurde auch nur ein einziges Mal die Notwendigkeit eines Video-Kamerasystems hervorgehoben. Die Erkundung sollte sich lediglich auf geologisch-klimatologische Fragestellungen beziehen. Die sogenannte „Mars Observer" Mission war von der Regierung auf ein Budget von 150 Millionen Dollar gekürzt worden. Nach Aussagen der NASA-Experten hatte man aus Kostengründen *gegen* ein aufwendiges Bild-Dokumentationssystem entschieden.

Trotz aller frustrierender Rückschläge und Ernüchterungen schien die Konferenz von Boulder schließlich doch ein Erfolg für uns gewesen zu sein:

- 1. hatten wir offiziell die Gelegenheit genutzt, die wissenschaftliche Öffentlichkeit auf unser Anliegen aufmerksam zu machen, auf die Gruppierung „anomaler Objekte" in der Cydonia-Region sowie die deutlichen Hinweise für deren intelligente Planung.

- 2. wir hatten Beiträge zur Stützung der These einer ehemaligen „Epoche organischer Evolution“ erbracht - Interpretationen geochemischer Analysen der Viking-Mission.
- 3. Wir konnten die wissenschaftlichen Verbände darüber unterrichten, daß im Rahmen einer Veranstaltung der Universität von Kalifornien, Berkley, eine weitere interdisziplinäre Untersuchung über die Natur dieser Objekte geplant ist.
- 4. wir hatten Gelegenheit, verschiedenste Informationen über Möglichkeiten einer weiteren Mars-Mission - eingeschlossen der Option auf eine private Mars-Mission - zu sammeln und zu erörtern.

Einige Monate später erschien in der Wissenschaftszeitschrift *Discover* ein Artikel von Carl Sagan, in dem er einen für uns damals sehr erstaunlichen Kurswechsel signalisierte. Darin unterstützte er im wesentlichen das Resümee der Konferenz und betonte die Notwendigkeit einer Rückkehr zum Mars. Dabei wurde deutlich, daß er in Zukunft eine alternative Lösung über die Planung einer solchen Mission favorisierte. Er drängte zu einer „gemeinsamen bemannten U.S.-Sowjet-Mission zum Mars. Insbesondere sah er darin einen konstruktiven Beitrag zu gemeinsamer Forschung und Erhaltung des Friedens auf der Erde.

Besonders auffällig erschien sein Sinneswandel, als er zu einem der Gründe für diese Mission erklärte:

> *„...rätselhafte Oberflächen-Markierungen und gleichmäßig angeordnete Pyramiden auf einem Hochplateau - es kann zwar wohl kaum Hinweis auf eine frühere Mars-Zivilisation sein, jedoch interessant genug, einen Blick darauf zu werfen“.*

Für viele Enthusiasten war diese Äußerung ein Durchbruch für die Marsforschung.

Tom Rautenberg und ich hatten gemeinsam schon vor Monaten über diese Möglichkeit einer gemeinsamen Aktion mit den Russen

nachgedacht und Wege erkundet zur Kontaktaufnahme mit der anderen Seite.
Einen Monat nach der Konferenz erhielt ich ein Telefonat von einem Freund, der mir atemlos erzählte, daß im jüngsten *Soviet Life* Magazin von den Russen behauptet wird, daß sie diejenigen gewesen seien, die zuerst die Pyramiden und Cydonia-Geometrie entdeckt hätten. Nach mir vorliegenden Information war das *Soviet Life* Magazin damals als *offiziöses* Organ des KGB und der sowjetischen Botschaft in Washington bekannt.
Der Kernsatz dieser Veröffentlichung erinnerte mich sehr an die Quintessenz meiner eigenen Ermittlungen der letzten Jahre:

> *„Artifizielle Formationen und deren Gruppierungen weichen von natürlichen Formationen durch ein höheres Maß an Genauigkeit des Zuschnitts und bestimmter Konstruktionsmerkmale ab. Lassen sich diese geometrischen Gleichmäßigkeiten nicht etwa auch mit baulichen Besonderheiten auf unsrer Erde in Einklang bringen?*
> *So weit ich weiß, hatte sich bisher um diese Merkmale niemand gekümmert...“*

Ja, so war es, niemand außer mir selbst!
Bis zu diesem Tage hatte sich die amerikanische Öffentlichkeit geweigert, von unseren Untersuchungen Kenntnis zu nehmen. Jetzt plötzlich verbreitet ein halb-offizielles Organ der Sowjetunion seine „Entdeckungen“ auf größtem Podium vor der amerikanischen Öffentlichkeit.
Der Artikel stammte von einem gewissen Vladimir Avinsky, einem sowjetischen Geologie-Ingenieur. Er schlug auch darin eine Rekonstruktion des Cydonia-Komplexes vor.
Sollte dies Zufall sein? Ich konnte es einfach nicht glauben.
Avinsky hatte in seiner Veröffentlichung einen bestimmten Winkel beschrieben, lokalisiert im Areal des „Gesichts“, das er übrigens „Sphinx“ nannte. Danach mußte nach seinen Angaben das Monument in einer bestimmten Position zur aufgehenden Sonne stehen.
Wir machten uns die Mühe und versuchten nachzuvollziehen, was Avinsky seinen Überlegungen zugrunde gelegt haben mag, jedoch

kamen wir zu dem enttäuschenden Schluß, daß er gravierende Fehler - eingeschlossen die Neigungswinkel der „Pyramide" - begangen hatte.

Tabelle 2. Überprüfung der Geometrischen Beziehungen an der „D&M-Pyramide" bei einem induzierten Fehler von 1° (± 1°) Abweichung (kongruente C und C' Winkel)

Verhältnis	**Theoretisch angenommener Wert**	**Gemessener Wert (Winkel C- 1°)/ Fehler**	**Gemessener Wert (Winkel C+ 1°) /Fehler**
C/A	√2 = 1,	1,40 / **0,71**	1,44 / **2,1**
B/D	√3 = 1,73	1,68 / **2,9**	1,78 / **2,9**
C/B	√5/π = 0,712	0,702 / **1,4**	0,719 / **0,98**
C/E	√6 = 2,45	2,36 / **3,7**	2,56 / **4,5**
A/D	e/π = 0,865	0,840 / **2,9**	0,890 / **2,9**
(B+D) /C	π/√2 = 2,22	2,27 / **2,2**	2,17 / **2,2**
Trigonometrie			
sin A	e/π = 0,865	0,866 / **0,12**	0,866 / **0,12**
tan A	√3 = 1,73	1,73 / **0,00**	1,73 / **0,00**
tan D	√7 = 2,65	2,97 / **12**	2,40 / **9,4**
cos E	√5/e = 0,823	1 / **1,3**	0,832 7 **1,1**
für C - 1°: mittlerer Fehler = 2,7%	für C +1°: mittlerer Fehler =2,6%		
Standardabweichung des Fehlers: 3,3%	Standardabweichung des Fehlers: 2,6%		

Folgerung: eine Abweichung von den beobachteten Werten um nur 1 Grad resultiert in einer mehr als 10-fachen Erhöhung der Standard-Abweichung des Fehlers.

Seine Überlegungen wichen so stark von den unsrigen ab, daß ich an ein gemeinsames Konvergieren der Überlegungen zu glauben begann, und nicht - wie ursprünglich angenommen, an ein Plagiat, daß auf Umwegen irgendwie nach Rußland gelangte.
Nicht zuletzt bestärkte mich der Artikel in den wesentlichen Ergebnissen meiner eigenen Arbeit, ja er spornte mich gar zur weiteren Beweissuche für meine Hypothesen an.

Schließlich schienen DiPietros, Molenaars und meine eigene Bemühungen doch Früchte zu tragen. Wir erhielten somit eine unerwartete, „unabhängige Bestätigung“ unserer Daten. Aber aus welchen Quellen und aus welchen Motiven wurden diese Untersuchungen durchgeführt? Die entscheidende Frage war doch schließlich: warum hatten die Sowjets Avinskys Arbeit mit der Behauptung veröffentlicht, sie hätten Hinweise für eine extra-terrestrische Zivilisation gefunden - und dies einen Monat nach der Boulder-Konferenz?

Einer der Experten für Sowjetinitiativen in der Raumfahrt, von der Universität von Pennsylvania, äußerte diesbezüglich eine interessante Theorie.

> *„Möglicherweise bekamen die Sowjets eine Programmvorschau mit den Kurzfassungen der geplanten Veröffentlichungen in die Hand. Daraus konnten sie entnehmen, daß unsere Veröffentlichung von SRI, einer in der Sowjetunion bekannten Denkschmiede, Unterstützung erfahren hatte, und deshalb daraus schlossen, es müsse sich um ein offizielles Projekt des Unternehmens handeln.“*

Dann hätte die Sowjetunion, so wäre denkbar gewesen, es nicht auf sich sitzen lassen können, einen amerikanischen Anspruch auf die erstmalige Entdeckung einer extra-terrestrischen Intelligenz unbeantwortet zu lassen.

Der Sowjetexperte war außerdem der Meinung, daß durch die Zulassung der Veröffentlichung von Avinsky die Sowjetunion Interesse „signalisierte“, Interesse an einer gemeinsamen Initiative zur Lösung dieser Fragen.

Abbildung 3. Avinskys Ton-Modell der „Stadt". Zu beachten ist, daß alle Strukturen als Pyramiden modelliert wurden, auch die „Festung". Dies ist ein Hinweis für die Authentizität sowjetischer Behauptungen, denn höherauflösende Bilder haben uns gezeigt, daß die Festungsstrukturen alles andere als pyramidal angeordnet sind.

Da die Veröffentlichung Avinskys im selben Monat wie Carl Sagans neue Vorschläge einer konzertierten Aktion auf dem Mars erschienen war, wollte niemand so recht an Zufall glauben.
Die Ironie scheint perfekt, wenn Avinsky selbst schließlich folgert: „Die Hypothesen über künstliche Formationen auf der Marsoberfläche sollten die Aufmerksamkeit der Wissenschaftler auf sich lenken, auch wegen ihres berufsmäßigen Skeptizismus. Um die Antwort zu finden, wäre das kühnste Unternehmen erforderlich, das jemals in der Geschichte der Menschheit durchgeführt wurde - eine Expedition zum Mars."

Wie sollte man es eigentlich mit Einladungen halten, die man nicht abschlagen kann?

5. Basis für eine gemeinsame bemannte Mission

„Wenn tatsächlich künstliche Formationen auf den Photos vom Mars zu sehen sind, so wird unsere Vorstellung über die Entstehung von Intelligenz im All drastisch verändert werden."
Vladimir Avinsky - Soviet Life

Durch die Bekundung russischen Interesses an den Monumenten des Mars hatte die ganze Untersuchung eine dramatische Wende genommen. Auf einen Schlag war die Untersuchung in das Licht der Öffentlichkeit, ja einer Regierung getreten. Es erschien sehr unwahrscheinlich, daß diese Veröffentlichung ohne die Duldung bzw. dem Befürworten offizieller Stellen zustande gekommen ist. Vermutlich besaß die sowjetische Seite völlig konträre Ansichten darüber, welche Art von Kapital aus unseren Entdeckungen zu ziehen sei.

Für mich bedeutete diese Entwicklung, daß sich bei dem ganzen Spiel der Einsatz verändert hatte. Es schien plötzlich ein neuer Wettlauf im All in greifbare Nähe gerückt. Was den Artikel von Vladimir Avinsky so faszinierend machte, trotz aller Fehler bei seinen Beschreibungen artifizieller Objekte, waren seine daraus gezogenen Schlußfolgerungen. Sie entsprachen meinen Vorstellungen in vielen Punkten.

Es schien mir offensichtlich, daß man von sowjetischer Seite vorsichtig lancieren wollte, was die amerikanische Seite hinsichtlich einer neuen, zukünftigen Mars-Mission für eine Politik verfolgt.

Doch warum die Vorsicht, das zögerliche Sondieren durch einen Artikel, der nur indirekt darauf Bezug zu haben schien?

Bereits einmal zuvor, in den Jahren '56 und '57 waren die Sowjets mit ihren Absichten, ihren wissenschaftlichen Zielen, ihrer Zeitplanung und technischen Mittel *gezielt* an die Öffentlichkeit getreten. Keiner wollte ihnen damals so recht glauben schenken, bis zum Abend des 4. Oktobers 1957, als bei einem sorgfältig vorbereiteten

Empfang an der sowjetischen Botschaft ein Mitarbeiter dem späteren Chef der Nationalen Akademie der Wissenschaften, Lloyd Berkner atemlos berichtete: „Sie haben es geschafft, die Russen haben eine Raumkapsel im All".

Damals, vor der Konferenz von Boulder, hatte es bereits Gerüchte um ein russisches Engagement in einer unbemannten Mars-Mission gegeben. Nur glaubte man nicht an eine Mission direkt zum Mars, sondern an eine Exkursion auf seinen inneren Mond Phobos durch die Sowjets. Daran glaubten damals sehr viele oder hielten es für sehr wahrscheinlich. Man war überzeugt von einem sowjetischen „Gespür" für eine Lösung, die bereits von Singer als gute U.S.-amerikanische Alternative zu dem direkten Marsanflug vorgeschlagen worden war.

Einen Tag nach Ende der Konferenz von Boulder unterrichtete mich Merton Davies über Einzelheiten neuester Gerüchte auf dem COSPAR-Treffen in Genf über sowjetische Pläne einer Mars-Mission. Ich erfuhr, daß sie für 1988 eine neue, bereits detailliert durchdachte, unbemannte Mars-Expedition planten. Gedacht war wohl an eine Sonde, die auf dem Mond Phobos mit Boden- und Atmosphären-Analysen betraut werden sollte.

In Anbetracht des fragwürdigen sowjetischen technologischen Potentials schien das mir ein sehr anspruchsvolles Unterfangen...

Die Russen hatten bisher nicht viel Glück mit ihren Marsunternehmen gehabt. Etwa 14 Versuche, eine unbemannte Sonde oder gar eine Landeeinheit auf dem Mars zu plazieren, waren bis auf einen fehlgeschlagen. Und schließlich lieferte auch die eine Sonde, die zunächst als großer Erfolg angesehen wurde, lediglich ein paar Dutzend stark verrauschter Bilder aus dem Orbit auf die Erde - bis der Funkkontakt schließlich kurze Zeit später vollständig zusammenbrach.

Die russische Ankündigung einer ersten unbemannten Mars-Mission, nach so langer Zeit, mit einem so hohen Anspruch in der Planung einer Phobos-Landung, erschien mir bezüglich der Zeitplanung und der technischen Details, die ich erfahren konnte, mehr als kühn.

Der rapide Meinungsumschwung der letzten 2 Jahre - damals waren alle Aktivitäten und Planungen für Mars-Missionen abgeblasen worden - und die jetzige Entwicklung mit voneinander unabhängigen Planungen zur Erkundung der Mars-Monde, von seiten *beider* Supermächte - dies alles schien mir weit über reinen Zufall hinauszugehen.

Meine Überlegungen kehrten noch mal zurück zu der Frage: wenn *wir* etwas so klar erkannt haben, warum sollte dies nicht auch den offiziellen Regierungsbehörden gelingen, zumal sie zu allererst im Besitz der entscheidenden Bilder waren? Wie war es zu erklären, daß wir im Besitz interessanter Hinweise auf eine vergangene Zivilisation durch Viking-Bilder waren, doch unsere Regierung verharrte in saumseliger Ignoranz?

Ich glaubte genug beobachtet zu haben, um so langsam an eine Verschwörung zu denken, an ein Spiel, daß in der Zeit des kalten Krieges nach der Kennedy-Ära zu neuer Blüte gekommen war.

Ich entschloß ich mich zunächst zu der „Theorie des Schweigens".

Es war ja schließlich eingetreten, daß viele der sogenannten Wissenschaftler, die sich mit dem „Gesicht" auf dem Mars auseinandergesetzt hatten, grundsätzlich und teilweise mit religiöser Hingabe unsere Beobachtungen und Berechnungen nicht wahrhaben wollten.

Es war eine bittere Erkenntnis, daß ich mit einem mir bisher völlig unbekannten Wissenschaftler von dem anderen „Ende" der Welt mehr gemeinsam haben sollte als mit einigen meiner Kollegen aus dem Untersuchungs-Team.

Es kam, wie es kommen mußte, je öfter ich Avinskys Abhandlung zu Händen nahm, um so mehr entwickelte ich so etwas wie ein warmes Gefühl der Sympathie für ihn, ein Gefühl der Gemeinsamkeit und Bindung, jenseits der politischen Alltagsquerelen beider Großmächte.

War es nicht eine großartige Gelegenheit, auf immer von dem Alptraum einer sich polarisierend gegenüberstehenden Kriegsmaschinerie wegzukommen?

Ein gemeinsames Unternehmen zur Klärung des Rätsels des menschlichen Gesichts aus Stein: das zu unterstützen und wenn möglich aktiv zu planen - es erschien mir immer verlockender.
Obwohl bisher ein Austausch über gemeinsame Interessen nicht stattgefunden hatte, war ich überzeugt, daß die Russen in der Lage sein würden, wesentliche Beiträge für die Untersuchung zu liefern.
Es schien mir ein Wink des Schicksals, daß ich David Woollcombe kennenlernte, einen begabten Regisseur, der zur Zeit von Moskau aus ein Projekt zur Ausstrahlung eines satelliten-gesteuerten Fernsehprogramms zwischen der Sowjet-Union und USA organisierte.
Ich bat ihn sofort um eine Vermittlung des Kontaktes zu Vladimir Avinsky, um Mithilfe bei meiner Suche des Phantoms, daß sich hinter dem Namen verbergen mußte. Nach dem ich ihm die Viking-Bilder gezeigt und näher erklärt hatte, zeigte sich Woollcombe voller Begeisterung für meine Idee sofort bereit, Avinsky aufzusuchen und ihm zwei Vergrößerungen der besten Ablichtungen von dem „Gesicht" und der „Stadt" zu übergeben.
„Wenn meine Bemühungen dazu beitragen könnten, den Dialog mit den Sowjets auf höherer Ebene wieder zu beleben, so soll es mir recht sein", teilte er mir freudestrahlend mit.
Woollcombes Interesse war geweckt, so schlug er mir dann später noch vor, unser zukünftiges Treffen in seiner TV-Sendung mit aufzunehmen. Rautenberg und ich hielten dies für etwas verfrüht, die Daten in breiter Öffentlichkeit auszutauschen, während wir gerade bemüht waren, unsere Beweisführung der eigenen Öffentlichkeit gegenüber zu erläutern.
Widerstrebend, aber voller Verständnis für unsere Einwände, versprach Woollcombe seine „diplomatischen" Bemühungen auf die Suche Avinskys und die Übergabe der Bilder zu beschränken.

Wochen vergingen und nichts ereignete sich an der russischen „Front". Rautenberg und ich entschieden uns zur Entwicklung einer zweiten Strategie für die Aufnahme eines Kontakts auf diplomatischer Ebene. Wir entschlossen uns, einen eher formalen Weg der Kontaktaufnahme zu gehen: wir sandten eine Kopie unserer

Vorschläge über ein gemeinsames Unternehmen, das wir „Mars Projekt“[1] genannt hatten, mit einem beigefügten Brief an den Leiter der sowjetischen „NASA“, der sowjetischen Akademie der Wissenschaften in Moskau.

Durch einen glücklichen Umstand vergrößerte sich kurze Zeit später unser Zirkel der Gleichinteressierten in Gestalt von Jim Hickman, des Vorstandes des U.S.-Sowjet-Austauschprogramms des berühmten Esalen-Instituts aus Californien. Hickman war bekannt für sein Geschick mit „geheimdiplomatischen“ Bemühungen gegenüber den Russen und bot auch spontan an, unser Paket an einer angemessenen sowjetischen Behörden-Adresse abzuliefern.

Wir hofften dabei natürlich, daß der halb-offizielle Charakter der Kontaktaufnahme zwischen zwei universitären Institutionen unsere Bemühungen erleichtern würden.

Es vergingen Monate, bis ich im Januar 1985, mehr zufällig, von einem Kongreß erfuhr, der am 12. Januar in der National Academy of Sciences stattfinden sollte, organisiert und teilweise gesponsort von Carl Sagans Planetarischer Gesellschaft.

Als Hauptthema war geplant: „Waffen im Weltraum - Konsequenzen für die Zivile Raumfahrt“. Es war also im wesentlichen eine Debatte geplant, zwischen Befürwortern und Gegnern des *Star Wars Programms* und über Konsequenzen auf sowjetisch-amerikanische Gemeinschaftsunternehmen. Als wichtigster Vertreter der sowjetischen Delegation war Dr. Roald Sagdeev, Direktor des Instituts für kosmische Forschungen an der Sowjetischen Akademie der Wissenschaften angekündigt worden.

Dies schien mir die ideale Gelegenheit, selbst noch einmal die Initiative für eine Kontaktaufnahme zu übernehmen.

Bereits ein paar Tage später saß ich nun, in hitzige Debatten verwickelt, zwischen den Opponenten des Krieges der Sterne.

---

[1]Der Begriff ‘The Mars Project’ wurde von Wernher von Brauns historischen Plänen für die erste Mars-Mission entlehnt. Von Braun veröffentlichte einmal eine populärwissenschaftliche Version seiner Vorstellungen über eine bemannte Mars-Mission unter dem Titel: The Mars Project, New York: Viking, 1954.

Die Gegner des Bewaffnung des Weltalls hatten, wie mir schien, offensichtlich an der Statistikschraube gedreht, um zwingend die Unmöglichkeit des Abfangens sowjetischer Projektile im Weltraum zu belegen. Die Befürworter des SDI-Programms benutzten dasselbe Zahlenmaterial, um ihre Gegner davon zu überzeugen, daß „abgestufte Verteidigung“ und „Zielsuche im Anstieg“ einen effektiven Überraschungsschlag unmöglich mache bzw. den Aggressor grundsätzlich vom Erstschlag abhalten könnte.

Die selben Zahlen - zwei diametral verschiedene Interpretationen...

Während der Nachmittagspause zwischen den Referaten traf ich unter der Kuppel der National-Akademie Carl Sagan.

Mit den Worten, „sind Sie noch längere Zeit hier?“, kam er auf mich zu. Ich wußte genau, was Carl so schwer über die Lippen brachte, er hatte ein Anliegen, daß er mit mir besprechen wollte.

Vorausgegangen waren Gespräche auf der Herbst-Versammlung auf dem Capitol, unter der Leitung von Senator Spark Matsunaga. Dabei sollten Carls Ideen über eine gemeinsame Mars-Mission mit den Russen auf Realisierbarkeit hin geprüft werden. Tom Rautenberg, der Ökonom David Webb, Hal Masursky und Louis Friedman[1] waren aus diesem Anlaß nach Washington gefahren, um Sagan die Bedeutung der Viking-Bilder für dieses Unternehmen nochmals zu demonstrieren. Carl hatte in einem ausgiebigen Gespräch die Bilder von Tom sehr genau geprüft und gelegentlich Friedman auf besonders interessante Details aufmerksam gemacht, die jedoch von jenem in Bausch und Bogen als „vollkommener Unsinn“ verworfen wurden.

Carl machte sich damals auch die Mühe, unsere beigefügte Dokumentation zu prüfen, abschließend sprach er damals die Empfehlung aus, eine unabhängige, universitär geleitete Prüfung des Materials zu veranlassen. Er blieb aber außerordentlich reserviert in punkto einer Veröffentlichung, aus Angst vor dem „explosiven Potential“, bei falsch gelenkter Boulevard-Publizität.

---

[1] Verwaltungsleiter der Planetaren Gesellschaft

Abschließend nahm er Webb zu Seite und betonte, daß falls er jemals gefragt würde, er verleugnen müßte, daß dieses Treffen jemals stattgefunden hat.

Deshalb freute ich mich von Carl Neuigkeiten zu erfahren, als er fortfuhr: „Haben Sie immer noch Interesse an dem Mars-Thema?“

Ich bejahte dies, mußte mir aber ein Schmunzeln verkneifen, als er fortfuhr, mich nach meinen Plänen zu meinem geplanten Buch über die Mars-Connection zu fragen.

Ich erzählte ihm in Kürze über meine Buchpläne, betonte aber erneut, daß ich ebenso unverändert entschlossen sei, ein landesweites Interesse an den Ergebnissen unserer Untersuchungen zu wecken.

Carl war einer der großen Wissenschafts-Autoren des Landes. Er hatte also viel Erfahrung im Laufe der Jahre, über die knifflige Materie populärwissenschaftlicher Darstellungen von schwierigen Zusammenhängen, sammeln können. Nicht zuletzt hatte er den Pulitzer-Preis für einen seiner Berichte erhalten. Möglicherweise schwang so etwas wie Argwohn mit, als er bemerkte: „Sie denken auch weiterhin daran, daß ich bereits mehrfach angeboten hatte, Ihr Material, falls gewünscht, und auch alle weiterführenden Überlegungen daraus nochmals zu überprüfen?

Ich antwortete auch ein drittes mal mit einem knappen „Ja“, erinnerte ihn aber daran, daß er bereits meine Unterlagen zur Hand gehabt hatte, aber nach meinem Dafürhalten nicht angemessen begutachtet habe.

„ Ich glaube, Sie hatten meine Veröffentlichung über das Thema bereits gesehen“, worauf er erwiderte, daß ihm damals unser Bildmaterial und die erarbeiteten Diagramme nicht zur Verfügung gestanden hätten und er deshalb für eine abschließende Beurteilung nun um Einsicht bitte.

Ich versprach ihm eine vollständige, neue Version unserer Publikation zuzuschicken.

„Alles was ich wirklich will, ist die solide und angemessene Untersuchung der zusammengetragenen Daten. Ich möchte genau wissen, was diese Objekte für eine Bedeutung haben und - warum sie sich gerade auf dem Mars befinden“.

Carl schaute mich skeptisch von der Seite an, als ob er meinen Äußerungen keinen Glauben schenken wollte.
„Nun gut“, sagte er abschließend, „wir werden wohl demnächst unseren Gedankenaustausch über weitere Veröffentlichungen und meine Kommentierungen fortsetzen können.“
Ich interpretierte seine Äußerungen dahingehend, daß er zumindest zugestanden hatte, daß meine Hypothesen diskussionswürdig seien.

Der Höhepunkt des Nachmittags war mein Treffen mit Dr. Roald Sagdeev, dem Direktor des Instituts für Kosmonautische Forschung der Sowjet-Akademie der Wissenschaften.
Ich war zuvor schon fest entschlossen gewesen, einen günstigen Augenblick nach Beendigung der Referate abzuwarten, um ihn dann offiziell zur Teilnahme an unseren Mars-Untersuchungen einzuladen.
Sagdeevs - offizielle - Äußerungen während dieses Nachmittags waren, wie zu erwarten darauf gerichtet, die Bedeutung der friedlichen Nutzung der Weltraumforschuung als eine der großen Herausforderungen der Menschheit hervorzuheben und die Pläne des amerikanischen Präsidenten zum SDI-Programm als Hindernis weiterer U.S.-Sowjetischen Kooperationen im All zu verurteilen.
Während er in wesentlichen Teilen die offizielle Regierungshaltung über die Strategische Verteidigungsinitiative von Präsident Ronald Reagan als „Militarisierung des Weltalls“ brandmarkte, übersah er dabei geflissentlich die früheren sowjetischen Versuche, ein Anti-Satelliten-Waffenprogramm zu testen und zu installieren. Dennoch hatte ich den Eindruck, daß seine persönlichen Einwände gegen das SDI-Programm von echter Überzeugung geprägt war. Sagdeev schien die Zwänge zu spüren, die unweigerlich zu der Forderung eines SDI-Programms führen müssen. Dies empfand er als Fiasko und es schien ihm wohl eher geeignet, das gesamte Konzept der strategischen Balance durcheinander zu wirbeln. Gleichermaßen wichtig schienen ihm die Folgen eines SDI-Programms auf zukünftige planetare Forschungsprojekte: wertvolle menschli-

che und technische Ressourcen würden gebunden, und im Falle, SDI würde in Angriff genommen, sei die Sowjetunion gezwungen, ein äquivalentes SDI-Programm zu entwickeln.

Ich hatte bereits seit einigen Stunden Gelegenheit gehabt, ihn bei einem privaten Gespräch mit Carl Sagan zu beobachten, seine Herzlichkeit, sein humorvolles Wesen und freundliches Verhalten Carl gegenüber war mir aufgefallen: nach Carls humoristischen Einlagen folgte häufig ein ebenso trockener Kommentar von Sagdeev...[1]
Ich hoffte sehnlichst, daß er sich für unsere Idee erwärmen würde, die Rätsel auf dem Mars *gemeinsam* zu explorieren und uns somit den steinigen Weg durch politische Unwägbarkeiten zu ebnen.

Nach Beendigung des Nachmittagsprogramms, als alle in der Vorhalle zu einer Erfrischung versammelt waren, nahm ich mir ein Herz und sprach ihn im Kreise mehrerer sowjetischer Botschaftsangehöriger unvermittelt an. Ich stellte mich vor und erklärte ihm in wenigen Worten mein Unterfangen, wobei ich ihm ebenso in gebundener Form unsere gesamte Auswertungs- und Bilddokumentation vorlegte.
Ich war überrascht, als er mir spontan erwiderte, daß ihm diese Dokumentation bereits bekannt sei.
Meine Überraschung mühsam verbergend, lud ich ihn spontan ein zur Mitarbeit an unseren Untersuchungen und Ausarbeitungen für eine gemeinsame Mars-Mission. Die befremdlichen Blicke und Reaktionen einiger Botschaftsangehöriger waren mir nicht entgangen. Ihre Reaktionen bewiesen Unschlüssigkeit in der Bewertung dieser „halb-offiziellen“ Einladung. Ohne seine Antwort abzuwarten, überreichte ich ihm die Dokumente mit dem Emblem der „University of California“ auf dem Deckblatt. Er reichte sie ohne Zögern an einen der Botschaftsangehörigen weiter. Ohne eine

[1] Sagdeev ist Berater in einem Ausschuß der Planetaren Gesellschaft und wurde von Carl Sagan in dieser Funktion ein oder zwei Jahre zuvor eingeladen - insbesondere um den internationalen Stellenwert der Erkundung unseres Sonnensystems zu unterstreichen

weitere Reaktion abzuwarten, bedankte ich mich nochmals für sein Interesse und entschuldigte mich, in dem ich mich zur Bar zurückzog.
Ich beobachtete noch aus dem Augenwinkel, daß Sagan die Szene aufmerksam beobachtet hatte, schließlich waren wir hier auf dem Präsentierteller gestanden. Es wuchsen meine Befürchtungen, daß Sagan seine Kollegen aus der sowjetische Akademie gegen meine Unternehmungen beeinflussen könnte. Ich fragte mich, ob Carl seinen Einfluß auf die sowjetischen Kollegen ausspielen würde.
Einige Monate später wußte ich schließlich auch darauf eine Antwort zu geben...

Eine enge Mitarbeiterin von David Woollcombe, Anya Kucharev, hatte wenig später nach diesem Gespräch schließlich doch Erfolg in ihren Bemühungen, die Identität von Vladimir Avinsky ausfindig zu machen.
Er mußte gleichermaßen Schriftsteller wie Geowissenschaftler sein und lebte zur Zeit in der Wolga-Region. Anya hatte sich an ein kurzes Zusammentreffen erinnern können, während einer Signierung seines neuesten Buches „Land und Meer", das er auf einer Ausstellung 1983 in Moskau vorstellte. Anscheinend war es ein Kapitel aus diesem Buch gewesen, daß er in *Soviet Life* „zufällig", einen Monat nach der Veröffentlichung unseres Boulder-Kommuniqués, zum Abdruck freigegeben hatte.
Unglücklicherweise bestätigten sich durch Anyas Recherchen meine schlimmsten Befürchtungen:
Vladimir Avinsky war ein überzeugter Anhänger der *Thesen von Erich von Däniken* - über die Herkunft der Menschheit, bzgl. seiner Ansichten über außerirdische Raumfahrer...
Erich von Däniken ist ein Schweizer Journalist, der in den 70er Jahren mehrere sehr umstrittene Bücher, darunter „Der Streitwagen Gottes", veröffentlicht hatte.
Die Thesen waren getragen von der Vorstellung, daß die gesamte menschliche Kultur- und Zivilisationsentstehung - womöglich auch die Entstehung so großer Monumente wie die Pyramiden von

Gizeh - nicht unsere Eigenleistung, sondern durch außerirdische Intelligenz gefördert worden sei.

Erstaunlich war die Nachsicht, mit der gerade Carl Sagan damals über von Dänikens Theorien urteilte, wenn er feststellte:

„Von Däniken sucht eine extra-terrestrische Erklärung für jedes große Bauwerk und vergangene Kulturen, ohne davon sehr viel zu verstehen. Da er nun seit geraumer Zeit sich mehr mit der Materie befaßte, so nahmen in gleicher Weise auch seine extra-terrestrischen Erklärungsversuche für alle diese Phänomene ab"[1]

Dies nicht genug, so wurde von Däniken in weiteren Büchern nachgewiesen, daß er seine Unterlagen und Untersuchungsergebnisse so abgewandelt hatte, daß sie mit seinen Vorstellungen von „Astronauten aus dem All" schließlich übereinstimmten. Dies war für das Renommee der Archäo-Astronomie, ja für alle ernsthaften Forschungsbemühungen im Grenzbereich der Wissenschaften, ein Schlag unter die Gürtellinie. Von Däniken hatte sich damit unwiderruflich von der Gesellschaft ernsthafter Wissenschaftler und aus dem Kreis der SETI-Forscher ausgeschlossen.

Allein aus der Tatsache, daß Avinsky in letzter Zeit mehr als 500 Artikel und mehrere Bücher über Dänikens Thesen veröffentlicht hatte, ging eindeutig hervor, wie sehr er sich an der Verbreitung der Ideen Dänikens beteiligt hatte.[2] Nach Anyas Recherchen war er auch Mitglied der „Gesellschaft für frühgeschichtliche Raumfahrt", die durch von Däniken gegründet worden war. Das alles war mehr als genug, um Avinsky, zumindest gegenüber Wissenschaftlern aus dem Westen, ins wissenschaftliche Abseits zu drängen.

Warum nun war ein halb-offizielles sowjetisches Organ wie *Soviet Life* daran interessiert, Avinskys „Entdeckungen" unseren Ergebnissen aus Boulder gegenüberzustellen?

Ich versuchte es damit zu erklären, daß die sowjetische Gesellschaft keine monolithisch geprägte Meinungsmaschine darstellte, wie wir glaubten. Es konnte durchaus im politischen - nicht wis-

---

[1]Persönliche Mitteilung

[2]Avinsky, V., „Pyramiden auf dem Mars?", Moscow News, Weekly No. 2, 1983.

senschaftlichen - Interesse bestimmter Parteikreise gewesen sein, amerikanischen Überlegungen mit „unabhängigen Ergebnissen" zu begegnen.
Ich sah nicht zuletzt in der Ablehnung von Dänikens Theorien einen Grund für Sagdeevs Reserviertheit gegenüber einer Zusammenarbeit bei einer Folgeuntersuchung über die Monumente des Mars - zweifellos hatte er auch Skrupel Carl Sagan gegenüber, denn er war eng mit ihm befreundet.
Andererseits hatte schon Jahre vor Dänikens Spekulationen ein brillanter und hochangesehener sowjetischer Astrophysiker namens I.S. Shklovskii ähnliche provokative Hypothesen über die Herkunft und Entstehung alter mythologischer Überlieferungen aufgestellt. Jedoch er hatte nie behauptet, daß große architektonische Denkmäler der Menschheit von jemand anderen als uns selbst erschaffen worden seien.
Ironischerweise könnte man erwähnen, daß Sagan mit Shklovskii gemeinsam, 1966 ein Buch veröffentlichte mit dem Titel „Intelligentes Leben im Universum". Darin hatte Shklovskii seine Theorie über einen „frühgeschichtlichen Kontakt" nicht nur ausgebaut, sondern auch die zwei Marsmonde als vermutlich artifiziellen Ursprungs angenommen.
Carl hatte damals mit Bedacht auf die Schwierigkeiten einer diesbezüglichen Beweisführung hingewiesen, jedoch andererseits Textfragmente aus dem alten Babylon als „Denkmodell" für weitere Untersuchungen dieser Hypothesen vorgeschlagen. Er verwies jedoch darauf, daß diese „Kontakt-Mythologien" detailliert geprüft werden müssen, bevor sie als „Möglichkeit" in Betracht gezogen werden können.
Der „Dänikenismus" blieb deshalb auf unsere Bemühungen um eine seriöse Untersuchung der Mars-Monumente nicht ohne Einfluß. Jeder, der mit der Mars-Untersuchung verbunden war, zeigte bisher Sensibilität im Umgang mit der Thematik und - was für uns besonders wichtig war - vermied jede Anspielung, die mit Dänikens umstrittenen Thesen in Verbindung gebracht werden konnte.

Ein Sensationsblatt brachte es schließlich doch im Frühjahr 1985 fertig, die Bemühungen unserer Gruppe so ungenau und stark verzerrt darzustellen, daß es auch auf weitere Untersuchungen unter der Schirmherrschaft einer Universität oder anderen Einrichtungen nicht ohne Wirkung bleiben konnte.
Ein weiterer gedankenloser Bericht folgte ein paar Wochen später, in keinem geringeren Blatt als „The Wall Street Journal"; obwohl uns zuvor eine faire Behandlung des Themas von der Redaktion zugesichert worden war.

Es folgten Niederlagen, die Ereignisse überschlugen sich: die Universität von Kalifornien, genauer das *Center for Research in Management* ließ wenig später verkünden, daß „eine Mars-Untersuchung für diese Abteilung unangemessen ist...". Wir waren also gezwungen, eine andere Institution für die Übernahme der Schirmherrschaft zu finden.

Rautenberg zeigte Verständnis für diese Reaktion, als er später großherzig feststellte: „die Universitätsleitung war sensibilisiert gegen den außergewöhnlichen Gegenstand unserer Untersuchungen".

III. Analyse und Folgerungen

1. Bestätigung der Realität von „Marsianern“

„Die fruchtbarsten Theorien entstehen oft aus Visionen, denen Tatsachen zugrunde liegen...“
Stephen J. Gould
Die Irrtümer der Menschheit

Eines der wesentlichen Mißverständnisse über den Komplex von Cydonia war durch den subjektiven Eindruck eines Gesichts entstanden. Da Menschen in der Lage sind, Gesichter in Steinen, Wolken, auf dem Mond oder nach den Worten von Carl Sagans, auch Abbilder, Konturen des Gesichts Jesu auf der Oberfläche eines Pizza-Teiges zu „erkennen“ - dieses anthropomorphe Bedürfnis macht es uns nicht leichter, Realität und Fiktion auf der Marsoberfläche auseinanderzuhalten. Das „Gesicht“ sollte uns zumindest auffordern, einen zweiten, genaueren Blick auf die Region Cydonia zu werfen. Doch auch ein gründlicher Blick währe nicht beweisend, alleine auch nicht hinweisend auf eine vormals existente intelligente Spezies auf dem Mars.
Schließlich könnte es auch, schlicht und einfach, eine „winderodierte Hochlandfläche“ sein. Oder mit Carl Sagan zu sprechen, auch „eine etwas seltsam aussehende, briefmarkengroße, zerklüftete Hochlandfläche auf einer 150 Millionen qkm großen Marsoberfläche.“

Trotz aller Zweifel war ich überzeugt, auf dem richtigen Wege zu sein. Ich machte mich nochmals daran, eine Liste über alle „anomalen Objekte und Besonderheiten“, die in Cydonia sich konzentrierten, zusammenzustellen und, was mir noch wichtiger schien, ich begann, die Beziehungen der Objekte *zueinander,* in ein Ordnungsschema zu übertragen:

- Die „D&M-Pyramide“, ein einzigartiges, fünfseitig rotationssymmetrisches, strebepfeiler-bewehrtes kilometerhohes Objekt, nur wenige Kilometer vom „Gesicht“ entfernt gelegen[1] - dieses Objekt scheint nicht nur ausgerichtet auf das „Gesicht“, sondern es ergeben sich aus den NASA-Bildern menschenähnliche, uns wohlbekannte Proportionen der Gesichtsstrukturen: im Verhältnis 1:1,6, entsprechend der von antiken Griechen, Renaissance-Architekten und -Künstlern bevorzugten Beziehung des „Goldenen Schnitts“ - verewigt in der Darstellung von Leonardo da Vinci: „Mann in vitruvianischen Proportionen“. Bei Zuhilfenahme anderer bildverarbeitender Techniken (Carlotto) erscheinen die Proportionen noch „zwingender“.

- Es wurde sehr früh deutlich, daß es eine fundamentale Beziehung zwischen den wesentlichen Formationen der „Stadt“ und der Längsachse des „Gesichts“ gab, die in Übereinstimmung mit jüngsten Kontrollmessungen von Merton Davies in einem Winkel von 28 Grad vom Meridian abweicht.[2]

- Der Nachweis einer Fluchtlinie im rechten Winkel zu den genannten Anordnungen, die eine perfekte Sicht von dem Zentrum der „Stadt“ - markiert durch den uns bereits bekannten Großen Platz - zu den Augen des „Gesichts“ nach Nordosten bietet. Die Flucht endet schließlich am nördlichen Ende der eigenartig strukturierten „Felswand“, gegenüber einem ebenso auffällig geformten Kraterrand.

- Die Beobachtung einer ähnlich verlaufenden Fluchtlinie, ausgehend vom selben Bezugspunkt in der Mitte der „Stadt“. Sie verläuft direkt unterhalb des „Kinns“ der Gesichtsstruktur bis hin zur südlichen Begrenzung der „Felswand“. Dies vielleicht die wichtigste Beobachtung im Hinblick auf die These, daß die Objekte für ein Erkennen aus

[1] bei insgesamt 150 Millionen qkm Marsoberfläche fällt es schwer, dabei an Zufall zu glauben

[2] Davis, M.E. and Katayama, F.Y., „The 1982 Control Network of Mars,“ J. Geophys. Res. 88, 7503, 1983.

größerer Entfernung geschaffen worden waren. Die „Felswand“ kann nur von *einem* Ort unter dem gleichen Blickwinkel überschaut werden, wie die Gesichtsstruktur: von dem Zentrum der Anlage der fünf Objekte aus, auf dem sogenannten „Großen Platz“ oder „Stadtquadrat“.

- Obwohl die „Felswand“ viele Kilometer entfernt auf einer Gesteinshalde des naheliegenden Einschlagkraters gelegen ist, machten wir die Beobachtung, daß die Basislinie der „Felswand“ - innerhalb der gegebenen Meßtoleranz - mit der Längsachse des Gesichts und mit den Pyramiden (28 Grad Abweichung vom Meridian) durch eine auffällige Geometrie miteinander verbunden sind. Eine Beobachtung über eine „Aushöhlung“ zwischen dem Auswurfrand des Kraters und der „Felswand“ (der dem „Gesicht“ abgewandten Seite), vermittelt den Eindruck, daß die „Felswand“ bedeutend jünger als das umgebende Trümmerfeld sein könnte.

- Wir stellten fest, daß die Konturen der „Felswand“ schichtweise angeordnet sind, mit einem über 3 Kilometer langen, mehreren hundert Meter breiten Kamm, der die oberste Schicht zu begrenzen scheint. Weiterhin fiel auf, daß der Winkel dieses „Kamms“ zum Meridian (20 Grad) stark von der Ausrichtung des Winkels der Basisformation (28 Grad) abweicht.

- Zwischenzeitliche Messungen stützen die Annahme, daß die geometrischen Formen des Gesichts bewußt in die Vernetzung aller Objekte mit einbezogen worden waren. Der lokale Meridian (Nord-Süd-Linie) schneidet - wenn er zwischen den Augen so über das „Gesicht“ gelegt wird, daß er die von der Stadt zum Nordende der „Felswand“ verlaufende Fluchtlinie schneidet - ebenso präzise die südwestliche Begrenzung des Mundes und bildet gleichzeitig die südlichste Begrenzung des Haaransatzes des „Gesichts“. Um diese ineinandergreifenden Beziehungen wirksam werden zu lassen, mußte dieses „Gesicht“ *besondere* Proportionen und eine *besondere* Ausrichtung[1] in Bezug zum Meridian erhalten haben.

- Ein weiteres faszinierendes Merkmal wurde von Dan Drasin[2] entdeckt. Er erkannte an dem Südwest-Rand der „Stadt“ eigenartige Relationen mathematischer Progression an der Fluchtlinie von der Stadt bis hin zu der Nordwest-Begrenzung der „Felswand“. Die Entfernung von der Südwestecke des Pyramiden-Komplexes zu dem Mittelpunkt der „Stadtquadrates“ als eine Einheit definierend, ermittelte er die Entfernung vom selben Ausgangspunkt bis hin zur „Festung“ am Nordost-Rand der „Stadt“ als genau doppelt so lang. Bis zur Nordost-Ecke des „Gesichts“ ergab sich genau der Faktor 4 und bei der Entfernung zur „Felswand“ genau Faktor 8.
- Es wurde deutlich, daß die „D&M-Pyramide“, obwohl mehrere Kilometer von dieser Fluchtlinie entfernt[3], in die geometrischen Zusammenhänge einzubeziehen ist. Sie liegt genau auf halber Strecke zwischen dem Südwestrand der „Stadt“ und dem „Gesicht“, so daß eine südwestlich verlaufende Linie, rechtwinklig zur „Festung“ als Verlängerung ihrer Norwestbefriedung, exakt die „D&M-Pyramide“ schneidet.
- Die Beobachtung, daß die Flucht vom „Stadtzentrum“ zur Augenmittellinie genau am Nordwest-Rand der „Felswand“ endet. Diese Fluchtlinie stellt eine weitere astronomische Markierungslinie dar: sie ist ein Hinweis für den Aufgangspunkt der Sonne während der Sommersonnenwende vor 500.000 Jahren. Änderungen der Neigung der Polachse über mehr als eine Million Jahre verursachten eine Verschiebung dieser Ausrichtung entlang des Nordwest-Horizonts mit einer Genauigkeit von wenigen tausend Jahren. Die letzte Sonnenwend-Ausrichtung auf das „Gesicht“ vor einer hal-

[1] erneut 28 Grad

[2] eines der Mitglieder des Mars Projektes

[3] zuerst von Tom Rautenberg bemerkt

ben Million Jahren könnte als ein relativ kleines „Zeitfenster“ für eine mögliche frühere „Mars-Zivilisation“ anzusehen sein.

- Möglicherweise ebenso wichtig kann die Beobachtung sein, daß die „Hauptgebilde“ der „Stadt“ (die Hauptpyramide, die Festung etc.) Markierungspunkte zur Erkennung des Winter-Sonnenwend-Aufgangs und des Sommersonnenwend-Untergangs aufweist - beide Ereignisse bezogen auf die gleiche Phase der Achsenneigung des Mars.
- Schließlich erscheint mir die Abweichung des Kammrükkens der „Felswand“ (20 Grad) als sehr bemerkenswert. Sie hat - zufälligerweise? - den gleichen Winkel von 20 Grad wie der Neigungswinkel der Polachse des Mars und zwar während der Phase, wenn die Fluchtlinie des Sommersonnenwend-Punktes mit der Linie zwischen „Stadt“, „Gesicht“ und „Felswand“ zusammenfällt.

Eine Übersicht über alle „anomalen Objekte“, die von uns gefunden wurden, findet der Leser im Anhang und im Epilog.

Lassen sie uns nun Überlegungen anstellen über die Wahrscheinlichkeit, daß zwei Objekte wie das „Gesicht“ und die „Felswand“ rein zufällig auf einer gedachten glatten Marsoberfläche, in diesem Abstand zueinander vorkommen können. Wie hoch stehen die Chancen, daß wir sie ein zweites mal auf der Marsoberfläche in dieser Konstellation wiederfinden können?
Um diesen Sachverhalt mathematisch zu beschreiben, ziehen wir einen Kreis um das Areal, in dem sich die beiden genannten Formationen befinden. Dieses Areal mit einer Fläche von etwa 100 qkm umschreibt die „bewohnte“ Region.
Nun haben wir die Gesamtoberfläche des Mars mit einzubeziehen. Die Chancen, daß diese Strukturen auf der Marsoberfläche in gleicher Konstellation auftreten, also bei einer geschätzten Gesamtoberfläche des Mars von 150 Millionen qkm, liegt bei etwa 1: 1.500.000.

Kritiker werden sofort einwenden, daß dies die Annahme eines *reinen* Zufallsprozesses voraussetzt, jedoch geologische Erosionskräfte nicht rein zufällig wirken, sondern als eine Aufeinanderfolge geologischer Prozesse, die schon immer bizarre Formationen hervorgebracht haben und auch in Zukunft weiterhin hervorbringen werden.

Das ist völlig korrekt, aber irrelevant für die hier angeführten Argumente: es ist die *Einzigartigkeit* der *Verbindung* dieser Strukturen, die bei der Kalkulation von Wahrscheinlichkeiten maßgeblich sind, unabhängig von der Ursache, die dem Entstehungsprozeß zugrundeliegt. Ungeachtet der Hypothese über „außerirdische Intelligenz“ wird auch ein geologischer Erklärungsversuch in der Lage sein müssen, die geringe Wahrscheinlichkeit des zufälligen Auftretens dieser Konstellationen zu erklären. Ebenso wird zu erklären sein müssen, wo die ursächlichen Zusammenhänge für die *gemeinsame* Existenz der Monumente zu suchen sind.

Das Ziel einer statistischen Annäherung an eine Lösung kann nur sein, das Maß der Besonderheit, die in der Existenz des Komplexes von Cydonia liegt, aufzuzeigen, unabhängig von einer zugrundeliegenden Intention, ungeachtet der Ursachen!

Ich habe versucht darzustellen, daß mit einer Wahrscheinlichkeit von 1:1.5000.000 das Auftreten dieser Konstellation rein zufällig gewesen sein mußte. Ob die einwirkenden Kräfte rein geologischen oder intelligenten Ursprungs waren, wird Gegenstand einer weiteren Untersuchung mit Hilfe der Wahrscheinlichkeitstheorie sein müssen. Wir werden später noch darauf zurückkommen.

Der nächste Schritt ist die Berechnung der Wahrscheinlichkeit des Auftretens einer *geometrischen Beziehung* zweier oder mehrerer Formationen zueinander.

Wie realistisch ist die Möglichkeit, daß deren Ausrichtung zueinander rein zufällig ist?

Abhängig von der „Irrtumsgrenze“, die man festlegt, kann ein Untersucher die ermittelten Winkel in Beziehung zu einem Vollkreis

setzen, um die Wahrscheinlichkeit des Auftretens in ganz bestimmten Kreissegmenten zu errechnen.
Im einfachsten Fall könnte man den Winkel dazu heranziehen, der durch die Gesichtslängsachse und der Achse der Rotations-Symmetrie der D&M-Pyramide eingeschlossen wird. Er beträgt 7 Grad. Die Wahrscheinlichkeit, daß diese Anordnung zufällig entstanden ist, läßt sich nun mit 7/360 Grad angeben, also 1:50.
Die Zuordnung zu einer weiteren Struktur erscheint als zusätzliche „Verstrickung", die Wahrscheinlichkeit des zufälligen Auftretens wird jedoch dabei hochsignifikant gering und befindet sich deshalb jenseits einer rein physikalischen Erklärung.
Handelt es sich hier nun um eine geometrisch exakte Ausrichtung oder eine meteorologisch-geologische Laune der Natur?
Die Entscheidung zwischen beiden Alternativen sollte durch eine Mischung aus *„Occam's Rasierklinge"*[1], bekannten geologischen Größen und...einem Schuß gesunden Menschenverstandes lösbar sein. Scheinbare Ausrichtungen können durch fehlerhafte Berechnungen entstehen. Jedoch eine geometrische Beziehung zweier morphologisch so unterschiedlicher Gebilde wie das „Gesicht" und die „D&M-Pyramide" ist und bleibt bemerkenswert. Wie stark diese Auffälligkeiten sind, werden wir im folgenden noch sehen.

Um die Gesamtwahrscheinlichkeit für die zufällige Nachbarschaft beider Strukturen *und* ihrer besonderen geometrischen Beziehung zueinander zu ermitteln, multiplizieren wir die beiden Einzelwahrscheinlichkeiten miteinander. Es ergibt sich eine Chance des zufälligen Auftretens der Anordnung Gesicht-D&M-Pyramide + geometrischer Beziehung von 1: 100.000.000.
Wenn wir weitere qualitative Merkmale wie die Kennzeichnung durch „menschenähnliche" Charakteristika mit einbeziehen, dann müssen sich die Kritiker fragen lassen, wie lange sie noch zur Erklärung dieser Phänomene außergewöhnliche geologische Denkmodelle heranziehen möchten.

---

[1] siehe Glossar

Wenn wir also nochmals die Komplexität der Zusammenhänge aller auffälligen Formationen anschauen, so müssen wir zu dem Schluß kommen, daß auch nach der Forderung von „Occam's Rasierklinge“, die einfachste aller Erklärungen für die Lösung eines Problems heranzuziehen, wir von einer *künstlichen* Entstehung auszugehen haben.

Also hätte auch jede geologische Erklärung der Einzelphänomene, ein Erklärungsmodell für den gesamten Komplex anzubieten: d.h. für die räumlich und geometrisch verschiedensten Unwahrscheinlichkeiten, die am „Gesicht“, der „Felswand“, der „D&M-Pyramide“, der „Festung“ sowie aller anderen Strukturen, die in einem Umkreis von 100 qkm in der Cydonia-Region gefunden wurden.
Nehmen wir als Beispiel das „städtische“ Quadrat.
Wir finden dort 5 Objekte. Vier langgezogene Strukturen umranden eine fünfte im Zentrum des Komplexes. Sie stehen in einer Entfernung von mehreren hundert Metern zueinander, und bilden durch ihre rasterförmig-rechtwinklige Anordnung einen eigenständigen Komplex. Sie sind eingebettet in das Zentrum eines übergeordneten „Stadtkomplexes“.
Das Ausdehnungsgebiet der Stadt“ beträgt etwa 1/3 q km (etwa 1000 qm). Die Wahrscheinlichkeit, daß auf einem solch kleinen Areal nochmals vier Strukturen mit vergleichbaren geometrischen Beziehungen zueinander gefunden werden, verhält sich, konservativ gerechnet, wie das Gesamtgebiet[1], das sind 13 Milliarden qm, zu der Fläche des „Stadtquadrates“. Die ermittelte Wahrscheinlichkeit beträgt 1:13 Millionen.
Die zweite Gruppe an Beziehungen, d.h. der vier außen lagernden Objekte zueinander, kann als die Wahrscheinlichkeit, mit der jedes Objekt parallel oder „anti-parallel“ zu jedem anderen steht, formuliert werden. Die Chance, daß vier Objekte zufällig beieinander stehen, jedoch zueinander *ausgerichtet* sind, erweist sich als höchst unwahrscheinlich. Die Chancen für *zwei* Objekte betragen 1:180

[1] die durch die Viking-Dokumentation überschaubare Fläche

(bei einer Winkel-Meßtoleranz von ± 0,5 Grad). Diese Einzelwahrscheinlichkeit multiplizieren wir mit der Wahrscheinlichkeit der zwei anderen Objekte (180x180x180). Das ergibt eine Gesamtwahrscheinlichkeit von 1:6.000.000, für die zufällige Ausrichtung aller *vier* Objekte zueinander.

Schließlich führt das Wahrscheinlichkeitsprodukt der Ausrichtung, multipliziert mit der Wahrscheinlichkeit ihres gemeinsamen Auftretens zu einer *Gesamtwahrscheinlichkeit von 1:70 Billionen* für das Entstehen dieser Gruppierungen durch zufällig wirksam werdende Kräfte.

Zwar werden Kritiker darauf hinweisen, daß die Objekte sehr eng innerhalb eines schmalen zirkulären Saums zueinander stehen und wohl eher erodierte Überreste eines Einschlagkraters seien. Diese zum Teil weggebrochenen Kanten könnten ebenso *Geschlossenheit* der Formationen *vortäuschen*, so wurde argumentiert.

Jedoch haben Bildauswertungen keine vergleichbaren Gebilde[1] in einem Gebiet von über 13.000 qkm nachweisen können. Deshalb läßt sich diese Argumentation nicht weiter aufrechterhalten.

Man hat zu berücksichtigen, daß die Erosion von Kraterwänden vorzugsweise ein radiales *Absacken* von Gesteinsformationen auf den Grund des Kraters erzeugt[2], und eben keine vier gleich großen, klar umschrieben facettierten, parallel angeordneten Strukturen. Zwei dieser parallelen Linien sind tangential zu dem Rande des „Kraters" angeordnet.

Jedoch das vielleicht schwerwiegendste Argument der Gegner unserer Hypothesen ist der Hinweis, daß der mögliche Einschlagkrater direkt am äußeren Rande des gesamten Komplexes liegt. Doch die Wahrscheinlichkeit, daß dieses Faktum lediglich ein „Unfall der Natur" darstellen könne, ist berechenbar. Das Gebiet der Gruppierung (1000 qm) in Verhältnis zu dem gesamten Gebiet der

---

[1] in einem Areal in dem Dutzende weiterer Einschlagkrater gefunden wurden

[2] wie an anderen Stellen des Mars, ebenso auf dem Mond und Merkur, deutlich zu beobachten ist

Stadtstrukturen gesetzt (etwa 3 Millionen qm) ergibt eine Wahrscheinlichkeit von etwa 1:30.000 für ein rein zufälliges Ereignis.[1]
Und wenn wir nun die Gesamtwahrscheinlichkeit des Auftretens der Konstellation als ein zufälliges Ereignis errechnen, dann ergibt das eine Chance von 1: 1 Million Billionen! - gemeinsam für die Form und Lokalisation der Formationen.
Wir sind aber noch nicht am Ende unserer Beweisführung für die Einzigartigkeit dieses besonderen Stecknadelkopfes auf der Marsoberfläche.
Denn: diese Felswandformation ist der einzige Punkt auf der gesamten Marsoberfläche, von der aus ein Beobachter das Profil der „Gesichts“ zu sehen imstande wäre.
Wie hoch ist die Chance, daß es sich um eine rein zufällige Koinzidenz handelt?
Die Berechnungen haben den Blickwinkel, unter dem das „Gesicht“ vom Stadtquadrat aus gesehen werden kann (etwa 5 Grad) zu berücksichtigen. Dieser wird multipliziert mit dem Winkel, der von „Felswand“ und „Stadtquadrat“ eingeschlossen wird. Dieses Produkt wird mit der Wahrscheinlichkeit, daß der Kraterrand sich auf derselben Seite wie die „Felswand“ befindet, multipliziert.
Das Resultat ist eindeutig:
1:70 multipliziert mit 1:70 - für die Gesicht/Felswand-Konstellation - multipliziert mit 1:70 - dafür, daß die “Felswand“, vom Kraterzentrum aus betrachtet, den Azimut des Gesichts überschneidet[2].

---

[1] dabei wurde ein mittlerer Fehler von etwa 1000 Metern zugrunde gelegt, unter Zuhilfenahme der tatsächlich ermittelten Meßgenauigkeit dieser Objekte, die im Bereich einiger Dezimeter liegen.

[2] Der Ausdruck beinhaltet zwei Schätzungen: die Chance, daß die „Felswand“ am Kraterrand dem Gesicht gegenübersteht (ermittelt durch den beobachteten Winkelabstand von 30 Grad - bezogen auf das Zentrum des Kraters/Vollkreis), oder mit einer Chance von 1:10, daß der Winkelabstand zu dem „Gesicht“ davon geschnitten wird.

Schließlich ermitteln wir eine Gesamtwahrscheinlichkeit für die Zufälligkeit der Koinzidenz der Felswand, der Wahrscheinlichkeit, das Profil des „Gesichts" nur von einem Punkt aus zu sehen plus der Wahrscheinlichkeit, daß die „Felswand" ein Erosionsprodukt des Kraterrandes ist, mit etwa 1: 10^{24}![1]

Mir erscheint es, daß jeder aufmerksame Leser, der mir bis hierhin gefolgt ist, zwingend annehmen muß, daß die Kombination „Stadt-Gesicht" *keine Zufallslaune der Natur* sein kann, sondern ein *bewußt* geschaffenes Werk darstellt.

In Anbetracht dessen, daß schon bei einer kleinen Anzahl von Korrelationen und geometrischen Beziehungen eine geringe Chance auf Zufälligkeit besteht, weiterhin an geologische Zufallsbefunde zu glauben, hieße, diesen Beobachtungen eine Wahrscheinlichkeit des natürlichen Auftretens von: 1 Planeten: 1 Million Galaxien zuzugestehen.

Das würde bedeuten, daß lediglich auf *einem* Planeten unter 1 Million Galaxien eine realistische Chance für das Zustandekommen dieser Konstellation möglich wäre - unter natürlichen geologisch-meteorologisch bestimmten Zufallsbedingungen.

In Kürze: als Resultat erhielten wir eine Wahrscheinlichkeit von 1:140, daß die „Felswand" den Azimut des Gesichts auf irgendeine Weise schneidet. Der Vereinfachung halber habe ich einen Wert von 1:70 angenommen, der um den Faktor 2 niedriger liegt. Dies sind zwar nur grobe Schätzungen, jedoch sprechen die Größenordnungen der ermittelten Wahrscheinlichkeiten für sich, unabhängig von einem Faktor 2 oder 3.

[1]Einige Kritiker wiesen darauf hin, daß die „Felswand" und der assoziierte Krater wegen der starken Oberflächenkrümmung des Mars nicht einmal vom „Stadtquadrat" aus gesehen werden kann. Es ist richtig, daß für einen Beobachter auf dem Boden - aus einer angenommenen Höhe von 2 Metern - die Entfernung zum Marshorizont nur etwa 4 Kilometer beträgt. Die Gleichung, mit der die Entfernung zum Horizont gemessen werden kann, müßte lauten: $D=2600 \times \sqrt{h}$.

Wobei D die Entfernung zum Horizont ist, 2600 eine Konstante in Metern und h die Augenhöhe des Beobachters.

Dagegen läßt sich erwidern, daß vom oberen Rand einer 30 Meter hohen Struktur der Horizont sich bereits auf eine Entfernung von 48 Kilometern ausgedehnt hat. Angesichts der Tatsache, daß verschiedene Strukturen höher als 30 Meter sind, überzeugt mich dieser Einwand nicht. Weitere Überlegungen dazu im Anhang und im Epilog..

An dieser Stelle sollten wir anhalten und kurz die Konsequenzen aus den Ergebnissen unserer Folgerungen zu überdenken.
Die Berechnungen sind bestechend deutlich ausgefallen. *Sie fordern uns auf, alle uns zur Verfügung stehenden Möglichkeiten zur definitiven Verifizierung der vorliegenden Hypothesen zu nutzen.*
Meine Hoffnungen konzentrierten sich auch auf die 1989 geplante, unbemannte sowjetische Orbiter-Mission.
Ich war fest entschlossen, weitere, noch deutlichere Verknüpfungen herzustellen.

Gregory Bateson, ein brillanter Anthropologe, stellte einmal seinen Schülern ein interessantes epistemiologisches Problem:
Bateson präsentierte seinen Studenten den Inhalt einer Tasche. Darinnen war ein frisch gekochter Hummer. Er legte ihn auf den Tisch des Hörsaales und forderte provokativ: „Ich möchte, daß sie mir jetzt überzeugende Argumente dafür liefern, daß diese Objekt das Überbleibsel eines lebenden Organismus ist. Stellen Sie sich vor, Sie sind Marsianer und sind zwar mit den Lebensformen auf dem Mars vertraut, jedoch, Sie haben nie zuvor diese Strukturen gesehen. Einige Teile dieses Objektes sind Ihnen fragmentarisch, evtl. durch Meteoriteneinschlüsse, in Händen geraten. Was veranlaßt Sie nun zu der Folgerung, daß dies Überreste von Leben sein müssen?[1]
Bateson erklärte später dazu: „Ich fragte weiter, was nach ihrer Meinung der Unterschied sei, zwischen der physikalisch-materiellen Welt (tote Materie), in der Kräfte und deren Wirkungen eine ausreichende Basis für Erklärungen liefert und als Gegensatz die lebende Kreatur, die, weitaus komplexer, nur durch ihre Differenzierungshöhe und Abgrenzungsfähigkeit bestimmt werden kann?
Bateson fuhr fort: „Dadurch, daß ich Sie auf den imaginären Planeten Mars versetze, sind Sie gezwungen, alle Vorstellungen und Schablonen über Hummer, Amöben, Pflanzen und andere Gebilde über Bord zu werfen, um damit sich selbst zu einer Identifikation

[1]Bateson, G., Mind and Nature, New York: E.P. Dutton, 1979. Chapter XIV

des *Lebens mit Leben selbst* zu zwingen: „Sie versuchen, ihre Werte, Kriterien, Denkschablonen an dem Bild des Hummers zu proben, und sie erkennen, daß er die gleichen Merkmale, die gleiche Idee, wie in uns allen, in sich birgt".

Bateson prägte einen Satz, der prägnant verdichtete, was er ausdrücken wollte:

„Das gemeinsam verbindende Merkmalsmuster".

Ich bin überzeugt, daß dieses Muster ebenfalls in der einzigartigen Anlage von Cydonia verborgen ist - das Muster, die Idee *Leben*.

Wiederholt auftretende, fünfseitige Konturen sind aus der unbelebten Natur nicht bekannt. Für die Rotationssymmetrie gilt das gleiche. In Cydonia finden wir beide Phänomene gleichzeitig, in einem umschriebenen Areal, nicht als einzigartiges Vorkommen sondern mehrmals in Form von Pyramiden, ungeachtet aller weiterer Beziehungen der Strukturen untereinander.

2. Die Suche nach dem Ursprung

„Interstellare Raumfahrt wird nicht durch physikalische Grenzen limitiert, sonder durch biologische..."
Eric Jones

Nach all unseren Rundgängen durch Logik und Beweisführung wollen wir uns dem zentralen Geheimnis unseres Berichts zuwenden:
Von woher kamen die „Marsianer" - wenn sie nun überhaupt existierten?
Woher sie auch kamen, ich selbst bin davon überzeugt, daß sie nicht direkt vom Mars gekommen sein konnten.
Ich hatte in vorangegangenen Kapiteln versucht darzustellen (siehe S. 94), daß es eine kurze „warme und feuchte" Epoche mit bedeutend günstigeren atmosphärischen Bedingungen als wir sie heute vorfinden, gegeben haben mußte. Sie wurden abgelöst von langen Phasen tiefster Temperaturen, die es uns schwer machen, an eine Evolution des Lebens zu glauben, geschweige denn an eine Entwicklung zu intelligent veranlagten Lebensformen.
Es konnte in der Geschichte des Mars einfach keine Gelegenheit dazu gegeben haben!
Selbst wenn wir alle bisherigen plausiblen Lösungsansätze verwerfen und wir würden annehmen, daß geheimnisvolle, uns unbekannte Bedingungen es ermöglicht hätten, den Evolutionsweg intelligenten Lebens zu beschleunigen,[1] so wären wir nach wie vor mit diesem Phänomen konfrontiert. Es steht unversöhnlich neben anderen Fakten und wartet darauf, von uns erklärt zu werden: *das Monument „Gesicht."*
Wir fanden ein Paradox, wir wogen verschiedene Möglichkeiten der Entstehung ab, z.B. die Entstehung durch einheimische Bauherren, „Marsianern", die das „Gesicht" als „Kunstwerk", als Dar-

[1] möglicherweise durch Kräfte, deren Wirkung wir nicht genau einzuschätzen wissen, wie z.B. das offensichtliche Fehlen eines Magnetfeldes auf dem Mars und die damit günstigeren Bedingungen für kosmische, mutagene Strahlung.

stellung ihrer eigenen Identität verewigen wollten. Wir diskutierten das „Gesicht" als eine mögliche „Botschaft", die, nachgebildet unserem Aussehen, für eine zukünftige Kontaktaufnahme gebaut wurde.
Doch blieben auch nagende Zweifel über die Funktion der angegliederten Komplexe wie Pyramiden und Stadtstrukturen. Der architektonische Maßstab, der hinter all diesen Konstrukten zu erkennen ist, spricht überzeugend gegen die Vermutung einer Botschaft.
Wir sollten darauf achten, die Verhältnismäßigkeit der Maßstäbe einzuhalten, den: es ist zwar lobenswert, verschiedenste Gruppierungen geometrischer Gravuren auf eine Aluminiumplatte oder CD zu verewigen (siehe S. 17), in der Hoffnung, irgendwann eine Botschaft aus dem All zu erhalten, doch schauen wir auf den Mars: dort finden wir, in der Planung und Durchführung verschiedenster Bauwerke und deren präzise, geometrisch durchdachte Gruppierung zueinander, eine Botschaft, mit der wir nicht gerechnet haben, vielleicht nicht rechnen wollen...?

Machen wir einen Sprung zurück zu den Pyramiden, bei denen wir unsere Überlegungen begonnen hatten und beschäftigen uns mit einem irdischen Genie namens *Soleri*.
Paolo Soleri (siehe auch S. 395), einer der großen ökologisch orientierten Architekten, war einer der ersten Befürworter monumental architektonischer Lösungen und versteht sie auch als definitive Antwort auf zukünftige globale Wohnprobleme der Menschheit.
Bereits 1969 war ein Kompendium von Soleris Entwürfen in einem großformatigen Bildband erschienen. Darin beschreibt er sein Konzept der „Makro-Architektur": Er versteht darunter dreidimensional komplex strukturierte Bauten, die er „Archi-Ökologia" (arcologies) nannte. Mit diesem Konzept wollte er ermöglichen, ganze Bevölkerungsteile zu einem architektonischen Ganzen zusammenzufassen.

Abbildung 50: **Theodiga** *von Paolo Soleri*

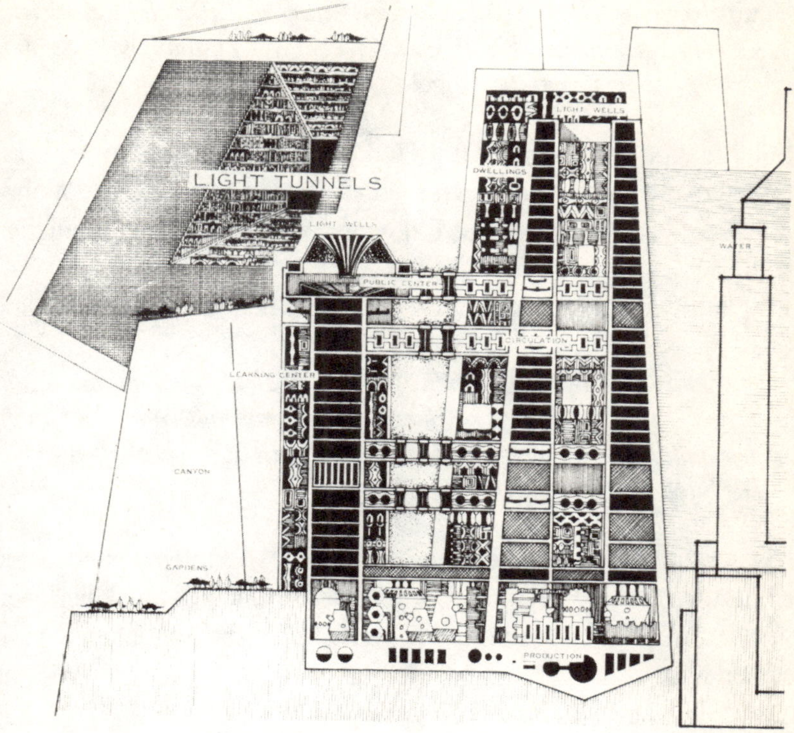

Paolo Soleri, THEODIGA

Soleri begründete diese Bauweise mit der Notwendigkeit des „organischen" Wohnens. Die flächenfressenden, in rasender Geschwindigkeit wachsenden Städtemonster sah er als „utopische" Moloche an, die unfähig seien, zukünftige Wohnprobleme zu bewältigen.[1]

Soleri schlug deshalb eine „Bevölkerungs-Implosion" vor, durch *„Einstülpung"* aller Wohnungen in ein kompaktes, großes Stadtgebäude: die „Archi-Ökologia".

Er beschreibt darin:

[1] Soleri, P., The City in the Image of Man, Cambridge, Mass.: MIT Press, 1969.

„voll-isolierte Komplexe, autarke und miniaturisierte Wohnstrukturen, Stadt und Menschen werden eins - ein involuierter/evoluierter Superorganismus. Die Natur vor der Haustüre, jederzeit zu erreichen, sie kehrte somit zurück in ihren „natürlichen" Zustand und - befände sich in Harmonie mit ihrer eigenen Ökologie".[1]

Soleri stellte sich Gebilde mit Hunderten von Etagen vor, mit kilometerweiten Ausdehnungen in einer Größenordnung, die Wohn- und Lebensraum für viele Millionen von Menschen ermöglichen sollte.
Er plante dreidimensionale Städte, in denen der Mensch seine Ökologie selbst bestimmen sollte:

„In ihr ist er sowohl Landbewohner als auch weltmännischer Stadtbürger - aber dennoch von seinem Inneren und Äußern nur 'hautnah' getrennt. Er hat somit seine Stadt nach seinem *Bilde geschaffen - Die Stadt als Ebenbild der Menschheit".*[2]

Mir wurde klar, daß Soleri eine Lösung des Problems anbot, eine Erklärung dafür, wie man sich die Bedingungen zum Überleben von Hunderttausenden unter widrigen Lebensbedingungen vorzustellen habe:
Die *Archi-Ökologia* auf dem Mars.
Die wichtigste Voraussetzung zur Akzeptanz dieser Hypothese war zunächst die Verifizierbarkeit „archi-ökologischer" Strukturen und deren zugrundeliegende extra-terrestrischer Intelligenz.
„Archi-Ökologien" unter Marsbedingungen hätten groß angelegte Monumente sein müssen, ausgestattet mit gigantischen Sonnen-Kraftwerken, die in der Lage gewesen sein mußten, eine eigene Öko-Sphäre zu erzeugen und aufrecht zu erhalten.

Pyramidale Formen auf dem Mars? Wären sie geeignet gewesen, zu einem architektonischen Modell eines Paolo Soleris?

---

[1] Soleri, P., The City in the Image of Man, Cambridge, Mass.: MIT Press, 1969.
[2] Soleri, P., The City in the Image of Man, Cambridge, Mass.: MIT Press, 1969.

Abbildung 51: **Hexahedron** *von Paolo Soleri*

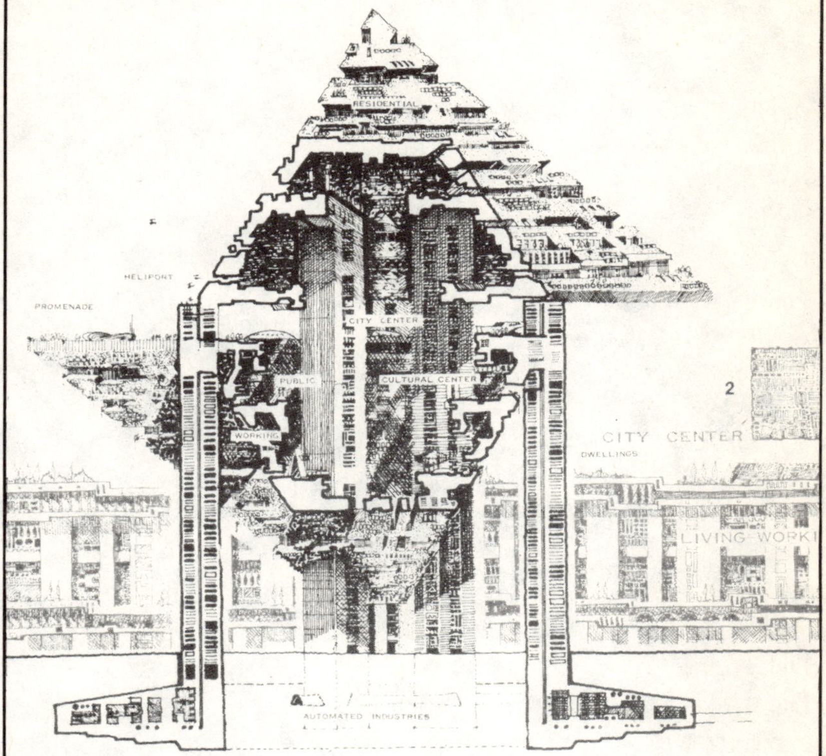

Paolo Soleri, HEXAHEDRON

Keine bessere Lösung wäre denkbar, als anzunehmen, daß im Inneren solcher Strukturen Tausende von Bewohnern Schutz und Lebensraum gegen die ansonsten unwirtliche Marsumgebung gefunden haben könnten.

Abbildung 52: **Veladiga** *von Paolo Soleri*

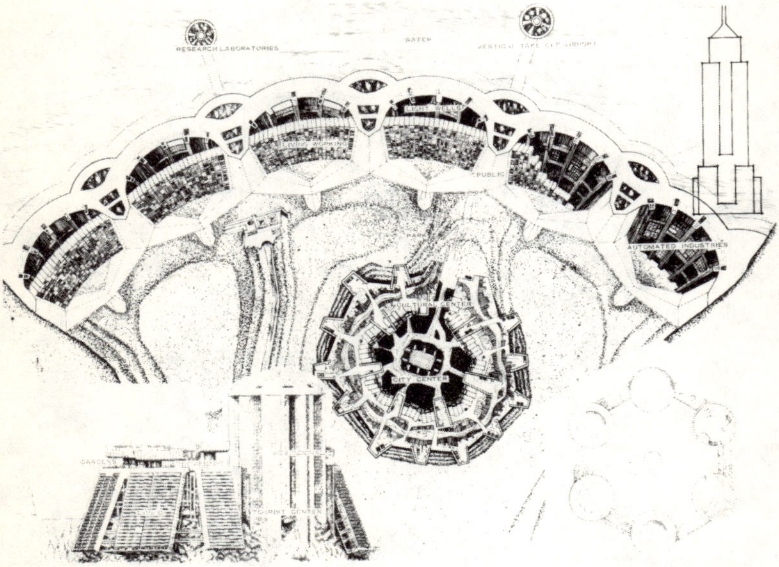

Paolo Soleri, VELADIGA

Die marsianischen Pyramiden könnten also - in Form von Kolonien oder Ausgangsbasen - eine Ansammlung komplizierter, hochentwickelter Gebilde zur Aufnahme und autarken Versorgung größerer Bevölkerungen gewesen sein.
Es schienen meine Überlegungen mit den bisherigen Ergebnissen gut in Einklang zu stehen.

Feinmessungen der Ausrichtungen der Pyramiden untereinander ergaben zusätzliche Daten, die uns ein Stück weiterbrachten. Sie schienen sowohl die Thesen der archi-ökologischen Bewohnbarkeit sowie die Vorstellung einer längeren Periode der Zivilisation auf dem Mars zu unterstützen - wie zwei „Frequenzen", die durch Überlagerung eine gemeinsame „Schlagfrequenz" ergeben.

Man kennt dieses Phänomen vom Zusammentreffen zweier hochfrequenter Töne, die als singuläre Ereignisse außerhalb des menschlichen Hörbereiches liegen, jedoch durch *Supperposition* zweier Einzelfrequenzen einen resultierenden Ton erzeugen, der im Hörbereich des Menschen liegt.

In der Fernsehtechnik ergeben sich ähnliche Effekte bei der Bilderzeugung. Wenn man eine TV-Kamera auf ein reguläres Muster wie das Blendengitter einer Jalousie richtet, erzeugt die Kamera eine Serie von wellenförmigen Bandstrukturen.[1] Sie sind das Ergebnis eines sogenannten Moiré-Effektes, der zwischen zwei sich überschneidenden regulären Linienmustern entsteht. Das eine wird durch physikalische Besonderheiten in der Kamera selbst erzeugt, das andere hingegen von dem optischen Abbild dessen, was die Kamera gerade aufnimmt.

Das gleiche Phänomen ist an Fensterscheiben, Gitterzäunen, Wolkenkratzer-Geometrien, kurz an allem, was dem gitter-artigen Abtast-System einer TV-Kamera von außen ein reguläres Bildmuster bietet.

Es gilt also generell: wenn zwei reguläre Muster in einem System interagieren wird durch Supperposition ein drittes Wellensystem erzeugt, das, je nach dem, größer oder kleiner als die Ausgangsstrukturen sein kann.

Und nun schlagen wir den Bogen zu den rätselhaften Wabenmustern, die wir an der „Festung" gefunden hatten. Es war häufig der Einwand zu hören, daß die Wabenstrukturen ein Computerkamera-Artefakt sein müssen. Gene und Vince mußten in gewisser Weise

[1] auch oft schräg über das Bild laufend

mit dieser ihrer Behauptung zwar recht gehabt haben, jedoch nur deshalb - und das war entscheidend für alle weiteren Betrachtungen - weil die Kamera eine *artifizielle Formation* zwischen der „Hauptpyramide und der „Festung" auf dem Mars belichtet hatte und - als Summation, in Verbindung mit dem Moiré-Effekt - eine *neue* Rasterstruktur im Computer entstanden war.
Offensichtlich hatte zur Generierung dieses Moiré-Waben-Musters ein besonderer Computer-Algorithmus des SPIT-Verfahrens, das von Vince und Greg entwickelt worden war, beigetragen.
Damals war in der Absicht, bei den Aufnahmen eine weitere Differenzierung zu erreichen, *jedes* Pixel der Viking-Bilder[1] zu 9 Untereinheiten aufgelöst worden. (siehe S. 17). Dadurch entstanden günstige Voraussetzungen für die Bildung von Moiré-Mustern. Doch wesentlich ist dabei, daß *bei dieser Prozedur keine Moiré-Muster hätten entstehen können, wenn nicht ein kleineres, höherfrequentes, auf der Marsoberfläche befindliches Gittergebilde der Kameraoptik überlagert worden wäre.*
Also mußte eine Struktur auf dem Mars existieren, die nur als artifizielles Gebilde denkbar ist!
Es war die *einzige* Stelle der kartographierten Marsoberfläche des Viking-Bildmaterials, die mit dem Kamerasystem ein Moiré-Muster gebildet hatte. Und nicht zuletzt ergab die strenge Geometrie des Waben-Musters gerade an dieser Stelle auch architektonisch einen Sinn!
Die Hypothese war schließlich auch von uns überprüfbar, denn, das zweite Bild über die Wabenstrukturen (No. 70A11) zeigte augenscheinlich dieses Muster nicht. Diese Tatsache fügte sich elegant und zwanglos in die Moiré-Muster-Theorie ein, zumal das Bild aus einer anderen Entfernung und bei differentem Azimut[2] aufgenommen worden war. Es mußten also die zu erwartenden Abtastmuster - als Reaktion auf die regulären Muster der

---

1 Ein Pixel ist der kleinste Bezirk eines Video-Bildes, der durch ein elektrisches Signal reproduziert werden kann.

2 zur Erklärung siehe Glossar

Marsoberfläche! - anders als diejenigen des ersten Bildes sein. Und dies war auch der Fall!

In gewisser Weise war die Abwesenheit der Wabenstrukturen auf dem Bild No. 70A11 eher ein „Negativ-Test" gegen die Moiré-Muster-Theorie, doch stellten wir uns schließlich die Frage, ob die Theorie in der Lage sei, eine *Antwort auf die Herkunft der Wabenstrukturen selbst zu geben.* In gewisser Weise war dies auch der Fall, wenn wir Batesons Logik folgen:

> *„...es ist möglich, ein unbekanntes Muster durch Kombination mit einem zweiten, bekannten Raster zu untersuchen und zu analysieren - durch die Beobachtung des daraus entstehenden Summationsmusters".*[1]

Da uns sowohl die mathematischen Grundlagen der Viking-Kameras als auch diejenigen der „Waben" bekannt waren, hatten wir theoretisch die Möglichkeit, durch einen *Umkehrschluß* die tatsächliche Größe der Muster zu bestimmen, die auf der Marsoberfläche Moiré-Muster erzeugten. Bei Durchführung dieser Berechnung könnten wir anschließend das Ergebnis einem experimentellen Test unterziehen: durch Entwicklung eines maßstabgerechten Modells von den „Waben" und der „Festung" und anschließender Belichtung dieses Modells mit einer Kamera, die identisch mit der Viking-Kamera sein mußte.

Noch vor unserem „konzeptionellen Durchbruch" bei dem Problem der „Waben" hatten Lambert Dolphin und ich voneinander unabhängig in dem Mars-Tagebuch notiert, daß weitere wabenähnliche Formationen, als „Verlängerung" der bereits bekannten Gitterstrukturen, entdeckt worden seien - ebenfalls in der Nähe der „Festung". Weiterhin fanden wir auch visuelle Hinweise auf verschiedene klar begrenzte Etagenbildungen, die, in Überschneidung mit anderen Strukturen, den Blick auf tieferliegende Formationen freigeben, als ob eine überhängende Schicht das durchdringende Licht zu tieferen Ebenen verschleierte oder zerstreute. Jedoch was wir nicht entdeckten waren wabenartige Einzelheiten, die Hinweise

[1]Bateson, G., Mind and Nature, New York: E.P. Dutton, 1979.

auf eine Verschiedenheit dieser Strukturen - mit einer abweichenden „Musterfrequenz" - zu den bereits entdeckten Strukturen im Südwesten aufwiesen.
Auf jeden Fall war uns bewußt, wir mußten das „Waben-Problem" mit einer Mischung aus neuem Denkansatz, optischer Analyse und experimentellem Modell lösbar machen.
Wir hatten die Gewißheit, in den *Wabengefügen das wichtigste Stück der Beweisführung* für die archi-ökologische Natur der „Stadt" in Händen zu halten.

Wie hatte man sich Wesen vorzustellen, die mit hoher Wahrscheinlichkeit nicht auf diesem Planeten geboren wurden, aber dennoch ein hohes Interesse daran gehabt haben mußten, auf dessen Oberfläche megalithische Zeugen ihrer einstigen Anwesenheit zu hinterlassen?
Aus dem Klappentext von Soleris Kompendium war zu entnehmen; daß der

> *„nächste Vorfahre der Archi-Ökologia der Ozeandampfer ist. Eben auch ein solides, hochstrukturiertes, ein für das Überdauern menschlichen Lebens fast völlig autarkes Gebilde".*

Bereits Jahre zuvor hatte ich durch Zufall eine andere ebenso schöne Metapher für den Ozeandampfer gehört:
Die Szene stammte aus einer Kurzgeschichte von Arthur Clarke, über eine wunderliche Vision eines polynesischen Jungen, der in einem Ausleger-Kanu voranpaddelte, jenseits des Riffs, es war schon Dämmerung...
„Jede zweite Woche kam das Schiff vorbei - eine riesige, lichterglänzende Stadt in der Dunkelheit. An diesem Abend wagte er sich weiter als je zuvor auf das Meer hinaus, in sehnsüchtiger Erwartung es zu treffen...
Plötzlich, es war da, von einem gigantischen, farbenfrohen Lichterspiel begleitet. Pochende Maschinen trieben es unaufhaltsam voran zum Horizont. Schneller tauchten die Paddel ein, er versuchte mit seiner himmlischen Vision, die zunehmend mit ihm verschmolz,

Schritt zu halten. Er glaubte Gelächter zu hören, Klänge von Musik, rufende Menschen - „Hurra“!
Mit all seiner Kraft das Wasser teilend, erkannte er, daß ihn seine Phantasie zu schnell einholte, ja nunmehr drohte, ihn alleine auf dem Meere zurückzulassen - bald war die Nacht ruhig wie eh und je. Die mächtigen Maschinen waren verstummt, die Lichter der schwimmenden Stadt verdichteten sich zu einem kleinen Punkt am Horizont. Er war allein, ein kleiner Junge, alleine auf einem riesigen Meer, unter einem dunklen, sternenübersäten Himmel...“.
„Während der bisherigen Geschichte der Menschheit, solange man den Gebrauch des Wortes „Schiff“ überhaupt kennt, wird es auf eine bestimmte Art seetüchtiger Fahrzeuge angewendet. Zukünftig - während der Entwicklung zukünftiger Generationen, die sich über andere, Millionen von Welten, ausbreiten werden - womöglich im gleichen Zeitraum, den wir bis zum diesem Punkt benötigten, wird die Welt diesen Begriff ausschließlich auf eine neue Art von Fahrzeugen anwenden: es werden Raumschiffe sein.
Ein Bild stand plötzlich wieder vor mir, es drängte sich die Frage auf, ob nicht eine *Mischung* von Clarkes und Soleris Visionen die Erklärung zu dem „Wie“ und „Warum“ der Vorgänge auf dem Mars lieferten?
Isaac Asimov, ein bekannter Wissenschafts-Autor, machte einmal eine treffende Bemerkung über das Naturell der Wesen, die es in die Weiten des Alls drängt.

> *„ Es werden sicher nicht Lebewesen des Planeten Erde sein, die irgendwann die äußeren Planeten und schließlich andere Sterne unserer Galaxie erkunden werden. Es werden diejenigen sein, die auf Raumkolonien oder auf Mond-Basen aufgewachsen sind, die niemals die Weitläufigkeit des Lebens auf der Erde genossen haben und immer an enge Quartiere mit restriktiven Umweltbedingungen, wie sie an Bord eines Raumschiffes gegeben sind, adaptiert und gewöhnt waren.*[1]

Diese Überlegung beflügelte mich zu der Annahme, daß die früheren „Kolonialherren“ vom Mars wahrlich Reisende von einem an-

---

[1] Asimov, I., Extraterrestrial Civilizations, New York: Fawcett, 1979.

deren Planeten gewesen sein könnten. Die nächste Frage folgte unweigerlich: von welchem?
Wenn man die notwendigen Parameter für Lebensbedingungen als Kriterium nimmt, so finden wir im gesamten äußeren Sonnensystem keinen Himmelskörper, der nur annähernd das Milieu unseres Planeten besäße.[1]
Betrachten wir die anderen Planeten aus dem inneren Teil des Sonnensystems. Die Oberfläche des Merkur ist heiß genug, um Blei zum Schmelzen zu bringen und - er besitzt keine Atmosphäre. Die Venus besitzt eine dichte Atmosphäre aus Kohlendioxid mit einem hohen Anteil an Schwefelsäure. An ihrer Oberfläche herrschen sehr hohen Temperaturen, die eine Entstehung von Leben höchst unwahrscheinlich machen. Sie besitzt keine Monde und hat vermutlich auch nie welche besessen oder sie stürzten in der Frühphase unseres Sonnensystems, vor mehr als 3,6 Milliarden Jahre, auf die Planetenoberfläche.
Auch die äußeren Planeten sind entsprechend unbewohnbar, verborgen unter Schichten von Gasen wie Kohlendioxyd, Helium oder Wasserstoff, gelegentlich „verunreinigt" mit Elementen wie Sauerstoff, Kohlenstoffverbindungen oder Stickstoff in geringsten Konzentrationen, die in der Regel keinerlei Spielraum für die Entstehung komplexer organischer Verbindungen lassen.
Letztendlich bleibt für die Erklärung der „Kolonialisten" des Mars unser eigenes Sonnensystem nicht zur Verfügung. Andere Sterne und deren Planeten in unserer Galaxie sind als Herkunftsort denkbar.
Um die Bedeutung unserer Schlußfolgerung in ihrer Tragweite zu erkennen, sollten wir uns nochmals die Größenordnungen des Weltall vor Augen führen:
Wenn wir unserer Erde die Größe eines Stecknadelkopfes zuordnen, so müssen wir uns die Sonne in Größe einer Grapefruit vorstellen, die im Abstand von etwa 15 Metern von der Erde umrundet wird. Wenn wir bei diesem Modell bleiben, so erscheint uns der

[1]Bova, B., ed. Close-up: New Worlds, New York: St. Martin's Press,1977.

äußere Rand unseres Sonnensystems 40mal weiter entfernt als unsere Position zur Sonne. Die Entfernung betrüge etwa 700 Meter. Die Umlaufbahn des Planeten Pluto, der selbst nur ein Viertel der Erdgröße besitzt, markiert dabei die Begrenzung unseres Sonnensystems.

Nun kurz zu den Zeitdimensionen.

Im Vakuum des Weltraums pflanzt sich das Licht mit einer Geschwindigkeit von genau 299.792,4562 km/sec fort. Selbst mit dieser unvorstellbaren Geschwindigkeit benötigt das Licht 8 Minuten, um die Entfernung von der Erde zur Sonne zu überwinden. Bis zur Umlaufbahn des Pluto benötigt es schon etwas mehr als fünf Stunden (6 Milliarden km). Die Entfernung zu unserem nächsten Sternennachbarn ist etwa 800.000mal größer als unsere Entfernung zur Sonne. Dies würde in unserer Modellvorstellung einer Entfernung zu unserer Erde von 12.800 km entsprechen. Die Entfernung zwischen der Sonne und dem α-Centauri beträgt etwa 40 Billionen Kilometer. Um zu diesem nächstgelegenen Stern zu gelangen, müßten wir eine Reise von vier Jahren - in Lichtgeschwindigkeit! - planen.

Lassen Sie uns einen Blick auf unsere Nachbarn werfen. Der Raum, in dem wir uns dort bewegen müßten - die „nähere" Umgebung von 20 Lichtjahren - entspricht einem „Netz von Grapefruits", die sich in einem Raum bewegen, der 60mal so groß wie unsere Erde ist, wobei jede Grapefruit etwa einen Erddurchmesser von der anderen entfernt wäre.

Wenn wir also über bemannte Raum-Missionen sprechen, müssen wir ausschließlich in Superlativen denken lernen, was die technischen Anforderungen zur Durchführung, sowie die erforderliche Zeitplanung einer solchen Reise betrifft. Die bisherigen Beschränkungen der Antriebstechnik auf einen geringen Bruchteil der erforderlichen Lichtgeschwindigkeit lassen futuristische Antriebstechniken wie etwa auf der Basis von Fusionskräften oder „Anti-Materie-Antriebe" in den utopischen Hintergrund treten. Selbst die kühnsten Planer müßten für die Reise zum nächstgelegenen Stern α-Centauri eine Reise von etwa 50 Jahren veranschlagen.

Wenn dies einmal jemand als „Gottes Quarantäne-Ordnung" bezeichnete - es erscheint nach unseren Überlegungen nicht mehr abwegig...
Aufgrund dieser Schätzungen sollte niemand mehr leichtfertig annehmen, es habe irgendwann einen Besuch durch extra-terrestrische Intelligenz auf einem kleinen Flecken Sand eines eher durchschnittlichen Sonnensystems gegeben - und dies über Billionen von Kilometern hinweg. Es sei denn, man hätte *zwingende* Gründe, die dafür sprechen...

Angenommen unsere „Besucher" vom Mars hätten bei ihrer Planung ähnliche technische Limitierungen wie die relativ langsame interstellare Reisegeschwindigkeit zu berücksichtigen, jedoch sie besäßen andere biologische Existenzbedingungen, so könnten wir davon ausgehen, daß die Reisenden zum Mars eine weit größere Lebensspanne zur Verfügung gehabt hatten, um ihre Pläne zu verwirklichen - möglicherweise Tausende von Jahren.
Eine ausgezeichnete, kürzlich durchgeführte Studie über technische Voraussetzungen für verschiedene Alternativen des interstellaren Raumfluges wurde von der NASA und U.S.-Air Force, unter der Leitung von Dr. Robert Forward von den Hughes Research Laboratories, durchgeführt.[1] Die Studie bestätigte, was bereits seit Jahrzehnten von Futuristen angenommen worden war: es gibt prinzipiell keine nicht überwindbaren Hindernisse für den interstellaren Raumflug, lediglich viele schwierigste technische und - *gentechnische!* - Probleme.
Zumindest können wir aus der Untersuchung schließen, daß dieser Traum technisch machbar ist, vorausgesetzt, alle Probleme in den komplizierten geschlossenen Öko-Systemen können gelöst werden und die Lebensspanne der Reisenden würde ausgedehnt werden.
Jedoch die daraus entstehenden sozio-ökologischen Probleme und Konsequenzen bei der Besiedlung ganzer Galaxien, wie Dr. David

[1]Mallove, E., Forward, R.L., Paprotny, Z. and Lehmann, J., „Interstellar Travel and Communication: A Bibliography," Journal of the British Interplanetary Society, Vol. 33, No. 6, 1980.

Brin, Physiker und Wissenschaftsautor, in einer brillanten Abhandlung feststellte, „sie wären unüberschaubar.“[1]
Mir erscheint es, als könnte die Cydonia-Region symbolisch für den Wunsch einer Kultur früherer Zeiten stehen, soziale und technische Errungenschaften in großem Stil für die Raumfahrt nutzbar zu machen, um somit in den Weiten des Alls ein „isoliertes, autarkes, hoch differenziertes Gebilde“, ähnlich eines „Superorganismus“ zu installieren - als Basis für Explorationen in einem gewissermaßen sozio-ökologischen Duplikat ihres Raumschiffes. Warum aber wählten sie den Mars? Sie hatten ständig die Erde vor Augen...

Für Erdenbewohner erscheint es völlig absurd anzunehmen, daß Reisende durch Raum und Zeit die unwirtliche Umgebung des Mars-Milieus einer eher paradiesischen, von intelligenten Wesen - damals noch - unbewohnten Sphäre vorziehen sollten?
Die Erde ist eine üppige, fruchtbare und biologisch vielfältige Welt, die hervorragende Bedingungen für prosperierendes Leben besitzt. Es erscheint also unmöglich, die biologischen, soziologischen und ökologischen Bedingungen nachzuvollziehen, die extraterrestrische Wesen dazu gezwungen haben könnten, ihren „Luxus“ aufzugeben, um ihn gegen eine lange und entbehrungsreiche Reise einzutauschen.
Unsere Denkmodelle zielen daraufhin ab, daß diese Wesen sich bewußt waren, daß ihr Reiseziel nur durch die gemeinsame Anstrengung mehrerer Generationen erreicht werden kann, durch die Repräsentanten derer, die die Reise begonnen hatten.
Dieses „*Generationen-Raumschiff*“ könnte die Bedingungen dazu geliefert haben, daß sich - nach Isaac Asimov - im Laufe vieler Generationen eine neuartige „Spezies“ extra-terrestrischer Raumfahrer herauskristallisierte. Sie mußten hochspezialisierte genetische Eigenschaften, eine unvorstellbar starke psychische und physische

[1] Brin, G.D., Quarterly Journal of the Royal Astronomical Society 24, 283, 1983; Brin, G.D., „Xenology: The New Science of Asking 'Who' s Out There',“ Analog, May, 1983.

Konstitution besessen haben - zur Duldung und Bewältigung ihrer Aufgaben als Zeitreisende.

Wenn dieses Generationen-Raumschiff schließlich sein Ziel-Sonnensystem erreichte, dann hatten sich die Insassen im Laufe vergangener Jahrtausende bereits von ihrem Mutterboden stark entfremdet. Sie hatten sich schließlich auch genetisch ihren neuen Umgebungsbedingungen angepaßt. Dann stießen sie auf einen „befremdlich anmutenden“ blauen Planeten, mit Stürmen und Erdbeben, millionenfacher Vielfältigkeit biologischer Systeme und - zu allem Übel - mit Jahreszeiten. Er wäre für sie ein Planet voller Unwägbarkeiten, mit denen umzugehen diese Spezies im Laufe ihrer Evolution verlernt hat. Für sie dürfte die Erde eher eine Horrorvision eines „normalen“, für „übliche“ biologische Systeme vorbereiteten Planeten gewesen sein.

Es erscheint nun nachvollziehbar, daß sie regelrecht bestimmten Zwängen zur Simulation der für sie existentiellen Bedingungen ausgesetzt gewesen sein mußten. Möglicherweise benötigten sie Bedingungen, die, entgegen allen „gesunden Menschenverstandes“, sie genötigt haben könnten, einen Planeten wie *Mars der Erde vorzuziehen.* Nicht zuletzt standen auf dem Roten Planeten einige wichtige Rohstoffe zur Verfügung, die für die Herstellung geschlossener Lebens-Systeme notwendig gewesen sein könnten - ohne die Bedrohung durch Faktoren wie starke Stürme oder Oxidationsvorgänge[1].

Eine *Soleri'scher Stadt-Staat*, eine Kopie ihrer sozio-ökologischen Lebensbedingungen konnte entstehen...

Die Ergebnisse der Viking-Sonde hatten uns bestätigt, daß der Mars im Gegensatz zu anderen Planeten wie Merkur, Venus oder

---

[1]Es ist zwar richtig, daß auf der Marsoberfläche global stärkste Stürme entstehen, jedoch entwickelt sich auf Grund der geringeren Mars-Atmosphäre (1/100 Dichte der Erdatmosphäre) nur eine geringfügige, zu vernachlässigende Windlast. In Übereinstimmung mit den jahrelangen Messungen der Viking-Sonde muß davon ausgegangen werden, daß die Auswirkungen dieser Marsstürme, im Vergleich zu denen irdischer Stürme, unbedeutend sind.

gar den äußeren Planeten und Monden ein, im Vergleich zur Erde!, günstiger Standort zur Gewinnung all der Rohmaterialien ist, die für die *Erhaltung* von Leben und dessen Technisierung notwendig sind.

Falls die Erde aus den bereits erwähnten Gründen[1] von den Reisenden gemieden wurde, so müssen wir annehmen, daß der Mars die „bessere" Alternative zum Ausbau eines in sich geschlossenen Komplexes, zu einer Basis gewesen sein muß.

Lassen Sie uns einmal zurückkehren zu dem sogenannten „SETI-Paradigma". Dies besagt, daß Galaxien Planeten besitzen, die erden-ähnliche Bedingungen bieten, wovon viele zwar nicht die Voraussetzung zur Entstehung *organischer* Systeme, jedoch zur Entstehung von mit Neugier begabten, technisch-intelligenten Systemen erreicht haben. Diese Annahmen stammen von einem Wissenschafts-Autoren namens Dr. Stephen Dole, der seit 1964 gründliche Studien zu dieser Thematik betreibt. Damals veröffentlichte er einen minutiös recherchierten Bericht mit dem Titel „Für den Menschen bewohnbare Planeten", in dem er zu dem Schluß kommt, daß es allein in unserer Galaxie etwa 600 Millionen Planeten mit erden-ähnlichen Bedingungen geben müsse. Zu einem interessanten Ergebnis kam Dole auch bei seinen Untersuchungen über den Alpha Centauri, der Stern, der uns am nächsten ist. Nach seinen Angaben bietet gerade dieser Stern günstige Bedingungen für planetares Leben. Er weißt auf die Besonderheit seines *multiplen* Sternsystems hin[2], von denen zwei, ebenso wie unsere Sonne, zur Gruppe der gelben Zwerge gehören. Der dritte Himmelskörper erscheint als kleiner roter, von den anderen beiden weit entfernter Zwergen-Stern, dessen Planeten, wenn er welche besitzen sollte, wenig Möglichkeiten zur Lebensentstehung bieten dürften.

Ein australischer Astrophysiker namens Thomas Donaldson veröffentlichte diesbezüglich 1984 eine neue und sehr radikale Theorie über die Entstehung von Sternen,[3] die auf dem deutlich genaueren

---

[1] durch „unberechenbare" Bedingungen

[2] eigentlich besitzt der Alpha Centauri 3 Sternenquellen, die sich umeinander drehen

[3] Donaldson, T.M., „The Galaxy Before Man," Analog, September, 1984.

Zahlenmaterial der letzten 20 Jahre basiert. Insbesondere standen ihm neue Erkenntnisse über Einfluß von Alter und Lokalisation der Galaxien auf die Entstehung von Sternensystemen zur Verfügung.
Donaldsons zentrale These lautet:
Die weitere Bildung und Zusammensetzung eines Planeten bei seiner Entstehung ist direkt abhängig von der Konzentration schwerer Elemente in dem dazugehörigen Referenz-Stern[1]. Terrestrisch ähnliche Planeten sind primär aus fünf Elementen, nämlich Kohlenstoff, Sauerstoff, Silizium, Magnesium und Eisen zusammengesetzt. So ist die Gesamtmasse dieser Elemente, in der Phase der solaren „Ursuppe" - bei sonst konstanten Bedingungen - der primär determinierende Faktor für die Entstehung erden-ähnlicher Planeten.
Donaldsons Hypothese, daß sich die Masse eines Planeten direkt proportional zum Anteil schwerer Elemente seines zentralen Sterns verhält, könnte zu einem mächtigen Instrument zur Analyse potentieller terrestrischer Bedingungen werden. Wenn sich seine Thesen als richtig erwiesen, wären selbst für weit entfernte Sternensysteme realistische Prognosen möglich. Auch wären exakte Voraussagen über das Alter von Sternensystemen, und somit eine Beurteilung möglicher biologischer Evolutionsphasen weit entfernter Planeten in greifbare Nähe gerückt.
Weitere Berechnungen von Donaldson widerlegten schließlich eher das SETI-Paradigma. Nach seinen Berechnungen konnten erden-ähnliche Bedingungen nur in verschwindend geringer Häufigkeit in anderen Sonnensystemen zu erwarten sein, dagegen - und dies erscheint schockierend - mußten mars-ähnliche Himmelskörper wie Sand am Meer in der interstellaren Nacht verteilt sein.
Ich zitiere Donaldson:

„Selbst wenn mars-ähnliche Planetentypen die überwältigende Mehrheit bilden sollten, wird es für erden-ähnliche Planeten mit einer sauerstoffhaltigen Atmosphäre und die für komplexes Leben ausreichend fortentwickelt sind, lediglich in jedem 0,002ten Sonnensystem eine

[1] „schwere" Elemente sind in der Astrophysik alle Elemente, die mehr Protonen und Neutronen als Helium in ihrem Kern enthalten.

realistische Wahrscheinlichkeit ihres Erscheinens geben können. Demnach ist der erste Stern, der irdische Bedingungen auf einem seiner Planeten erwarten ließe, etwa 200 Lichtjahre entfernt. Bei einer Geschwindigkeit von 0,1 c, d.h. 1/10 der Lichtgeschwindigkeit, wären wir etwa 2000 Jahre unterwegs bis zu unserem Ziel. Sehr wahrscheinlich hätten zwischenzeitlich Mitglieder des Planeten Erde viel Kolonien auf benachbarten Planeten gebildet und seit langem fremde Sterne bereist, bevor menschliche Reisende des Weltalls auf einem fremden, mit Lebensformen besiedelten Planeten gelandet wären.[1]

Wenn also der Typ Erde selten, dagegen der Typ Mars die Regel ist, warum sollte gerade dann von Lebewesen der Mars vor der Erde bevorzugt werden?[2]

Diesen Gedanken zu Ende denken hieße, den *Planetentyp Mars* als den *bevorzugten* Ort für den Ursprung von Leben, wenn nicht gar der Evolution intelligenten Lebens anzunehmen - und nicht den Typ Erde, wie wir bisher angenommen hatten!

Es ist also denkbar, daß *wir* die eigentlich „Unnormalen" sind...

Diese doch etwas radikale Folgerung ergab sich für mich aus dem eindeutigen Zahlenmaterial Donaldsons. Seine Schätzungen belaufen sich auf ein Vorkommen des Typus Mars in etwa 15 Prozent aller Systeme, in denen Planeten zu erwarten wären. Die Chance, daß sich allein durch die Häufigkeit des Vorkommens ein - statistischer - Vorteil bei der Besiedelung ergeben könnte, scheint mir zumindest wert, weiterverfolgt zu werden.

Ein weitere Faktor schob sich bei meinen Überlegungen in den Vordergrund: *die Gravitation*!

Denn von allen uns bekannten Faktoren, die für eine hochtechnisierten Zivilisation bei der Überwindung großer Entfernungen im All beherrschbar erscheinen, gibt es nur ein Faktor - nach unserem

---

[1]Donaldson, T.M., „The Galaxy Before Man," Analog, September, 1984.

[2]Nehmen Sie an, jedes System mit einem erden-ähnlichen Planeten besitzt mindestens auch ein Exemplar eines mars-ähnlichen Körpers, so muß sich der Prozentsatz an Sonnensystemen, die beide beherbergt - da nach Donaldsons Modell nur jedes 15. Sonnensystem einen „Typ Mars" erwarten ließe - sich von 0,002, auf weniger als 0,0002 Prozent verringern.

derzeitigen physikalischen Verständnis - der nur sehr gering oder überhaupt nicht beeinflußbar ist: das Gravitationsfeld der Planeten. Eine für sie nicht kontrollierbare Kraft wie die Gravitation müßte auf die Art, wie eine fremde Welt zu kolonialisieren ist, große Auswirkungen haben: Techniken des Bergbaus, der Infrastruktur, die anzulegen notwendig ist bis hin zu den Methoden architektonischen und technischen Konstruierens. Nicht zuletzt wird die Gravitationskraft Auswirkungen auf die besonderen Existenzbedingungen *biologischer* Systeme haben.
In den letzten 50 Jahren haben die Naturwissenschaftler zunehmend erkannt, daß die Gravitation von Anfang an eine ungeheuer wichtige Konstante bei der Entstehung biologischer Systeme gewesen sein mußte. Studien unter reduzierter oder gar aufgehobener Gravitation, aber auch unter Bedingungen verstärkter Gravitation, wie sie von der NASA und anderen Einrichtungen in Zentrifugen simuliert wurden, haben zumindest eine, für alle Lebewesen auf unserer Erde, gültige Erkenntnis erbracht:
Die Gravitationskraft verändert die biologische Uhr eines jeden Lebewesens im Sinne einer Lebensverkürzung.[1]

Nach Jahrtausenden währender Reise in einer recht komfortablen, autarken, miniaturisierten Welt, erreichte das Raumschiff schließlich eine kleines, unscheinbares Sonnensystem. Die ausgeschickten

[1]Diese Ergebnisse werden zum Teil bestätigt durch die Arbeiten des Biologen und Experten für russische Forschung mit biologischen Systemen im All, Kenneth Souza, vom Ames Research Center. Nach Angaben Souzas (persönliche Mitteilung) haben Untersuchungen der letzten 20 Jahren an Mäusen und Hühnern in einem „Hypergravitationsfeld“ (durch Zentrifugalkräfte simuliert) Hinweise auf eine kürzere Lebensspanne im erhöhten Gravitationsfeld ergeben. Trotz der vielfältigen Störeinflüsse, wie unterschiedliche Diät oder unterschiedliches Adaptationsvermögen an unphysiologische Bedingungen, die die Extraktion der „bereinigten“ Gravitationskomponente an diesem Phänomen erschwert - gibt es dringende Hinweise, daß in der ersten Generation eine dramatische Kürzung der Lebensspanne zu erwarten ist, wenn eine bestimmte Schwelle an Gravitationskraft überschritten wurde. Dies impliziert meine Überlegung, daß die „Marsianer“ gezwungen gewesen waren, den Mars einem anderen Planeten vorzuziehen - wegen der gravitations-bedingten irdischen „Intoleranz“ der ersten Generation der „Kolonialisten“ und Folgegenerationen,

Sonden ermittelten zu ihrer Freude - im Gegensatz zu den widersprüchlichen Daten ihrer vor Jahrzehnten gelandeten unbemannten Roboter-Sonde - daß sie es tatsächlich hier mit zwei potentiell bewohnbaren Stützpunkten zu tun hatten. Der näher zur Sonne gelegene, innere Planet - ein weiträumiges, prosperierendes, stark chlorophyll- und hämoglobin-haltiges Paradies mit weiten, tosenden Ozeanen und hoch-gesättigter Sauerstoff-Atmospähre.
Der andere, etwas weiter in der Peripherie gelegen, war eine kleine, vereiste Welt, die sich langsam unter der Wucht einer ungebremsten Strahlung zu einer sterbenden Wüste aus rostigem Staub entwickelt hatte. Es war eine Welt aus Kratern und mit langgestreckten Hochebenen, umhüllt von einem Hauch aus CO_2-Atmosphäre.
Plötzlich erreicht sie die schockierende Neuigkeit: die Masse des innen gelegenen Planeten erzeugt eine dreimal so hohe Gravitationskraft als der kleine rote Kümmerling. Die „Siedler“ starrten ungläubig auf das vor ihnen liegende Szenario einer scheinbar paradiesischen, jedoch für sie nahezu ungenießbaren Welt. Sie besaßen das genetische Rüstzeug, die biologische Anpassung für eine wesentlich kleinere Welt, ihre Körper waren für eine Massenanziehung, die eine bestimmte Größenordnung überschreitet, nicht ausreichend belastbar.
Sie entschlossen sich, die alternative Gelegenheit zu nutzen und begannen, Pläne zur Besiedelung des Mars zu entwickeln. Sie bauten sich ihre neue Welt, den blaugrünen Nachbarn immer vor Augen, der jeden Abend während der Marsdämmerung leuchtende Grüße schickte, jedoch - dessen Besiedelung war ihnen durch tragische Umstände auf immer verwehrt.

Erklärt uns dieser Traum nicht sehr viel? Ich denke ja, er wirft ein Licht auf das „Gesicht“...!

3. Die Mars-Connection?

„Die voreilige Behauptung, daß 'Gott den Menschen nach seinem Bilde' geschaffen habe, tickt wie eine Zeitbombe am Fundament vieler Glaubensbekenntnisse..."

Arthur C. Clarke

Die Gegenwart eines menschenähnlichen Konterfeis auf einem fremden Planeten stellt elementare Grundsätze der Evolutions-Theorie in Frage. Darauf haben auch Simpson, Stephen Jay Gould und andere hingewiesen. Wenn wir tatsächlich das Produkt einer „Million zufällig aufeinander treffender Faktoren sind, im Wechselspiel irdischer Evolution", so hätten wir wohl zweifellos ein Recht zu der Annahme, daß wir in diesem Universum einzigartig sind. Zu keiner Zeit, an keinem anderen Ort wären die Entstehensbedingungen unserer Existenz reproduzierbar gewesen.

Dennoch, das „Gesicht" existiert...und, falls sich die artifizielle Herkunft bestätigen sollte, am wahrscheinlichsten als das Abbild eines menschenähnlichen Wesens. Wie läßt sich dessen Genese mit extra-terrestrischen Aktivitäten intelligenter Lebewesen, wie mit den derzeitigen Erkenntnissen unserer Wissenschaft erklären?

Die einfachste Lösung, die mit allem, was wir bisher wissen, in Einklang zu bringen ist, aber von den meisten bisher leichtfertig ignoriert wurde, scheint mir in der Annahme der Existenz einer „irdischen Verbindung" zu den Monumenten auf dem Mars zu liegen.

Doch drängt uns die Entscheidung zu dieser Hypothese unwillkürlich über eine magische Grenze, will uns aus dem sicheren Hafen exakter Wissenschaft in das „Niemandsland" diffuser Daten, wilder Spekulationen und bizarrer Anschuldigungen drängen. Es ist einfach nicht sehr „höflich", den Gedankenfluß bei heutigen wissenschaftlichen Diskursen durch die Annahme „Extra-Terrestrischer" und deren Verbindung zu unserem Planeten zu hemmen.

Doch wenn wir systematisch alle anderen plausiblen Erklärungen für diese majestätischen Monumente ausgeschlossen haben, wer-

den wir dann nicht unausweichlich - gerade durch Folgerungen aus „Occam's Rasierklinge" - auf *diese eine* Hypothese gelenkt?
Es ist noch gar nicht so lange her, als diese Möglichkeit, zwar im Hintergrund, aber dennoch sehr eifrig, durch anerkannte Repräsentanten der Wissenschaft verfolgt worden war. 1959 zitierte Shklovskii in *Intelligent Life in the Universe* eine Arbeit des sowjetischen Ethnologen M.M. Agrest, der in den 50er Jahren die Möglichkeit untersuchte, ob:

> *„Abgesandte einer extra-terrestrischen Zivilisation tatsächlich bereits irgendwann unseren Planeten besucht haben könnten... daß möglicherweise einige Ereignisse, die in der Bibel beschrieben wurden, in Wirklichkeit die Folge eines Besuches durch extra-terrestrische Astronauten gewesen sein könnten..."*

Shklovskiis eigener Mitarbeiter, es war damals Carl Sagan, hatte noch 1966 ebenso freimütig ähnliche Gedanken geäußert. Sagan schrieb, indem er sich Shklovskiis vorangegangenem Zitat aus Agrests Arbeit anschloß:

> *„...Vor einigen Jahren stieß ich auf eine Legende, die weit ausgeprägter (als biblisches Material) einige unserer Kriterien für archaische Kontakt-Mythen erfüllte. Dies ist deshalb von besonderem Interesse, weil sie sich auf den Ursprung der sumerischen Kultur bezieht..."*[1]

Dann zitiert er weitere wesentliche Passagen aus drei verschiedenen historischen Beschreibungen, die sich aufeinander bezogen, über eine

> *„Legende, aus der hervorgeht, daß es Kontakte zwischen Menschen und Vertretern einer sehr mächtigen außerirdischen Zivilisation am Persischen Golf gegeben haben muß...im 4. Jahrtausend vor unserer Zeitrechnung oder früher."*

Die Legende, auf die sich Sagan bezog, stammte aus der Feder von drei griechischen Schreibern[2]aus klassischer Zeit, Alexander Polyhistor, Abydenus und Apollodorus. Sie bezogen sich auf eine ganze Reihe von Kontakten, die Bewohner der persischen Golfküste mit Wesen gemacht haben sollen, die von Sagan als „die Apkal-

[1]Sagan, C. and Shklovskii, I.S., Intelligent Life in the Universe, New York: Dell, 1967.
[2]Jacoby, F., Fragmenta Graec. Hist IIIC, New York: Leyden, 1958.

lu“[1] bezeichnet werden. Nach der Darstellung von Sagan kamen Oannes und seine Begleiter, um die Menschheit in fundamentalen Kenntnissen über kulturelle und zivilisatorische Fertigkeiten zu unterrichten. Die Originalschriften, die uns in einer Übersetzung aus dem Griechischen überliefert sind, können bis zu einem möglichen Urheber namens „Berossus“, einen Priester von Bel-Marduk, der in Babylon zur Zeit Alexander des Großen gelebt haben mußte, zurückverfolgt werden. Berossus schrieb in dem Bemühen, eine Darstellung seiner eigenen Kultur zu geben, einschließlich des Ursprungs ihrer Menschen und deren Zivilisation. Er besaß vermutlich Zugang zu noch weitaus älteren Keil-Schrift-Platten und Bilderschriftmaterial (Rundsiegel), die im Laufe früher Kulturen wie den Babyloniern, den Akkadiern und den Sumerern, von einer Generation zur anderen weitergegeben worden waren. Denn *sie* waren es, die über Tausende von Jahren vor der Niederschrift Berossus' die Region des persischen Golfs besiedelt hatten. Die Zivilisation selbst soll, nach Polyhistor - so zitiert ihn jedenfalls Berossus - plötzlich durch das Auftauchen der Sumerer in Gang gesetzt worden sein.

Es ist nach unseren heutigen Kenntnissen die einzige Kultur, die durch ihr „plötzliches Auftauchen“ bekannt wurde.

In dieser Hinsicht gibt es in der Geschichte der Menschheit keine vergleichbare Parallele zu den Sumerern.

Es wurde uns von ihnen die erste öffentliche Schule, die erste höher entwickelte Staatsform, der erste schriftlich fixierte Gesetzeskodex, erstmals dokumentiertes öffentliches Leben sowie erstmals eine nachweisliche Stadtplanung auf dem „Reißbrett“ und vieles mehr überliefert. Die sumerische Kultur brachte die Archäologen gewissermaßen in Verlegenheit; ihre Herkunft blieb bis heute rätselhaft. Einer der führenden Experten für sumerische Kultur, Dr. Samuel Noah Kramer, brachte diese Erkenntnis der Archäologen durch den Titel seines klassischen Buchs auf den Punkt:

[1] in einem anderen Bericht wurde eines dieser Individuen als „Musarus Oannes“ bezeichnet

„Die Geschichte begann mit den Sumerern"[1]
Sagan schrieb dazu im Jahre 1966:

> *„Die zylindrischen Siegel (aus denen Berossus schöpfte) mögen nichts anderes sein als Versuche des antiken Unbewußtseins, eine an sich unverständliche und feindselige Welt zu skizzieren - um sich verständlich zu machen. Die Geschichte über die Apkallu erscheint aus einem Stück gegossen, angefertigt möglicherweise zu bereits babylonischer Zeit, vielleicht durch Berossus selbst. Die Sumerer haben sich vermutlich über Tausende von Jahren langsam fortentwickelt. Auf jeden Fall wird es schwer sein, direkte Beweise für den Kontakt mit einer extraterrestrischen Zivilisation - allein anhand der textlichen Überlieferung - zu finden. Dennoch verdienen Überlieferungen wie die Oannes-Legende sowie andere Darstellungen über früheste Zivilisationen auf unserer Erde weitaus mehr Beachtung und kritische Beleuchtung als bisher. Die Möglichkeit des direkten Kontaktes zu einer außerirdischen Zivilisation, als klare Alternative zu bisherigen Überlegungen, bleibt davon unberührt".*

Was hatte nun zwischenzeitlich die Offenheit damaliger Meinungsbildung hinsichtlich des Themas „extra-terrestrische Besucher" so nachhaltig belastet?
Die Antwort ist ebenso einfach wie auch tragisch: es war die Person Erich von Dänikens, die bisherige unbeschwerte Äußerungen zukünftig unmöglich machte.
Der Schaden durch eine einzige Person war beträchtlich und von großer Tragweite. Einer seriösen Planung unvorbelasteter Untersuchungen über frühzeitliche Besucher aus dem Weltraum wurde gewissermaßen von Beginn an der Wind aus den Segeln genommen. Das Thema war auf diesem Wege schwerst diskreditiert worden.
Vor der „Däniken-Ära" war ein Wissenschaftler wie Sagan noch bereit gewesen, vorsichtig, aber dennoch offen, über die Möglichkeit von Besuchern aus anderen Welten zu diskutieren. Eine seiner ersten Untersuchungen richtete sich damals auf die Kalkulation der

---

[1]Kramer, N., History Begins at Sumer, New York: Penguin, 1954.

Wahrscheinlichkeit, mit der „bemannte interstellare Besuche" zu erwarten sind - innerhalb der Grenzen, die ihm durch die damaligen Kenntnisse der Physik vorgegeben waren.
Nach Beginn der Sensibilisierung des Themas bemerkte der Anthropologe Richard Grossinger sehr treffend in einem Gespräch mit mir:

> *„...moderne Wissenschaft will das „Gesicht" ignorieren, weil ein menschen-bevölkertes Universum den „göttlichen Heerscharen", dem Land göttlicher Vorfahren vorbehalten ist. Das „Gesicht" ist inakzeptabel wegen eines elitären, zeitweilig faschistoiden Anspruches des Einzigartigen, der von etablierten Wissenschaftskreisen erhoben wird. Fremde aus dem All wären eine Erklärung für die Tatsache, warum die nicht-westlichen Kulturen häufig keine eigenen Tempel, Statuen oder unabhängig erschaffene Sprachen und Zahlensysteme besitzen. Das „Gesicht" erscheint nicht unabhängig im Raum zu stehen wie die Statuen der Osterinseln, die Sphinx oder andere artifizielle Megalithen; dieses Monument steht hinter diesen Gebilden..."*[1]

Es wäre nicht das erste Mal in der Geschichte der Wissenschaft, daß ein Gegenstand von Untersuchungen oder sensibles Datenmaterial, zu „spannungsgeladen" für eine rationale Diskussen gewesen wäre.
Wenn wir Thomas Kuhn folgen, so war das Hindernis für die generelle Akzeptanz der Darwin'schen Ideen

> *„weder der Hinweis auf die Veränderungen der Arten noch die Möglichkeit, daß der Mensch vom Affen abstammte. Denn die Beweislast hin zur Evolution, inbegriffen die menschliche Evolution, war seit Jahrzehnten übermächtig geworden; zumal die Vorstellung von der evolutionären Entwicklung schon sehr viel früher entstanden war.*
> *„Es war der Glaube daran, daß natürliche Selektion, entstanden aus dem schieren Wettbewerb der Organismen um das Überleben, schließlich auch den Menschen, gemeinsam mit den höher entwickelten Tieren, hatte entstehen lassen - dies war der schwierigste und am wenigsten zu akzeptierende Aspekt Darwin'scher Lehre. Was konnte schließlich 'Evolution`, 'Entwicklung` und 'Fortschritt` in Abwesen-*

[1] Grossinger, R., ed., Planetary Mysteries, Berkeley: North Atlantic Books, 1986.

heit eines letzten Zieles - in Gott - bedeuten? Zu vielen Menschen erschien das alles zu widersprüchlich.[1]

Falls eine direkte „terrestrische Connection“ als Erklärung für das „Gesicht“ weiterhin verleugnet werden sollte, werden Wissenschaftler nach anderen Erklärungen suchen müssen, einschließlich halb-wissenschaftlicher, halb-mystischer Szenarien in Richtung „paralleler Evolution“ unter radikal anderen Umgebungsbedingungen“, wie jene, die ein Mann wie Sheldrake beschrieben hat.
Der englische Biologe Sheldrake hatte vor einigen Jahren das Konzept eines „*morphogenetischen Feldes*“[2]an die Öffentlichkeit gebracht. Er postuliert die Existenz von alles durchdringenden, nichtphysikalischen „Mustern“, eingebettet in das Gefüge des Universums. Sie sind befähigt, evolutionäre Entwicklungen durch ein nicht-materielles Medium zu steuern. Dies impliziert ein morphologisches Feedback von dem Manifesten zu dem Nicht-Manifesten sowie eine immanente Tendenz des Universums, erfolgreiche Formgebungen zu fördern, zu verstärken - jedoch ohne notwendigerweise eine physische Verbindung zwischen all den verschiedenen Manifestationen dieser Muster zu fordern.
Sheldrakes initiale Experimente waren dahin angelegt, mögliche Folgeerscheinungen dieser Theorie zu prüfen: wie z.B. Wechselbeziehungen von Organismen unter weitestgehend separierten Umgebungsbedingungen, die Übertragung von Verhaltensmustern, unter Umgehung bisher bekannter Kommunikationsformen u.a.
Er stützt sich auf Untersuchungen, die darauf hinweisen, daß Versuchstiere in einem Irrgarten in der Lage sind, ihre gewonnenen Erfahrungen auf Mitglieder einer Kontrollgruppe - die von ihnen völlig isoliert waren - zu übertragen!
Falls sich diese Beobachtungen bestätigten sollten, würde die gesamte Konzeption der westlichen Welt von Raum und Zeit in Frage gestellt werden. Damit wäre die „Fehlplazierung“ unseres „Gesichts“ auf dem Mars vorstellbar geworden, möglicherweise

[1]Kuhn, T., The Structure of Scientific Revolutions, Chicago: University of Chicago, 1962.
[2]Sheldrake, R., A New Science of Life, Los Angeles: J.P. Tarcher, 1982.

ohne Erklärung durch ein materielles Medium. Die „Marsianer“ - oder Einwanderer - könnten unser Ebenbild rekonstruiert haben, ohne überhaupt gewußt zu haben, wo wir uns befinden.
Erscheint es Ihnen zu weit hergeholt?
Doch die Theorie von Sheldrake beinhaltet auch eine andere Komponente, die er unter anderem von Einschränkungen ableitete, die für den DNA-gesteuerten Vererbungsprozeß gültig sind. Sheldrake versucht z.B. die Embryologie als einen Teil der „morphogenetischen Feld-Theorie“ zu sehen. Er begründet dies damit, daß verschiedenste Lebensformen - unter separierten Umweltbedingungen - in der Lage seien, übergeordnete, ihnen allen gemeinsame Verhaltens- und Milieu-Strukturen untereinander auszutauschen. Damit sind sie dann in der Lage, gemeinsame, einander ähnelnde Formgebung zu erzeugen.
Ich meine, daß damit auch die Entwicklung zweier voneinander unabhängiger, menschenähnlicher Geschlechter auf zwei verschiedenen Planeten erklärt werden könnte.
Ich möchte an dieser Stelle betonen, daß ich Sheldrake zitiere, um einen wesentlichen Gesichtspunkt hervorzuheben:
Falls man eine direkte „terrestrische Connection“ definitiv verwerfen müßte, so wäre jede Alternative dazu geeignet, einen Paradigmensturz in den biologischen Wissenschaften herbeizuführen - dies würde auch für unsere Vorstellungen in bezug auf der Evolution des Mars gelten.
Grossinger versuchte die Tragweite der Problematik in einem unserer Streitgespräche zu präzisieren:

> *„Wenn sich menschenähnliche Wesen woanders entwickelt haben, dann muß es nach meiner Meinung eine fundamentale, allgegenwärtige Schablone in der Natur des Universums dafür geben. Die Kraft, die als Erklärung zu fordern wäre, könnte man in etwa mit dem Begriff der Archetypen von C.G. Jung verdeutlichen. Ich denke, daß das Phänomen des Archetypus direkt im „Zentrum“ des Schöpfungsprozesses unseres Universums anzusiedeln ist. Der Begriff des Archetypus fordert, eine Transformationskraft anzunehmen, die von grundlegender atomaren Morphologie zur Bio-Morphologie bis hin zur Psycho-Morphologie reicht.*

Wenn wir also von zwei verschiedenen Spezies menschenähnlicher Wesen auf zwei verschiedenen Planeten ausgehen, so ergeben sich zwei Erklärungsmöglichkeiten, die wohl gleichermaßen die wissenschaftliche Welt beunruhigen müßten:

- *man fordert eine dem Universum immanente Kraft zur Menschwerdung*[1] *oder*
- *man fordert die Existenz raumfahrender, menschenähnlicher Wesen, die, von außerhalb kommend, sich in unserem Sonnensystem ansiedelten.*

Wenn die erste Vermutung zuträfe, so würde dies eine Vergeistigung des Universums bedeuten; das letztere annehmen hieße, dem gesamten Komplex der Vermutungen über raumfahrende Astronauten in archaischer Zeit Vorschub zu leisten - also eine Konzession, die für viele Astronomen unserer Zeit als unannehmbar gilt.“

Wenn wir einmal Sheldrakes Vermutungen ebenso beiseite lassen wie die These, daß urzeitliche Vorfahren von der Erde aus den Mars besuchten, so bleibt uns schließlich nur die Annahme, daß es eine „Kosmische Connection“ zu Bewohnern eines anderen Sonnensystems gegeben haben mußte. Es mußten Bewohner gewesen sein, die im Morgengrauen biologisch-irdischer Evolution - denn sie waren bereits auf dem Höhepunkt ihrer Entwicklung - ihre Siedlungen auf der Erde errichteten.
Dies ist zugegebenermaßen eine ziemlich anmaßende Vermutung, auch weil damit der Biologie keine „archetypische Kraft“ zugestanden wird, ja, es ist eine Herausforderung für die Geschichtsschreibung selbst.
Kurz gesagt, es gibt keine Möglichkeit, dem Gedankengut eines Erich von Däniken auszuweichen oder ihn zu ignorieren.

Wenn ich auf die Monumente von Cydonia schaue, so wird mein Blick nun einmal auch auf die Pyramiden von Gizeh gelenkt. Um einen Verkehr zwischen beiden Welten anzunehmen, muß ich Bilder von menschenähnlichen Astronauten und gigantischen Raumschiffen bemühen - und sobald ich soweit gegangen bin, werden

[1] dies bedeutete die Infragestelllung der atheistischen Basis unserer Wissenschaft

Bilder von blonden, weißen Raumfahrern in ihren Anti-Gravitäts-Maschinen wach - die Heerscharen Gottes...

Alles, was ich darauf erwidern kann, ist, daß ich mir dieser Fallstricke und Klischees bewußt bin, dies aber in Kauf nehmen muß, da nun einmal die vorliegenden Daten dafür sprechen.

Möglicherweise war von Däniken's Einfluß auf unser Denken deshalb so nachhaltig, weil er in uns einen alten, archaischen Traum erneut geweckt hatte, mit Inhalten, die lange unsere Kultur versuchte zu verdrängen. Zumindest war der von ihm vorgeschlagene Zeitmaßstab sehr schlüssig und bestechend. Mit leichter Hand erstellte er komplette Zeittafeln zu verschiedensten Ereignissen, die von ihm lange vor unserer Zeit angenommen wurden. Darin war das Konzept der „urzeitlichen Gründung einer Stadt auf dem Mars" gegen Ende seiner Zeitberechnung angesiedelt...

Von Däniken, als Wissenschaftler, scheiterte schließlich an der Flut unbewiesener Daten, die er für die Zeichnungen seiner Bilder verwendete. Alles war zu stark durchdrungen von seiner Vorstellung über „terrestrische Connectionen".

Lassen Sie uns einmal einen Abstecher nach Ägypten machen, trotz aller Vorbehalte, die wir uns vor Augen geführt haben. Schauen wir nach Hinweisen für eine bisher nicht geschriebene, eben *andere* kosmische Geschichte und lassen sie uns vor Ort nach Zusammenhängen, nach Verbindungen schauen, die über den reinen Zufall hinausgehen - zwischen Cydonia und Ägypten.

Die frühesten Datierungen[1] der ägyptischen Pyramiden reichen zurück bis in die dritte Dynastie des Alten Königreichs - von Ägyptologen auf einen Zeitraum zwischen 5000-2600 v.Chr. veranschlagt

[1] Seit der Zeit, zu der frühere Ägyptologen sich um die erste Rekonstruktion einer ägyptischen Chronologie an Hand der Liste von Manetho bemüht hatten, waren folgende Generationen von Wissenschaftlern ständig bemüht, durch verschiedenste Techniken, wie astronomische Berechnungen oder später radioaktive C-14-Datierungen an Mumien, die Aussagekraft ihrer Datierungen zu präzisieren.

- also viele Hunderttausende von Jahren nach dem vermutlichen Sterben des Mars.[1]

Die Pyramiden, jene rätselhaften und kolossalen Monumente, wurden geschaffen - in Übereinstimmung mit modernsten Zeitdatierungen - in einem „Schaffensrausch" über einen Zeitraum von nur etwa hundert Jahren[2]. Die gesamte Bauphase dieser Pyramiden erstreckte sich von der Dritten Dynastie des Alten Königreichs[3] bis zu der Sechsten Dynastie um etwa 2200 v.Chr.

Nach heutigen Kenntnissen darf das „Rätsel" der „Großen Pyramide" - sie ist eines der Sieben Weltwunder - nicht als das erste pyramidale Bauwerk der Menschheit angesehen werden.

Der Superlativ wurde einer eigenartigen gestuften Pyramidenkonstruktion in einem 35 Morgen großen Komplex einer „Totenstadt" zuteil, die einem der mächtigsten Könige der Dritten Dynastie gewidmet worden war. Sein Name wird mit König Djoser[4] überliefert. Der Name dieser Kultstätte wird mit „*Saqqara*" - nach dem ägyptischen Gott der Zuwendung *Sokar* - überliefert. Dieser Komplex ist in seiner Bedeutung einzigartig in der ägyptischen Geschichte. Heute gilt Saqqara als einzigartiges Dokument einer 5000 Jahre währenden Tradition des Totenkultes von Herrschern und adligen Angehörigen der ägyptischen Oberschicht. Zeitgenossen nannten diese Pyramide den ersten Wolkenkratzer der Menschheit.

Deren eigenartige architektonische Anordnung war - einer gefundenen Inschrift zufolge - das Werk eines „Generalisten" mit Namen „Imhotep", vermutlich ein direkter Untergebener des Bauherren Djoser.

---

[1] Die Grundlagen ägyptologischer Rückdatierung ist eine „Kunst" an sich. Auch heute noch wird für die Datierung vieler Ereignisse das Papyrus-Fragment eines ägyptischen Priesters aus dem 3. Jahrhundert vor Christus verwendet, diese „Königs-Liste", so wird das Fragment genannt, wurde von Manetho verfaßt und enthält die namentliche Aufführung von über 30 Herrschern während einer Jahrtausende währenden Machtperiode am Nil. Seine Schrift „Geschichte von Ägypten" basierte ebenfalls auf fragmentarischen Texten.

[2] zumindesten die bedeutenden Bauwerke

[3] zirka um 2600 v.Chr.

[4] oder Zoser

Die größte der Pyramiden von Gizeh ist 147 m hoch und wurde aus 2 Millionen Quadern gebaut. Sie erscheint uns als wundersamer Repräsentant einer ungewöhnlichen Evolution architektonischer Technik. Diese Bauwerke entstanden in einer Phase, die nur knapp hundert Jahre nach den relativ „einfachen" Bemühungen des Inaugurators Imhotep begann.

Die Große Pyramide wurde während der Vierten Dynastie als - ausschließliche - Grabstätte des Pharaonen Khufu[1] erbaut, zur Erhaltung seiner sterblichen Überreste. Aber weitaus elementarer war das damalige Bemühen, das unsterbliche „Ka" zu erhalten, der unsichtbare Begleiter bei der Wanderung durch Ewigkeiten...

Zwei weitere Pyramiden wurden auf der dem Wind zugewandten Seite einer Anhöhe des Niltals erbaut. Nach neuerer Geschichtsschreibung wurden sie als königliche Grabmale für „Chephren" und „Mycerinus", den Nachfolgern des Regenten Cheops erbaut. Bei diesen beiden weniger mächtigen „Kopien" der großen Pyramide, die vermutlich nur wenige Jahre nach der Cheops-Pyramide entstanden, zeigten sich bald die Folgen einer deutlich verschlechterten handwerklichen Ausführung des Baues dieser Monumente.

Die Ägyptologen stellten fest, daß anschließend zwar weiterhin über mehrere Jahrhunderte Pyramiden erstellt wurden, jedoch meist nur eher „schäbige" Kopien der Giganten aus der Frühzeit ägyptischer Kultur. Viele von diesen späteren Bauwerken widerstanden den Naturelementen noch nicht einmal zu Lebzeiten der Herrscher, für deren ewigliches Leben sie ursprünglich geschaffen wurden.

In den folgenden tausend Jahren wurde die Architektur zwar wiederholt auf neue Höhepunkte gebracht - denken wir an die beeindruckenden Steinskulpturen von Abu Simbel[2] - doch keiner der nachfolgenden Pharaonen war in der Lage, die architektonischen Leistungen seiner Vorfahren zu wiederholen.

---

[1] von den Griechen „Cheops" genannt

[2] zwei in den Fels gehauene Tempel Ramses II auf dem linken Nil-Ufer, der größere davon mit 4 Kolossalstatuen des Königs - sie sind über 20 m hoch

John Anthony West, ein anthropologisch tätiger Schriftsteller, wurde angesichts dieser Feststellung dazu verleitet, folgende Äußerungen zu machen:

„...allen heutigen Erkenntnissen zufolge zeigt die ägyptische antike Gesellschaft von Anfang an Zeichen der Vollkommenheit. Die Wissenschaften, Kunst und architektonischen Fertigkeiten ebenso die hyroglyphische Schriftsprache zeigen keine Anzeichen einer Periode von „Entwicklung"; tatsächlich wurden viele Errungenschaften früherer Dynastien später nie wieder erreicht oder gar übertroffen.
Kann eine hoch entwickelte Zivilisation plötzlich aus dem Nichts auftauchen? Schauen Sie doch einmal auf ein Automodell aus dem Jahre 1905, und vergleichen Sie es mit einem modernen. Es ist eindeutig ein Entwicklungsprozeß daran festzustellen. Doch in Ägypten fehlen die Entwicklungsstufen völlig.
Die Antwort auf dieses Geheimnis ist offensichtlich, aber bisher nie ernsthaft erwogen worden, weil diese Vorstellung sich in das starre Wissenschaftsgebäude unserer Zeit nicht so ohne weiteres einfügt:
Die ägyptische Zivilisation war nicht Folge einer „Entwicklung" sondern die Einlösung eines Vermächtnisses.."[1]

Doch Ägypten war nicht die einzige Zivilisation des Nahen Ostens, die plötzlich aus dem Nichts auftauchte. Nach den Beobachtungen damaliger Zeitgenossen[2] gab es noch eine andere klassische Hochkultur ohne Vorgänger und Vorbilder: *die Sumerer*!
Doch alle bisherigen Versuche, diese Kultur chronologisch einzuordnen, sind bisher sehr schwierig verlaufen. Alle Daten, welche die Sumerer betreffen, sind sehr wage und relativ zu anderen - spärlichen - Ereignissen geschätzt worden.
Die ägyptische Zeitrechnung würde uns heute ähnliche Probleme machen, hätten die Ägypter nicht einen nahezu religiös-fanatischen Beobachtungsdrang für astronomische Schlüsselereignisse gehabt. Ganz im Vordergrund ihres Interesses stand der „heliakale", d.h. der direkt vor der Sonne gelegene Aufgang des Sterns Sirius am

[1] West, J.A., The Serpent in the Sky: The High Wisdom of Ancient Egypt, New York: Harper Row, 1979.
[2] Berossus berichtete darüber als erster

Morgenhimmel (siehe S. 112). Astronomen konnten aufgrund alter Berechnungen ermitteln, zu welchem Zeitpunkt der Sirius[1] in der Morgendämmerung über dem alten Ägypten aufgegangen sein mußte. Diese Datierungen ermöglichten den Ägyptologen (R.A. Parker[2]) aus Manetho's Liste[3] eine astronomisch fundierte Zeitrechnung über mehr als 5000 Jahren zu entwickeln. Für die Sumerer in der Zeit vor 2000 v.Chr. ist dies jedoch nicht möglich.

Die Sumerer hatten entweder nur sehr geringes Interesse an der Sternenbeobachtung oder deren Aufzeichnung waren auf sehr vergänglichen, organischen Materialien niedergeschrieben.
Kurzum, alle Daten, besonders die so wesentlichen Eckdaten über die Anfänge sumerischer Kultur beruhen auf archäologischen Datierungsmethoden mit relativ geringer Genauigkeit - wie z.B. die C^{14}-Kohlenstoffmethode - mit plus/minus einigen hundert Jahren Toleranz.
Dieser Ungenauigkeit[4] ist es zuzurechnen, daß es keine exakte Möglichkeit gibt, festzustellen, welche dieser Hoch-Kulturen - Ägypter oder Sumerer - zuerst entstanden ist!
Nach bisheriger Übereinkunft der Gelehrten gilt die sumerische Kultur um mindestens 500 Jahren älter. Dennoch bekennen sich viele Archäologen dazu, daß eine definitive Entscheidung für diese Phase nicht möglich ist.
Wenn wir nun annehmen, daß der Welt *erste* Hochkulturen voneinander wußten, Verbindungen geknüpft hatten? Nehmen wir weiter an, daß ihrer beider Ursprung auf eine gemeinsame, extraterrestrische Verbindung zurückzuführen war?

---

1 dieses Ereignis überschnitt sich häufig mit dem Einsetzen der Nilfluten

2 Parker, R.A., Calendars of Ancient Egypt, Chicago, 1950.

3 Manetho war ein ägyptischer Priester, der etwa 300 v.Chr. lebte. Er dokumentierte auf Papyrus eine Liste von etwa 30 Dynastien, die Ägypten über Tausende von Jahren regierten. Diese fragmentarisch erhaltene Schrift ist für die Ägyptologen auch heute noch von besonderer Bedeutung.

4 bezogen auf die Sumerer

Obgleich vieles für eine Trennung beider Kulturen spricht, drängen sich uns viele Parallelen in beiden Epochen auf.
Hierzu ein Beispiel: die älteste Schriftsprache der Ägypter ist die Bildzeichensprache aus „Hieroglyphen." Gelegentlich nennt man sie auch Bilderschrift Die Symbole bezeichneten nicht allein den dargestellten Inhalt, sondern auch Wortteile, die als phonetische Glieder aneinandergereiht wurden.
Bemerkenswerterweise diente die sumerische Keilschrift - sie besitzt keinerlei Ähnlichkeit mit den ägyptischen Schriftzeichen - einem ähnlichen Zweck: die Glieder (Zeichen) sind phonetische Teile von ganzen Begriffen.
Aufgrund dieser „parallelen" Entwicklung neigten einige Gelehrte dazu, einen Einfluß sumerischer Keilschriftelemente auf die initialen Formen ägyptischer Hieroglyphen anzunehmen - unter der Voraussetzung, daß sich ihre Kultur über die Grenzen ihres Landes verbreitete und daß die sumerische Kultur zuerst entstanden sei.
Wenn nun beide Kulturen aus einer gemeinsamen Wurzel entstanden waren, aber unter dem Einfluß einer geographischen bzw. kulturellen Trennung zwei unterschiedliche Sprachsysteme entwickelten? Daraus ist ableiten, daß die Prinzipien, die beiden Sprachstrukturen zugrunde liegen, identisch sein müssen, jedoch die Symbolsysteme, die benutzt wurden, sich unterschiedlich entwickelt haben konnten.
Das ist eine interessante, jedoch leider nicht beweisbare These für eine tiefergreifende kulturelle Verbindung. Als ich daraufhin mehr über diese beiden Kulturen las, entdeckte ich unzählige weitere Beispiele für diese „Parallelen". Sie reichten von geheimnisvollen astrologischen Aufzeichnungen, die auf ägyptischen Särgen verwendet wurden (sowie in sumerischen und babylonischen Himmelsbeschreibungen) bis zu architektonischen Entwürfen, die in Ägypten wie ein „Echo" aus dem Osten - aus Sumer - erschienen.
Mindestens vier voneinander unabhängige Gelehrte, Wallis Budge (der Übersetzer der Altägyptischen Sprache), Henry Frankfort (Linguist), Alexander Badawy (Architektur) und Robert Temple (mythologische, theologische und astronomische Parallelen) kom-

men zu dem Schluß, daß es tiefe und sehr alte Verbindungen zwischen Ägypten und Sumer gab. Verbindungen, die anscheinend von der Mehrzahl der jüngeren Gelehrten einfach ignoriert werden. Obwohl die Ägypter für alltägliche Rechenoperationen das Dezimalsystem benutzten, wurden die Positionen ihrer religiös-kultischen Konstellationen mit dem *Sexagesimalsystem* berechnet, einem Zahlensystem, das auf dem *Wert 60* basiert. Genau dieses System benutzten die Sumerer.

Innerhalb des 141.638 m^2 umfassenden Grabmalkomplexes, den Imhotep für Djoser entwarf, erhebt sich eine architektonisch großartige und ungewöhnliche Konstruktion aus der dritten Dynastie in den wolkenlosen Himmel Ägyptens: die Stufenpyramide. Aber es war nicht die Pyramide selbst, die meine Aufmerksamkeit erneut auf sich zog, es waren die eindrucksvollen Ruinen der mit vielen Nischen versehenen Mauer, die Imhotep gebaut hatte, um die Ansammlung von Kapellen, rituellen Höfen und schließlich die Stufenpyramide selbst einzurahmen. Mit ihren komplizierten Einbuchtungen und den hochpolierten Verkleidungen sieht sie den Entwürfen in Sumer bemerkenswert ähnlich.

Die einzige deutliche Abweichung vom sumerischen Vorbild, die von Imhotep eingeführt wurde, ist die Wahl des Materials: massive Granittafeln und polierter Kalkstein.

Wollen wir weiterhin an Zufall glauben, wenn wir hören, daß es an einer Klippe oberhalb der bekannten Handelsroute Wadi-el-Hammamat, die vom Roten Meer zu einem kleinen Dorf am Nil in Oberägypten führte, noch heute eine Inschrift gibt, die von einer damaligen Einwanderungswelle zeugt. Sie mußte über die Straße geführt haben, die Imhoteps Vater nach Ägypten gebaut hatte! Die Inschrift, die 25 Generationen von Architekten aufzählt, bis hin zu Imhotep selbst, bezeugt die Einwanderung eines „Ka-nofer“, eines Mannes, der später als „Leiter der Arbeiten am Nord- und Südland“ eingestellt wurde, und zwar von einem früheren Pharao, Djo-

sers Vater![1] Selbst wenn es eine sehr frühe Verbindung beider Kulturräume gegeben hat, dann stand doch fest, daß eine getrennte Entwicklung über Tausende von Jahren diese Gemeinsamkeiten völlig auslöschte.
Wie würde sich ein hundertmal größerer Zeitraum auf meinen von mir vermuteten „Mars-Einfluß" auswirken?
Die einzige Erklärung, die mir geeignet scheint, die schier unvorstellbare Zeitspanne von einer halben Million Jahren zu überbrükken, lag in dieser besonderen Form des „Artifiziellen" verborgen, in den Monumenten, den Pyramiden, die wir in beiden Welten gefunden haben:

Denken Sie einmal darüber nach! Es ist ein gigantisches Unterfangen, solch ehrfuchtgebietenden irdischen Monumente zu erschaffen, die zweifellos einen beträchtlichen Anteil des Bruttosozialprodukts Ägyptens erforderten - wenn man Herodots Zahlen Glauben schenken darf. Doch in allen frühen Texten wird verschwiegen, warum diese erstaunliche Leistung vollbracht wurde. Die Fresken und Bilddokumente geben darüber keine Auskunft.
Sie müssen ohne die Hilfe des Rades entstanden sein[2], ohne Stahlwerkzeuge, um die Kalksteinblöcke oder Granittafeln zu brechen (die einzigen vorhandenen Werkzeuge waren aus weichem Kupfer) und ohne maschinelle Unterstützung - außer einer Heerschar leidgeprüfter Sklaven.
Trotz dieser ernsthaften Hindernisse wurden allein in der großen Pyramide mit einer unglaublichen Präzision, 6,5 Millionen Tonnen Stein über 150 Meter hoch gehoben und zusammengefügt.
Bei einer Basis[3] von 52608,4 m^2 wurde 1925 die Abweichung dieses monströsen Bauwerkes von der Waagerechten mit weniger als

[1] Hurry, J.B., Imhotep, The Vizier and Physician of King Zoser and Afterwards, the Egyptian God of Medicine, Oxford, Oxford Univerity Press, 1926.

[2] erst etwa 800 Jahre nach der Erbauung von Imhoteps Stufenpyramide von den Ägyptern genutzt

[3] entspricht 7 Straßenblocks in Manhattan

zweieinhalb Zentimeter gemessen[1]. Und man vermutet dabei, daß ein Großteil der beobachteten Abweichung auf das Absacken des Untergrundes, unter der Last riesiger Steinmassen, zurückgeführt werden muß. Weiterhin waren die Oberflächen der vier Seiten der Pyramide - sie waren weitaus größer als die Basis[2] - ursprünglich mit einer polierten Kalksteinschicht verkleidet, die aus über 100.000 gesondert angefertigten Blöcken zusammengesetzt war. Jeder von ihnen wog etwa 15 Tonnen. Die volle Wirkung dieser Gesteinskombination - denn der Kalksteinüberzug wurde durch die Jahre immer fester - dieses unüberwindliche Schanzkleid gegen alle erosiven Elemente war nur wegen der phänomenalen Präzision bei der Zusammensetzung der Steinblöcke möglich gewesen.
Wie hoch die Genauigkeit tatsächlich war, erwies sich durch die sorgfältigen Messungen von Sir Flinders Petrie, des „Vaters" der modernen wissenschaftlichen Archäologie.
Petrie, ein Ägyptologe und Vermessungsingenieur, kam in den späten Jahren des 19. Jahrhunderts nach Ägypten und führte einen völlig neuen Standard der Vermessung altägyptischer Baukunst ein. Ein Ziel seines Interesses war die Große Pyramide. Er arbeitete mit Geräten, die normalerweise auf 0,25 mm[3] genau waren und vermaß mit ihnen buchstäblich jeden Winkel und jede Ritze der Pyramide.
Seine genauen Messungen ergaben, daß die obengenannten Teile der Kalksteinverkleidung mit größter Präzision gefertigt worden waren. Davon sind seit dem 9. Jahrhundert allerdings die meisten Stücke der Erfindung des Schießpulvers sowie dem Bedarf an Baumaterial im nahen Kairo zum Opfer gefallen. Steine mit Seitenmaßen von 152x244x366 cm wurden Petries sorgfältigen Beobachtungen zufolge mit einer mittleren Abweichung von weniger als 0,2 mm!, bei einer Gesamtstrecke von etwa 190 cm, montiert. Dies bezieht sich auf eine geometrisch gerade Linie und ein geometrisch exaktes Quadrat.

---

[1] aus sog. „Cole-Gutachten", das von der ägyptischen Regierung in Auftrag gegeben wurde
[2] 89.029 m^2
[3] z.T. 0,025 mm Genauigkeit

Die Lücken zwischen den Steinen, die zur Verkleidung verwendet wurden, waren buchstäblich haarfein, nicht breiter als 0,5 mm und mit einem extrem feinkörnigen Zement gefüllt, der gleichmäßig über eine Fläche von etwa 3,7 m^2 (152x244 cm), das war das Maß für einen durchschnittlich großen Verkleidungsstein, verteilt wurde.

Als er mit dieser phänomenalen Ingenieurleistung konfrontiert wurde, fühlte sich Petrie zu folgendem Kommentar hingerissen:

> *„Solche Steine allein in genauem Abstand zueinander zu bringen, wäre gute Arbeit, aber sie noch gleichzeitig mit Mörtel zu verbinden, erscheint fast unmöglich: es ist mit der Präzisionsarbeit von Optikern vergleichbar, denen ein Maßstab von Quadratkilometern vorgegeben wurde."*

Ja und dies bei einer vergleichsweisen „primitiven" architektonischen Schöpfung!

Von dieser Genauigkeit, Präzision und Technik fasziniert, verglich ich diese Paßgenauigkeit in der Kalksteinverkleidung mit einigen technischen Glanzleistungen unserer Zeit. Dabei entdeckte ich, zu meiner Überraschung, daß ein 0,5 mm tiefer Spalt zwischen aneinanderstoßenden Blöcken, wenn man es auf moderne Fertigungstechniken extrapoliert, die Genauigkeit der momentan tolerierten Fehlstellung von Keramikplatten an der Außenhaut des Space-Shuttle noch übertrifft.

Ein weitaus stärker umstrittener Aspekt der Großen Pyramide betrifft den geometrischen Hintergrund und die Bedeutung dieser genialen Vermessungsleistung.

Die Kontroverse darüber begann mit einem bis dahin wenig bekannten Herausgeber des London Observer: John Taylor. Er begann in den 30er Jahren des vorigen Jahrhunderts Reiseerzählungen aus Ägypten zu sammeln, gerade zu einem Zeitpunkt, als alles Ägyptische in Mode gekommen war. Er war außerdem ein begeisterter Amateurastronom und Mathematiker. Über Berichte brütend, wie sie etwa von Howard und Vyse 50 Jahre vor Petries genauen Messungen durchgeführt wurden, entdeckte Taylor das ungewöhnliche Verhältnis zwischen der Höhe der Pyramide und deren Umfang. Er fand, daß der Umfang der Basis[1], multipliziert mit der doppelten Höhe, *3,144* ergab. Dies lag erstaunlich nahe an der universellen Konstante π (3,14159).

Taylor konnte kaum glauben, daß dieses Ergebnis bloßer Zufall war, sondern schloß daraus, daß die Pyramide gebaut wurde, um diese einmaligen mathematischen Beziehungen zu verewigen: das Verhältnis des Umfangs eines Kreises zu seinem Durchmesser.

Mit anderen Worten, die Pyramide erschien als ein steinerner Ausdruck einer grundlegenden geometrischen Erkenntnis, einer universellen Konstante, von der man bisher annahm, daß sie den Ägyptern noch weitere 1000 Jahre lang unbekannt geblieben sei.

John Taylor war seither von der Pyramide gefesselt. In den folgenden Jahren, in denen er unzählige Stunden damit verbrachte, über jeder neuerlichen Vermessung des architektonischen Rätsels vom Nil zu brüten, fügte Taylor seiner Liste der Relationen, die bereits aus der Konstruktion der Pyramide bekannt waren, stets neue Erkenntnisse hinzu. Schließlich fand er so fundamentale astronomische Informationen wie die Anzahl der Tage in einem Jahr der Erde darin verborgen. Taylors Entdeckungen sollten ein ganz neues Feld begründen, die „*Pyramidologie*". Ihr folgte mehr als ein Jahrhundert hitziger, bisweilen bösartiger Meinungsverschiedenheiten über die Grundlagen dieser „Wissenschaft" , die sich seitdem um die entdeckten π-Relationen, in der Morphologie eines der ältesten und geheimnisvollsten Bauwerke auf der Erde, zu bilden begannen.

Konnte es möglich sein, daß diese elementare Kreiskonstante - sie ist allgegenwärtig, von den einfachen Kritzeleien im ägyptischen Sand bis zu der Quantenphysik - ebenfalls in einem Phänomen wie den Schwarzen Löchern (okkulten, aber beabsichtigten Hinweisen auf die kosmische Wahrheit...) der modernen Physik des zwanzigsten Jahrhunderts verborgen liegt? Oder ist das Auftreten dieser Konstante etwa auch bloßer „Zufall", ein Unfall, der entstand, als

[1] Howard und Vyse hatten den Umfang bereits exakt vermessen.

die schuftenden ägyptischen Arbeitskolonnen Haufen von Steinblöcken über den Wüstensand von Gizeh zogen?
Ein bewußt durchgeführtes Konzept wäre ein Indizienbeweis eines wunderbaren und ursprünglichen Ereignisses. Wie sonst könnte eine universelle Konstante in einer großen Pyramide verborgen sein, gäbe es da nicht letztendlich eine Beziehung?
Taylor sagte diesbezüglich: „Es ist wahrscheinlich, daß menschlichen Wesen in frühesten Zeiten der Menschengesellschaft vom Schöpfer ein gewisses Maß an intellektueller Macht erteilt wurde, die sie weit über das Niveau nachfolgender Erdenbewohner erhob...[1], die erwählte Rasse[2] in der Linie Abrahams, aber vor ihm; so früh, daß sie Noah näher als Abraham gestanden haben mußten".
Taylors außerordentliches Pech war, wie ich meine, daß er die „grundlegenden mathematischen Zusammenhänge", die er dann göttlicher Intervention zuschrieb, in genau dem falschen Zeitraum moderner Zeitrechnung machte. Indem er seine Beobachtungen „geheimnisvoller Phänomene" an den Pyramiden biblischen Quellen zuschrieb, untergrub Taylor den kritischen Ansatz seiner Wissenschaft, die gerade darum bemüht war, sich in der Welt exakter Naturwissenschaften einen Platz zu erkämpfen - und dies zu einer Zeit, als Wissenschaft noch sehr viel mit Religion zu tun hatte. Ironischerweise wäre es Taylor wahrscheinlich besser bekommen, wenn er die mysthischen Vermessungen der Pyramide den Marsbewohnern zugeschrieben hätte.
So ist es nicht verwunderlich, daß seit nunmehr hundert Jahren jedermann, der Taylors Annahme über geheimnisvolle Verschlüsselungen in der Architektur der Pyramide auch nur in Erwägung zieht, von den Mitgliedern universitärer Wissenschaft gemieden wird. Besonders die Ägyptologen bestehen vehement darauf, daß jede mathematische Beziehung, die in dieser Formation enthalten ist, nur auf Zufall und Wunschdenken beruhe![3]

---

[1] wahrscheinlich waren sie die Erbauer der Pyramide

[2] einer der versprengten Stämme Israels!

[3] ein Argument, an das man sich merkwürdigerweise heute gern erinnert

Der andere Pionier, der 1864 kurz nach dem Tode Taylors diese fesselnden Untersuchungen erneut aufnahm, schien dieser allgemeinen Auffassung zu widersprechen, zumindest zeitweise. Er hieß Piazzi Smyth und hatte bei der Überprüfung Taylors extravaganter Behauptungen einen gewissen Vorteil : er war nämlich der königliche Astronom Schottlands und galt darüber hinaus als kompetent auf dem Gebiet der gerade flügge gewordenen Teildisziplin der Physik, der „Spektroskopie".
Mit ihrer Hilfe konnten unter anderem chemische Zusammensetzungen von Sternen und anderen Himmelsobjekten ermittelt werden. Man machte sich dabei die Möglichkeit zunutze, abgegebenes und reflektiertes Licht eines Himmelskörpers zu unterscheiden.
Mit größtenteils selbst angefertigten Instrumenten und Hilfsvorrichtungen machte er sich nun daran, Taylors Behauptungen wissenschaftlich zu überprüfen.
Im Dezember 1864 begann Smyth eine anstrengende Reise nach Ägypten. Sie begann damals mit einer Schiffsreise von Schottland, Überlandfahrten von Alexandria nach Kairo und setzte sich dann mit einem Kamelritt fort bis zu den Pyramiden.
Ausgestattet mit kunstvollen Metallpfählen, Maßbändern, Spezialkameras und verschiedenen anderen Instrumenten, einschließlich derer, die er selbst gebaut hatte, vermaß er so ziemlich alles Erreichbare: Höhe, Neigungswinkel, Grundlinien und insgesamt über 180 m Wege und Gangsysteme innerhalb der Pyramide.
Schließlich verlieh ihm die „Königliche Gesellschaft" bei seiner Rückkehr nach Edinburgh eine Goldmedaille für seine „genauen und detaillierten Messungen in Gizeh". Seine Arbeit wurde in einem dreibändigen Werk[1], das die Vorgehensweise und Ergebnisse weitschweifig beschreibt, veröffentlicht,
Die Quintessenz dieses umfassenden Überblicks war, daß dieses Ehrfurcht erregende Monument, tatsächlich, sowohl in dessen Gefüge als auch in den Abmessungen verborgen, die π-Relation ent-

[1] Smyth, P., Life and Work at the Great Pyramid of Jeezeh during the Months of January, February, March and April, AD., 1865, Edinburgh, 1865.

hielt. Seine Vermessungen der Kalksteinverkleidung[1] stimmten mit denen von Howard und Vyse im wesentlichen überein. Die Messungen ergaben für das Verhältnis der Höhe zu ihrem Umfang einen Wert 3,1416[2]: er entspricht der π-Konstante.

Doch mit der Außenseite allein gab er sich nicht zufrieden. Er nahm seine Kameras, Maßbänder und temperaturkonstanten Lineale mit in die staubigen, überhitzten und fledermausbevölkerten Gänge der Pyramide. Seine Messungen in der Kammer der Königinnen, der „Großen Galerie" und der berühmten letzten Ruhestätte des großen Cheops, der „Königskammer" wurden zum klassischen Beispiel für experimentelle Fortschritte der Wissenschaft im 19. Jahrhundert.

Smyths spezieller Beitrag zur Vermessung der inneren Gestaltung der Pyramide war in seinem besonderen Interesse an den aufsteigenden und abfallenden Gänge begründet. Zwei Tunnels waren besonders lang und sehr schmal (1,07 m breit und 1,22 hoch) und führten tief ins Innere der gigantischen Formation.

Der *abfallende* Gang ist der Weg, durch den alle müssen, die das Innere erkunden wollen. Es ist ein 106 m langer, abfallender Tunnel, der in einem steilen Winkel von 26° zu einer kleinen Kammer hinunter führt, die in die unterste Felsschicht des Plateaus geschnitten wurde. Sie befindet sich direkt unter dem 183m darüber liegenden Scheitelpunkt der 6,5 Millionen Tonnen schweren Pyramide.

Bereits Jahrzehnte zuvor hatten Howard und Vyse einen anderen bekannten Astronomen gefragt, Sir John Herschel, ob dieser lange, schmale Weg, der die Pyramide von der Nordseite her durchzieht, womöglich in die Richtung des Polarsterns zeige. Nach kurzem Nachdenken verwies Herschel damals auf einen anderen Polarstern, einen schwächer leuchtenden Stern namens „*Thuban*" in der Konstellation *Draco*, der zu antiker Zeit als Orientierung gedient haben könnte, da er ausschließen konnte, daß der heutige Polar-

---

[1] Neigungswinkel, die an den wenigen verbliebenen Steinen gemessen wurden und aus denen man die ursprüngliche Höhe errechnen konnte

[2] innerhalb des Meßfehlers von Smyths Instrumenten

stern der Erde (Polaris) damals in die Fluchtlinie des Tunnels geschienen hat.[1]

Smyth, der sich näher mit diesem Hinweis befaßte, konzentrierte sich deshalb auf den Winkel des abfallenden Ganges, um ihn so genau wie möglich zu vermessen. Seine Ergebnisse in Verbindung mit der exakt ermittelten geographischen Breite der Pyramide ermöglichte ihm den winzigen Ausschnitt ($\approx 1°$) des Himmels zu berechnen, den ein möglicher Betrachter aus der Kammer, tief unten in der Pyramide, wenn er den langen dunklen Tunnel hinauf blickte, hätte sehen müssen.

Indem er diese Berechnung mit der 26.000jährigen Präzessions-Periode der Erde kombinierte, konnte er aus den Daten ableiten, wann der von Herschel genannte Polarstern Thuban den Gang hinunter geleuchtet haben konnte. Das Datum dieser Konstellation, so schloß Smyth daraus, mußte wahrscheinlich in der Zeit der Erbauung der Pyramide gewesen sein.

Bei seinem Kalkül ermittelte Smyth zwei Datierungen, die für die Kongruenz des Tunneleingangs der Pyramide mit dem Stand des Sterns Thuban in Frage kamen[2]: es konnte im Jahre 2123 v.Chr. stattgefunden haben oder dann etwa tausend Jahre zuvor, um 3440 v.Chr.

Ebenso wie Taylor konnte Smyth nicht glauben, daß eine „primitive“ Gesellschaft präzise Vermessungen mit der π- Relation und viele anderer hochentwickelter Errungenschaften erdacht haben konnten. Er gab schrieb:

> *„(Die Pyramide) enthüllte ein überraschend genaues Wissen über hohe Astronomie, Geographie und Physik... nahezu 1500 Jahre vor den noch zaghaften Anfängen bei den alten Griechen.“*

Darüber, „wer“ dieses außerordentliche Wissen in diese Struktur eingebracht hatte, gab Smyth, der ebenso wie Taylor ein tiefreligiöser Mensch war, eine frappierende Antwort. In seinen Schlußfolgerungen ist zu lesen:

---

[1] wegen der Präzession der Erde in den vergangenen 4.000 Jahren

[2] zwei Datierungen deshalb, weil komplizierte Parameter im Zusammenhang mit der leicht torkelnden Bewegung der Erde bei der Präzession hinzukommen

„Die Bibel erzählt uns, daß in sehr früh-historischer Zeit ausgewählten Männern vom Schöpfer aller Weisheit umfassende und präzise Anleitungen zum Bauen mitgeteilt wurden, zu einem besonderen und uns unbekannten Zweck."[1]

Das war natürlich das Ende von Piazzi Smyths wissenschaftlicher und astronomischer Karriere!
Smyth wurde gleichermaßen von der Akademie und der Presse an den Pranger gestellt und später von seinen Kritikern als der Welt erster „Pyramidiot" bezeichnet. Selbst Sympathisanten lamentierten und fragten sich, warum ein solch erstklassiger mathematischer Verstand seine Energien in einem so fruchtlosen Unterfangen verschwendet habe.[2]

Bei all dieser Aufregung darüber, daß er die unerklärlichen Messungen an der Pyramide „göttlicher Inspiration" zuschrieb, gingen die wirklich sorgfältigen Grundlagen seiner Messungen verloren.
Das bringt uns zur Arbeit von Sir William Flinders Petrie zurück.
Petrie begeisterte sich bereits als 13jähriger Junge für die Arbeit Piazzi Smyths. Eines seiner Bücher hatte in Petrie einen unstillbaren Wunsch ausgelöst: eines Tages zu beweisen, ob Smyth oder Taylor bereits vor ihm mit ihren Behauptungen Recht hatten - oder möglicherweise auch nicht.
Sein Entschluß, zunächst Landvermesser zu werden, kam ihm bei seinen späteren Bemühungen für seine archäologischen Ziele sehr zugute.
In einer dunklen stürmischen Nacht, im November 1880, fuhr Petrie auf einem Schiff von Liverpool zu den antiken Stätten des alten Ägyptens. Er hatte diesmal ein noch umfangreicheres Arsenal an Instrumenten bei sich, von denen viele sein Vater, der Maschinenbauingenieur war, selbst entworfen hatte.

---

[1] Smyth, P., Life and Work at the Great Pyramid of Jeezeh during the Months of January, February, March and April, AD., 1865, Edinburgh, 1865.

[2] Tompkins, P., Secrets of the Great Pyramid (Geheimnisse der Großen Pyramide), New York: Harper & Row 1971.

Petries Methoden, die Behauptungen von Smyth und Taylor zu untersuchen, waren so originell wie seine Instrumente. Ausgerüstet mit einem französischen „Theodolite 25-cm Teleskop“, einem damaligen Präzisions-Teleskop, wollte Petrie die gesamte Pyramidenanlage von Gizeh optisch vermessen und die Lage und Ausrichtung der Pyramide und der sie umgebenden Formationen auf Bruchteile von Zentimetern genau lokalisieren. Petries Aufzeichnungen über Messungen, die zum Teil bis zu 50 Mal vorgenommen worden waren, kartographierten die Lage der Pyramiden bis zu einem halben Zentimeter genau, zumeist sogar millimetergenau. Diese Genauigkeit wurde erstmals 1925 überschritten, als Cole die Lage der Ecken der Pyramide mit einem Meßfehler von weniger als 0,25mm ausmaß.

Petries Messungen der Ausrichtung der Großen Pyramide machte ein weiteres Geheimnis dieses erhabenen Monuments offenbar: die Ausrichtung zum geographischen Nordpol, also entlang der Polachse der Erde, wich weniger als 1/4000 pro 5 Bogenminuten ab.

Auf die Architektur des neunzehnten Jahrhunderts bezogen, war dies eine Genauigkeit, die selbst von der Präzision damaliger Bauwerke - und auch moderner heutiger Wolkenkratzer - nicht übertroffen wurde.

Seine Messungen über den *abfallenden* Gang enthüllten eine überraschende Genauigkeit:

Er fand eine Abweichung von weniger als 0,05cm über eine Länge von 45 m, entlang des gesamten gemauerten Teils. Die Abweichung über 90m Gefälle, von denen 61 Meter durch massiven Fels gebohrt wurden, betrug weniger als 0,6 cm über die gesamte Strecke. Dies ist vergleichbar mit der Genauigkeit eines lasergesteuerten Bohrers aus heutiger Zeit.

Abbildung 53: Die Pyramide des Khufu. Kammern und Durchgangs-System

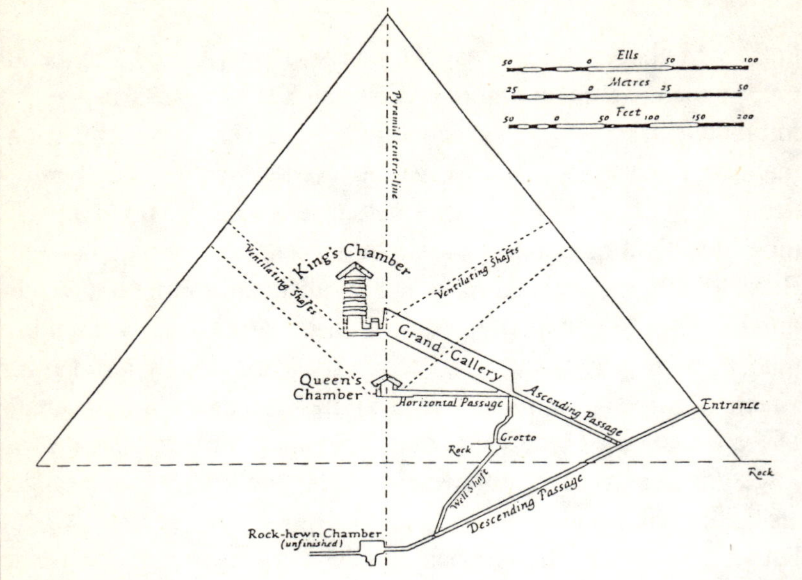

KAMMERN UND GANGSYSTEM

Ascending Passage = Aufsteigender Gang
Queens Chamber = Königinnenkammer
Horizontal Passage = Horizontaler Gang
KingsChamber = Königskammer

Ells= Ellen;
Metres = Meter
Feet = Fuß
Pyramid Center Line = Scheitellinie der Pyramide

Descending Passage = Abfallender Gang
Entrance = Eingang
Grotto = Grotte
Weel Shaft = Brunnenschacht
Rock-hewn Chamber = in Fels gehauene Kammer
Unfinished = nicht fertiggestellt
Rock = Fels
Ventilating Shafts = Lüftungsschächte
Grand Gallery = Große Galerie

Eine genaue Vermessung der inneren Kammern der Pyramide, einschließlich der Königskammer, ergaben zu Petries Zufriedenheit, daß die Wände in derselben π-Proportion gebaut waren, wie sie Smyth und Taylor ursprünglich den äußeren Dimensionen der gesamten Pyramide zugeschrieben hatten. Der Umfang der Kammer verhielt sich zum Umfang einer ihrer Wände wie 1/π.

Durch diese sehr detaillierten Messungen mit den Gerätschaften, die in Abwandlung - aber fünfzig Jahre weiterentwickelt - schon Smyth benutzt hatte[1], fand Petrie weitere Beispiele der Verewigung dieser Relation in der Architektur der Pyramiden. Er entdeckte auch den sogenannten „Goldenen Schnitt". Er war bereits zuvor durch Leonardo Da Vinci, als „eine ideale Proportion menschlicher Form" berühmt geworden. Seit der Antike bis zum heutigen Tage wird diese Proportion wegen der „harmonischen Ausdruckskraft" von den Architekten benutzt.[2]

Die Messungen der Großen Pyramide provozierten zum Nachdenken, aber sie waren noch nicht genügend aussagekräftig. Die einzigen Dokumente, in denen ich weitere Hinweise finden konnte, waren die nahezu unergründlichen sumerischen und ägyptischen Texte, die ältesten überlieferten Schriften der Erde. Das Problem war, wie schon Sagan treffend feststellte, daß man allein mit Textbeweisen, ohne ein Faktum, ein Datum, ein artifizielles Produkt, nichts beweisen konnte. Die Texte unterlagen den gleichen Interpretationsschemata, wie sie nach unserer Erfahrung auch in My-

---

1 Meßketten und temperaturkonstante Lineale

2 Im Mai 1986 machte ein französische Gruppe von Archäologen eine überraschende Entdeckung in der Großen Pyramide, nachdem sie eine ausgefeilte Methode benutzt hatten, um winzige Anomalien im Gravitationsfeld des Monuments zu messen. Sie entdeckten dabei drei bisher unbekannte, 183 cm x 274 cm große Kammern hinter mindestens 270 cm dikken Kalksteinblöcken, von denen zwei vom Korridor abgingen, der - vom ansteigenden Gang her - zur Königskammer führt. Der andere, so wird vermutet, ist unter der Basis der Pyramide. Die Franzosen haben nun bei der ägyptischen Regierung um Erlaubnis zur Bohrung von vier Löchern nachgesucht, jeweils etwa vier cm dick, wollte man auf diese Weise den Kalkstein durchbohren. Weiter will man ein Endoskop einführen, um hochauflösende Farbphotographien der Innenräume zu erstellen. Die Kammern könnten leer sein und nur dazu dienen, die Struktur der Pyramide von den 6,5 Tonnen schweren Kalksteinen zu entlasten. Auf jeden Fall konnten sie bis zum heutigen Tage ihre Geheimnise bewahren. Seit tausenden von Jahren, seit ihrem Bau sind sie unberührt geblieben. Sollte man außergewöhnliche Konstrukte darin finden, würde sich unwillkürlich die Frage ergeben: „Woher?" So könnte die irdische Verbindung zwischen Cydonia und diesem außergewöhnlichen Monument bewiesen werden - bevor wir zum Mars fliegen. Vorausgesetzt, daß man uns mitteilt, was im Innern gefunden wurde...

then und Träumen schon immer angewandt worden sind. Man kann dabei nie mit Gewißheit sagen, ob man es mit internen, subjektiven „Archetypen“[1] zu tun hat oder einer externen Realität, die durch astronomische Untersuchungen bestätigt werden kann - oder vielleicht auch mit Visionen von Engelswesen und Träumen von Außerirdischen, historischen Engrammen der Erdsphäre, transferiert durch Geschöpfe aus einer anderen, wenn auch weit entfernten Welt.

Die Bilder allein konnten die Herkunft nicht erklären. Außerdem wurden diese Sprachen zuletzt in einer Zeit gesprochen, die von unseren Sprachentwicklungen mehrere tausend Jahre entfernt ist. Diese Bilder blieben nicht nur für alle Interpretationswege offen, sondern die Übersetzungen sind auch sehr fragwürdig, die auf diesen Bildern basieren.

Wer kennt schon das Sumerische gut genug, um mit Sicherheit den Unterschied zwischen einem „konkreten Objekt“, einer Metapher und einem Ideogramm oder den Unterschied zwischen zwei Metaphern festzustellen?

Was wir versuchen könnten, um das pseudo-wissenschaftliche Geschwätz der Däniken-Anhänger zu vermeiden, bestünde darin, die Teile und Fragmente, alle Texthinweise in einen neuen Kontext zu stellen. Nichts kann ohne angemessenen Kontext interpretiert werden:

Es gibt bisher nun mal *keine* Raumschiffe von Außerirdischen. Nur Hinweise gibt es, verwirrend wie das „Gesicht“ selbst und sie sind, wie jeder Ausflug in poetische Interpretationen, gewissen Vorurteilen und psychologischen Projektionen unterworfen.

Was jedoch die Hypothese retten könnte, wäre der Nachweis auch nur eines einzigen, „externen“ außerirdischen Bezugspunktes.

Bei meiner Suche im Labyrinth des Textmaterials, das ich aus ägyptischen und sumerischen Quellen hatte, kamen mir zwei hervorragende Führer zu Hilfe: Robert Temple und Zecharia Sitchin.

---

[1] siehe für nähere Erklärung das Glossar

Temples Arbeit kannte ich seit dem Viking-Sommer von 1976.
Sein Buch „The Sirius Mystery" (Das Geheimnis des Sirius)[1] war eine Studie über die Möglichkeit, ob ein Gesandter von einem Planeten des Sirius-Sonnen-Systems, die Erde „irgendwann vor einigen tausend Jahren" besucht und ein Vermächtnis hinterlassen haben könnte: in Form der beiden Hochkulturen Sumer und Ägypten!
Man könnte unendlich über die Thesen in Temples Arbeit debattieren, die ohne außenstehende bestätigende „Bezugspunkte" entstanden sind - abgesehen von den Referenzen zu dem Stern Sirius, die in beiden Kulturen mit wahrhaftiger Besessenheit und exakten Kenntnissen verfolgt worden waren.
Was mich bei meinen Studien wirklich beeindruckte, war Temples Bildung. Auch Isaak Asimov, der übrigens ein radikaler Gegner all dessen ist, was auch nur auf von Däniken hinweist, mußte konzedieren:

> *„Ich konnte keine Fehler in diesem Buch finden. Das allein ist außergewöhnlich!"*[2]

Temple wußte nichts von einer vermuteten Mars-Verbindung zu Sumer und Ägypten, zu den beiden Kulturen, die er so gründlich untersucht hatte. Durch seine penibel genauen Quervergleiche zwischen ägyptischen und sumerischen Mythen, Texten, epischen Versen, Hieroglyphen-, Keilschrift-Wörterbüchern und hunderten von Analysen war sein Hauptaugenmerk eher auf den Sirius gerichtet. Der Stern Sirius hatte, wie wir bereits wissen, großen Einfluß auf die ägyptische Kosmologie und Theologie, wenn nicht auch auf Sumer.
Er meinte auch, daß es zwischen diesen beiden Kulturen eine grundlegende Verbindung geben müsse, die aber offensichtlich von der Forschung der letzen Jahre nicht beachtet worden sei.

---

[1] Temple, R.K., The Sirius Mystery (Das Siriusgeheimnis), New York: St. Martin's Press 1976.
[2] Asimovs Klappentext zu Temples „Sirius Mystery"

Temples Hauptbeitrag zu meiner Untersuchung war ein detaillierter Quervergleich von Begriffen und Zeichen, die in beiden Kulturen gebräuchlich waren. Dabei griffen wir auf das Original Textmaterial und die ursprünglichen Analysen zurück, angefertigt von denen, die diese Texte entdeckt hatten. Ein gutes Beispiel ist die Beschreibung einer zentralen Figur unter den Göttern der Ägypter: dem Falken-Gott *Horus*.

Horus, ein heiliger Falke, war eine der am meisten verehrten Symbole der alten Ägypter. Er wurde in zahllosen Tempelverzierungen und dreidimensionalen Darstellungen unsterblich gemacht. Eine der berühmtesten ist die exquisite Statue aus schwarzem Diorit, in Chephren: gehauen aus einem massiven Block breitet Horus seine Flügel schützend über den Kopf des Pharaos aus.

Horus ist der Sohn der Göttin Isis und dem Gott Osiris, die während der gesamten ägyptischen Blütezeit verehrt worden waren.

Isis wurde Sirius gleichgestellt. Dies ist eine der seltenen „Gewißheiten in der ägyptischen Astronomie". Gleichzeitig war sie die Gattin des Osiris - der wiederum wurde mit der Konstellation des Orions identifiziert - und der Tochter des „Sonnengottes" *Ra*.

Nach Temples Meinung, er referiert dabei Gedanken von Wallis Budge,

> *„wird Osiris einfach 'Gott' genannt, ohne einen weiteren Namen. Kein anderer Gott wurde jemals auf diese Weise benannt oder erwähnt und kein anderer Gott nahm jemals diese hohe Position in der Vorstellung der Ägypter ein oder besaß seine besonderen Attribute."*[1]

Wenn man versucht, dieses komplexe religiöse Geflecht aus Göttern, legendären Beziehungen und Taten zu verstehen, ist das erste, was man lernen muß, daß die Charaktere häufig austauschbar sind. Ständig treten Götter auf und wieder ab, erscheinen in veränderter Form, in verschiedenen Masken und Rollen. Will man ihrer Deutung gerecht werden, dann nur, wenn man sie unter verschiedenen Blickwinkel beleuchtet. Temple zufolge zeichnete besonders die ägyptische Priesterschaft ständig Informationen in Form von heili-

[1] Budge, W., The Gods of the Egyptians (Die Götter der Ägypter), Bd. II: London 1904.

gen *Wortspielen* auf. Das macht es zusätzlich schwierig, literarische Bezüge auf Besucher aus dem Weltraum oder von anderen Planeten zu entschlüsseln.
Deshalb war es nicht überraschend, daß, nach Budges entscheidender Studie, Horus - dessen echte ägyptische hieroglyphische Bezeichnung „Heru“ war - der „altertümliche Sonnengott“ war.[1] Das war lange vor dem Erscheinen von „*Ra*“, der aus dessen Verbindung mit Isis, der Mutter von „Heru“, hervorgegangen war. Auch waren die Geschehnisse früher zu datieren als die Wandlung des *Heru* in den *Falken Horus*, einer spezifisch ägyptischen Darstellung der aufgehenden und untergehenden Sonne und der Auferstehung - wie beim Vater Osiris.
Wenn Sie jetzt ein wenig durcheinander sind: Sie sind es nicht allein! Aber lesen Sie weiter:
Eine offensichtliche Verbindung zwischen *Heru*, dem Sonnengott und *Horus*, dem Falken-Gott der aufgehenden Sonne, bestand in der Funktion des „Horus des Horizonts“. Die offensichtliche Verbindung der täglichen Wiederkehr des Sonnenaufgangs mit der Vorstellung des Todes und der darauffolgenden Wiedergeburt ist eine gut gesicherte Annahme.
Die Assoziation eines Falken mit diesem Vorgang erscheint nicht so klar. Eine Möglichkeit liegt darin, daß manche Falken schweben, bevor sie zuschlagen. Das augenscheinliche Schweben der aufgehenden oder untergehenden Sonne am Horizont könnte zu dieser Assoziation geführt haben.
„Horus des Horizonts“, diese Alliteration in unzähligen Texten, sie fiel auf guten Boden. Mehr als einmal neigte ich zu Vergleichen mit den Formationen von *Cydonia*, ihrer bewußt konzipierten Anordnung, die Erwartung dieses *einen,* bedeutenden Sonnenaufgangs bei der *Sommersonnenwende*, wenn die Sonne exakt über dem „Gesicht“ aufging. Die gespannte Faszination der Ägypter

---

[1] Budge, W., Hieroglyphic Vocabulary to the Theban Recension of the Book of the Dead (Hieroglyphische Vokabeln für die Theben-Rezension des Buches der Toten), London 1911.

über das Aufgehen der Sonne als „Heru" - „Horus des Horizonts", erschien immer wieder.

Es war Temple, der beim Durchsehen Budge' vieler Übersetzungen des Ausdrucks „Heru", den ersten Durchbruch erzielte:

„Das Wort „Heru" hat auch die Bedeutung „Gesicht".

Horus des Horizonts, „Gesicht" des Horizonts. Aber das ist noch nicht alles!

Temple schreibt:

„Im Ägyptischen sind die Buchstaben „l" und „r" völlig austauschbar und haben dieselbe Hieroglyphe. Also könnte Heru ebenso gut 'Helu' heißen. Wenn man Helu nimmt und eine griechische Endung anfügt, so erhält man Helios, das ist in viel späterer auftretenden Mythologien der griechische Gott der Sonne.

Es ist interessant zu sehen, daß Lidell und Scott [1] über diesen Ausdruck bei Homer (Odyssee) bemerken, daß er ihn für 'auf- und untergehen', 'Licht und Dunkelheit', 'Morgen und Abend' benutzt. Homer hat also den von Heru abgeleiteten Helios in genau der Weise benutzt, die wir von einem ägyptischen Dichter eher erwartet hätten als von einem griechischen."

Der griechische Name „Heliopolis", „Stadt der Sonne", für die Tempelanlagen des altägyptischen Sonnengottes *Atum-Ra* könnte also ebenso gut „die Stadt des Gesichts am Horizont" heißen. Einer der Titel Imhoteps, die in einer Inschrift in Sakkara entdeckt wurden, war „Hohepriester... des Atum-Ra"[2].

Übrigens ist Heliopolis ein Vorort des heutigen Kairo.

Temple schreibt weiter zu seiner Ausdeutung des ägyptischen Ausdrucks *Heru*:

„Es scheint, als ob der merkwürdige griechische Ausdruck hero *auch von* Heru *abgeleitet ist, obwohl es im* Sanskrit *ein ähnliches Wort gibt. Sanskrit ist die Sprache des alten Indien nach 1200 v.Chr. Das Wort, das die Bedeutung von Hero hat, ist das verwandte* Vira. *Es wird im*

---

[1] Liddell and Scott, Griechisches Lexikon.

[2] Hurry, J.B., Imhotep, The Vizier and Physician of King Zoser and Afterwards, the Egyptian God of Medicine (Imhotep, der Seher und Arzt König Djosers und spätere ägyptische Gott der Medizin), Oxford: Oxford University Press 1926.

Rigweda[1] *in der genauen Bedeutung von Hero (als Gegensatz zu Gott) benutzt, in einer Zeit, als die ersten Arier nach Indien immigrierten. Es gibt keinen Zweifel, daß die beiden Wörter sinnverwandt sind. Ich nehme für beide eine gemeinsame Herkunft an: das ägyptische 'Heru`."*

Temple griff dann zurück auf Budge's frühere Übersetzungen des Ausdrucks und fand eine weitere Bedeutung für Heru, zusätzlich zu „Sonne am Horizont und Gesicht", die fast identisch war mit dem griechischen Hero und dem indischen Vira: „auf den König (Pharao), als Repräsentanten des Sonnengottes auf Erden, bezogen."
Temple schreibt dazu:

> *„Das ist eine Bedeutung, die sich auf ein menschliches Wesen auf der Erde bezieht, das weder Gott noch Dämon ist, sondern ein Heroe. „Bei Homer waren die Heroen über die Rasse der gewöhnlichen Menschen erhoben", besonders bei dem Dichter Pindar finden wir den Begriff, um eine Rasse zwischen „Göttern und Menschen" zu beschreiben, also in der Bedeutung, von der wir annehmen, daß sie auch in anderen Sprachen überdauert hat. Die ägyptische Anwendung des Wortes überdauerte bei den Pharaonen, fast ohne Änderung, bis hin zu Griechisch, Sanskrit, Lateinisch sowie den späteren indogermanischen Sprachen."*

Doch kann durch Metonymie[2] der Name Heru auch auf „die Sonne des Horizonts", die Rasse, „zwischen Göttern und Menschen", ein „Gesicht" (am Horizont) und auf den „König" als Repräsentanten des Sonnengottes, angewendet werden. Und wo, fragen wir uns nun folgerichtig, kamen all diese Beschreibungen an einem Punkt zusammen, wenn nicht in den Monumenten von *Cydonia*?
Ein grundsätzliches Dilemma bei diesen mythologischen „Analysen" besteht darin, daß man geneigt ist, allzu leicht jede Bedeutung in die Texte und Begriffe hineinzulegen, wenn man nur gründlich genug danach sucht. Ohne spezifischen Bezug auf den

---

[1] in Versen verdichtetes Wissen

[2] Benutzung des Namen einer Sache für eine andere, ähnliche

Ort *Cydonia* oder zumindest einen Bezug zum Mars bleibt also jede Verbindung des „Heru“ mit dem „Gesicht“ auf dem Mars eine Mutmaßung.
Bei meinen Überlegungen stieß ich auf eine Sammlung von Artikeln, die von Ian Ridpath, dem Herausgeber des renommierten „Journal of the British Interplanetary Society“[1], herausgegeben worden war. Der Band enthielt ein provokatives Kapitel mit dem Titel: „Wegweiser zum Mars“[2]
Darin war zu entnehmen, daß Kairo, als Standort zweier großer Pyramiden, ursprünglich El-Kahira hieß, von arabisch El-Kahir und das heißt: *Mars*.
Was immer man sich darunter früher vorgestellt haben mag: Kairo hatte also die Bedeutung *Mars*!

Ich schickte sofort eine Mitteilung an Lambert Dolphin. Er bestätigte mir diesen faszinierenden Leckerbissen.
Als Kairo irgendwann im 10. Jahrhundert von - frei übersetzt - „Lager“ umbenannt wurde, leitete man die neue Bezeichnung von derselben arabischen Wurzel ab wie „Mars“[3].
Doch selbst diese unverhoffte Entdeckung sollte vor dem verblassen, was sich daraufhin abzeichnete.

Bei der Suche nach einer grundlegenden Verbindung mit dem Mars gab es immer ein beträchtliches Problem: wie konnte eine Cydonia-Verbindung möglich geworden sein, in Anbetracht der Deutlichkeit, in der sich uns die Beziehung beider Kulturen Ägypten und Sumer darstellte?

---

[1] Zeitschrift der Britischen Interplanetaren Gesellschaft - von Eric Burgess und Arthur Clarke gegründet

[2] Ridpath, I., „Signpost to Mars“ (Wegweiser zum Mars) in: Messages to the Stars, New York: Harper & Row 1978; Saunders, M., Signpost to Mars in: Journal of the British Interplanetary Society Bd. 30, 1977.

[3] vgl. Aldridge, J., Cairo: Biography of a City, New York: Littel Brown & Co, 1969.

Temple war nicht der einzige Forscher, an den ich mich wandte, um diese möglichen außerirdischen mythologischen Bezüge zu verstehen.

Erinnern sie sich an meinen anderen Helfer: Zecharia Sitchin?

Der Klappentext in seinem Buch „The Stairway to Heaven“[1], nannte ihn einen Mann „mit fundierter Kenntnis über modernes und altes Hebräisch, des Alten Testaments, Geschichte und Archäologie des Nahen Ostens..., (der) die Londoner Schule für Wirtschaft besuchte.“[2]

Auch Sitchins These lief darauf hinaus, daß zwei Hochkulturen des Nahen Ostens, Ägypten und Sumer, ihre Existenz „weiterentwickelten Besuchern von einem anderen Planeten“ verdankten: also noch ein Von-Däniken-Anhänger!

Dennoch hielt mich irgend etwas davon ab, das Buch sofort wieder in der Versenkung verschwinden zu lassen. Statt dessen sah ich mir die Anmerkungen an und fand eine ganze Reihe von wissenschaftlicher Literatur mit Titeln wie „Journal of Near Eastern Studies“[3] in Chicago und „Revue d'Assyrologie et Archéologie Orientale“[4] in Paris.

Kramers Bücher[5] waren darunter und so die von Jacobsen, Ebling, Frankfort usw.; alle wichtigen, auf Nahost-Studien spezialisierten Gelehrten dieser Welt waren beteiligt.

Mit wachsender Begeisterung las ich weiter im Umschlagtext: „Mr. Sitchin hat dreißig Jahre damit verbracht, die Daten für dieses bemerkenswerte Buch zu sammeln und zu verarbeiten.“ Erst später stellte ich fest, daß dieses Buch der zweite Band einer umfassenden Trilogie war, die einen möglichen außerirdischen Kontakt im Nahen Ostens zum Thema hatte und den er, ironischerweise, „Erd-Chroniken“ nannte.

---

[1] „Die Treppe zum Himmel“

[2] Sitchin, Z., The Stairway to Heaven (Die Treppe zum Himmel) New York: St. Martin's Press 1980.

[3] Zeitschrift für Nahoststudien

[4] Rundschau der Assyrologie und orientalischen Archäologie

[5] 6 Bücher allein über die Sumerer

Ich sah in ihm jemand wie Temple sowie einen Mann, der dieselben Fragen stellte wie ich. Fragen, die ebenso wie die meinigen, auf die unerklärliche Entstehung zweier der frühesten und prächtigsten Hochkulturen abzielten und - dabei besaß er ein enormes Hintergrundwissen mit profunden Kenntnissen der Keilschrift, Hieroglyphen und weiteren Spezialkenntnissen über Nahost, die mir leider offensichtlich fehlten.

Mein ursprüngliches Interesse galt natürlich Sitchins Behandlung der ägyptischen Mythen und Texte. Er bestätigte bald meine Vermutungen über die Möglichkeiten starker, grundlegender Verbindungen zwischen den beiden großen Kulturen der Sumerer und Ägypter. Er belegte sie mit einer Reihe von Bezügen auf Forschungen, die zum Teil über 100 Jahre zurückliegen, nahm aber auch einige aus der näheren Vergangenheit dazu, mit moderneren Interpretationen.

Sitchin bemerkt zu Abschluß seiner Abhandlung über beide Kulturen:

> *„Von seiten der Hieroglyphen bedeutet das Zeichen* Ur *(eine Großstadt in Mesopotamien) 'das weite fremde (Land) im Osten'. Es kann nicht ausgeschlossen werden, daß es sich auf das sumerische Ur bezieht, das in dieser Richtung lag.*
> *Das ägyptische Wort für 'göttliches Wesen' oder 'Gott' war NTR, was 'jemand, der beobachtet' bedeutet. Bezeichnenderweise ist das genau die Bedeutung des Namens Shumer (der Name für Sumer im Alten Testament): 'die, welche beobachten'."*

Nachdem nun deutlich geworden war, daß eine enge Beziehung zwischen Ägypten und Sumer naheliegt, wendete Sitchin seine Aufmerksamkeit darauf, die sumerischen Gegenstücke zu den ägyptischen „alten Göttern" zu finden, ob sie Verbindungen hatten zu dem „Bergland und dem weiten fremden Land" - wo hinter Sitchin, aus ägyptischer Sicht, Sumer vermutete.

Er behauptete weiter, daß bei angemessener Interpretation sämtliche Gottheiten, die im „Olymp" nahöstlicher Kulturen verstreut waren, auf jene „ursprünglichen zwölf Götter" aus dem alten Sumer zurückführbar seien. Indem er Lehnwörter benutzte, zeigte Sit-

chin die graduellen Veränderungen der ursprünglichen zwölf Götter bis „hinunter“ zu regionalen Gottheiten - und dies sei für alle Kulturbereiche unserer Erde gültig. Sogar die griechischen Gottheiten besaßen noch Jahrtausende später ihre Referenzen in den sumerischen Texten. Die Gottheiten des Indus-Tales, welches Tausende von Kilometern weiter östlich liegt, waren sumerischen Ursprungs, mit Sitchins Worten „proto-sumerisch“.
„Wir alle sind ursprünglich Sumerer.“

Das würde implizieren, daß wir alle plötzlich erschienen sein konnten, gleichzeitig, auf geheimnisvolle Weise...
Die grundlegende Voraussetzung dazu wäre gegeben. Nach Sitchin ist die sumerische Zivilisation durch das Eingreifen einer äußeren Instanz entstanden. Er und Temple benutzten dabei identische Quellen und kamen völlig unabhängig zu den gleichen Ergebnissen. Das war ungewöhnlich, bedeutete schließlich aber für beide eine Rückbestätigung ihrer Ergebnisse.
Die sumerische Zivilisation hatte sich letztendlich auf dem gesamten Globus verteilt und sie ist heute noch - zumindest teilweise - in ursprünglicher Form uns erhalten geblieben.[1]

Sitchin machte nicht viel Federlesens und setzte die zwölf Götter mit den mutmaßlichen Besuchern gleich. Das unterscheidet sich im Prinzip nicht von den Behauptungen von Dänikens.
Doch den entscheidenden Unterschied sehe ich darin, daß Sitchin jede Stelle seiner These mit plausiblen Argumenten unterstützen kann, basierend auf seine erstklassigen Wissen[2]. Dabei untersucht er peinlich genau die authentischen ägyptischen, hethitischen, as-

---

[1] Bei Grabungen hatte man 1976 in Ugarit, an der Küste des heutigen Syrien, eine Tontafel aus der Assyro-Babylonischen Kultur gefunden. Sie trug einen musikalischen Text, der auf der uns bekannten „Oktave“ basiert. Dr. Richard L.Crocker, Professor für Musikgeschichte an der Universität von Californien, Berkeley, sagte dazu: „Wir wußten immer, daß sie von Anfang an Musik gehabt haben, aber nicht, daß sie dieselbe heptatonische, diatonische Skala, (wie) zeitgenössische westliche Musik und Griechische Musik des ersten Jahrtausends v.Chr. hatten.“

[2] im Gegensatz zu von Däniken

syrischen und sumerischen Texte, wägt dabei manchmal ein halbes Dutzend Übersetzungen und Übertragungen gegeneinander ab. Erst dann entschied er sich auf eine zutreffende Bedeutung oder sogar eines einzelnen Begriffs in einem Text.

Ein Beispiel:

„Die mesopotamischen Texte, die sich auf den inneren Hof der Tempel beziehen, auf himmlische Reisen der Götter oder auf Begebenheiten, bei denen gewöhnlich Sterbliche in den Himmel aufstiegen, benutzen den Begriff Mu *oder die semitische Ableitung* Shu-Mu *(das, was ein Mu ist),* sham *oder* shem.

Weil der Begriff auch die Nebenbedeutung „das, durch das man in Erinnerung bleibt“ trägt, wurde seine Bedeutung im allgemeinen mit „Name“ übersetzt. Aber die universelle Anwendung des Begriffs „Name“ in frühen Texten auf ein fliegendes Objekt (einer „Himmelskammer“), hat die wahre Bedeutung in alten Aufzeichnungen verwischt.

G.A. Barton übersetzte in seiner Veröffentlichung *Die Königlichen Inschriften aus Sumer und Akkad* diesen Begriff in Gudeas Tempelinschriften: „sein Mu soll das Land von Horizont zu Horizont umfangen“ bisher unangefochten als: „sein *Name* soll das Land erfüllen...“

Sitchins Fleiß, sein großes Wissen wird besonders deutlich, wenn er seine Behauptung, daß eine Verbindung zwischen dem archaischen sumerischen Mu = Himmelskammer zu „moderneren“ akkadischen und babylonischen Namen existiert, auf folgende Weise untermauert:

„Daß der ursprüngliche Zweck der Gedächtnis-Steinpfeiler ein feuriges Himmelsschiff nachempfinden sollte, kann auch aus dem Begriff geschlossen werden, unter dem diese Steinstelen (Säulen) im Altertum bekannt waren. Die Sumerer nannten sie NA.RU (‘Steine, die sich erheben’). Die Akkadier, Babylonier und Assyrer nanntèn sie naru *(‘Objekte, die Licht abgeben’). Die Amurru nannten sie* nuras

('feurige Objekte')[1]. *In den indoeuropäischen Sprachen der Hurrier und Hethiter hießen die Steinstelen* hu-u-ashi *('Feuervögel aus Stein').*

Sitchin schloß seine faszinierende Lektion über Etymologie und deren Anwendung auf dieses nahezu unlösbare Problem folgendermaßen:

„Die durchgängige Benutzung der Übersetzung 'Name' für shem, läßt die weitsichtigen Studien, die vor mehr als einem Jahrhundert von G.M. Redslob veröffentlicht wurde (in: Zeitschrift der Deutschen Morgenländischen Gesellschaft) völlig außer acht. Darin weist er darauf hin, daß der Begriff shem *und der Begriff* shamaim *('Himmel') von der Wortwurzel* shamah *abstammen, die 'das, was in die Höhe gerichtet ist' bedeutet. Wenn im Alten Testament steht, daß König David 'einen* shem *machte' um seinen Sieg über die Aramäer zu feiern, so sagt Redslob, machte er nicht 'Namen', sondern stellte er ein Monument auf, das in den Himmel zeigte.*

Wenn nun deutlich wird, daß mu oder shem in vielen mesopotamischen Texten nicht als „Name" verstanden werden soll, sondern als „Himmelsfahrzeug", so öffnet dies den Weg, um wahre Bedeutungen so vieler unklarer alter Erzählungen zu erfassen, einschließlich der biblischen Geschichte über den Turmbau zu Babel.

Der Grund für die unterschiedlichen Übersetzungen dieser Texte durch Kramer, Jacobsen und aller anderen universitären Wissenschaftler eingeschlossen Zecharia Sitchin, liegt in der Erfassung des Kontext. Wenn man - wie bei Kramer und weniger auch bei Jacobsen - ein einfaches landwirtschaftliches Volk voraussetzt, das langsam urbanisiert wird (die „große Erfindung" der Sumerer!), *dann entdeckt man eben auch nur irdische Gegenstände in diesen geheimnisvollen Texten und Legenden.* Jedoch wenn man die frühesten Interpretationen der Schlüsselwörter erforscht, kann man - wie Sitchin - einen außergewöhnlichen technologischen Hintergrund für diese äußerst lebendigen, literarischen Texte erhalten. Man wird dann zu stark abweichenden Interpretationen der sogenannten Mythen kommen, einschließlich der Tatsache, daß sie im

[1] in Hebräisch bedeutet *ner* immer noch 'Pfeiler, der Licht aussendet', daher der heutige Name für Kerze

Grunde eine verzerrte Historie darstellen - weit entfernt von Vorstellungen einer einfachen Agrargesellschaft, die auf dem Wege zum Stadtstaat war.
Beispielsweise gibt es die Beschreibung eines „schwarzköpfigen Volkes", ein bis heute rätselhafter Begriff, den die Sumerer mit Bezug auf sich selbst benutzten. Bezieht man es auf das früheste bekannte Ideogramm mit der Übersetzung „schwarz", so könnte es ebenso gut heißen: „Das Volk, das mit dem Himmelsgewölbe verbunden ist" oder sogar, „das Volk, das vom Himmelsgewölbe herabgestiegen ist" oder: „die Sterne". Temple zufolge nannten die Griechen die Ägypter „das schwarzfüßige Volk".
Ein etymologischer Hinweis dafür, daß diese Hypothese schlüssig ist, kommt von den Wissenschaftlern selbst. Sowohl Kramer als auch Jacobsen gestehen ihre Ratlosigkeit, ja Verwirrung ein, wenn sie mit tausenden frühsumerischer Wörter konfrontiert werden.[1] Bezeichnenderweise wird das Problem noch größer, je älter die zu übersetzenden Texte sind. Das wird als ein untrügliches Zeichen für eine Veränderung des Kontext dieser Begriffe angesehen.
Das bringt uns zu einem Überblick darüber, was Sitchin letztendlich vorschlägt - da wir nun, so hoffe ich, ihn als einen ernsthaften Forscher erlebt haben:
Sitchin webte seine außergewöhnlichen Geschichten aus Bruchstücken unzähliger fragiler Tontafeln, Siegeln und Inschriften, die Jahrtausende lang unter den Trümmern der einstig so großartigen sumerischen Paläste und Städte begraben waren.
Seine Geschichte erzählt von einer Rasse von „Wesen", von anderen Mitglieder des Sonnensystems, den NE.BI.RU, die in einer Art Notmission auf die Erde kamen. Diese Wesen mühten sich noch viele Jahre nach ihrer Ankunft auf der Erde mit einem Projekt, daß offensichtlich mit diesem Notfall zu tun haben mußte, der sie angeblich hierher gebracht hatte.

[1] Kramer, N., History begins at Sumer (Die Geschichte beginnt in Sumer), New York: Penguin 1954.

Aber schließlich gibt es eine „Meuterei" unter der Besatzung[1]. Um schließlich die Mission zu retten, hatte einer der Anführer die Idee, aus dem verfügbaren „proto-menschlichen" Material Arbeiter zu schaffen, zu ihrer Unterstützung: die menschliche Rasse, „das schwarzköpfige Volk" war geboren.
Schließlich entwickeln sich unter ihnen gravierende Meinungsverschiedenheiten, wobei eine der Parteien - angeführt von den „Enlil" - verlangte, daß die Arbeiter ausgelöscht werden sollten. Und zwar durch eine „große Flut"!
Jedoch dem zweiten Anführer[2] der Expedition, der die Arbeiter erschaffen hatte, gelingt es, die Früchte seines „Experiments" zu retten. Er zeigt einigen seiner Gefolgsleute wie man ein Boot baut, um einen namens „Ziusudra" kümmerte er sich dabei besonders.
Am Ende wird Enki so etwas wie ein Beschützer der Arbeiter, weil er dem „schwarzköpfigen Volk" Kultur und Kunst beibringt. Er gibt ihnen „ein Königreich aus dem Himmel" und hinterläßt einer eben erst flügge gewordenen Rasse, die das Vermächtnis einer neuen Welt übernehmen soll, die Macht des Wissens, das von der Metallbearbeitung bis hin zur Gesetzgebung reicht.
Man muß nicht das gesamte Science Fiction Melodrama akzeptieren, um Sitchins peinlich genaue Rekonstruktion ernst zu nehmen. Ich selbst hätte sie noch vor wenigen Jahren mit einem Lächeln abgetan.
Aber die Monumente auf dem Mars verlangen nach einer Erklärung. Das „Gesicht" verlangt, daß etwas in der herkömmlichen altehrwürdigen Historie der Erde geändert wird.
Sitchin hat aus Hunderten von zylinderförmigen Siegel- und Keilschrifttexten, die von der Archäologie des Nahen Ostens in den letzten hundert Jahren ans Licht gebracht wurden, gewissenhaft eine Geschichte rekonstruiert. Im Rahmen dieses Buches ist es unmöglich, seiner Leistung umfassend gerecht zu werden. Ein kurzer Abriß sollte zeigen, daß *aufregende Parallelen* zu erkennen sind,

1 die „Annunaki"
2 „Enki"

und daß die heiligen Texte der Sumerer in Schlüsselereignissen[1] der Historie westlicher Kulturen ihre Entsprechung gefunden haben.

Als ich Sitchins Rekonstruktion dieses sumerischen „Epos“ las, mußte ich an den sowjetischen Ethnologen M.M. Agrest denken, der vor vielen Jahren behauptete, daß „bestimmte biblische Ereignisse als Beweis für einen außerirdischen „Besuch“ interpretiert werden“ könnten (siehe S. 290). Eine seiner Folgerungen über die Ereignisse, die im Alten Testament und in weitaus älteren sumerischen Texten beschrieben sind, laufen darauf hinaus, daß sie im Grunde identisch seien, wenn man sie von allen kontextuellen Interpretationen befreite. Dies erscheint mir sinnvoll und plausibel.

Was das letztendlich nun bedeutet, ist aber weit weniger klar.

Sitchin legte sein Hauptaugenmerk darauf, die ursprüngliche Herkunft von „Enil“ und „Enki“ und den anderen sumerischen Göttern festzustellen. Das wiederum brachte ihn auf, wie Temple es nannte, „eines von diesen ungeklärten sumerischen Worten, deren exakte Bedeutungen wir so gerne verstehen würden“.

„Woher kommt es, Was bedeutet es?“

Der Ausdruck ist „NE.BI.RU.“

Sitchins These, daß die Besucher letztendlich von NE.BI.RU. kamen, drehte sich um sein Bemühen, diesen rätselhaften Bezug zu entschlüsseln, dessen Symbol etwa so aussieht: +

Die Textquellen für diesen Ausdruck, einschließlich des Babylonischen Schöpfungsmythos mit dem Titel *Enuma elish*[2], sind nicht hilfreich.

„NE.BI.RU. soll die Kreuzung des Himmels und der Erde halten...
Er, der die Mitte der See unermüdlich kreuzt,
laß „Kreuzung“ seinen Namen sein, der über die Mitte gebietet“, usw.

Eine Schwachstelle, die Sitchin in seinem Werk zeigt, sind seine Kenntnisse in Astrophysik. Als endgültige Erklärung des mysteriö-

[1] Eine dieser Parallelen stellt das Alte Testament dar.

[2] „wenn von oben“

sen NE.BI.RU. bietet Sitchin einen bis dahin unbekannten Planeten an.[1]

Weiter behauptet er, daß dieser in einer extrem elliptischen Bahn läuft und dabei einige Umlaufbahnen von äußeren Planeten unseres Sonnensystems kreuze. *„NE.BI.RU... laß Kreuzung seinen Namen sein..."*

Für mich war diese ganze Vorstellung aus Gründen einfacher Gesetze der Himmelsmechanik bis hin zu Überlegungen über die Temperaturen, die dort geherrscht haben mußten, höchst unwahrscheinlich. Die Möglichkeit, daß Leben auf einem Planeten sich entwickelte, auf dem sich Temperaturen - speziell in dieser Umlaufbahn - um den absoluten Nullpunkt bewegten, schien mir sehr zweifelhaft.

Durch seine Bemühungen, die Bedeutung dieses geheimnisvollen Begriffs zu finden, bot Temple nicht nur einen Weg aus dieser ausweglosen Situation an, sondern er rettete auch Sitchins These:

> *„... sehen wir uns noch einmal die ägyptische Sprache an. Wir stellen fest, daß das Wort Neb sehr verbreitet ist und „Herr" bedeutet. Lassen Sie mich ohne weitere Umschweife klarmachen, daß nach meiner Meinung das sumerische Nebiru vom ägyptischen Neb-Heru abgeleitet wurde. Wenn wir Heru in der älteren ägyptischen Bedeutung von Sonne betrachten, dann können die Beschreibungen des Neb-Heru in den babylonischen* Enuma elish *als perfekte Beschreibung des Neb-Heru - „Herr der Sonne"- gelesen werden. „Nebhiru soll die Kreuzung des Himmels und der Erde halten..."*

Wenn wir uns daran erinnern, daß eine andere Bedeutung, die Temple für „Heru" gefunden hat, „Held" ist, dann können wir diese rätselhafte Passage als poetische Beschreibung für eine physikalische „Kreuzung des Himmels" interpretieren.

Vielleicht ist es, im übertragenen Sinne, das Abenteuer eines *„Helden", auf einer legendären Reise vom Mars zur Erde* oder vielleicht die ursprüngliche, Generationen dauernde Odyssee, *von außerhalb des Sonnensystems* zur Wüste des Mars.

[1] Sitchin, Z., The twelfth Planet (Der zwölfte Planet), New York: Stein & Day 1976.

Erstaunlicherweise gibt es solche Legenden von „Schiffen" und „Reisen" in epischen Schriften aller Kulturen auf der Erde.
Sie enthalten Figuren, die überlebensgroß, oftmals als eine Rasse zwischen Mensch und Gott" dargestellt sind, mit Namen wie „Gilgamesch" und „Herkules", die gewagte Reisen im Angesicht überwältigender Hindernisse bestehen. Und im Falle der bekanntesten Version ist es eine Reise mit dem Ziel, die - fast - vernichtete Erde wieder zu bevölkern.
Wir haben also eine Serie von legendären „Bögen zur Assoziation", die in der Geschichte auftauchen. „Bogen"[1] ist abgeleitet von ägyptisch arq, und bedeutet „beenden, vervollständigen", im Sinne von geschlossenen Kreisen.
Die aufschlußreichste Inkarnation eines mythischen Fahrzeugs und einer „epischen" Odyssee gibt es in der griechischen Mythologie, der Argo-Dichtung, deren Name, Temple zufolge, von eben jenem arq abgeleitet ist.
Auf der Reise wird die Heldenfigur „Briareus" beschrieben.
In späteren Fortführungen der Argo-Geschichte sind eine Reihe solcher Heldenfiguren vertreten, einschließlich des Herkules. Schließlich endet die Entwicklung bei Jason, der die bekannteste und jüngste dieser Erzählungen als Hauptfigur anführt. Jason und seine fünfzig Argonauten (erinnern an fünfzig Annuki) befinden sich auf einer dringenden Reise, deren Ziel es ist, das „Goldene Vlies" aus dem Fabelland namens „Colchis" zurückzubringen.
Es ist faszinierend, aus Temples genauen Forschungen zu erfahren, daß der ursprüngliche Herkules wahrscheinlich aus Briareus abgeleitet wurde, daß er außerdem Anführer der Argo war[2] und bei den Griechen als jemand angesehen wurde, der aus Ägypten kam.
Folgendes ist verblüffend:

> *„Unter den Gelehrten gilt es als gesichert, daß Herkules, in gewisser Weise, aus Gilgamesch hervorging, denn, bestimmte Motive und Taten waren beiden Helden gemeinsam. Es ist möglich, daß Herakles*

---

[1] auch „ark"

[2] und nicht nur als *Kamee* erschien, wie es in einer späteren Version dargestellt wird

(„der Ruhm der Hera") und seine Beschützerin, die Göttin Hera, Gattin des Zeus sowie Königin der Götter, von heru *abgeleitet sind.*

Das eröffnet alle möglichen denkbaren Ebenen der Namensvertauschungen und Assoziationen für eine „Heroen-Gestalt", die mit einer epischen Reise in Verbindung steht.

Die vielleicht erstaunlichsten Möglichkeiten entstehen um den Grund für Argos Reise: das „goldene Vlies" zu finden. Temple zeigt eindrucksvoll, daß auch dies ein weiteres der heiligen ägyptischen Wortspiele sein könnte, die ins Griechische übertragen wurden: „Wenn man das h aus *heru* entfernt und eine griechische Endung anfügt, erhält man *erion*, was „wollenes Vlies" bedeutet".

Dann fand Temple durch Bezüge bei Herodotus eine enge Verbindung zwischen „Colchis", dem Ort, an dem das goldene Vlies aufbewahrt wird, und dem alten Ägypten. Wahrscheinlich war Colchis am schwarzen Meer noch vor 1200 v.Chr. ein kolonialer Vorposten der Ägypter.

Temple zufolge behielten die wichtigen Mythen, als sie ins Griechische übertragen wurden, ihren grundlegend ägyptischen Charakter, speziell diejenigen, die sich mit den Toten befaßten. Das zentrale Beispiel hierfür ist die Identifizierung der griechischen Göttin „Circê" - was „Falke" bedeutet - und den Wächter der Toten in Colchis, den ägyptischen „Horus als Falken". Desweiteren stellt im Argo-Mythos der Sonnengott Helios, (den wir durch Homer bereits als aufgehende oder untergehende Sonne identifiziert haben) in Colchis sein Pferd in den Stall. Daraus ergeben sich weitere namensvertauschende Verbindungen.

Also haben wir ein „Goldenes Vlies", das in Colchis festgehalten wird, dem von Herkules (Heru?) und einer Mannschaft von 50 „Argonauten" nachgejagt wird. Bei dem Begriff „Goldenes Vlies" handelt es sich um eine mögliche Verbindung zu „Helden", „Gesichter" und der aufgehenden „Sonne".

Die eigentliche Überraschung liegt darin, daß Temple bei der Niederschrift seiner Theorien nicht gewußt haben konnte, was man später im Jahre 1976 auf dem Mars finden würde.

Es gibt noch eine begleitende Legende, in dem Cadmus, einem anderen griechischen Helden, aufgetragen wird, er „solle einer Kuh folgen und dort eine Stadt errichten, wo sie aus Müdigkeit hinsinke. Die Kuh brach dort zusammen, wo die griechische Stadt Theben heute steht. Sie ist auch nach einer ägyptischen Stadt benannt. Hier errichtete Cadmus ein Bild der Athene, die ursprünglich geholfen hatte, die Argo zu bauen. Cadmus, der seinen Begleitern befahl, die Kuh müsse sofort zu Ehren Athenes geopfert werden, schickte sie fort, um von dem reinigenden Wasser aus der Quelle des Ares zu holen. Er wußte aber nicht, daß die Quelle von einer großen Schlange bewacht wurde.“[1] Eine große Schlange hielt ebenso über das Goldene Vlies in den „Hainen des Ares“ in Colchis Wache.

Meine These ist, daß Mythen eher Stoff aus - verlorengegangenen - Darstellungen historischer Begebenheiten verarbeiteten als etwa aus spontanen Visionen oder Träumen zu schöpfen.
Und noch etwas ist hervorzuheben: *arq ur*, dessen Übersetzung aus dem Altägyptischen „das große Ende“ bedeutet, ist die Umschreibung für das „Geheimnis der Geheimnisse“ - die Sphinx. Sie steht nur wenige hundert Meter von der perfektesten, erhabensten Pyramide der Erde entfernt, an einem Ort, dessen arabischer Name „*Mars*“ bedeutet.

Kehren wir zu Sitchin zurück. An der zitierten Stelle über NE.BI.RU., laßt „Kreuzung seinen Namen sein“, erwähnte er Berossus.
Anders als Sagan, der alle Bezüge in der Oannes-Sage als „unzuverlässig“ verunglimpfte und sie deshalb nicht weitergab; Sitchin zitierte gerade diese Stellen.
Damit konnte er zu einer Datierung beitragen, die bei Sagans Untersuchung einer „zunehmend unwichtiger werdenden Geschichte“

[1] Graves, R., The Greek Myths (Die griechischen Mythen), Bde. I&II, London: Penguin Books 1969.

fehlte - für einen Zeitraum, in dem der erste Kontakt mit Oannes (Enki) stattgefunden haben mußte.

Aus Apollodorus:

„Das ist die Geschichte, die Berossus uns übermittelt hat und worin steht, daß der erste König Alorus von Babylonien war, der ein Chaldäer (Sumerer) war und (der) zehn sari *regierte".*

Von Alexander Polyhistor:

„... im ersten Jahr (der Regierung des Alorus) erschien aus einem Teil des Eritreanischen Meeres (dem Persischen Golf), das an Babylonien grenzt, ein Tier, das über Verstand verfügte und das Oannes genannt wurde.

Dieses Wesen unterhielt sich am Tage mit den Männern, aber es nahm in dieser Zeit keine Nahrung zu sich. Es gab den Menschen Einsicht in Schriftzeichen, die Wissenschaft und jede Art von Kunst. Es lehrte sie, Häuser zu bauen, Tempel zu gründen, Gesetze zu erlassen und erklärte ihnen die Prinzipien geometrischen Erkennens. Es lehrte sie, Samen der Erde zu unterscheiden und zeigte ihnen, wie man Früchte sammelt; Er unterrichtete sie in allem, die Sitten zu mildern und die Menschheit zu humanisieren.

Bei Sonnenuntergang ging das Tier ins Meer zurück und verbrachte die Nacht in der Tiefe, denn es war eine Amphibie.

Danach erschienen andere Tiere wie Oannes, von denen Berossus weiter zu erzählen verspricht, wenn er über die Geschichte der Könige berichtet.

Aus Abydenus:

„Hernach gab es andere Könige, und der letzte davon war Sisithrus, so daß es insgesamt 10 Könige gab, die zusammen hundert und zwanzig sari *regierten..".*

Auch das entscheidende Datum kam von Abydenus: „nun wird ein *sarus* auf 3600 Jahre geschätzt".

Die Anzahl der zehn Könige muß man nicht wörtlich nehmen, sie können möglicherweise eine Verdeutlichung der gesamten Zeitspanne sein. Sitchin legte die Zeitspanne zugrunde, die diese Könige regiert haben. Er berücksichtigte die Zeit der großen „Flut", die ständig erwähnt wurde, und errechnete die Spanne, in der Oannes /Enki das erste Mal erschien: vor etwa 445.000 Jahren.

Ich hatte meine fehlende halbe Million Jahre gefunden.

Dieser kalendarische Zusammenhang wurde in Untersuchungen herausgefunden, die völlig unabhängig von meiner Mars-Untersuchung stattfanden. Sie wurden sogar noch vor dem Start der Viking-Mission zu dem historischen Rendezvous veröffentlicht, also zu einem Zeitpunkt, als die Existenz des „Gesichts" und der dazugehörigen Pyramiden gänzlich unbekannt war. Die Tatsache, daß meine und Sitchins Daten zusammenhingen, mußte jeden denkenden Menschen dazu veranlassen, über die erstaunlichen Konsequenzen nachzudenken, die dieser Mythologie eigen sind: Themen, die sich auf „Horus/Heru", „NE.BI.RU.", der Entführung des „Goldenen Vlies" bis hin auf die Mars-Mythologie beziehen.
Und schließlich wurde darin von einem Wesen namens „Oannes" berichtet. Es konnte durch eine genaue Datierung nunmehr mit einer Reihe von artifiziellen Formationen auf dem Mars in Verbindung gebracht werden. Die Mythologien enthielten erstaunliche Parallelen zu den höchsten Formen „hominidem" (frühmenschlichem) Lebens auf der Erde.
Durch diesen Lichtschimmer bewegen sich Schatten im Nebel der Jahrmillionen alten Erdgeschichte. Sie erlauben Vermutungen - aber nur *Vermutungen* über eine Auflösung des letzten großen Rätsels: Die Suche nach einem Abbild von unserem *Selbst.*
Auf der Suche nach dem Bild auf dem Mars.

Wir oder jene, die wir einst waren, wurden vor unzähligen Jahrtausenden willentlich auf die Erde gebracht, um einen großen Entwurf zu verwirklichen, geschaffen von denen, die *zuvor* hier waren.
Ein verhießenes Land, von dem die Gestrandeten nicht erhoffen konnten, es selbst zu erreichen. Sie wurden von unerträglichen Gravitationsverhältnissen der Erde abgehalten, diesen Planeten selbst zu bevölkern. So planten die ersten Marsianer eine Nachkommenschaft, die fähig sein würde, auf der Erde zu leben.
Sie waren Besucher von einem unbekannten Stern, Erben einer besonderen genetisch-biologischen Anpassung, die sich über Jahrtausende entwickelt hatte. Sie *schufen* die höchstentwickelten Homi-

niden, die jemals sich durch natürliche Evolution im Universum entwickelt hatten. Als Siedler erschufen sie eine neue Spezies, die gewisse Errungenschaften zweier, unendlich weit voneinander entfernter Welten in sich vereinte:
Es war die Synthese einer biologischen Form, die über viele Millionen Erdjahre durch Evolution sich weiterentwickelte, verbunden mit der Intelligenz und einem Geist, der zwischen Sternen wandelte...

IV. Zurück zum Mars

„Auf zu den Sternen..."
S. Christa McAuliffe

Wenn wir zum Mars zurückkehren, können wir alle offenen Fragen überprüfen.

Im Lichte jüngster politischer Entwicklungen in den USA und der U.D.S.S.R. gibt es keinen Zweifel mehr, daß wir zum Mars zurückkehren *werden*, und zwar sehr bald!

Es werden gerade zwei spezielle unbemannte Forschungsfahrten geplant - bereits offiziell: Das sowjetische „Phobos"- (1988) und das amerikanische „Mars-Observer"- Raumschiff (1990).

Die Phobos-Mission ist primär darauf zugeschnitten, den Marsmond Phobos als Plattform für weitere Missionen zu benutzen.

Während ich dies schrieb, ergab sich hinsichtlich des U.S.-amerikanischen Raumschiffs eine neue Entwicklung:

In der letzten Minute wurde entschieden, doch noch *eine Kamera* mitzuschicken. Sie wird eine Auflösung von „ein oder zwei Metern" auf dem Beobachtungsgelände besitzen!

Auf einer Konferenz der National Academy of Science[1] im November 1986 nahmen auch Vertreter des State Departments und des sowjetischen Außenministeriums teil, wurde „ein Rahmenbeschluß, zur Zusammenarbeit bei der wissenschaftlichen Erforschung des Mars und anderer Planeten gefaßt.[2]

Das Abkommen, das auf dem nächsten Gipfeltreffen der beiden Regierungschefs unterzeichnet werden sollte, sah vor, daß die Sowjets den Amerikanern die wissenschaftlichen Daten ihrer Phobos-Untersuchung mitteilen.

Im Gegenzug wollten die Amerikaner den Sowjets die Ergebnisse ihres *Mars Observers*" sowie Daten mitteilen, die sie bei ihrer Magellan-Forschungsreise zur Venus zu erhalten hofften.

---

[1] Nationale Akademie der Wissenschaften

[2] Los Angeles Times vom 17. November 1986.

Angesichts des Unglücks zu Beginn des 10. Flugs der Challenger im Jahre 1986 und dessen Auswirkungen auf das Raumprogramm, bekommt das Abkommen mit den Sowjets eine besondere Bedeutung.

Die neuerliche Annäherung in der Zusammenarbeit mit den Russen hat interessante Entwicklungen hervorgerufen.

Ein Kongressabgeordneter, der Republikaner George E. Brown Jr., Vorsitzender des (einflußreichen) parlamentarischen Ausschusses für Wissenschaft, Luftfahrt und Materialforschung nahm das Thema auf und forderte nachdrücklich:

> *„eine Alternative zu SDI, eine, die ebenso kühn und unvoreingenommen ist, aber auch amerikanisch-sowjetische Feindseligkeiten reduziert. Eine ernstgemeinte Initiative zur Weltall-Kooperation mit einer Reise zum Mars und anderen ehrgeizigen Unternehmungen könnte das bewirken.“*[1]

Eine Woche später wiederholte Carl Sagan in *Aviation Week & Space Technology*[2] seinen Aufruf zu einer gemeinsamen amerikanisch-sowjetischen Mission mit weitaus deutlicheren Hinweisen auf zwingende Gründe, die sich von meinen eigenen nicht sehr unterschieden:

> *„Amerika braucht dringend ein technologisches Ziel, das geeignet ist, uns ins dritte Jahrtausend zu bringen, mit einer Tiefe und Reichweite, die sowohl heimische als auch weltweite Anerkennung erlangt.*
>
> *Glücklicherweise ist so ein Ziel in Sicht... ein systematisches Programm zur Erforschung des Planeten Mars..., das aus einer Reihe von Gründen gerechtfertigt ist, unter anderem als eine mögliche wissenschaftliche Goldgrube für die Untersuchung klimatischer Veränderungen bei der Suche nach gegenwärtigem oder vergangenem Leben und für das Verständnis über geheimnisvolle marsianische Oberflächenformen.“*[3]

In der ersten Dezemberwoche des Jahres 1986 stand in einem Leitartikel der Los Angeles Times eine Stellungnahme, die so kühn

---

[1] Los Angeles Times vom 17. November 1986.

[2] Wochenspiegel für Luftfahrt- und Raumtechnologie

[3] Sagan, C. „To Mars“, in: Aviation Week & Space Technology vom 8. Dezember 1986.

war, wie dereinst John F. Kennedys Ruf nach einer Landung auf dem Mond. Die Autoren schrieben:

„Wir sind zum Mond geflogen und jetzt ist es Zeit, weiterzugehen. Der Mars ist der einzige Planet im Sonnensystem, der entsprechend weit wie die Erde von der Sonne gelegen ist und es gibt Hinweise, daß er in Vergangenheit der Erde ähnlich war... Eine Reise zu dem Mars würde zwei Jahre dauern... es würde Probleme geben, aber die können überwunden werden, jedoch der Wert einer gemeinsamen Mission (mit den Sowjets) wäre so großartig, daß die Arbeit dringend getan werden muß, allein schon als Selbstzweck wäre sie sinnvoll. Auch wenn sie nicht gemeinsam durchgeführt werden kann, wäre sie es wert, allein getan zu werden.

Die Vereinigten Staaten sollten eine Reise zum Mars planen. Präsident Reagan sollte dies zu einem nationalen Ziel und dem der NASA erklären.[1]

Eine bahnbrechende Arbeit von Dr. Mark Carlotto, von der Abteilung für Analytische Wissenschaften in Reading, Massachusetts, fügte unseren Ergebnissen Neuigkeiten hinzu.

Er berichtet von erstaunlichen Bildern[2] - von der „Festung“, der „D&M-Pyramide“ sowie von dem „Gesicht“.

Carlottos neue Algorithmen[3], die zum ersten mal auf die zehn Jahre alten Viking-Datenbänder angewendet wurden, haben deutliche, wenn nicht sogar bemerkenswerte Details hervorgebracht, besonders die Festung betreffend. Wenn ich mir Carlottos Bildbearbeitung dieser Struktur ansehe, bin ich überwältigt.

Marks Vorgehen ergab eine Unzahl neuer „Flächen“, „überlappende und absteigende Schichten“, die ebensowenig für eine geologische Entstehung sprechen, wie schon unsere eigenen Untersuchungen.

Auch gab es Neuigkeiten von der „Front“ irdischer Archäologie:

---

[1] Los Angeles Times vom 17. November 1986.

[2] einige von ihnen sind in diesem Buch abgebildet

[3] Verfahren zur schrittweisen Umformung von Zeichenreihen; Rechenvorgang nach einem bestimmten, sich wiederholenden Schema

Richard Walker, ein Astronom aus dem U.S.-Marine Observatorium in Flagstaff, Arizona, hat kürzlich die Ergebnisse einer mehrjährigen Analyse der astronomischen Aspekte der Großen Pyramide veröffentlicht.[1] Neben einer Bestätigung der architektonischen Aspekte, die bereits von Smyth und Petrie untersucht worden waren, fand er heraus, daß der berühmte abfallende Gang nicht das geschätzte Datum des Pyramidenbaus enthüllt.

Walker wandte ein ausgefeiltes Computerprogramm an, das die Bewegungen der Erde (Präzession) in den letzten Jahrtausenden simulierte. Danach kommt Thuban (siehe S. 310) nicht näher als 1° an die Linie heran, die aus dem abfallenden Gang eingesehen werden kann. Er liegt also außerhalb des Himmelsausschnittes, den ein Betrachter sehen kann, wenn er aus dem 106 Meter langen Tunnel schaute - gleich zu welcher Zeit.

Mit dieser neuen Analyse ist eines der wichtigsten *astronomischen* Mittel der Ägyptologen zur Datierung[2] wirkungslos geworden.

Als wir diese Irrfahrt vor fast vier Jahren begannen, schien es unwahrscheinlich, daß in den nächsten Monaten spektakuläre Nahaufnahmen des „Gesichts“ und den „Pyramiden“ auf den Mattscheiben der ganzen Welt zu sehen sein würden.

Der letzte Akt eines Schauspiels mit einer Spielzeit von etwa einer halben Million Jahre hat nun begonnen. Die entscheidende Frage, die sich im Lichte der archaischen Legenden aus den Monumenten des Mars ergibt, scheint mir im wesentlichen:

Wo ist die Verbindung zu der menschlichen Spezies?

Die Antwort erhalten wir auf der Oberfläche des Mars. Wir müssen diesen Planeten *um jeden Preis* vor irdischer biologischer Kontamination bewahren, sonst zerstören wir möglicherweise Hinweise

---

[1] Hodge, C., „Pyramid Buff has New Angle on Old Puzzle“ in: „The Arizona Republic“, vom 20. Januar 1985.

[2] die Zeit, als die Stellung des Sterns Thuban mit der Fluchtlinie des abfallenden Gangs der Pyramide übereinstimmte

darauf, ob wir mit den „Marsianern“ und deren *genetischen Code* verwandt sein könnten.
Wenn wir auch nur *ein* Fragment eines organisch entstandenen Wesens fänden, so wären wir in der Lage, dessen Aufbau, Organisation und seine Affinität zu menschlichem Leben zu klären.
Wenn es DNA enthielte, dann könnten wir herausfinden, ob ein Teil des genetischen Codes in *unserem* eigenen erscheint[1], ebenso wie Biologen herausfinden konnten, daß die DNA der Schimpansen zu einem Anteil von über 99% identisch ist mit der des *Homo sapiens!*

Sollten die „Marsianer“ an unserem genetischen Code „herumgebastelt“ haben, worauf die Sumerer hingewiesen haben - wir werden es bald wissen.
Im Oktober 1985 gab eine Gruppe von planetaren Wissenschaftlern, die sich auf einer dreitägigen Konferenz über „*Wasser auf dem Mars*“ im Ames Research Center der NASA getroffen hatten, folgendes während eines Vortrags bekannt:

> „*Eis, Schnee, fließende Flüsse und* großflächige *Seen könnten eine* entscheidende *Rolle bei der Formung der marsianischen Oberfläche und des Klimas in früher Zeit gespielt haben. In der frühen Geschichte des Planeten könnten sich in den Felsschluchten, in Nähe des marsianischen Äquators, riesige eisbedeckte Seen gebildet haben...Der ursprüngliche Mars könnte warm genug gewesen sein, um Flüsse und Seen auf der Oberfläche zu erklären...*
> *James Pollack zufolge muß die frühe marsianische Atmosphäre viel dichter gewesen sein, mit viel mehr Kohlendioxyd, um die Wärme der Sonne zu binden... Ein komplexer geochemischer Kreislauf könnte dieses warme Klima für mehr als eine* halbe Milliarde Jahre *aufrechterhalten haben... Das flüssige Wasser, das damals vorhanden war, hätte dann die Verwitterung der Felsen beschleunigt und chemische Reaktionen begünstigt, die vorzugsweise Kohlendioxyd aus der Atmosphäre aufnehmen und es in Mineralien einlagern. Doch die Hitze der Lavaströme, die aus dem Inneren hervorquollen, hätten das kohlen-*

[1] Miller, J.A., „Mummy DNA intact after 2400 Years“, in: Science News, Bd. 127, Nr. 17/1985.

säurehaltige Gestein zersetzt und das Kohlendioxyd an die Atmosphäre zurückgegeben, so meint Pollack.[1]

Unter bestimmten Umständen, so berichtet Pollack weiter, könnte die fließende Lava große Mengen an Kohlensäure unter sich begraben, und sie in tiefere Gesteinslagen gedrückt haben - worin sie durch die Hitze des Planeteninneren zersetzt wurde. Die Tätigkeit der Lava könnte stark genug gewesen sein, um genügend Kohlendioxyd, zur Aufrechterhaltung eines Kreislauf in frühen Zeiten freizusetzen, so Pollak.

Doch schließlich verringerte sich der Ausstoß an Lava und Kohlendioxyd wurde in das Gestein eingeschlossen. Mit dem Verlust von Kohlendioxyd in der marsianischen Atmosphäre konnte Hitze aus der Oberfläche des Planeten entweichen; auf diesem Wege kühlte sich der Planet ab und das Wasser gefror...“

Eine halbe *Milliarde* Jahre „warme, feuchte Epoche“, zu Beginn des Planetenlebens, erhöhte die Wahrscheinlichkeit eines *einheimischen* Ursprungs von einfachen, einzelligen Mikroorganismen, jedoch vermindert nicht die Probleme bei der Erklärung nachfolgender Entwicklung von *Intelligenz*.

Die NASA hielt vor einigen Jahren eine Konferenz, auf der diskutiert wurde, wie die unwirtliche Umwelt des Mars mit heutiger Technologie verändert werden könnte. Dadurch, daß die NASA *signifikante* Mengen an Wasser bestätigt hatte[2], ergaben sich Spekulationen bis hin zu einer „verrückten“ Idee, die zuerst in unserem elektronischen „Tagebuch“ Eingang fand. Einer der Teilnehmer ließ damals seiner Phantasie freien Lauf:

„Kürzlich“ wurde der Mars, in großem „Stil“ oberflächenmoduliert. Eine irdische Metamorphose wurde durchgeführt. Das bedeutet Schaffung einer künstlichen, „gepfropften“ planetaren Entwicklung, durch konstruktiven Umbau..durch Aufwärmen des Planeten, Schmelzen der Reserven gefrorenen Kohlendioxyds, flüssigen Wassers und

[1] Auf dem frühzeitlichen Mars, dessen Kruste relativ dünn war, konnte die Lava fast überall an die Oberfläche treten.

[2] in gefrorener Form

dem Import von photosynthetisierenden Mikroorganismen - zur Bildung einer Atmosphäre mit freiem Sauerstoff".

Was der Mars einst selbst geschafft hatte, konnte erneut, dann aber mit menschlicher Hilfe in Gang gesetzt, noch einmal geschaffen werden. Mit ein bißchen Hilfe von außen...

Das Material war vorhanden, das galt als gesichert.

Den einzig vernünftigen Weg, der die Menschheit erneut zum Mars führen kann, und geeignet wäre, auf alle bisher erörterten Fragen eine Antwort zu geben, hieße nach meiner Meinung: nicht auf den *Mars* zu fliegen, sondern auf seine *Monde*.

Menschliche Wesen sind biologisch „kontaminierte" Wesen, d.h. sie tragen Milliarden von Mikroorganismen auf ihrem Körper. Selbst mit größtem technischem Aufwand wird es nicht zu verhindern sein, daß, diese Organismen - wenn auch nur in geringer Anzahl - aus Raumanzügen oder Druckausgleichskammern entweichen werden.

Die mikrobiologische Kontamination des gesamten planetarischen Milieus wäre nicht mehr rückgängig zu machen.

Wie sollten wir aber einerseits die Oberfläche eines Planeten erforschen, wenn es sich andererseits aus gravierenden Gründen verbot, dies in direktem Kontakt mit dem Planeten zu unternehmen? Die bevorstehende „Phobos"- Mission der Sowjetunion wird uns, so bin ich fest überzeugt, die Antwort, die Lösung dieses Dilemmas zeigen.

Dabei geht man von der Annahme aus, daß eine ideale Marserforschung nur durch leistungsfähige unbemannte Roboter effizient durchgeführt werden könnte und zwar einer Ausgangsbasis von dessen Monden aus.

Einer der Gründe für diese Behauptung liegt, unglücklicherweise, in einer physikalisch bedingten Limitierung der Datenqualität, zwischen Roboter und irdischer Bodenstation, beim Transfer zur Erde. Trotz der Übertragung in Lichtgeschwindigkeit währe die Laufzeit der Informationssignale bis zur Erde zu lange, als daß eine brauchbare Regie eines Roboterfahrzeuges möglich wäre. Das ist ein *Faktum*, das nicht beseitigt werden kann, unabhängig davon, wie weit unsere Technik noch fortschreitet. Derartige Signalverzögerungen stellen ein schwerwiegendes Problem für eine preisgünstige, unbemannte Roboter-Erforschung der Planeten dar.

Doch was schlimmstenfalls passieren kann, wird sein, daß ein marsianisches Geländefahrzeug eines Tages vergnügt an den Rand einer Klippe oder eines Kraters rollt - und prompt hinunterfällt. Wegen der langen Latenz, mit der die Bilder zur Erde transportiert werden, würde selbst ein sofort gesetztes Stop-Signal erst dann in dem Bordcomputer des Roboters ankommen, wenn aus dem Milliarden-Dollar-Roboter bereits ein Milliarden-Dollar-Schrotthaufen entstanden ist.

Warum sollten wir also allen Ernstes empfehlen, eine so komplizierte, archäologisch anspruchsvollen Erforschung einer wahrhaft fremden Kultur mit Robotern durchzuführen?

Die Antwort ist: Wir sollten es - auf diese Weise - einfach nicht tun!

Was wir grundsätzlich vorschlagen, ist ein Mars-Erforschungs-Programm, das mit Hilfe von ferngesteuerten und fernüberwachten Robotern durchgeführt wird. Es sollten dazu technisch neue Wege gegangen werden, die von den bisherigen sehr verschieden sind.

Es könnten darauf hinauslaufen, die Erforschung der Monumente des Mars mit *Menschen durchzuführen.* Mit hochentwickelten Fernsehkameras wird man ausgerüstet sein, multi-spektralen Analysegeräten und Mikrophonen, auf speziell ausgerüsteten Roboterfahrzeugen mit beweglichen Armen wird sich der Mensch vorwärts bewegen, Präzisionsbohrer, Laserprüfer und anderen Einrichtungen werden ihn begleiten, die neu entwickelt wurden von Wissenschaftler für das Einsammeln und Analysieren von Oberflächenproben. Die Gegenstände, die zu komplex sind, um sie telemetrisch zu untersuchen, beispielsweise *biologische* Materialien werden in speziellen *Proben-Carrier* in ein dazu speziell ausgerüstetes Labor geschickt.

Wir hoffen voller Erwartung auf die Phobos-Mission.

Wenn die Wissenschaftler die 500.000 Jahre alten Geheimnisse einer fremden Kultur in einem Kontrollzentrum von dem Mond Phobos aus - 10 000 Kilometer weit entfernt - überwachen, so betrüge die Zeitdifferenz zwischen den elektromagnetisch gesendeten und empfangenen Signalen nur *Sekundenbruchteile* - und nicht etwa eine halbe Stunde, wie bei einer Steuerung von der Erde aus.
Im Falle der Übertragung zur Erde differieren die Zeitspannen zwischen 6 Minuten, wenn die Erde und der Mars am nächsten zueinander stehen und 40 Minuten würde ein Funksignal benötigen, wenn der Mars und die Erde - sich diametral gegenüberstehend - um die Sonne kreisten. Der durchschnittliche Übertragungszeitraum betrüge etwa eine halbe Stunde.
Unter diesen Bedingungen erweist sich der „elektronische Transport" von Menschen, um die Analyse der Objekte und Proben zu überwachen, nicht nur als erwägenswert, sondern als unumgänglich, insbesondere wenn man die Alternativen betrachtet.
Das offensichtliche Interesse der Sowjets, die *Zusammenstellung* der Experimente der Phobos-Mission festzulegen, ist ein wichtiger Hinweis darauf, wie ernst ihnen die Erforschung des Mars ist. In der Tatsache, daß bei den Phobos-Missionen bemerkenswert viel *Wasser* eingeplant wird - darin liegt der Schlüssel zu einem großartigen Konzept...
Ohne den Mond Phobos und einer weiteren Anlaufstation, auf der Raketentreibstoff hergestellt werden könnte[1] wäre eine solche Mission, wie wir sie gerade beschrieben haben, für wenigstens weitere 50 Jahre undenkbar, geschweige denn durchführbar. Um dieses ehrgeizige Ziel zu erreichen, müßte ein spezielles Vorschub-System geschaffen werden. Es sollte in der Lage sein, *alles* zu transportieren: Die Mannschaft und die Fahrzeuge, die Lande-Einheiten, das Phobos-Labor, die wissenschaftlichen Instrumente, die Verpflegung der Mannschaft - und einmal ganz abgesehen von

[1] zunächst würde er fraktioniert werden und dann in einem Reaktor für flüssigen Wasserstoff und Sauerstoff wieder „gemixt"

dem Raketentreibstoff, der gebraucht wird, um die Proben von der Oberfläche zu transportieren.
Da eine Phobos-Planung bereits existiert und wahrscheinlich große Mengen Wasser und andere Elemente[1], die für menschliches Leben lebensnotwendig sind, miteinbezogen wurden bzw. teilweise dort vorhanden sind, könnten wir diese Mission mit bereits vorhandenen Technologien[2] innerhalb von *zehn Jahren* durchführen. Jedoch wenn man den inneren Marsmond nicht mit einbeziehen wollte, so wäre die Entwicklung eines nukleare Antriebssystems erforderlich.
Es ist einfach billiger, den notwendigen Treibstoff und andere Mittel, die gebraucht werden, um eine Industrialisierung des Weltraumes zu forcieren, vom Erd-Orbit, unserem Mond, von Phobos oder Deimos oder von jedem anderen Ort im Sonnensystem herzustellen oder zu importieren. Auf jeden Fall wäre es billiger, als sie mit großem Energieaufwand von einem Planeten zu holen, dessen Schwerkraft zunächst überwunden werden müßte.
Aller Wahrscheinlichkeit nach werden wir auf dem Marsmond in nahezu unbegrenzten Mengen alle wichtigen Elemente finden: Wasserstoff, Sauerstoff, Stickstoff und Kohlenstoff. Sie sind unter anderen erforderlich, um die Ausbreitung von Menschen innerhalb unseres Sonnensystems sicherzustellen und somit auch - bei einer möglichen Katastrophe - die Erhaltung der Erde und allen Lebens auf ihr zu gewährleisten.

Unsere Ziele werden weiterhin der Jupiter mit seinen Monden und deren erstaunlichen Ressourcen sein. Es würde dann der Saturn folgen, und wenn wir unsere Stützpunkte auf Ganymed und Europa errichtet hätten, würden wir die äußeren Regionen unseres Sonnensystems erkunden, ausgehend von unseren Basen auf dem Saturn-Mond, dem *Titan*, der in Hinblick auf seine Atmosphäre unserer Erde erstaunlich ähnlich ist...

---

[1] Stickstoff und Kohlenstoff

[2] Shuttle und Raumstationen

Es wird eine große *Diaspora* geben, eine „Renaissance des inneren Sonnensystems"; die Menschheit wird ihre Saat über verschiedene Welten verbreiten, sie wird in der Lage sein, das Geheimnis darüber, wer wir sind und woher wir kamen, woher die Marsianer kamen...zu lüften

Wenn wir alle Anstrengungen unternehmen, so wird die erste „Marsexpedition" den Erd-Orbit bereits 1998 verlassen, wenn sich erneut ein (günstiges) „Fenster" zum Mars öffnet...

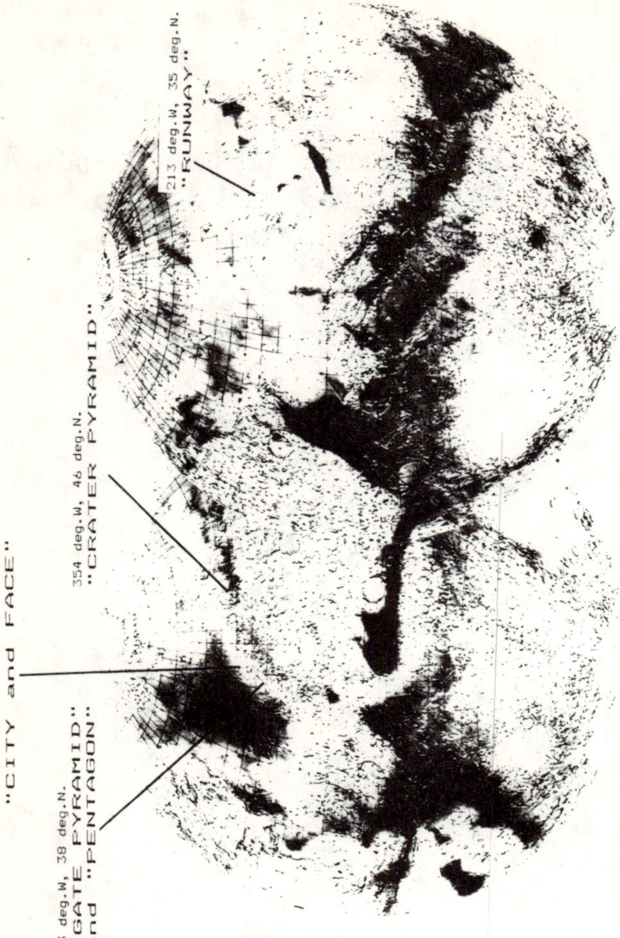

13° West, 38° Nord"
„Hauptpyramide" und „Festung"
„Stadt" und „Gesicht"
354° Wes 46° Nord „D&M-Pyramide"
213° West 35° Nord „Rollbahn"

Abbildung 54: Eine vereinfachte Darstellung der Oberfläche des Mars. Sie zeigt die vier Regionen, die bisher untersucht wurden.

Epilog - 4 weitere Forschungsjahre

"Ich habe die Studien gesehen und ich habe die Photos gesehen... und es scheint tatsächlich Formationen von...nicht...natürlicher oder normaler Herkunft zu geben. Sie sehen aus, als müßten sie von intelligenten Wesen gebaut worden sein...Aus diesem Grund habe ich die NASA ersucht, daß diese (Objekte) bei der *Mars Observer Mission* in weitere Untersuchungen einbezogen werden."

Robert A. Roe, Vorsitzender des Hauskomitees in: Science, Space and Technology, 1989

Mit diesen Worten deklarierte 1989 der Kongressabgeordnete Robert Roe die Untersuchung der Cydonia-Region als ein offizielles Anliegen, zwei Jahre nachdem dieses Buch erstmals erschien, sechs Jahren nach dem Beginn unserer Untersuchungen, dreizehn Jahre, nachdem die ersten Viking-Bilder des "Gesichts" auf dem Mars zufällig entdeckt wurden.

Die Ereignisse, die zu neuen Erkenntnissen über die Cydonia-Region geführt haben, sind es wert, hier wiedergegeben zu werden.

Die ausschlaggebenden Ergebnisse der Cydonia-Untersuchung, die den entscheidenden - politischen - Impuls für eine NASA-Untersuchung der Cydonia-Region gegeben haben, wurden im wesentlichen im Laufe des Jahres 1988 und im folgenden mit Hilfe des Teams um Erol Torun erarbeitet.

Torun ist Kartograph und Systemanalytiker beim amtlichen Kartographierdienst der U.S.-Regierung, der *Defense Mapping Agency* (DMA) in Washington D.C. Die DMA war in den vergangenen Jahren der Kartographendienst der Luftstreitkräfte und als solcher unter anderem dafür verantwortlich, die Lage von strategischen Zielen auf der ganzen Welt - metergenau - zu erfassen und auszumessen[1]. Wenn das Pentagon die genaue geographische Länge und Breite einer sowjetischen Raketenbasis wissen wollte, die Lage von Saddam Husseins nuklearen Einrichtungen oder Fabriken für

---

[1] für Aufklärungsflugzeuge und elektronische Navigations-Satelliten

biologische und chemische Waffen, es war immer das DMA, das diese Meßdaten lieferte.
Es war schon immer von höchster Wichtigkeit für die nationale Sicherheit der Vereinigten Staaten, daß die Analytiker des DMA jederzeit in der Lage waren, auf Bilder von Aufklärungssatelliten zwischen einem Tarnungshügel und einer verborgenen nuklearen Einrichtung unterscheiden zu können. Teil der offiziellen Aufgaben des DMA war es also schon immer, auf Satellitenbildern *Anzeichen* für *künstliche Strukturen* von natürlichen Landschaftsformen zu unterscheiden.
Torun war sehr offen, als er erstmals unsere Arbeiten einsah und schließlich kommentierte:

> *„Als Geograph war Ihr Buch für mich eine faszinierende Beschreibung eines ebenso faszinierenden Themas. Ich war beeindruckt von vielen Bildern und deren Beschreibungen. Das Objekt, das mich am meisten beeindruckte, war die D&M-Pyramide. Ich habe gute Kenntnisse in Geomorphologie und kenne keinen Mechanismus, der diese Formation erklärt..*[1]

Torun fährt fort:

> *„(Deshalb) habe ich mich entschlossen, die Geometrie der D&M-Pyramide genauer zu untersuchen, wegen ihrer beeindruckenden Symmetrie (und ihrer Anordnung zum Gesicht). Ich war nicht auf das vorbereitet, was ich gesehen habe. Die Geometrie dieses Objekts hat mich derart überrascht, daß ich Ihnen einen Bericht verfaßte. Mir scheint, daß diese Ergebnisse stark für einen künstlichen Entwurf der D&M-Pyramide sprechen."*

Auf mehreren Seiten hielt Torun die überraschenden geomorphologischen Ergebnisse seiner genauen Untersuchung ihm bekannter natürlicher Prozesse fest:

> *„Die geomorphologische Hypothese über die D&M-Pyramide besitzt keine Basis, mit der ihre Entstehung beschrieben werden könnte. Die fünfseitige Form dieses Objekts und dessen Rotationssymmetrie ist wie keine andere Formation geartet, die man bisher im Sonnensystem entdeckt hat, und selbst Phänomene in kleinerem Maßstab wie beispiels-*

[1] E.Torun, Persönliche Briefe, Juli 1988.

weise geologisches kristallines Wachstum können diese Morphologie nicht erklären.
Alle bisherigen Beobachtungen des Mars, seiner Schwerkraft, Meteorologie, Geomorphologie und so fort, deuten darauf hin, daß der Mars ein Ort ist, auf den die Gesetze der Physik und die Prinzipien der uns bekannten Geomorphologie zutreffen; lediglich mit geringen Abweichungen, die auf unterschiedliche Schwerkraft sowie Dichte und Zusammensetzung der Atmosphärisch zurückzuführen sind.
Es ist unlogisch, anzunehmen, daß es eine kleine Stelle auf der Oberfläche des Mars geben könnte, an der diese Prinzipien nicht gelten. Da also kein bekannter, natürlicher Mechanismus für die Entstehung der D&M-Pyramide in Frage kommt, müssen andere mögliche Mechanismen dafür herangezogen werden.[1]

Torun hatte über die „D&M-Pyramide" mathematische Grundlagen entdeckt, die hinter dem geometrischen „Beziehungsmodell" standen, und somit auch den entscheidenden Beweis für die Gültigkeit der Hypothese über extra-terrestrische Intelligenz in der Cydonia-Region erbracht.
Torun fand weiterhin, zu seinem eigenen Erstaunen, in den inneren Winkeln des Scheitelpunktes dieses fünfseitigen Körpers eine Reihe von spezifischen, hochredundanten, mathematischen Konstanten und Ausdrücken „kodiert":

$$- \sqrt{3} - \sqrt{2} - e/\pi - e/\sqrt{5} \text{ u.a.}$$

Desweiteren entdeckte er, daß diese Relationen mindestens in drei verschiedenen Ausdrucksformen sich darstellten:

- In den Verhältnissen der inneren Winkel der D&M-Pyramide (z.B.: 60°/69,4° = e/π = 0,865)
- In den trigonometrischen Funktionen dieser Winkel (sin 60° = e/π = 0,865)
- Und als Bogenmaß gemessen, der Basiswinkel im Objekt (49,6° = e/π im Bogenmaß).

[1] E. Torun, „Preliminary Investigation of the Geometry of the D&M- Pyramid", unveröffentlichter Bericht, 1988.

Durch diese großartigen Erkenntnisse des Geomorphologen Erol Torun wurde die Pyramide von einem ungewöhnlichen, beidseitig symmetrischen Hügel auf einem gesichtsähnlich geformten Tafelberg zu einem Monument, das nur willkürlich geschaffen sein konnte. Sollten sich diese Messungen bestätigen, sie wären buchstäblich ein mathematischer „Rosetta-Stein“[1] - ein Schlüssel zu den Mars-Monumenten[2].
Es war ein besonderer Wurf, der Torun mit der Entdeckung der mathematischen Beziehung

$$\mathbf{e/\pi}$$

in der Konstruktion der D&M-Pyramide gelang[3]
Es stellte sich heraus, daß diese mathematische Schlüsselkonstante $e/\pi = 0{,}865$ die D&M-Pyramide und die geodätische Anordnung des Cydonia-Komplexes noch stärker in den Vordergrund rückte. Und die Flut aktualisierter Messungen nahm weiterhin ständig zu.
Ich sah mir noch einmal meine eigenen Kopien der *orthographisch* bestätigten Viking-Mosaiken an. Nun ausgerüstet mit genauen geodätischen Maßstäben für die Viking-Bilder, die wir zuvor nicht gekannt hatten, entdeckte ich prompt weitere Beziehungen: eben die gleiche Geometrie, die gleichen trigonometrischen Beziehungen und mathematischen Konstanten, die Torun in der D&M-Pyramide entdeckt hatte: alle schon anfänglich entdeckten geheimnisvollen Objekte in Cydonia, die „Stadt“, das „Gesicht“, die „Felswand“, der „Tholus“ und die „D&M-Pyramide“, sie waren durch diese geheimnisvolle Geometrie verbunden.
(siehe Abbildung 13)
Erols Entdeckungen waren eine exzellente Bestätigung dafür, daß unser Beziehungsmodell schlüssig war.
Torun schrieb am 8. September:

---

1 siehe Glossar

2 siehe Abbildung 18

3 Nach Hoagland (in „Monumente“, der Originalausgabe und auf der Umschlagrückseite) ist die Tangente der geographischen Breite der Stadt (40,868° Nord) gleich e/π. So haben wir eine Verbindung zwischen der D&M-Pyramide, der Stadt und dem Gesicht, durch eine Relation und eine Winkelbeziehung der D&M-Pyramide.

Ich war sehr beeindruckt von Ihrer Beobachtung, daß die trigonometrische Beziehung, die ich in der D&M-Pyramide entdeckt habe, im gesamten Cydonia-Komplex zu finden ist.
Ihre Beobachtungen bestätigen die Qualität der von Carlotto angefertigten Bilder der D&M-Pyramide und natürlich auch den offensichtlich künstlichen Charakters des Komplexes. Wie ich sehe, haben Sie einen weiteren wichtigen Winkel *gefunden, 50,6°, der die D&M-Pyramide und den Stadtplatz mit einem Scheitelpunkt zum „Gesicht" verbindet. Der Tangens von*

$$50{,}6° = \sim 1{,}22 = e/\sqrt{5}$$

wird in der D&M-Pyramide auf zwei *Arten ausgedrückt: im Bogenmaß des Rückwinkels der Pyramide (69,4° = e/√5 im Bogenmaß) und im Winkelverhältnis zwischen dem Rückwinkel zu jedem Seitenwinkel der Pyramide (85,3/69,4 = ~ 1,22 = e√ 5).*[1]

Diese überraschenden neuen Funde lösten im Sommer und Herbst 1988 eine neue Ära der Cydonia-Untersuchungen aus: erstmals konnten mathematische Genauigkeit und geometrische Redundanz gemeinsam zu einer überzeugenden Hypothese unter ein Dach gebracht werden - niemand, keiner der Zweifler kam an diesen Berechnungen vorbei, zumindest hatte sich jeder vor einer definitiven Meinungsbildung mit unseren Ergebnissen auseinanderzusetzen.
Redundanz[2] eines allgegenwärtigen Konzepts, das war es, was uns auf Schritt und Tritt in der Cydonia-Region verfolgte.
Carl Sagans bereits erwähnte, doch sehr prägnante Bemerkung (siehe S. 127): „Intelligentes Leben auf der Erde entlarvt sich selbst durch die geometrische Gleichmäßigkeit seiner Konstruktionen",[3] erscheint mir an dieser Stelle besonders treffend...
Ich dachte an die wissenschaftlichen Giganten Lockyer, Gauß, Lowell usw., von denen Carl offensichtlich seinen erkenntnis-theoretischen Ausspruch „geborgt" hatte.

---

[1] E. Torun, Persönliche Briefe, September 1988.

[2] Redundanz: Weitschweifigkeit, Informationsüberschuß; Nachricht, die keinen Informationswert hat u. deshalb überflüssig (redundant) ist.

[3] C. Sagan, Cosmos, New York: Random House 1980.

Viele wichtigen Fragestellungen in der Literatur des 19. Jahrhunderts über die Erforschung des Lebens auf der Erde drehten sich darum, zu prüfen ob große geometrische Figuren wie Dreiecke, Kreise, Quadrate, absichtlich konstruiert sein könnten. Damals dachte man an nähere Erkundungen in der Wüste Sahara. Dabei sollte über Symbole wie fundamentale mathematische Konstanten die Existenz von intelligentem Leben - *hier* - an die vermuteten Wesen - *da draußen* - signalisiert werden.
Man dachte dabei auch an die „Marsianer“!
Kritiker werden argumentieren, daß wir nur unsere *eigene innere Ordnung* (siehe S. 264) in eine Gruppe von „zufällig herumstehenden Felsen“ projizierten. Das ist selbstverständlich nicht ganz auszuschließen, jedoch wird dieser Einwand, bei näherer Betrachtung des Sachverhaltes, eher gegenstandslos.

Torun fand sechs geodätische Punkte:
Orientierungspunkte, die in logischer Beziehung zueinander stehen. Es waren die fünf Basiswinkel und der Scheitelpunkt der D&M-Pyramide, die weitere identische Winkel hervorbrachten mit - nicht austauschbaren - mathematischen Informationen und sie erscheinen in drei Varianten.
Meine eigenen Messungen konzentrierten sich auf sechs weitere geodätische Punkte:

- der genaue Mittelpunkt des Großen Platzes
- die Markierungslinie zwischen den „Augen“ hindurch und am „Kinn“ des „Gesichts“ vorbei
- das obere Ende der „Felswand“
- das untere Ende der „Felswand“;
- der Scheitelpunkt des konischen „Tholus“
- der Scheitelpunkt der D&M-Pyramide.

Was ich in dem Komplex gefunden habe, waren identische Winkel und Konstanten sowie drei identische Variationen der Konstanten[1] Ich entdeckte darüber hinaus *weitere* Winkelbeziehungen. Und sie stellten sich nicht als rein zufällig gruppiert dar, sondern schienen ebenfalls bewußt bestimmten Objekten im Komplex zugeordnet zu sein.
Statistische Test wurden durchgeführt. Die Ergebnisse belegten die Ordnung hinter den meisten Zahlenverhältnissen. (siehe Tabelle 1 und Tabelle 2).
Die Messungen, die Torun und ich durchgeführt haben, wurden weltweit im CompuServe-Datennetz[2] veröffentlicht und zusätzlich in drei detaillierten Informationsbroschüren an einige Tausend Ingenieure und Wissenschaftler zweier NASA-Zentren weitergegeben.

In den drei Jahren, seit Torun und ich diese Messungen durchgeführt haben, war *nicht ein* Kritiker aus der NASA oder anderen Einrichtungen in der Lage, diese Tests durch eine Nachfolgeuntersuchung zu *falsifizieren.*
Auch hatte Carl Sagan keinen unserer Beweise widerlegen können. Wenn er damit Recht hätte, daß wir „nur Jesus Christus im Tortilla-Teig sehen" - wie Sagan einmal in der Illustrierten *Parade* behauptete - so müßte er mit *seinen* Messungen in der Lage gewesen sein, die Beziehungen, die wir gefunden haben, zu falsifizieren.

Doch es wird eher so sein, daß ein Falsifizieren grundsätzlich nicht möglich war, weil unsere Daten dies einfach nicht zuließen!
Arthur Eddington, ein bedeutender englischer Astronom, der die ersten Folgeuntersuchungen zu Einsteins allgemeiner Relativitäts-

---

[1] Winkelverhältnisse, trigonometrische Funktionen und Radien

[2] R.C. Hoagland und E. Torun, „The Message of Cydonia: The first Communication from an Extraterrestrial Civilisation". Nachdrucke sind durch die Mars Mission erhältlich (P.O. Box 123, Danville, CA 94526-0123) und elektronisch durch CompuServe „Issues Forum", Section 10, August 1988.

theorie durchführte[1], wurde in diesem Zusammenhang häufig zitiert. Eddington soll gesagt haben:

„Meine Herren, Sie sind nicht im Besitz einer Wissenschaftsmethode, wenn Sie ihr Problem nicht in Zahlen formulieren können!"

Toruns Untersuchungsergebnisse waren der „Stein von Rosetta", der Beweis für die Seriosität unserer Forschungen über die Zusammenhänge der Monumente in Cydonia.

Mit Toruns Nachweis von präzisen, sich wiederholenden Zahlen in der D&M-Pyramide wurde im Sommer 1988 die Hypothese über extra-terrestrische Intelligenz bekräftigt. Eine zwar noch immer äußerst kontroverse, aber doch schließlich reproduzierbare und überprüfbare naturwissenschaftliche Hypothese war entwickelt worden.

Ein weiterer Schritt nach vorne kam im August 1988 mit einer offiziellen Einladung, vor dem Ingenieur- Kolloquium im NASA-Goddard Raumfahrtzentrum zu sprechen.

Was dort am 19. Dezember 1988 passierte, wird im folgenden dargestellt, unter Rücksichtnahme auf ein offizielles Informationsverbot für bestimmte Cydonia-Daten.

Nach der offiziellen Einladung, unsere Cydonia-Untersuchungen einem technisch gebildeten NASA-Publikum vorzutragen, unternahm, nach kurzem Zögern, das NASA-Hauptquartier tatsächlich einen Versuch, uns wieder „auszuladen". Dies wurde nur durch eine „konzertierte" Aktion einiger Pressemitglieder verhindert, von denen viele bereits nach der ersten Veröffentlichung des Buchs „Die Mars-Connection" damit gerechnet hatten. Man war der Meinung, daß mit diesem Eklat eher Gerüchte über eine Verschleierungstaktik à la Watergate, die bereits seit einiger Zeit im Umlauf waren, genährt würden.

Wir fragten uns, wovor sich das NASA-Hauptquartier eigentlich fürchtete?

---

[1] Er bestätigte Einsteins vorausberechnete Ablenkung der Lichtstrahlen von den Sternen, die man in der Nähe des Sonnenrandes sehen kann und die darauf zurückzuführen ist, daß die Schwerkraft buchstäblich den Raum „krümmt" - bzw. das Licht durch die Gravitation abgelenkt wird.

Eine gründliche Diskussion bzw. geometrisch-statistische Berechnung über die Cydonia-Region konnte schließlich nur mehr Licht in das Rätsel bringen.
Wir fügten uns schließlich unserem Schicksal...

Ein Jahr später:
Ausgerüstet mit quantitativen und qualitativen Cydonia-Analysen und der wichtigen Untersuchung Carlottos, die dreidimensionale topographische Berechnungen über die Cydonia-Region enthielt, trafen wir uns schließlich an einem Aprilmorgen 1989 mit dem Vorsitzenden des mächtigsten Wissenschaftskomitees im Kongreß der Vereinigten Staaten, Robert A. Roe, um gemeinsam mit seinem Verwaltungsassistenten Bob Maitlin zu untersuchen, wie man in einer öffentlichen Debatte unsere Ergebnisse diskutieren könne.
Wir hatten vor, eine offizielle Stellungnahme der Raumfahrtagentur zu erzwingen. Ebenfalls waren wir fest entschlossen, darauf zu bestehen, daß man uns in das Bildmaterial Einblick gewährt - nach einer zukünftigen, erfolgreich durchgeführten Mars-Observer-Mission.
Carlotto beschrieb seine Beobachtungen über die dreidimensionale Morphologie des „Gesichts", die er bereits 1985 präzisiert hatte. Er wies dann auf einige - bis dahin unveröffentlichte - computergestützte Arbeiten über die Cydonia-Region hin (sie wurden später im *Journal of the British Interplanetary Society*[1] veröffentlicht), die sich mit der *Anwendung Fraktaler Geometrie*[2] als Mittel zur *Suche nach künstlichen Objekten auf planetaren Oberflächen* beschäftigten. Carlottos Ergebnisse hatten gezeigt, daß diejenigen Strukturen, die am wenigsten Anzeichen einer Fraktalen Geometrie aufwiesen - und somit als besonders artifiziell eingestuft werden müssen - in der Cydonia-Region die „Stadt" und das „Gesicht" sind - und was

---

[1] M.J. Carlotto und M.C. Stein, A Method of Searching for Artificial Objects on Planetary Surfaces in: Journal of The British Interplanetary Society Bd. 43, 1990.
[2] siehe auch Glossar

wesentlich ist: es handelt sich dabei um eine Methode, die von allen anderen vorhergehenden Techniken *unabhängig* ist.[1]
Dieses Ergebnis stand in krassem Widerspruch zu der von der NASA vehement vertretenen These, das „Gesicht" sei lediglich ein „normaler durchschnittlicher Tafelberg", der zufälligerweise „Erinnerungswert" besaß. Wandte man Carlottos mathematische Technik auf diesen „völlig normalen marsianischen Tafelberg" an, so zeigte sich deutlich, daß diese Oberfläche - auch für einen Computer - alles andere als „durchschnittlich" aussah.
Noch immer weigerte sich die NASA, diese Ergebnisse nachzuvollziehen, obwohl sie im Besitz der Ursprungsdaten aus der Viking-Sonde war.
Als nächstes trugen wir Roe die neuesten geometrischen Befunde über unser Beziehungsmodell vor. Wir verwiesen auf die extreme Genauigkeit und die starke Redundanz der ermittelten mathematischen Konstanten. An einer Stelle warf ich flüchtig ein: „An der Hypothese über extra-terrestrische Intelligenz ist alles, was wir an Befunden miteinbezogen haben, wissenschaftlich nachprüfbar und nachvollziehbar!"
Darauf antwortete der Abgeordnete: „Wer sagt, daß sie es nicht ist?"
„Die NASA" antwortete ich.
„Na ja, die haben ja schließlich ihre Anordnungen, oder?" erwiderte Roe sofort.
Nachdem wir den formalen Informationsteil des Treffens abgeschlossen hatten, wandte sich Roe an mich und fragte pointiert: „Warum sind Sie eigentlich hier? Ungefähr 17.000 Leute versuchen jährlich, durch diese Tür hier zu kommen" und wies dabei bedeutungsvoll auf den Eingang seines Büros, das genau gegenüber dem Capitol lag, „warum glauben Sie, daß Sie heute morgen hier sind?"

---

[1] M.C. Stein, Fractal Image Models and Object Detection, Society of Photo-Optical Instrumentation Engineers, Bd.845, 1987; B.B. Mandelbrot, The Fractal Geometry of Nature: New York: W.H. Freeman 1983

„Weil...“, ich machte eine Pause und erinnerte mich daran, daß es nur drei Tage gedauert hatte, ein Treffen mit dem Vorsitzenden eines der wichtigsten Komitees im Kongreß zu erreichen, und das zumal mit einem Thema, das in Washington in der Regel „tabu“ war.

„Weil“, fuhr ich fort „wir ein wissenschaftliches Problem größter Wichtigkeit erörtern wollen. Jedenfalls deuten die Beweise, die wir hier vorgelegt haben, deutlich auf die Brisanz hin. Das erfordert nun das Eingreifen einer Bundesbehörde, um die Beweise erneut zu überprüfen bzw. zu bestätigen. Wir hatten schon immer große Probleme mit der NASA, sie bestehen schon seit 13 Jahren in deren Weigerung, eine offiziell organisierte Untersuchung durchzuführen, ja die Behörde weigerte sich sogar, auch nur eine Äußerung abzugeben“.

Ich überreichte ihm daraufhin einen Briefwechsel, aus dem hervorging, daß die NASA - nach ihren eigenen Angaben - nicht in der Lage sei, die Bordkamera, die mitzuführen geplant war, um während der zukünftigen Mars-Observer-Mission Bildmaterial zu sammeln, so zu fokussieren, daß Formationen wie das „Gesicht“ oder die Pyramiden noch einmal abbildungsgetreu photographiert werden können.

„In Ordnung“, sagte er und stand auf, „tun Sie bitte folgendes: Schreiben Sie mir einen Brief, stellen Sie darin noch einmal kurz dar, über was wir heute diskutiert haben, mit genauen Empfehlungen darüber, was ich für Sie tun soll. Kennzeichnen Sie den Brief als „persönlich“ und zu meinen Händen, und ich werde mich dann um die Angelegenheit kümmern.“

Ich gab seinem Mitarbeiter Maitlin ein Exemplar meines Buches und verschiedene weitere Unterlagen, Diagramme und Photographien, die wir speziell als „Hausaufgaben“ mitgenommen hatten. Der Kongressabgeordnete ging abschließend noch einmal zu Torun, legte einen Arm um dessen Schulter und sagte kollegial: „Hören Sie übrigens nicht auf diese Leute bei der NASA, die behaupten, ihre Arbeit sei nicht „wissenschaftlich“ genug. Arbeiten Sie weiterhin so, in diesem Sinne!“

Erst später, als wir uns nochmals darüber wunderten, warum wir so schnell einen Termin bekamen, entdeckte ich, daß der Kongressabgeordnete Roe auch ein hochrangiges Mitglied des „Ständigen Sicherheitskomitees des Nachrichtendienstes“ war.
Später erschien im Wall Street Journal ein großer Artikel, schließlich wurde sogar im Rundfunk ein Interview mit Roe ausgestrahlt, in dem er noch einmal deutlich seinen Standpunkt klar machte:
„Ich habe die Studien gesehen, ich habe die Photos gesehen...und es scheint tatsächlich Formationen von... artifizieller bzw. ungeklärter Herkunft zu geben. Sie sehen aus, als seien sie von intelligenten Wesen gebaut worden... Aus diesem Grund habe ich die NASA um eine Bestätigung ersucht, daß diese (Objekte) bei der Mars Observer Mission als Ziel einer näheren Untersuchungen miteinbezogen werden.“[1]
Auf die kritische Frage, ob die NASA gewillt sei, während der Mars-Observer-Mission Beweise für die besondere Bedeutung der Cydonia-Region zu erbringen, fügte Roe hinzu:
„Die Mitglieder des Ausschusses und ich teilen den Eindruck, daß die NASA, wie sie auch versprochen hat, diese Gegend erneut photographieren sollte. Ich werde um eine Bestätigung diesbezüglich bitten. *Wir haben großes Interesse daran, daß diese Angelegenheit die angemessene Aufmerksamkeit erfährt.*[2]
Ohne Vorankündigung legte am 3. Januar 1991 Robert Roe plötzlich seinen Vorsitz für den Ausschuß nieder, um die Leitung eines anderes Komitees zu übernehmen.
Ich bemühte mich, meine Zweifel an zufälligen Ereignissen zu unterdrücken...

---

[1] M.J. Carlotto und M.C. Stein, A Method of Searching for Artificial Objects on Planetary Surfaces in: Journal of The British Interplanetary Society Bd. 43, 1990; M.C. Stein, Fractal Image Models and Object Detection, Society of Photo-Optical Instrumentation Engineers, Bd.845, 1987; B.B. Mandelbrot, The Fractal Geometry of Nature: New York: W.H. Freeman 1983

[2] B. Cox, Interview mit Robert Roe, Vorsitzendem des Hauskomitees für Wissenschaft, Raumfahrt und Technologie, Januar 1990; B. Cox, Mysteries of Mars, in: USA Today, September 1990; Florida, 15. Juli 1990; Persönliche Unterhaltung zwischen Cox und Hoagland über das Interview mit Roe, Juli 1990.

Unsere Erkenntnisse hatten wir detailliert in unserer zweiten Informationsaktion im NASA-Lewis-Zentrum, die im September 1990 stattfand, vorgelegt. Unsere Dokumentation war damals *von der NASA aufgezeichnet* worden.
Doch die Akzeptanz unserer Bemühungen von seiten dieser Organisation ließ weiter auf sich warten.

Auf dem Mars wurde *uns* eine „Botschaft“ hinterlassen, vergleichbar der Symbolkraft alter ägyptischer Tempel und anderer heiliger Stätten hier auf der Erde. Sie enthalten ebenfalls eine ähnlich „heilige“ geometrisch-verschlüsselte „Botschaft“, als *architektonisch lebendige Dokumente* für die Einsicht ihrer Erbauer in die universale Ordnungsmacht der Natur.
Die „Monumente“ scheinen mehr zu sein als eine Botschaft: eine architektonisch manifeste Bestätigung einer elementaren Physik des Universums, eine Erscheinung von großartiger, „universeller Architektur“... im Sinne eines Archetypus[1]- in Übereinstimmung zu deren „irdischen Verbindungen“, deren Existenz wir bereits 1987 vermuteten.
Die sich dahinter verbergende Intention, der wahre Grund für die Existenz des Komplexes und der damit verbundenen Geometrie, stellt sich uns heute folgendermaßen dar:
Denjenigen, die erstmals das Rätsel entziffern, soll das Tor zu einem völlig neuen physikalischen Verständnis des Universums geöffnet werden:
Der Schlüssel zur Ergründung der „Monumente“ ist in den geometrischen und geodätischen Eigenschaften eines in einer Kugel eingeschriebenen Tetraeders[2]zu finden.
Ein „eingeschriebener Tetraeder“ ist eine vierseitige, viereckige Pyramide - ein Körper mit vier regelmäßigen Seiten, umgeben von einer, ihn „umschreibenden“ Kugel. Setzt man ein Tetraeder in eine rotierende Kugel, so daß einer seiner Scheitelpunkte auf dem

---

[1] Archetypus, nach C.G. Jung u.a. (siehe auch Glossar)
[2]siehe auch Glossar

oberen - „Nordpol" - oder dem unteren - „Südpol" - zu liegen kommt, so befinden sich die anderen drei Scheitelpunkte des Tetraeders auf 19,5° südlicher bzw. nördlicher Breite in gleichmäßigen Abständen (120°) in einem Vollkreis von 360° angeordnet. (Abbildung 31)

Einige der geometrischen Anhaltspunkte, die es in der Cydonia-Region gibt, weisen uns unmißverständlich hin auf eine Verbindung zwischen einer fundamentalen Tetraeder-Geometrie und grundlegenden planetaren geo-physikalischen Gesetzmäßigkeiten.

Auf einen Vorschlag von David Myers hin, maßen wir den Abstand zwischen einer besonderer Formation auf dem Gesicht, dem sogenannten Tränentropfen und einer kugelsegmentartig geformten Kante auf der Vorderseite der fünfseitigen D&M-Pyramide.

Er beträgt genau 1/360 des Durchmessers des Mars. (siehe Abbildung 32).

Die Entfernung halbiert genau einen 36°- Winkel an der Pyramidenstruktur. (siehe Abbildung 33).

Diese und andere damit verbundene Hinweise haben uns überzeugt, daß die Erbauer der Monumente auf jeden Fall das uns bekannte 360°-System für Winkelmessungen gekannt und benutzt hatten und wahrscheinlich die Absicht damit verbanden, uns auf die Cydonia-Region hinzuweisen!

Die „Grundenergie", worauf sie damit hinweisen, ergibt sich nur in einem 360°-Notationssystem. Wir sollten direkt auf diese Art der Notation hingewiesen werden!

Weitere Beweise lieferte uns die Tatsache, daß diese Abstände,[1] genau *19,5 Bogenminuten* auf der Oberfläche des Mars betragen (eine Bogenminute in unserem 360°- System ist 1/60 von 1°; siehe auch Abbildung 33).

Diese Zahl *19,5*, die in diesem Zusammenhang nur mit Hilfe des 360°-Systems erkannt werden kann, mußte *bewußt* in diesen Komplex eingebracht worden sein. Die Überprüfung ergab eine

[1] der Abstand zwischen Gesicht und Pyramide ist identisch mit dem Abstand zwischen der Stadt und dem Gesicht.

hoher statistischer Signifikanz für die Nicht-Zufälligkeit dieser Phänomene. Diese magische Zahl entspricht genau der geographischen Breite dreier Scheitelpunkte eines „eingeschriebenen Tetraeders in einer Kugel".
Cydonia erscheint uns - didaktisch gesehen - wie das „Galaktische Übungsbuch" eines Lehrmeisters, der uns verschlüsselte Botschaften näher bringen will. Er will uns darauf hinweisen, daß wir einen eingeschriebenen Tetraeder in eine *planetare* Kugel, wie etwa in den Mars, einsetzen könnten.
Lassen Sie uns dieser Aufforderung folgen, in dem wir eine Ecke des Tetraeders - auf geographische Länge und Breite - dem größten geologischen Markstein des Planeten zuordnen: dem gigantischen Schildvulkan namens *Olympus Mons*, der auf *19,5°* nördlicher Breite liegt. Setzen wir nun einen Scheitelpunkt des Tetraeders unter den Olympus Mons, dann wiederum entspricht der folgende Scheitelpunkt fast exakt der geographischen Länge der Cydonia-Region, ein Drittel des Planetenumkreises entfernt in östlicher Richtung. (siehe Abbildung 31)

Glauben Sie immer noch an Zufall?
Nach dieser „Lektion" aus der „Lehrküche der Schöpfung" überschlugen sich unsere Bemühungen, alle geologischen und artifiziellen Konstrukte, die uns zur Messung zur Verfügung standen, nach weiteren Gesetzmäßigkeiten hin zu untersuchen. Und wir - viele waren sprachlos vor Staunen - wir fanden, daß **alle** markanten geophysikalischen „Störungen" unseres Sonnensystems eines gemeinsam haben: sowohl die geographische Breite der größten Vulkanerhebungen auf der Erde[1], die Plazierung der beiden größten vermutlich noch aktiven Vulkankomplexe auf der Venus wie Alpha- und Beta-Regio, die Position des großen roten Flecks auf dem Jupiters, sowie die Lokalisation des großen dunklen Flecks auf Neptun-6, sie alle haben eines gemein: **alle** liegen sie (mit einer Fehlertole-

[1] Schildvulkane auf Hawaii

ranz von etwa 1°) auf 19,5° nördlicher oder südlicher Breite - oder gar zweiseitig verteilt!

Sogar die Sonne scheint sich an dieses *Gesetz des eingeschriebenen Tetraeders* zu halten:

Auf der Oberfläche der Sonne liegt während des elfjährigen Sonnenflecken-Zyklus der Umschlagspunkt, ebenso wie der höchstgelegene Breitengrad der Ausdehnung von Eruptions-Emissionen - er entspricht dem zyklischen Sonnenflecken-Maximum - bei 19,5° nördlich und südlich!

Hinsichtlich einer „inneren tetraedrischen Geometrie" und einer allgegenwärtigen Breite von 19,5° suchten wir nun nach Beziehungen in folgenden Strukturen:

- in einer rotierenden, flüssigen Sphäre wie etwa bei einem Planeten, vergleichbar dem Jupiter,
- in dem flüssigen Kern eines erstarrten Planeten wie Mars oder Erde,
- in einem heißen, rotierenden gasförmigen Körper, der sich im „idealen Flüssigkeitszustand" befindet wie die Sonne.

Kurz gesagt, wir fragten uns, ob es physikalische Gemeinsamkeiten gäbe, die das Vorkommen dieser Konstanten erklären könnte? Könnte nicht durch eine unbekannte, neue physikalische Entität sowohl der Energiefluß innerhalb eines Körpers als auch die Entstehung der Energie selbst beeinflußt werden?

Durch Stan Tenens Arbeit der letzten Jahre (siehe S.24 und Anhang S. 391) wurden wir auf eine Reihe von Tetraeder-Morphologien aufmerksam gemacht, die wiederholt in einer großen Anzahl irdischer alter Texte auftraten. Bis dahin hatte er 26 Jahre lang, völlig unabhängig von uns gearbeitet und durch seine Untersuchungen[1] identische Äußerungen einer „eingeschriebenen tetraedrischen Geometrie" auf der Erde gefunden. In ägyptischen Hieroglyphen, hebräischen und griechischen Texten usw.

---

[1]Tenen, persönliche Mitteilung 1990, Geometric Metaphors of Life, 108 minütiges Videoband (VHS oder Beta) mit Begleitmaterial, bei: The MERU Foundation, P.O. Box 1738, San Anselmo CA 94960

Was war unseren Vorfahren so bedeutsam an sphärisch umschlossenen Tetraedern?
Über Tenens Arbeiten gelangten wir an eine Reihe zeitgenössischer Texte über mathematische Topologie. Unsere Erkundungen stellten sich später als von zentraler Bedeutung für die astrophysikalischen Beziehungen zur Geometrie der Formationen von Cydonia heraus.

Die Literatur der topologischen „Welt" exakter Mathematik beschäftigt sich mit Modellen, komplexen Berechnungen und exakten Beweisführungen, die keine Entsprechung in unserer natürlichen dreidimensionalen Welt finden. Es sind mathematische Vorstellungen über „höhere Dimensionalität", sogenannte „n-Dimensionen", bei denen „n" für die Anzahl räumliche Dimensionen steht, etwa 1,2,3 usw.
Projiziert man eine Kugel auf einen zweidimensionalen Bereich (wie wenn man einen Schatten an die Wand wirft), so stellt sich die Kugel in der Projektion nur als Scheibe bzw. Kreis dar. Ebenso können geometrische Figuren „höherer Ordnung"[1] z.B. dreidimensionale geometrische „Schatten" von ihrer höher-dimensionalen Form projizieren.
Dieser Logik folgend haben topologisch interessierte Mathematiker komplizierte dreidimensionale Körper konstruiert, die eigentlich „Schattendarstellungen" abstrakter, „n-dimensionaler mathematischen Erweiterungen" der Dreidimensionalität sind, beispielsweise „Hyperkugeln", „Hyperwürfel" und „Hypertetraeder". Einer der bekanntesten geometrischen Beweise von „HöherDimensionalität" nennt sich „das Problem der 27 Linien auf der Würfeloberfläche."[2]

[1] 4, 5 oder 6 Dimensionen, die wir mit unseren gewohnten drei Dimensionen erfassen.
[2] H.S.M. Coxeter, Polytope 2(21), Whose twenty-seven Vertices Correspond to the Lines on the General Cubic Surface" , in: The American Journal of Mathematics, Bd. 62, 1940, S. 457-479; H.S.M. Coxeter, Regular Polytopes, Dover 1963; D. Hilbert und F. Cohn-Vossen, Geometry and the Imagination, Chelsea Press 1952.

Es zeigt sich, daß die mathematischen Geheimnisse der „Botschaft in den Monumenten“ auf eine tiefe Verbindung zu einer spirituell anmutenden Welt aus „reiner Mathematik“ hinweisen.
Auf die Astronomie bezogen: In einem rotierenden physikalischen Referenzkörper (in diesem Falle ein Planet) prognostiziert das mathematische Modell der höherdimensionalen Geometrie eine „wirbelnde Rotation“ der eingeschrieben „hyper-tetraedrischen Form“ bei 19,5 ° nördlicher und/oder südlicher Breite. Also genau die Breite aller wichtiger, optisch identifizierbarer, „wirbelnd rotierender Körper“ in unserem Sonnensystem. Die für uns sichtbaren „Flecken“ auf Jupiter, Neptun und Sonne sowie - auf den gleichen Breitengraden - die vulkanischen Aktivitäten auf soliden Mond-Trabanten und Planeten entsprechen Äußerungen dieser endogenen, wirbelnd-rotierenden Kraft
Eine astronomische Extrapolation, abgeleitet aus der „Cydonia-Gleichung“ weist unter anderem auf die Existenz eines „großen dunklen Flecks“ auf dem Uranus, in der südlichen Hälfte bei 19,5° Breite hin. Als die Voyager-II-Sonde 1986 in sehr engem Kontakt am Uranus vorüberflog, herrschte auf der betreffenden Seite Nacht. Nach 1991 wird sich die Sonnenumlaufbahn des Uranus so ändern, daß er in Reichweite des Hubble-Raumteleskops gerät, so daß man dieses prognostizierte Phänomen vom Erd-Orbit aus sehen wird...

Durch die Theorie höherdimensionaler mathematischer Topologien wurden weitere atmosphärische Merkmale prognostiziert. Sie sollen um die *Achse der rotierenden planetaren Hypersphäre herum angeordnet liegen: Exakt angeordnete hexagonale Gitter, erzeugt durch eine dreidimensionale Projektion in einer hypothetischen Flüssigkeit zweier ineinander verschränkter rotierender vierdimensionaler „Hypertetraeder“.*
Eine dieser hexagonalen Wolken zeigte die unbemannte Voyager-Sonde in den 80er Jahren[1] im Bereich des nördlichen Rotationspols des Saturns. Er ist der Planet im Sonnensystem, der nahezu ideale

[1] D.A. Godfrey, A Hexagonal Feature around Saturn's North Pole, in: Icarus 76, 1988

physikalische Eigenschaften besitzt - die eines klassischen rotierenden flüssigkeitsgefüllten sphärischen Körpers. (siehe Abbildung 37)

Es gibt allerdings noch mehr zu berichten:
Alle großen, schnell rotierenden flüssig-/gasförmigen Planeten wie Jupiter, Saturn, Uranus und Neptun besitzen eine faszinierende Eigenschaft gemeinsam. Sie läßt sich ebenso mit der Theorie einer „hyperdimensionalen Verbindung“ gut in Einklang bringen: alle erzeugen mehr Emission von Energie als sie von externen Quellen erhalten. Im Beispiel des Planeten Neptun entspricht dies einer dreimal so hohen Abstrahlung.[1]
Ist auch dieser Überschuß an Energie ein Hinweis auf eine „höhere“[2] räumliche Dimension?

L.C. Stecchini, ein bekannter Wissenschaftshistoriker, der an der Universität von Rom arbeitet, ist ein Spezialist für antike archäologische Meßmethoden und Erarbeitung von Standards in der Geodäsie. Er schrieb 1971 in einem Anhang zu Peter Tompkins Arbeit über die Große Pyramide von Gizeh:

> *„Um Afrika bis zum Äquator hinunter zu beschreiben, benutzten die alten Ägypter ein System aus rechtwinkligen Dreiecken, bei denen die eine Kathete eine der drei Achsen Ägyptens war. Die Hypotenuse gab gewöhnlich den Verlauf eines Segments an der Ostküste Afrikas an. Das wichtigste dieser Dreiecke erhielt man, indem man von Behdet aus 19°30' nach Süden und entlang der zentralen Achse von Ägypten 19°30' nach Osten maß.“*[3]

Harleston, ein Ingenieur mit archäologischen Ambitionen, der seit den 40er Jahren in Mexiko arbeitete, gab 1974 beim *41. Internationalen Kongreß für Amerikanisten* einen Bericht über den „heiligen“ archäologischen Komplex Teotihuacán heraus, der, 1/4

---

[1] B. Conrath et al., Infrared Observartions of the Neptunian System, in: Science Nr. 246 vom 15. Dezember 1989.

[2] bezüglich der Energetik und des Informationsgehalts

[3] L.C. Stecchini, Notes on the Relation of Ancient Measures to The Great Pyramids, Anhang zu Tompkins, Secrets of the Great Pyramid, New York: Harper & Row 1971.

Erdkreis weit von Ägypten entfernt, im Nordosten von Mexico City entdeckt worden war.
Harleston hatte zu seiner eigenen Überraschung entdeckt, daß nicht nur „e" und „π" in Formationen dieser alten Stätte auftauchten, sondern auch Hinweise auf den tetraedrischen Winkel von 19,5°, der unauslöschlich in den Bemaßungen der Steine auf der vierten Ebene einer der beiden großen Pyramiden im Teotihuacán-Komplex verewigt worden war. Es ist die berühmte „Pyramide des Mondes". Der Winkel wurde in weiteren geodätischen Merkmalen gefunden, schließlich fand man ihn hoch redundant im gesamten Komplex der Anlage.
Als wäre das noch nicht erstaunlich genug, fand Harleston in der anderen Stufenpyramide, der „Pyramide der Sonne", den *Steigungswinkel* von 19,69° in der vierten Ebene:
Das entspricht der geographischen Breite des Teotihuacán-Komplexes!
Harlestons eigenes Verständnis von Teotihuacáns „eingebetteter geometrischer Botschaft" sind nahezu Spiegelungen unserer eigenen Entdeckungen über die Monumente auf dem Mars:

> *„Die Botschaften des Teotihuacán-Komplexes weisen auf ein neues Verständnis von Raum und Zeit sowie auf eine neue kosmische Energieform, auf eine noch unbekannte Qualität des Universums. Die wesentliche Botschaft von Teotihuacán ist, daß das physikalische Universum tetraedrisch ist, von der mikroskopischen Ebene des Atoms bis zur makroskopischen Ebene der Galaxien; in einem Bereich unendlicher Vibrationen, in dessen Zentrum der Mensch steht...*[1]

Wie war das möglich - in einer primitiven Steinzeitkultur[2] ohne (uns bekannte) technische Geräte und ohne höhere Mathematik?
Carl Munck hatte vor Jahren Dutzende zusätzlicher Beispiele für tetraedrische Geometrie auf der Erde gefunden, noch bevor er 1991 von der Untersuchung der Mars- Mission gehört hatte.

---

[1] H. Harleston, Jr., A Mathematical Analysis of Teotihuacán, Mexico City: XLI Internationalist Congress of Americanists (am 3. Oktober 1974), zitiert nach Tompkins, Mysteries of the Mexican Pyramids, New York: Harper & Row 1976.

[2] die Erbauung von Teotihuacán wird etwa auf 1400 v.Chr. datiert

Munck begann seine Untersuchungen mit einem sehr redundanten geodätischen Muster, das Teotihuacán mit anderen archäologischen Stätten in England, Nordamerika, Mittelamerika und Südamerika verband.
Er nannte seine Untersuchung: „Die Neuentdeckung eines irdischen Koordinatensystems..."[1]
Munck fand heraus, daß die innere Anlage von Stonehenge in England ebenfalls nach tetraedrischen geometrischen Einheiten aufgebaut ist:
Der Winkel, den der Nordwestweg[2] zum geographischen Norden einnimmt, entspricht genau einem „Cydonia-Winkel" (siehe Abbildung 13*) von 49,6 Grad.*

Dieses Maß stimmt übrigens nicht nur mit einer „tetraedrischen" Winkelrelation überein[3], sondern entspricht auch einem Winkel, der in der Geometrie der D&M-Pyramide zweimal verborgen liegt: 49,6 Grad = e/π im Bogenmaß.
Die Relation e/π ist in der Cydonia-Region unzählige Male in verschiedenen Anordnungen enthalten - auch in der geographischen Breite des Ortes der D&M-Pyramide auf der Oberfläche des Mars.
Nochmals kurz zurück zu der irdischen, zu der Großen Pyramide:
Myers fand „tetraedrische Geometrie" im Steigungswinkel dieses Bauwerks:
Setzt man den Winkel der Außenseite (etwa 51,9°, siehe Abbildung 13) in Beziehung zu den 60° eines Tetraeders (siehe Abbildung 31), so ergibt sich daraus *erneut* die Beziehung:

e/π

[1] Die Gitternetzkarte Muncks wurde kürzlich mit Hilfe von David Myers auch auf den Nahen Osten angewendet und es gibt stichhaltige Hinweise darauf, daß man sie auch auf Japan anwenden kann. Dies zeigt die Arbeit eines weiteren Mitarbeiters der Mars- Mission, Kent Watson.

[2] gegenüber dem Scheitelpunkt der aufgehenden Sonne bei der Sonnenwende; siehe S. 94

[3] mit einer Genauigkeit von 0,2 Bogensekunden, im 19. Jahrhundert von Sir Norman Lockyer gemessen

Erinnern Sie sich noch, daß der Tangens von e/π = 40.87 Grad entspricht? Es ist die geographische Breite der D&M-Pyramide auf dem Mars!

Schlagen wir den Bogen zu einer weiteren trigonometrischen Funktion, die mit diesem Verhältnis (e/π = 0,865) in Verbindung steht: mit dem Sinus von ≈ 30°.

Nun sehen Sie, warum wir uns mit wachsender Neugierde für Gizeh interessierten, denn diese zweite geographische Breite, die dem Ausdruck e/π entsprach, sie beträgt 30 Grad - dies ist die geographische Breite der Großen Pyramide!

Aber das war noch nicht alles:

Ein weiterer wichtiger Winkel in Cydonia ist die *Abweichung* des „Gesichts" von geographisch Nord: sie beträgt 22,5°[1].

Ein weiterer markanter Winkel, der in der D&M-Pyramide erscheint, ist der Winkel von 19,5 Grad.

Der eingeschriebene tetraedrische Winkel von 19,5 Grad, im Verhältnis zu dem Winkel der Abweichung des Gesichts von geographisch Nord ergibt wieder einmal 0.865 oder e/π. (siehe Tab. 1, 2)

Myers fand weiterhin heraus: Beschreibt man einen Großkreis[2] um die Erde, und zwar so, daß er durch die Große Pyramide verläuft und den Äquator bei 19,5° östlich von Gizeh kreuzt, so neigt er sich, im Verhältnis zum Äquator, um genau 60°. *Das entspricht dem „klassischen" tetraedrischen Winkel.* Ein weiterer Großkreis, der Stonehenge und Gizeh verbindet, schneidet den Äquator bei genau 22,5° östlich von Gizeh.

Und **22,5/19,5 = e/π!**

Munck hatte verschiedene „Zwischenverbindungen" zwischen den geodätischen Lagen von Stonehenge, der Großen Pyramide sowie deren inneren Aufbau entdeckt, die ihm klarmachten, daß es irgendeine Art „globales, archaisches Vermessungswissen" gegeben haben mußte. Dieses Wissen zeugte von einer hochentwickelten „globalen, einheitlichen *Kultur*" in frühgeschichtlicher Zeit.

---

1 dies ist eine exaktere Messung als der vorläufige Wert aus Kapitel I. 4.

2 siehe Glossar

Gemeinsam mit Myers 1991 entdeckte er - zu seinem großen Erstaunen - daß dieses alte globale Koordinatensystem *tetraedrisch* ist und immer wieder die spezifischen Winkel auftauchten, die wir auch auf einem anderen Planeten gefunden hatten: an den Monumenten des Mars.

John Anthony West hatte gegen Ende 1991 einen bemerkenswerten wissenschaftlichen Bericht veröffentlicht, bei der jährlichen Konferenz der Geologischen Gesellschaft von Amerika in San Diego, Kalifornien. Das Thema seines Referats lautete: „Wie liest man aus der Großen Pyramide von Gizeh."

Lange Zeit glaubten die Ägyptologen, daß die Sphinx vor etwa 4500 Jahren während der Vierten Dynastie, dem sogenannten Alten Königreich, in unmittelbarer Nähe der Großen Pyramide aus dem Kalkstein des Gizeh-Plateaus geschlagen worden war. Die massive, 73 Meter lange Gestalt, halb Mensch und halb Löwe, wurde danach, was man heute darüber weiß, *parallel* zu der Erbauung der zweiten größeren Pyramide auf diesem Plateau geschaffen. Die Sphinx wurde, genau wie die Pyramide, auf Anordnung des Pharao des Großen Königreichs, Chephren und nach dessen Vorbild angefertigt.

Kritiker dieser Ereignis-Variante auf dem Plateau von Gizeh weisen auf zu viele Ungereimtheiten dieser Geschichte hin. Angefangen bei der Tatsache, daß die Sphinx dem Pharao Chephren *nicht* ähnelt bis hin zu der Frage ihres *wahren* geologischen Alters.

John West war einer der bekanntesten Kritiker dieser etablierten Version. In der Mitte der siebziger Jahre stieß er bei den Recherchen für ein Buch über Philosophie und Kosmologie des alten Ägyptens auf den Kommentar eines ihm bisher unbekannten Wissenschaftlers, R.A. Schwaller de Lubicz: „Die Große Sphinx zeigt schwere Anzeichen wasser-bedingter Erosion".

West knobelte daraufhin an den Widersprüchen, die sich aus dieser Bemerkung ergaben. Die Frage „und das in der Wüste?" tauchte dabei auf.

Lubicz' beiläufige Bemerkung über diese „anomale Erosion" löste bei West Neugierde aus, die auf folgenden Tatsachen gründete:

Für Wasser-Erosion an der Sphinx ist zu fordern, daß die Sahara zumindest *zeitweise* ein Landstrich mit moderatem Niederschlag gewesen sein muß. Doch alle verfügbaren klimatologischen Daten über das Alte Ägypten zeigen eindeutig, daß die Wüste Sahara schon seit sieben- bis zehntausend Jahren, seit dem Ende der letzten Eiszeit, an dieser Stelle existent war. Das kann nur bedeuten, daß sowohl der Bau der Sphinx und die folgenden erosiven Kräfte des Wassers bereits viel *früher zu veranschlagen sind*!
Würden sich dieses Überlegungen als richtig erweisen, wäre somit ausgeschlossen, daß der ägyptische Pharao namens Chephren den Bau der Sphinx vor 4500 Jahren angeordnet hat.
1991 führten diese Hinweise zu einem von West privat finanzierten Forschungsteam für ein Sphinx-Projekt. Dabei ergaben sich radikale Schlußfolgerungen:

> *„Auf der Grundlage eines Kausalnetzes... können wir feststellen, daß die Sphinx (die Hauptmasse des Körpers und der Front) ursprünglich etwa 7000 bis 5000 vor Christus gemeißelt wurde. Diese Schätzung gibt wahrscheinlich das* Mindestalter *an. Nimmt man an, das Ausmaß der Verwitterung würde nicht linear fortschreiten, so bliebe weiterhin die Möglichkeit gegeben, daß* die ersten Arbeiten an der Sphinx älter als 9000 Jahre sind... *“*[1]

Für ein höheres Alter dieser Größenordnung spricht der „fortgeschrittene Zustand der Wasser-Erosion“[2], der nicht nur an der Sphinx, sondern auch in den Wänden und unter dem Boden des ausgemeißelten Grabens, der die Sphinx von dem Kalksteinplateau trennt, entdeckt wurde. Eine fortgeschrittene Erosion wird auch im Tempel der Sphinx sichtbar. Dieser besteht aus 100-Tonnen schweren Kalksteinblöcken und befindet sich nicht weit von der Sphinx entfernt. Man nimmt an, daß diese Blöcke bei der Anfertigung der Sphinx aus dem Gesteinsgraben im näheren Umkreis ausgeschnitten wurden.

---

[1] R.M Schoch, Redating the Great Sphinx of Gizeh, Arbeit wurde auf dem Kongreß der Amerikanischen Geologischen Gesellschaft vorgetragen, 23. Oktober, 1991.

[2] teilweise durch seismographische Techniken nachgewiesen

Alle diese Teile zeigen deutliche Spuren schwerer aqualer Erosion. Bis zu 3,6 m tiefe Risse sind im Graben sichtbar geworden, ebenso weitere, von Menschen gemachte Ausschachtungen am Graben, in ähnlich hartem Kalkstein.[1]

John West kam zu folgendem Schluß:

> *„Falls die ägyptische Sphinx tatsächlich für ihre Entstehungszeit rückdatiert werden müßte, so hätten wir die Geschichtsschreibung hinsichtlich der Datierung aller Hochkulturen neu zu überdenken".*[2]

Im Sommer 1990 tauchten wieder einmal die bereits weltweit verbreiteten „Korn-Kreise" auf. Seit etwa 15 Jahren, nahezu in jedem Frühjahr und Sommer seitdem die Viking-Mission zum Mars flog, konnte man dieses Phänomene beobachten.

Diese ungewöhnlich geschwungenen, wirbelartigen Gebilde, die plötzlich über Nacht im Weizen, Roggen, Mais und anderen Kornfeldern vorwiegend um die alten megalithischen Monumente im Süden Großbritanniens erscheinen, beschäftigen seit zwei Jahrzehnten gleichermaßen die Wissenschaftler und Medien.

„Theorien", die ihre Entstehung erklären, reichen von simplifizierten[3] über pseudowissenschaftliche[4] bis zu absurden[5] Erklärungsversuchen.

Schließlich erhielt die Diskussion über die „Korn-Kreise" im Jahre 1990 neue Impulse:

In nur einem Sommer wurden davon Tausende von ihnen auf dem gesamten Globus gefunden, in England entwickelten sie sich sogar zu geometrisch komplexen Formen. Es entstanden komplizierte ideogrammartige Strukturen, ebenso Formen in Feldern, die nicht einfach Wirbelungen flachliegender Getreidehalme waren, sondern

---

[1] für Grabstätten des alten Königreiches verwendet - das Alter wird auf etwa 5000 Jahre geschätzt

[2] J.A. West, The Serpent in the Sky: The high wisdom of ancient Egypt, New York: Harper&Row, 1979.

[3] „Bubenstreiche"!

[4] „bisher unbeobachtete wirbelnde elektrifizierte Winde"

[5] „Hunderte von verrückten Igeln, die im Kreis herum liefen"

komplexe Symbole, die aus Kreisen und Streifen, Kreisen und Ringen, Kreisen mit Gabelungen und Kreisen mit spitzen Ausziehungen bestanden. Sie erstreckten sich horizontal, entlang einer ausgedehnten Längsachse und zogen sich manchmal über eine Länge von bis zu 400 Metern.
Wir begannen unsere eigenen Untersuchungen der „Korn-Kreise" Mitte 1990. Wir gingen davon aus, daß diese exotischen Formen vielleicht mit unseren eigenen Untersuchungen in Zusammenhang stehen könnten - zumal diese Formationen in einem riesigen Dreieck konzentriert standen, dessen Zentrum Stonehenge bildete.[1] Unsere erste Analyse einer der besonderen, bemerkenswerten Kreise des Jahres 1990 veröffentlichten wir im selben Jahr in einer Ausgabe der „*Marsianische Horizonte*".[2] Wir können hier zwar nicht die gesamte Dokumentation vorlegen, die Quintessenz aber lautete: Zumindest einer der „Korn-Kreise" hatte eindeutige, unerklärliche Anzeichen für ein geometrisches Gefüge, das mit Formationen an den „Monumenten des Mars" identisch war.
Eine der eindrucksvollsten Formationen entstand irgendwann im Laufe des 17. Juli 1991, in einem Feld mit unreifem Weizen. Es befindet sich in der Nähe eines Ortes in Mittelengland, der nach Barbury Castle, einer mittelalterlichen Ruine benannt wurde. Die Figur maß nach Zeichnungen über 100 Meter bis zum äußeren Rand der drei Satelliten-Reliefs: zwei gleich große Ringe und eine gestufte Spirale, die in 120°-Abständen um die zentrale Form aus mehreren Ringen angeordnet waren. Die „tetraedrischen" Linien verteilten sich auf 120°- Abstände um den Mittelpunkt und haben eine Ausdehnung von durchschnittlich 32 Metern. John Langrish, der die englischen Kreise bereits seit längerer Zeit untersucht hatte sowie David Percy, der europäische Leiter der Mars-Mission hatten dieses Gebilde minutiös rekonstruiert und aufgearbeitet.

---

[1] P. Delgado and C. Andrews, Circular Evidence: A detailed Investigation of the flattened swirled crops phenomenon, London: Bloomsbury Publishing Ltd. (1989); The Cereologist: The Journal of the Crop Circle Studies, Editor, John Mitchell, Vol.1, Summer, 1990.
[2] R.C. Hoagland, The crop glyphs and the message of Cydonia, Martian Horizons, Quarterly Journal of the Mars Mission, Vol.1, No.2, Fall, 1991.

Abbildung 45 und Abbildung 46 zeigen die verschiedene Aspekte des Barbury-Reliefs, zum Teil sind sie graphisch aufgearbeitet.
Wir nahmen Messungen vor und stellten dabei fest, daß die Formen nicht nur tetraedrische Botschaften enthielten, sondern auch besondere mathematische und geometrische „Feinheiten" zeigten, die damals nur wir kannten!
Nein, wir haben die Kreise von Barbury Castle nicht selbst gemacht. Und es waren auch nicht die beiden englischen „Gentlemen" aus dem Süd-London-Pub, die einen ziemlichen Medienrummel ausgelöst haben, als sie behaupteten, sie hätten sich einen Scherz erlaubt, indem sie über 15 Jahre lang in der gesamten Welt die Mehrzahl dieser „Korn-Kreise" produziert hätten.

19,5°/22,5°	eingeschriebener Winkel eines Tetraeders, dividiert durch den Winkel der Abweichung des „Gesichts" von Nord	e/π
49,6°	Winkel des Frontpfeilers der „D&M-Pyramide" sowie des Fluchtwinkels des Nordostweges von Stonehenge	e/π im Bogenmaß
52°	Geographische Breite - für zwei Stellen - von Barbury Castle - exakt der Breitengrad der „D&M-Pyramide" in der Cydonia-Region	
45°	genau die Hälfte der geographischen Distanz zwischen Äquator und Pol.	
45°/52°	0,865	e/π
60°	die tetraedrischen Winkel an jedem Scheitelpunkt des „2D-Tetraeders"	
60°/69,4°	0,865	e/π
69,4°	der Winkel, die Relation, die in der Cydonia-Region am häufigsten gemessen wurde - und am deutlichsten mit biologischen Konstanten korreliert.	e/√5 Bogenmaß

Tabelle 3. Einige der Relationen, die auch in der Geometrie der Barbury-Kreise gefunden wurden. Ein Beweis mehr für die „tetraedrische Geometrie" der „Botschaft".

Nachdem ich die Interviews der BBC und in „Good Morning America" mit den beiden selbsternannten „Landschaftsmalern"

David Chorley und Douglas Bower gesehen habe - man fragte sie nach ihren Methoden und Motiven - bezweifle ich ernsthaft, daß sie „Tetraeder“ überhaupt buchstabieren in der Lage sind, geschweige denn einen bzw. mehrere Tausend davon zu erstellen. Der interessanteste tetraedrische Aspekt der Formation bei Barbury Castle ist das „Bullauge“ aus konzentrischen Ringen in der Mitte des Reliefs sowie zwei gekrümmten Linien, die zwei der äußeren Satelliten verbinden. Myers und ich versuchten, die dahinterliegende, tetraedrische Botschaft zu erkennen. (siehe Abbildung 46)

„David, versuchen Sie es mit der polaren Projektion eines Planeten“, schlug ich am Telefon vor, „Prüfen Sie, ob die Satellitenringe und inneren Kreise irgendwelche verschlüsselten Breitengrad-Angaben enthalten...“

Er versprach meinen Anregungen nachzugehen und hängte auf. Minuten später klingelte das Telephon wieder.

„Hören Sie sich das an“ sagte David aufgeregt, „die äußere Begrenzung des ersten - und größten - Ringes ergibt, bezogen auf die polare Projektion, Null; die innere Begrenzung dieses Ringes beträgt 22,5 Grad - dies entspricht der Abweichung des „Gesichts“ von geographisch Nord!“

„Die äußere Kante des zweiten Rings: 45°, die innere Kante: 52°, die äußere Kante des innersten Kreises: 69,4° - das ist der Rückwinkel der D&M-Pyramide und Zentralwinkel des ‘Großen Platzes’. Das gesamte verdammte Ding ist tetraedrisch und ‘cydonial’ - durch und durch!“

David hatte Recht. Die Nordabweichung des „Gesichts“ von 22,5° war deutlich in der „Breitengrad-Projektion“ der inneren Begrenzung des ersten konzentrischen Rings der Barbury Castle Figur ausgedrückt. Auch verschiedene andere mathematische Relationen spiegelten sich in der subtilen Geometrie wider:

~52 Grad = die geographische Breite der „tetraedrischen“ Korn-Kreise - dies entspricht exakt einem Winkel der D&M-Pyramide.

45 Grad /52 Grad =0.865 = e/π!

60 Grad = die tetraedrischen Winkel an jedem Scheitelpunkt des zweidimensionalen Tetraeders

~ 60 Grad/ 69,4 Grad = 0,865 = e/π!

69,4 Grad = $e/\sqrt{5}$, im Bogenmaß, die am häufigsten vorkommende mathematische Beziehung in der Cydonia-Region.

Später maß David Percy einen weiteren Azimut[1], der das Zentrum des „Strahlenrad-Satelliten"[2] mit dem des „Kreissatelliten[3]" verbindet. Diese Linie kreuzte den ersten Außenring bei einer Breite von 19,5° (siehe Abbildung 44 und Abbildung 45).

Erneut erhalten wir die Beziehung

22,5/19,5 = e/π!

Als Percy den Winkel des „gekrümmten Schenkels" des Tetraeders maß, stellte sich heraus, daß der Schenkel direkt auf die Mittelpunkte zweier Satelliten zeigte, und einem Cydonia-Winkel entsprach, dem Seitenwinkel der D&M-Pyramide von 85,3°. (siehe Tab. 3)
David erinnerte mich daran, daß wir noch nicht fertig waren, denn die Figuren erschienen uns nicht „perfekt". Es gab da eine versetzte, wahrscheinlich absichtlich verzerrte Seite des „fast gleichseitigen" Dreiecks (siehe Abbildung 45). Warum wurde bei in die mathematisch geometrische Gleichmäßigkeit dieser Figur ein „Fehler" eingebaut?
Ich sah mir noch einmal die Original-Bilder an. Ich erkannte, daß die „Neigung" nötig war, denn anderenfalls würde diese Seite des gleichseitigen Dreiecks durch den zweiten Ring im Getreide führen. Der „Bullaugenring" und der Kreis schienen absichtlich vom

1 Scheitelpunkt, siehe auch Glossar

2 einer der drei Kreise, die in gleichem Abstand um das zentrale Gebilde angeordnet sind - er besitzt spiralenartige Linien in einem geschlossenen Kreis

3 in Abbildung 50 rechts unten

Mittelpunkt der Figur versetzt. „David“, fragte ich langsam, „welche geographische Breite bekommt man, wenn man die geneigte Seite des Dreiecks geraderückt?“
Ich hatte schon vermutet, was er finden würde. Es gab eine Pause in der Leitung, währenddessen Myers die Linie zog.
„49,6°“ gab er schließlich verwundert zurück.
„Volltreffer!“ rief ich. „Verdammt, diese Burschen sind erstklassig!“
Denn 49,6 ° ist nicht nur der Winkel der symmetrischen Frontstützen der D&M-Pyramide, sondern er entspricht auch e/π im Bogenmaß und dem Winkel der Fluchtlinie des Nordostweges, der aus Stonehenge - nur wenige Kilometer von Barbury Castle entfernt - heraus führt.
Eines beunruhigte mich dabei: Die Leichtigkeit unserer „Dekodierung“ dieser Rätsel ist frappierend, auch für diejenigen unter uns, die bereits lange mit der Möglichkeit gelebt und gearbeitet haben, daß man schließlich und endlich doch noch eine glaubhafte Erklärung für extra-terrestrische Intelligenz finden würde. Wenn wir das Rätsel der „Korn-Kreise“ in Händen hielten, so ist eine Beziehung zu den Monumenten auf dem Mars sehr wahrscheinlich vorhanden.
Es sei noch einmal an dieser Stelle bemerkt, daß keiner dieser zusätzlichen Aspekte unserer Arbeit - die Untersuchung irdischer Phänomene und deren mögliche Beziehungen zur Cydonia-Region - „notwendig“ ist, um unsere zentrale These zu stützen: die These von intelligenter Planung hinter den Monumenten des Mars.
Die NASA, der amerikanische Kongreß und alle, die es wirklich interessiert, werden nach der nächsten Mars-Mission, die wahrscheinlich im Jahre 1993 gestartet wird, sehr viel mehr darüber *wissen*, was auf dem Mars tatsächlich geschehen ist.

Lassen Sie uns noch kurz die Geschichte einiger technischer Erfindungen streifen:

Wir gehen kurz zum Lebensweg von Nicola Tesla, dem genialen Ingenieur aus Jugoslawien, der uns vor siebzig Jahren die Nutzbarmachung des Wechselstroms geschenkt hatte[1].
Das Kernstück des Systems von Tesla[2] basiert auf einer Frequenz von 60 Hertz (60 Schwingungen pro Sekunde). Bei der Stromgewinnung in Generatoren macht man sich ein sogenanntes Drei-Phasen-System von 120° in den Ankern der Geräte zunutze[3].
Tesla hatte nicht nur Grundlagen erarbeitet, die schließlich in den ersten Jahrzehnten dieses Jahrhunderts zur kommerziellen Nutzung des elektrischen Stroms führten, sondern er hatte auch geheimnisvolle, elektrische Geräte entwickelt, deren unmittelbarer Zweck nicht auf den ersten Blick zu erkennen war. Dabei hatte er, so wurde berichtet, gelegentlich etwas von „unbegrenzter elektrischer Energie" gemurmelt, bis sein finanzieller Mäzen, J.P. Morgan, schließlich erfuhr, was sich dahinter verbarg:
Er wollte die Menschheit mit praktisch unbegrenzter elektrischer Energie versorgen, die so preiswert sein sollte, daß sie jedermann nahezu unbegrenzt zur Verfügung stünde.
Als Morgan von Teslas Ziel erfuhr - und von dessen Versuchseinrichtungen in Colorado, die darauf hinwiesen, daß er seinem Ziel schon sehr nahe war - zog ihm Morgan sofort „den Stecker heraus" und strich die gesamte finanzielle Unterstützung für Teslas Forschungsarbeit. Diese Episode spricht für sich, ohne weitere Kommentierung. Ich glaube, daß Tesla nur einer von einer Vielzahl an Physikern, Ingenieuren und Erfindern war, die in den letzten hundert Jahren wiederholt auf „etwas Außerordentliches" gestoßen sind und Gesetzmäßigkeiten zu nutzen versuchten, die nach einer bisher unbekannten *Ordnung ausgelegt waren.*
Bei unserer Exkursion stoßen wir auch auf die sogenannte „N-Maschine".

---

1 übrigens gegen den heftigen Protest Thomas Edisons!

2 das in der westlichen Welt in allen kommerziellen Anwendungen genutzt wird

3 denken wir an den Hintergrund einer „tetraedrischen hyperdimensionalen Geometrie", die auf Winkeln von 60° und 120° basiert

Vor etwa 20 Jahren begann der Physiker Dr. Bruce DePalma mit einer Reihe grundlegender Experimente mit rotierenden Gittern. Er entwickelte ein Gerät, das er die „N-Maschine“[1] nannte. Sie schien *mehr* elektrischen Strom aus einer rotierenden Faraday'schen Scheibe zu generieren als der zugeführten Leistung entsprach, die benötigt wurde, um die Drehung aufrecht zu erhalten.

Wir glauben, daß Dr. DePalmas „N-Maschine“ nach Regeln der „hyperdimensionalen Physik“ arbeitet. Weiterhin sind wir davon überzeugt, daß auch in den Monumenten des Mars Prinzipien dieser neuen Ordnung hinterlegt wurden.

Bei einer Präsentation am 11. September 1990 im NASA-Lewis-Zentrum, eine der NASA-Stätten für Energieforschung, empfahlen wir der NASA, dieses Gerät in ihren Labors systematisch zu untersuchen.

Zwischenzeitlich haben wir erfahren, daß die NASA tatsächlich ein kleines Team eingerichtet hat, das sich die „Erforschung ungewöhnlicher Technologien“ zur Aufgabe gemacht hat.

Seit unserer Kontaktaufnahme mit DePalma haben wir eine Reihe anderer erfolgversprechender, unabhängiger Erfinder, Ingenieure und Grundlagenforscher ermittelt, die offensichtlich ebenfalls Methoden und Geräte entwickeln, die auf Prinzipien der „hyperdimensionalen Physik“ beruhen.

Unter ihnen ist Troy Reed, der Erfinder des „Magnetischen Reed-Motors“. Dieser Motor ist in der Lage, ein „anomales Drehmoment“ mit Hilfe rotierender Magneten zu erzeugen, um damit einen *herkömmlichen* Generator anzutreiben.

Auch Dr. Paul LaVilolette gehört zu diesem Kreis. Er ist der Entdecker eines neuen physikalischen Prinzips der Quantenmechanik, „Subquanten-Kinetik“ genannt.

Desweiteren gehört Dr. W. Lambertson dazu, Erfinder eines Festkörper-Umwandlungs-Prozesses zur Herstellung von elektrischem Strom im Vakuum. Er nannte seine Erfindung „WIN-System“.

---

[1] The De Palma Research Papers, R.C Hoagland ed. , 1990, „For the People“, 3 River Street, white Springs, FL, 32096.

Und schließlich Arthur Thiel, der eine neue Technologie zur Nutzung von Festkörper-Energie entwickelt hat, die auf neuartigen, mathematisch ausgeklügelten Anordnungen - Resonatoren - bei Ankerwicklungen basiert.
Anders als LaViolette und andere, die zumeist nur interessante *theoretische* Modelle neuartiger Energietechnologie besitzen, scheinen Reed und Thiel ein bereits funktionierendes System zu haben. Beide behaupteten *unabhängig* voneinander, ohne daß sie von unserer Cydonia-Forschung gewußt hatten, daß ihr Modell nach „Cydonia-Geometrie" und deren mathematischen Konstanten arbeite!
Wir untersuchen momentan diese Behauptungen.

Diese neuartigen Technologien, die aus Gesetzmäßigkeiten der Cydonia-Region ableitbar sind, halten wir in hohem Maße dazu geeignet, eine neue Weltordnung zu fördern, in der globale Probleme *gemeinsam* gelöst werden könnten.
Aber vielleicht wären *einige* gar nicht so glücklich über diese Aussicht...
Sollte es möglich sein, daß der wahre Grund für die widersprüchlichen Veröffentlichungen der NASA über die Mars-Monumente nur Widerstand gegen die *Gefahr* einer grundlegenden Veränderung darstellt?
Ist es vielleicht nur bürokratische Unentschiedenheit, wenn angesichts zunehmender Proteste die Ausstrahlung der umstrittenen NASA-Sendung „Hoagland's Mars" nun plötzlich doch wieder aufgenommen wird?

Im folgenden möchte ich noch kurz einige Probleme darstellen, die sich im Laufe der Planungen für eine künftige Mars-Mission ergaben. Viele technische Fragen galt es zu erörtern. Schließlich mußten wir auch um unser Recht kämpfen, um uns den Zugang zu neuen Bildern von den Monumenten im voraus zu sichern.
Ich zitiere auszugsweise aus NASA-Unterlagen:

- 1) Die Mars Observer Mission sollte unter Ausnutzung bereits bestehender Entwürfe für *Raumschiffe im Orbit*[1] entwickelt werden.
- 2) Das Schwerkraftfeld und die atmosphärische Dichte des Mars sind nicht einheitlich, was zu Unsicherheiten bei der Messung der Breiten- und Längengrade führt.
- 3) Der Orbit des Raumschiffs ist während der Kartographierung[2] *nicht exakt reproduzierbar zu* überfliegen. Aus diesem Grunde liefert es häufig Daten aus verschiedenen Umlaufbahnen. Das bedeutet für die meisten Regionen des Mars, außer in Regionen hoher geographischer Breite, daß *höchstens ein oder zwei Chancen bestehen*, bestimmte umschriebene Ziele selektiv zu photographieren.

Die Mars Observer Kamera besteht eigentlich aus zwei Kameras, beide sind Linear-Scanner, keine Frame-Scanner und beide sind fest am Raumschiff angebracht. Sie sind direkt nach unten gerichtet. Die Weitwinkelkamera nimmt etwa 300 m pro Pixel auf und stellt eine Rand-zu-Rand-Abtastung her, die zu den Rändern hin eine niedrigere Auflösung besitzt. Die Steilwinkel-Kamera erzeugt eine Abbildung von 1,5m pro Pixel am Fußpunkt, direkt unter dem Raumschiff und kann mit einer Auflösung von 2048 Pixel einen Ausschnitt von maximal 3 km einsehen[3]. Während der Mission werden bestimmte Punkte wiederholt in geringerer Auflösung aufgenommen - wahrscheinlich mindestens einmal davon mit einer Auflösung von *30 m pro Pixel.*
Es ist jedoch nicht sicher, ob es kontinuierlich gelingt, einen *bestimmten* Punkt[4] mit einer Auflösung von 1,5 m pro Pixel aufzunehmen.

[1] Flugkörper, die im Orbit produziert, zumindest montiert werden könnten
[2] im Falle der Beobachtung mit niedriger Auflösung
[3] im rechten Winkel zur Bewegung des Raumschiffs im Orbit
[4] ein Punkt, wie etwa das „Gesicht"

Die NASA beabsichtigt, nach erfolgreichen Missionen von Mariner-9, Viking-I und Viking-II, 1993 einen Mars-Observer zu starten. Der Mars-Observer wird mit einer Weitwinkel- und einer Zoom-Optik ausgerüstet sein.

Wir nahmen am 27. Februar 1992 eine Einladung zweier United Nations Mitglieder an. Es waren Susan Karban und Mohammed Ramadan, die uns baten, auf einer Konferenz vor Delegierten und eingeladenen Gästen im Dag Hammarskjold Auditorium des UN-Hauptquartiers zu sprechen. Während unserer beiden dreistündigen Cydonia-Präsentationen, die in einem Raum ohne Bestuhlung stattfanden - er war jedesmal hoffnungslos überfüllt - diskutierten wir vor einem internationalen Forum einige der in diesem Buch erwähnten Forschungsergebnisse.
Ein 90minütiges Video, genannt „The UN Briefing“[1] wurde bei diesem Treffen aufgenommen. (siehe S. 24)
Im Anschluß an diese Vorträge baten mich verschiedene Vertreter aus Mitgliedsstaaten der Vereinten Nationen sowie offizielle Nachrichtenagenturen, die im Hauptquartier ihr Büro haben (einschließlich TASS), um vertrauliche Einzelgespräche, in denen wir die Konsequenzen aus unserer Cydonia-Untersuchung besprachen.
Das Ziel meines UN-Vortrags war, die Überprüfung der Annahmen über die Monumente in die Hände der Vereinten Nationen zu legen mit Unterstützung einer - überfälligen - Verabschiedung der „Entscheidung 33/426 der Generalversammlung“.[2]
Wir sahen darin eine Möglichkeit, politischen Druck auf die U.S.-Verwaltung auszuüben, um zu erreichen, daß neue Bilder von der Cydonia-Region von der NASA aufgenommen und der Öffentlichkeit zur Verfügung gestellt würden.
Auch heute noch finden Treffen mit UN-Abgeordneten statt, die sich auf die *Entschließung 33/426* und deren Konsequenzen auf die Mars Observer Missioin beziehen.

---

[1] Der UN-Bericht

[2] die zwar 1978 beantragt, aber nicht verabschiedet wurde; sie befaßte sich mit „außerirdischem Leben und den Beweisen dafür“

Immer wieder hatte die NASA betont:

„... *wir werden während der gesamten Zeit höchstens* eine, vielleicht zwei *Gelegenheiten haben, ein Gebiet von etwa 3 Quadratkilometern auf dem Mars*[1] *zu photographieren. Hinzu kommt die Unbeständigkeit des Orbit*[2]. Deshalb ist unklar, ob wir exakt vorausberechnen können, wann der Mars-Observer über einen speziellen Ort auf dem Mars fliegen wird. *Wolken, Nebel, Dunst und Staubstürme verdunkeln oft die Oberfläche. Sie werden Verständnids dafür zeigen, daß wir nicht garantieren können, daß diejenigen Regionen exakt erfasst werden, für die Sie sich besonders interessieren*".

Michael Malin,
Verantwortlicher Ingenieur für die Kamerasysteme des Mars Observer.

Weiter ist den NASA-Berichten zu entnehmen:

„Für den Zeitraum des 6. Dezembers 1993 - das ist der geplante Zeitpunkt, zu dem das Raumschiff seine errechnete Umlaufbahn erreicht haben wird - sind die größten Positionsabweichungen in der Seitwärts- und Abwärtsbewegung (1,34 km und 1,30 km) zu erwarten... die Fehlerkorrekturen für einen Zeitraum von 7, 14 und 21 Tage nach Beginn der Analyse sind bekannt.

Es ließ sich ermitteln, daß die Abweichungen bei der Abwärtsbewegung (entlang des Orbits) beträchtlich gestiegen[3] und fast ausschließlich auf atmosphärischen Widerstand zurückzuführen sind.

Die zu erwartenden Positionsabweichungen werden hiermit für den zweiten Abschnitt wiedergegeben, und zwar für den Zeitraum bis 4. April 1994. Der errechnete Fehler[4] ist *viel geringer* als im vorherigen Fall (1,3 km), weil wir zu diesem Zeitpunkt einen kleineren Fehler hinsichtlich des Gravitationsfeldes annehmen müssen.

Die Abweichungen nach unten zeigen eine ähnliche Tendenz, sich zu vergrößern, im Vergleich zu dem Zeitraum des 6. Dezembers[5].

---

1 man bezog sich auf die Cydonia-Region

2 durch erhöhten atmosphärischen Widerstand bei dem Tiefflug der Sonde

3 7,3 km in 7 Tagen; 24,8 km in 14 Tagen und 53,6 km in 21 Tagen

4 bei erfolgreicher, im ersten Versuch eingenommenen Position des Raumschiffs bei 0,05 km

5 7,1 km nach 7 Tagen, 29,4 km nach 14 Tagen und 66,8 km nach 28 Tagen

Das erklärt sich durch die Schwankungen in der atmosphärischen Dichte, die für den Monat April erwartet werden.[1]
Diskutiert wurde auch ein Szenario des gezielten Ansteuerns der Cydonia-Region. Man forderte, dies in das Planungs-Programm der Mars-Mission mit aufzunehmen, d.h. eine willkürliche Änderung der Umlaufbahn vorzunehmen, um eine gewisse Garantie für Bilder von den „Monumenten des Mars“ zu bekommen.
Neue Unterlagen aus einer renommierten Quelle außerhalb des JPL erregten unsere volle Aufmerksamkeit. Die Unterlagen wiesen darauf hin, daß dieses umstrittene Vorhaben - die gezielte Kursänderung der Umlaufbahn des Mars Observers - ganz plötzlich, wenn auch ohne großes Aufsehen und möglicherweise unter Geheimhaltung - offiziell erwogen wird.
Die Bestätigung erhielten wir durch einen Brief des Kongreßabgeordneten Paul Kanjorski[2].
Kanjorski ist Mitglied in mehreren Komitees im Kongreß und seine Ressorts betreffen Banken, Finanzen und Stadtangelegenheiten. Außerdem ist er Vorsitzender des Unterausschusses für Personal.
Am 8. Mai 1992 schrieb er Ian Richardson, einem Wähler aus Shaverton, in Pennsylvania, folgende bemerkenswerte Information über die Mars Observer Mission:

> *„Lieber Ian, vielen Dank, daß Sie mich wegen des Mars Observers angesprochen haben. Ich nehme Ihre Sorgen in dieser Sache zur Kenntnis und bin wie Sie auch von dem beigefügten Bild[3] sehr beeindruckt.*
>
> *Angeregt von Ihrem Brief sprach ich während einer Sitzung, die Gesetzesregelungen der NASA zum Thema hatte, mit George Brown, dem Vorsitzenden des Hauskomitees für Wissenschaft, Raumfahrt und Technologie über die Mars Observer Mission. Mr. Brown versicherte*

---

[1] der Mars ist dann näher an der Sonne und die atmosphärische Dichte sowie der atmosphärische Widerstand nimmt deshalb in Höhe des Mars Observers zu; ebenso ist eine Zunahme der Erhitzung durch die Sonne zu erwarten

[2] Gespräch von Paul Kanjorski mit Ian Richardson über Kanjorskis Diskussion mit dem Vorsitzenden des Haus Komitees für Wissenschaft, Weltraum und Raumfahrt-Technologie, George Brown.

[3] es war ein Bild von den Monumenten

mir, daß die Mars Observer Mission weiterhin geplant sei. Dabei ist beabsichtigt, die Cydonia-Region auf dem Mars zu photographieren. Offensichtlich haben die bisherigen Untersuchungen des Mars einschließlich derjenigen, die uns mit Bildern wie das Ihrige versorgt haben, Cydonia nur in begrenztem Maße beachtet. Die Mars-Mission plant momentan, die Region ausgiebig aus verschiedenen Winkeln und zu verschiedenen Zeiten durch den Observer zu photographieren, um unterschiedliche Sonnenwinkel - und somit unterschiedliche Beleuchtungsverhältnisse - zu berücksichtigen.
Noch einmal vielen Dank für Ihren Brief; ich hoffe, daß meine Unterhaltung mit dem Vorsitzenden Brown eine für Sie befriedigende Zusicherung ergeben hat...".
Hochachtungsvoll

Paul E. Kanjorski
Kongressabgeordneter

Dies zeigte natürlich die Widersprüchlichkeit verschiedenster Darstellungen, aus unterschiedlichen Lagern der NASA.
Eines steht fest und gibt uns weiter Anhaltspunkte:
Der Mars-Observer wird doppelt so viel von dem Treibstoff Hydrazin zum Mars mitnehmen, wie nach den Schätzungen der Ingenieure bei JPL benötigt wird, um die geplante kartographische Erfassung durchzuführen. Dieser zusätzliche Treibstoff könnte entweder dazu dienen, die Untersuchungen über den geplanten Zeitraum von 687 Tagen auszudehnen - in diesem Fall würde die Kamera automatisch im Verlauf der „verlängerten Mission" über Cydonia erneut hinwegziehen. Oder er wird dazu benutzt, die Umlaufbahn zu ändern und die Cydonia-Region erneut zu überfliegen, vielleicht schon in den ersten Tagen der Mission, so wie es Äußerungen des Kongreßabgeordneten Kanjorski vermuten lassen.

Wie es auch kommen mag: Die Kursänderung ist durch die für das Raumschiff vorgesehene doppelte Treibstoffreserve gewährleistet.
Eine wichtige Frage, die bisher unbeantwortet blieb: Wird der Treibstoff speziell dazu verwendet, die artifiziellen Objekte in der Cydonia-Region zu photographieren? Wird die NASA uns - und

den Kongreß - überhaupt darüber informieren, was sie zu unternehmen gedenken?

Die technischen Möglichkeiten des Mars Observer Raumschiffs beinhalten reduzierte orbitale Bahnschwankungen, unabhängige Kontrolle über die Aufnahmezeiten, Fähigkeit zur live Übertragung, aufgestockte Treibstoffmengen und gewährleisten im Grunde genommen somit, daß der Mars Observer hochauflösende Bilder der „Monumente des Mars“ von seiner Reise mit zurück bringen wird.
Ungeachtet dessen, was uns von offiziellen Vertretern der NASA bisher mitgeteilt wurde.
Ob wir Erfolg haben, hängt vom „guten Willen“ der NASA und Dr. Malin ab, dem Verantwortlichen der Mission.
Zu diesem Punkt bemerkt Dr. Malin in einem Brief, aus dem ich bereits zitiert habe:
„Niemand bei der NASA hat auch nur versucht, mich davon abzubringen, eine Bilder-Mission der Cydonia-Region miteinzuplanen. Aber es hat mich auch niemand bei der NASA dazu ermutigt. Das erklärt sich daraus, daß die Planung über zu archivierende Regionen von Anfang an von mir durchgeführt wurde...“
Ich hatte zuvor eigentlich geglaubt, daß in diesem Land die Entscheidungsgewalt über ein Thema dieser Größenordnung, das mit öffentlich bewilligten Mitteln geplant und durchgeführt wird, in letzter Instanz beim Kongreß der Vereinigten Staaten von Amerika läge - als Vertretung des amerikanischenVolkes.
In mir wuchs zunehmend der Verdacht, daß ich mich getäuscht, mich einer Illusion hingegeben hatte.
Die Ungereimtheiten zwischen öffentlichen Verlautbarungen und den häufig so widersprüchlichen Taten und Geschehnissen sind deutlich genug, um sich mit Nachdruck für eine uneingeschränkte Transparenz der Unternehmung *Mars Mission* einzusetzen. Dies gilt für uns alle!

Ohne starkes, unermüdliches Interesse und Wachsamkeit der Öffentlichkeit gegenüber den politischen Hintergründen des zukünftigen Mars-Unternehmens erscheint mir die Verwirklichung unseres Traumes unverändert gefährdet.

Anmerkung des deutschen Herausgebers:

Die 1993 von der NASA durchgeführte Mars-Mission war entgegen aller Hoffnungen nicht erfolgreich. Sie brachte auch keinerlei ergänzende Ergebnisse - auch nicht über die Cydonia-Region.
Nach zunächst erfolgreichem langen Flug von der Erde zum Mars war plötzlich bereits nach Einschwenken in den Mars-Orbit der Funkkontakt abgebrochen und konnte auch nicht mehr hergestellt werden. Die genauen Gründe dafür sind bis heute nicht bekannt.
Die Mars-Mission, auf die viele Wissenschaftler und die Gruppe um Richard C. Hoagland so große Hoffnungen gesetzt hatten, war leider ein Mißerfolg.
Die NASA plant und entwickelt jedoch seit geraumer Zeit - gemeinsam mit Rußland! - eine neue Mars-Mission.

Die von Richard Hoagland und seinen Mitarbeitern erarbeiteten Grundlagen über künstliche Formationen in der Cydonia-Region könnten bei diesem Unternehmen durch zusätzliche Beweise untermauert werden.

Die Welt erwartet voller Spannung die weiteren Ergebnisse.

Anhang

Im Verlauf unserer Marsforschungen wurde eine Anzahl ungewöhnlicher Merkmale auf der Marsoberfläche entdeckt.
Wir möchten hier der Vollständigkeit halber einen kurzen Überblick über zusätzlich ermittelte, rätselhafte Formationen geben, obwohl diese noch nicht abschließend ausgewertet sind.
Joe Mosnier, ein SRI Forschungsphysiker und Bill Beatty, ein leitender Geologe am SRI, haben kurze Beschreibungen einiger dieser Merkmale zusammengestellt.
Dazu gab auch Lambert Dolphin seine Kommentare. Sie beziehen sich vorwiegend auf die noch anhaltende Grundsatzdebatte. Ich habe einige Gedanken hinzugefügt, wo mir dies angemessen erschien.
Die Raster-Nummer der Viking-Bilder werden genannt, die Benennung des Merkmals, dessen Lage auf der Oberfläche des Mars (Breite und Länge) sowie die geschätzte Höhe über oder unter der mittleren „Höhe"[1]. Darauf folgen Beschreibungen und die Kommentare.

I. Raster 219S16, Zweite „Cydonia-Pyramide"
Breite 35,0°, Länge 13,9°
Mare Acidalium Quadrangle (MC-4)
Örtliche Erhebung: Zwischen 0 und 0,5 km, möglicherweise 0,2 km
Die Pyramide ist ungefähr quadratisch an der Basis, hat vier Seiten, fast nord-südliche Ausrichtung. An der Basis der Ostseite beträgt die Seitenlänge etwa 3,8 km; die Basis auf der Südseite beträgt etwa 3,8 km; die westliche Fläche 3,1 km und die Basis auf der Nordseite 2,7 km. Die Höhe beträgt etwa 800 Meter, aus der Schattenlänge gemessen (Sonnenwinkel 70.08°, von der Vertikalen dieses Rasters).
Die Pyramide liegt in einer Region von PLD (zergliedertem Plateaumaterial); das Gebiet des Hochplateaus von Cydonia hat die gleiche

[1] siehe auch S. 228

geologische Formation wie die „Stadt", die „Festung" und die „D&M-Berge", die 375 km nordöstlich liegen.

Beattys Kommentar:
„An dem Rande eines Erosionsplateaus über einem Tal mit mehreren gut entwickelten Furchen, befindet sich eine vierseitige pyramidale Formation. Die Pyramide könnte auch eine kreisförmige Basis haben, wie es Licht und Schatten auf der Photographie andeuten. Sie hat auch einen gut entwickelten Längsfirst als Gipfel."

Dolphins Kommentar:
„Diese Pyramide ist umgeben von Winkelformen und Blöcken, die aussehen wie Eisbrocken, die von einem größeren Stück abgebrochen wurden. Diese Pyramide läßt mehr als jede andere eine natürliche Herkunft vermuten, doch die regelmäßigen Seiten, die scharf konturierten Winkel und glatten flachen Oberflächen sind schwerlich als natürlich zu erklären. Kristalle in dieser Größe sind bisher - auf der Erde - unbekannt. Wenn sie künstlich entstanden sind, dann stellt sich die Frage nach ihrem Zweck, und danach, warum man sich all diesen Mühen und Kosten unterzogen hatte?

Hoaglands Anmerkung:
Meine Kriterien für „Künstlichkeit" beruhen auf nachprüfbaren mathematischen Beziehungen zu artifiziellen und anderen Merkmalen - solche, wie sie in dem Komplex, 400 km bergaufwärts, sich darstellen.
Selbst wenn auf dem Mars irgendwelche besonderen geologischen Prozesse angenommen werden könnten, die geeignet sind, auf natürlichem Wege pyramidale Strukturen zu schaffen, so sind dadurch deren auffällige Beziehungen zu umliegenden Formationen noch nicht erklärt.

II. Raster 43A04 „Krater-Pyramide"
Breite: 46,1° Länge 353,2°
Ismenius Lacus Quadrangle (MC-5)
Örtliche Erhebung zwischen 0 und 0,4 km, geschätzt etwa 0,4 km.

Eine vierseitige „Pyramide“, nordwest-südwestlich ausgerichtet. Liegt auf dem südöstlichen Rand eines Kraters mit 3,3 kmx4,1 km Durchmesser. Die Basis scheint gleiche Seiten zu haben - etwa 1,6 km lang. Die Höhe wird auf 604 Meter geschätzt. Der angrenzende Krater scheint 75 Meter tief zu sein[1]*. In der Nähe des angrenzenden Kraters wurden ungewöhnliche Erscheinungen bemerkt, die man „Wurmlöcher“ genannt hat. Sie haben einen Durchmesser von 250 Metern.*

Die örtliche geologische Formation ist P. (Material der Ebenen). In etwa 1° Breite und 2° Länge im Osten und Südosten gibt es eine ausgeweitete Region von PL (Plateaumaterial), in anderen Richtungen gibt es P.

Beattys Kommentar:

„Die ‘Krater-Pyramide’ scheint eine geradlinige vierseitige Pyramide zu sein. Sie hat die grobe Form einer Käseecke (Keilform); der Gipfel hat eher einen kurzen geraden First als einen spitzen Scheitelpunkt. Die gegenüberliegenden Ecken sind annähernd N-S und O-W. Die ‘Wurmlöcher’ im Südwesten, auf den Rändern des angrenzenden Kraters mit einem Durchmesser von 3,9 km, scheinen eine Reihe von kurzen parallelen Rillen zu sein, als ob für kurze Zeit Lava aus einem Schlot in diese Kanäle geflossen sei. Die Ausflüsse und späteren möglichen Einbrüche der oberen Ränder haben ein chaotisches aber sehr interessantes abfallendes Gebiet geschaffen. Der Untersucher geht davon aus, daß die Krater vulkanisch und nicht durch einen Aufprall entstanden sind. Die Geologie der Landschaft erweckt den Eindruck, daß sie durch Wasser geformt wurde, aber es ist dennoch fraglich, ob Wasser im Randgebiet eines aktiven vulkanischen Kraters austreten kann.“

Dolphins Kommentar:

„Brandenburg merkte an, daß dieser Krater mehr als 100 km von allen anderen Bergen in dieser Gegend entfernt sei. Ich sehe das Objekt als eine Pyramide, die gebaut wurde, nachdem der Aufprallkrater bereits entstanden war. Ich glaube, daß die Krater - die

[1] der Sonnenwinkel in diesem Raster beträgt 84,6°, daher sind die Schatten sehr lang

im Umfeld mit „Spritzern“ bedeckt sind - in dieser Gegend durch Aufprall entstanden. Die „Wurmlöcher“ sehen für mich aus wie ein System von kollabierten Tunnels.“

Hoaglands Anmerkung:
Die „Kraterpyramide“ und die dazugehörigen „Tunnels“ verkörpern meine Kriterien von wirklich „anomalen Objekten“ auf der Oberfläche des Mars - mit den bereits formulierten Folgerungen. Die Ansammlung solcher Merkmale verdeutlicht geometrisch mathematische Beziehungen, die sich mit natürlichen Vorbildern nur schwer erklären lassen. Die „Tunnels“ sind in Nord-Süd-Richtung angeordnet, ebenso wie die Ecken der „Pyramide“. Die Flächen der „Pyramide“ sind rechtwinklig zu diesen Linien angeordnet; sie haben eine ungewöhnliche Lage zum Sonnenlicht - im Verlauf des Jahres- als käme es darauf an, das Gebilde möglichst effizient zu beleuchten. Das läßt sich mit dem Modell der Archi-Ökologia in Einklang bringen.
Dolphin unterstreicht, daß die angrenzenden Krater durch einen Aufprall entstanden sein müssen und nicht vulkanisch. Außerdem scheinen sie ziemlich alt zu sein, wenn man ihre mangelnde Tiefe und den allgemein erodierten Zustand ihrer Decke aus eruptivem Material betrachtet. Daß die kantige rechteckige Form ein Überrest aus der Zeit vor der Bildung des Kraters ist, scheint höchst unwahrscheinlich, weil sie offensichtlich weniger erodiert ist als der Krater und weil explosive Energien in der Größenordnung von „Hunderten von Megatonnen“ sie völlig zerstört hätten. Daher erscheint Dolphins These, daß dieses Objekt *nach* der Bildung des Kraters „gebaut“ wurde, untermauert. Da geologische Modelle für eine Gebietsanhebung ausscheiden - da keine weiteren Verschiebungen im Kraterinneren zu sehen sind, bleiben die Existenz dieses Merkmals und die dazugehörigen „geraden Tunnels“ auch weiterhin ein Geheimnis.

III. Raster 86A08 „Rollbahn“

Breite 34,7°, Länge 212,8°
Cebrenia Quadrangle (MC-7)
Die örtliche Anhebung beträgt zwischen 3 und 4 km. Die Geradlinigkeit aller Konturen vorausgesetzt, liegt dieses Objekt 3,8 km über der mittleren „Höhe“.
Die eigentliche Rollbahn ist 4,9 km lang. Die Höhe des langen angrenzenden Hochlandes (5,7 km lang) wird auf etwa 830 m geschätzt[1]*. Die Rollbahn verläuft in west-östlicher Richtung (soweit man aus dem Bild erkennen kann).*
Sie liegt auf einer Steigung am Rande dem Vulkan Hecates Tholus, dessen Mittelpunkt grob 200 km südöstlich liegt. Die örtliche geologische Formation ist PH (hügelige Ebene); an der ursprünglichen Oberfläche entstand, in der frühen Geschichte des Planeten, eine Vielzahl von Kratern, die dann zerfielen.

Beattys Kommentar:
„Die 'Rollbahn' liegt auf dem nordwestlichen Hang des Vulkans Hecates Tholus. Die Umgebung zeigt drei große Hügel, die an drei längsgewölbte Kuppeln erinnern. Sie sind wahrscheinlich durch einen sogenannten 'Horst-Graben-Effekt'[2] entstanden. Die drei sogenannten Hangars, etwa 1 km von der „Rollbahn“ entfernt, sind ein ausgezeichnetes Beispiel für diese Sorte von Kuppel-Mustern. Die „Rollbahn“ selbst (0,9 km breit) hat eine geneigte Platten-Formation und ist 5° westlich ausgerichtet. Die Südseite ist von einer Reihe von abgehauenen Blöcken bedeckt, die kleinere Strukturen bilden. Die Westseite dieser Oberflächenform ist von Erosionsschutt von dem Berg darüber bedeckt. Man ist geneigt, anzunehmen, daß es auf der Nordseite der Landebahn ein paralleles Kuppel-Muster gibt, wodurch ein echter Graben entstünde, aber die Nordseite ist ganz von Schutt und Geröll bedeckt, ebenso ist das

[1] bei einem Sonnenwinkel von 42,02° von der Vertikalen

[2] „Horst und Graben“: sind weitläufige Landmassen der Erdkruste, welche sich als Ergebnis eines Faltvorganges anheben oder einsacken, beziehungsweise im Verhältnis zu angrenzenden Landblöcken sich zu Bergrücken oder Tieflandstrichen umformen. „Horsts und Gräben“, die schon vor langer Zeit entstanden, sind heute gelegentlich durch fortgeschrittene Erosion bis zur Unkenntlichkeit verändert. Der Rheingraben in Deutschland und der Ostafrikanische Senkungsgraben sind geläufige Beispiele für „Gräben“. Siehe auch Glossar

mittlere Stück der Rollbahn mit feinem Schutt bedeckt; das gibt ihr das Aussehen einer Straße, weil das Licht von ihr besser reflektiert wird."

Dolphins Kommentar:
„Dieses Ding sieht wirklich so aus wie eine west-östliche Rollbahn mit angrenzender Taxivorfahrt. Die regelmäßigen 'Knöpfe' entlang der Bahn erinnern an eine Beschleunigungsstruktur und die Erhebungen auf der Platte lassen große Gebäude vermuten. Das ist meine Interpretation der „Rollbahn-Region" und ich nehme an, daß sie *nicht* natürlich entstanden ist. Ich finde, daß es bei diesem Objekt schwieriger ist, auf eine natürliche Erklärung hin zu schließen als das Beatty mit einer gewissen Leichtfertigkeit getan hat."

Hoaglands Anmerkung:
Von allen „anomalen Oberflächenmerkmalen", die im Laufe unserer Beobachtungen aufgetreten sind, ist dieses das Bemerkenswerteste. Der Aufbau und die Verbindung mit einer Reihe von anderen bemerkenswerten Objekten verlangen nach weiteren Erklärungen. An dem Abend, als ich das erste Mal seine Ausrichtung nachmaß, entdeckte ich zu meinem Erstaunen, daß sie genau west-östlich verlief. Ein möglicher Zweck für eine solche Anordnung mit regelmäßigen „Knöpfen" - über diese Länge - könnte eine Art Beschleuniger sein - um Raumschiffe von der Planetenoberfläche aus dem Gravitationsfeld zu beschleunigen.[1]
Die geographische Breite der „Rollbahn" - 35° nördlich des Äquators - entspricht der größtmöglichen Neigung des Planeten, während seines Jahrmillionen währenden Kreislauf des „Torkelns". Das brächte die Umlaufbahn des inneren Mondes Phobos unter bestimmten Annahmen auf dieselbe Ebene. Weiter erfüllt die Erhebung der Rollbahn über die mittlere „Höhe" - 4 km - eine weitere Bedingung für einen Beschleuniger: denn sie müßten auf dem

---

[1] Solche Anlagen auf dem Mond und anderen Himmelskörpern zu bauen, um Frachten zu transportieren, die mit üblichen Raumschiffen nicht möglich wären, wird seit Jahrzehnten ernsthaft vorgeschlagen, ursprünglich von Arthur Clarke.

Mars (anders als auf dem Mond) so hoch wie möglich gebaut werden, um die Einflüsse der zwar dünnen aber immer noch wirkenden Marsatmosphäre zu umgehen.
Dies sind die interessantesten von etwa einem halben Dutzend „Anomalien", die während unserer Diskussion entdeckt wurden. Man hat sie auf nur ein paar hundert Bildern gefunden - von 60.000 insgesamt. Dies macht deutlich, daß gezielte Anstrengungen weitere „proto-kulturelle" Hinweise zutage fördern würden. Wenn es auf dem Mars tatsächlich eine „hochtechnisierte" Zivilisation mit einer Vorliebe für das Erbauen kilometerlanger Formationen gegeben hat, dann müßten die Hinterlassenschaften dieser Bewohner noch überall auf dem Planeten vorhanden sein - wenn auch mit Sand bedeckt.
Zukünftige Auswertungen der bereits vorhanden Viking-Daten werden zweifellos sehr lohnend sein.

Glossar

Absolute Altersbestimmung: 1898 entdeckte der französische Physiker Henry Becquerel die Radioaktivität - den spontanen Zerfall von bestimmten Elementen und deren Umformung.

R. J. Strutt (4th Lord Rayleigh) demonstrierte 1906, daß die dabei frei werdende Energie bisherige Argumente Kelvins widerlegte. Ein amerikanischer Chemiker, B. B. Boltwood, erkannte 1905, daß beim Zerfall von Uran (U) zu Blei (Pb) das Verhältnis B/U durchgehend größer war, je älter das Gestein war, in dem diese Elemente nachgewiesen wurden. Wenn also die Rate des radioaktiven Zerfalls bestimmt werden könnte, so wäre man in der Lage, absolute Zeitangaben für eine geologische Zeitskala zu erhalten. Der radioaktive Zerfall ist unbeeinflußt durch chemische und physikalische Prozesse und verläuft exponentiell. Die Zerfallsrate für jedes radioaktive Isotope ist gekennzeichnet durch eine spezifische Halbwertszeit, die für die Hälfte der „Muttersubstanz" benötigt wird, um in die stabile „Tochtersubstanz" zu zerfallen. Angenommen, eine bestimmte radioaktive Substanz hat eine Halbwertszeit von 1 Million Jahren. Nach 1 Million Jahre ist die Hälfte noch übrig, nach einer weiteren Million Jahre verbleibt ein Viertel, nach einer weiteren Million ein Achtel und so weiter. Das geologische Alter eines Gesteins kann aus dem Verhältnis der Menge an Mutter und Tochtergestein aktuell bestimmt werden, in dem die derzeitige Menge gemessen wird und dann rückgerechnet wird, wieviel Halbwertszeiten verstrichen sein müssen, um derzeitige Werte von Mutter und Tochtersubstanzen zu erhalten. Ein Gestein an Hand der abstrahlenden Radioaktivität zu messen, wird radiometrische Altersbestimmung genannt; dabei wird der Zerfall von Uran zu Blei, Rubidium zu Strontium, Kalium zu Argon und Kohlenstoff zu Stickstoff mit herangezogen. Mit der Ausnahme von dem Kohlenstoff-Isotop C-14. Wegen seiner relativ kurzen Halbwertszeit ist C-14 nur für Datierungen im Bereich des Quartärs also des jüngsten Abschnitts der Erdgeschichte heranzuziehen. Verschiedene verbesserte Techniken der letzten Jahre belegen die Genauigkeit der Methode und haben nicht zuletzt zu einer breiteren Anwendung für verschiedenste Formen der Datierung geführt.

Altersbestimmung des Sonnensystems: kann ermittelt werden durch radiometrische Altersbestimmungen von Meteoriten. Uran hat zwei natürlich vorkommende Isotope, U-238 und U-235; beide sind radioaktiv und zerfallen häufig in Blei-206, bzw. in Blei-207. Da Pb-204 kein Zerfallsprodukt ist, muß auch die Menge dieser Substanz über die Zeiten gleich geblieben sein. Durch Messungen der Verhältnisse Pb-207/Pb-204 und

Pb-206/Pb-204 in einer Bodenprobe ist es möglich, die Zeit, die seit der Bildung dieser Formation vergangen ist, zu bestimmen. Meteoriten haben sich, so nimmt man heute an, im Frühstadium des Sonnensystems gebildet. Seit ihrer Entstehung umkreisten sie in Umlaufbahnen die Sonne, unbeeinflußt durch Prozesse, die in der Lage sind, irdisches Gestein zu verändern. Aus diesem Grunde sind Meteoriten ideale Prüobjekte für die ursprüngliche Beschaffenheit der Materie unseres Sonnensystems. Als die verschiedenen Blei-Isotopen-Verhältnisse in diesen „archaischen" Proben gemessen wurden, ergab sich ein Alter von 4,6 Milliarden Jahren. Mittels der Theorie der Entstehung der Elemente durch die Relationen von U-235/U-238 und U-232/U-238 kam W. A. Fowler zu dem Schluß, daß unsere Galaxie mindestens 11,7 Milliarden Jahre alt sein muß.

Anthropometrie: eine Methode der naturwissenschaftlichen Anthropologie, die auf Messungen körperlicher Merkmale z.B. Schädelumfang, Volumen etc. beruht.

Anthropomorphismus: Charakterisierung von Tieren, Naturphänomenen, leblosen Objekten oder abstrakten Ideen mit menschlichen Eigenschaften. In der Literatur erscheinen vielfältigste Variationen diese Phänomens. In Gleichnissen und Metaphern können abstrakte Ideen menschliche Konturen annehmen - wie Tod, Frömmigkeit und Kameradschaft werden z.B. in einer Erzählung zu einem Begleiter von Christus. Die Tierfabel zeigt diese Elemente besonders stark ausgeprägt, wenn George Orwell in seiner Erzählung „Animal farm" (1945) verschiedensten Tieren menschliches Äußeres und Eigenschaften verleiht. In der Religion erscheint uns Anthropomorphismus in Form von einer göttlichen Erscheinung in Menschengestalt (die Hand Gottes oder aus Gottes Mund) oder in Gestalt menschlichen Verhaltens (Jupiters Zorn).

Äquinoktialpunkte: zwei Punkte auf der ⇒Ekliptik (die jährliche Bahn der Sonne) und dem Himmelsäquator (Äquator der beiden Himmelsphären), wenn die Sonne genau über dem Äquator steht und Tag und Nacht gleich lang sind. In der nördlichen Hemisphäre wird der Frühlingspunkts am 21. März und der Herbst-Punkt am 21. September erreicht. Auf der südlichen Hemisphäre sind die Jahreszeiten umgekehrt.

Archetypus: Begriff von C.G. Jung geprägt, angeborene Disposition, um universalen menschlichen Situationen in Handlung und Symbolen auf unterschiedliche Weise Ausdruck zu verleihen. Es gibt Archetypen wie z.B. Beziehungen: Eltern haben, einen Partner finden, Kinder haben, Konfrontation mit dem Tod; können aber auch subtile Ableitungen aus diesen Urformen zum Inhalt haben. Sie bevölkern alle großen mythologischen und religiösen Systeme unserer Welt. Später wurde von Jung gefordert, daß auch die tiefsten Schichten unseres Unbewußten, unabhängig von den Gesetzen von Raum, Zeit und Kausalität, Ursprung von paranormalen Phänomenen wie Vorausschau und Hellsehertum seien.

Armageddon: in einer Stelle des Alten Testaments, Offenbarung (16:16), wenn der Herr der Erde, die Streitmacht des Guten und Bösen sich im Streit des jüngsten Gerichtes versammeln. Der biblische Schreiber merkt an, daß Armageddon die griechische Übersetzung eines Wortes sei. Der Begriff bedeutet in etwa „der Berg von Megiddo," und bezieht sich auf den Berg Karmel, der an die Ebene von Megiddo angrenzt - dort wurden viele überlieferte Schlachten der Alten Testaments geschlagen. Andere Interpretationen eliminierten den Begriff Megiddo und bevorzugten den „Berg der Versammlung" oder "sein fruchtbarer Berg" - bezieht sich wohl auf Zion in Jerusalem.

Asteroid: einer von unzähligen Himmelskörpern in unserem und anderen Sonnensystemen, gelegentlich auch Klein-Planeten bezeichnet, wenn sie direkt die Sonne umrunden. Der größte Anteil wurde in einem dichten Schwarm, dem sogenannten Asteroidengürtel zwischen Mars und Jupiter gefunden, in einer mittleren Entfernung zur Sonne von 2,1 bis 3,3 astronomischen Einheiten. Bei stabiler Umlaufbahn werden ihnen Numerierungen, gelegentlich auch Namen gegeben. Mehr als 5000 dieser Objekte sind allein in unserem Sonnensystem bekannt, weitere wurden zumindest beobachtet. Zu den numerierten werden etwa 38-45 Amor-Asteroide gezählt, deren Orbit die Umlaufbahn des Mars schneiden, ebenso wie etwa 40 Apollo-Asteroide, deren Orbit unsere eigene Umlaufbahn tangiert. Weiter sind 6 Aten-Asteroide mit kleinerem Orbitaldurchmesser als die Erde und etwa 96 Trojan-Asteroide, die Jupiter nach- oder vorauseilen, zu nennen. Asclepius, einer der Apollo-Asteroide, neuerdings registriert als die Nummer 4581, passierte 1989 die Erde in einer Entfernung von 800.000 km - das war seit dem Kontakt mit dem Hermes-Asteroden 1937 der engste Kontakt in einem Vorbeiflug.

Azimut, Astronomie: der Winkel zw. dem Ortsmeridian u. dem Vertikalkreis eines Gestirns.

Carnarvon, George Edward: fünfter Graf von Carnarvon, geb. 26. Juni 1866, gest. 6. April 1926, englischer Ägyptologe und Sammler von Antiquitäten, von 1906 bis 1922 unterstützte er Ausgrabungen um Theben mit dem Erfolg, daß er die Grabstätte des Königs Tutanchamun gemeinsam mit H. Carter entdeckte. Seine früheren Entdeckungen, die er mit Howard Carter über die 12. und 18. Dynastie gemacht hatte, wurden in Theben ausgestellt (1912). Im November 1922 wurde der Eingang Tutanchamun's Grabstätte gefunden, jedoch bevor der königliche Sarkophag geöffnet werden konnte (1924) starb Lord Carnarvon an einer Blutvergiftung und Lungenentzündung. Sein Tod war Anlaß zur Legende über die Rache Tutanchamuns an denen, die seine Grabesruhe stören.

e: irrationale Zahl, Basis der natürl. Logarithmen, Grenzwert des Ausdrucks (1 + 1/n)n für n →∞ - auch Euler'sche Zahl genannt - e = 2,71828

Einschlag-Krater: sie spielen eine entscheidende Rolle bei der Bildung aller planetarer Körper und deren Satelliten unseres Sonnensystems, seit dessen Entstehung vor mehr als 4,6 Milliarden Jahren. Die stärkste Aktivität konnte auf 4,6-3,6 Milliarden Jahre zurückdatiert werden. Jedoch werden heute noch Einschläge beobachtet, wenn auch in weitaus geringerer Zahl. Der Mond unserer Erde und alle anderen Satelliten zeigen die charakteristischen Einschläge aus der Frühphase unseres Sonnensystems (ausgenommen Jupiters Mond Europa und Io, Neptuns Triton und der von Wolken bedeckte Saturn-Mond Titan, ebenso wie der Planet Merkur). Die Oberfläche des Mars und in weit stärkerem Umfang der Venus wurden im Laufe der Zeit kontinuierlich durch vulkanische, erosive und andere Kräfte modelliert. Die Spuren der frühen Kratereinschläge auf der Erde sind durch starke tektonische und klimatische Kräfte nahezu völlig verwischt worden.

Ekliptik: scheinbare jährl. Bahn der Sonne an der Himmelskugel; ein Kreis, der zum Himmelsäquator einen Winkel von 231/2 Grad (Schiefe der E.) bildet u. mit ihm 2 Schnittpunkte (Frühlings- u. Herbstpunkt) gemeinsam hat. – E.-Ebene, die Ebene der Erdbahn um die Sonne.

Ephemeriden: Tabellen, in denen die Stellung eines Gestirns am Himmel oder sein Ort innerhalb seiner Bahn um einen Zentralkörper für eine regelmäßige Folge von Zeitpunkten angegeben ist. – E.zeit, gleichförmiges Zeitmaß; ab 1960 allg. eingeführt, da der mittlere Sonnentag u. Sterntag infolge der ungleichförmigen Erdrotation nicht gleich lang sind.

Epistemologie: ein Wissenschaftszweig der Philosophie, der sich mit Wesen und Grenzen menschlichen Wissens beschäftigt; darin wird Struktur, Herkunft und Merkmale menschlichen Wissens untersucht. Epistemologie beschäftigt sich weiterhin mit einer Reihe von interdisziplinären Problemen: Sinneswahrnehmung und die Beziehungen zwischen dem Erkennenden und dem zu erkennenden Objekt, die möglichen Formen des Wissens und Stärken der Gewißheit, die bei verschiedenen Erkenntnisformen erlangt werden können, ebenso über das Wesen der Wahrheit und deren Folgerungen aber auch der Aufbau der Beweisführung zur Rechtfertigung menschlichen Wissens. Das Wort Epistemologie kommt von dem griechischen Wort episteme („Wissen") and logos („Theorie"). Die gebräuchliche Definition von Epistemologie heißt: Möglichkeiten des Wissens, Erkennens.

Eukaryoten: Organismen, die in ihren Zellen einen echten Kern (mit Chromosomen), ein endoplasmatisches Retikulum, Mitochondrien u.a. Plastide aufweisen.

Geodäsie: Vermessungskunde, unter Berücksichtigung der Erdkrümmung die Lehre von der Erdmessung (Höhere G.), unter Vernachlässigung der Erdkrümmung, die Lehre von der Land- u. Feldmessung (Niedere G.)

Geomantik: Geomantie, der bes. in China verbreitete Volksglaube, aus Erdzusammensetzungen u. Sandfiguren weissagen zu können.

Geometrie, Fraktale: eine moderne mathematische Theorie, bildet die Grundlage moderner Chaos-Theorie, hat radikal mit der Euklidischen Geometrie gebrochen. Fraktale Geometrie beschreibt Objekte mit Selbstähnlichkeit, die maßstabs-symmetrisch sind. Das bedeutet, daß wenn diese Objekte vergrößert werden, ihre Unterelemente eine genaue Deckungsgleichheit zu dem Ganzen besitzen. Diese Ähnlichkeit setzt sich bei den Teilen der Teile und wiederum bei deren Teilen fort. Fraktale, wie diese Formen genannt werden, fehlen die weichen Strukturen euklidisch-geometrischer Körper wie Linien, Ebenen und glatte Oberflächen. Statt dessen zeichnen sie sich durch Zerklüftung und Rauhigkeit aus, und zwar in jedem Maßstabsbereich, der von diesen Objekten abgebildet werden kann. Die Natur von Fraktalen spiegelt sich am deutlichsten in der Wortprägung ihres Entdeckers, Benoit Mandelbrot, wider. der Begriff ist abgeleitet von dem lateinischen Verb frangere, gebrochen und dem bezüglichen Adjektiv fractus, irregulär oder fragmentiert.

Goldener Schnitt: die Teilung einer Strecke in zwei Abschnitte in der Weise, daß sich die ganze Strecke zu ihrem größeren Abschnitt, wie dieser zu ihrem kleineren Abschnitt verhält; von Bedeutung in Ästhetik u. Kunst. Dies kann symbolisch ausgedrückt werden mit: $a/b = (a+b)/a = \Phi$). Dieses Verhältnis wurde Phi, die Goldenen Proportionen genannt. Der goldene Schnitt spielt auch in den Fibonacci Sequenzen und in der Konstruktion von regulären Polygonen eine Rolle.

Graben: (Geol.) eingesunkenes, langgestrecktes Stück der Erdkruste.

Großkreis: der größte Kreis auf einer Kugelfläche; z.B. bei der Erde der Äquator u. die Längenkreise. Der Mittelpunkt eines G. liegt im Mittelpunkt der Kugel.

Heliakisch: zur Sonne gehörend, heliakischer Aufgang: Aufgang eines Sternes im Lichtkranz der Morgendämmerung, ebenso Untergang bei Abenddämmerung.

Horst: (Geol.) gehobener od. infolge Absinkens der Umgebung stehengebliebener Teil der Erdkruste.

Hundstage: In der nördlichen Hemisphäre gelten die Hundstage als der heißeste Teil des Sommers und erstrecken sich vom 3. Juli bis zum 11. August. Der Begriff stammt aus der Mittelmeer-Region, in der seit antiker Zeit die Witterung als besonders ungesund und abträglich beschrieben wird. Die Zeit, in der nach der Überlieferung viele Hunde durch bösen Zauber ergriffen und Sirius, der Stern des Hundes, gleichzeitig mit dem Sonnenaufgang, emporsteigt und, so nahm man damals an, seine Energie der Sonne spendet.

Inklination: (Astron.) Winkel, den eine Planeten- od. Kometenbahn mit der durch die Erdbahn u. den Sonnenmittelpunkt festgelegten Ebene, der Ekliptik, bildet.

Isotope: die zu einem chem. Element gehörenden Atome gleicher Kernladung aber versch. Masse. Sie unterscheiden sich dadurch, daß ihre Atomkerne die gleiche Zahl von Protonen aber eine versch. Anzahl von Neutronen enthalten, d.h. daß ihre Massenzahlen u. Atomgewichte versch. sind. Im allg. gibt es zu jedem Element ein stabiles Isotop, z.B. vom Stickstoff, N, die Isotope 14N7 und 15N7 (der li. Index gibt die Massenzahl, der re. die Ordnungszahl); in der Natur treten sie in nahezu konstanten Mischungsverhältnissen auf u. verursachen so die nicht ganzzahligen Atomgewichte der chem. Elemente (z.B. bei Stickstoff: 14,007). Es gibt zahlreiche radioaktive I., die in den natürl. Elementen gefunden oder künstl. hergestellt werden. Die I. eines chem. Elements haben alle dieselben Eigenschaften.

Jet Propulsion Laboratory (JPL): (Laboratorium für Strahltriebtechnik), wurde 1936 gegründet, Regierungsbehörde zur Unterstützung der Forschungsbemühungen der Nationalen Aeronautik- und Weltraumbehörde (NASA), angesiedelt ist das Unternehmen in Pasadena, Kalif. Es besitzt etwa 4.200 Mitarbeiter, von denen 1.700 Wissenschaftler sind. In den 30er Jahren wurde es durch seine Beteiligung an Robert Goddard' Grundlagenforschung über Strahltriebwerke bekannt. Seit 1958 beschäftigt man sich mit Projekten der unbemannten Erkundung von Planeten und des Mondes ebenso mit physikalischer und elektronischer Grundlagenforschung.

*Kartesianismus: Begründer dieser Lehre war Descartes, René, latinisiert: Renatus Cartesius, * 1596, †1650, frz. Philosoph, Mathematiker u. Naturforscher. Mit D. beginnt die neuzeitl. Philosophie in Form eines strengen Rationalismus (Kartesianismus). Er suchte ein geschlossenes mechanist. Weltsystem zu errichten. Der K. forderte das Zurückgehen auf die einfachsten Einsichten, die durch Intuition gewiß sind. Um die letzte Gewißheit zu erreichen, führt er eine Zweifelsbetrachtung durch: Alles bezweifelnd, bin ich mir doch meines Denkens, also meiner Existenz gewiß (cogito, ergo sum, »Ich denke, also bin ich«). Davon ausgehend lehrte er einen Dualismus der denkenden u. der ausgedehnten Substanz. Als Mathematiker begr. Descartes die analyt. Geometrie. – »Discours de la méthode« (»Versuch über die Methode«), »Meditationen über die Erste Philosophie«, »Philosoph. Prinzipien«.*

Konvergenz: im hier verwendeten Sinn, Entstehung ähnl. Merkmale u. Organe aus versch. Vorzuständen, bei nicht näher verwandten Tiergruppen - prinzipiell auch bei Menschen-Rassen zu denken.

Leonardo Fibonacci oder auch Leonardo Pisano, geboren 1170, gest. etwa 1240, auch bekannt geworden als Leonardo von Pisa, gilt als der erste große Mathematiker des christlichen Mittelalters. Er spielte eine wichtige Rolle bei der Wiederbelebung antiken, mathematischen Wissens. Dazu trugen auch seine eigenen, zum Teil sehr wichtigen Untersuchungen aus der Geometrie bei. „Liber abbaci" (Buch von Abacus, 1202), seine Abhandlung über Arithmetik und elementare Algebra war der Auslöser zur erneuten Einführung des hindu-arabischen Zahlensystems, bestehend aus 10 Ziffern. Sein wichtigstes eigenes Werk über Analyse von Unbestimmbarkeiten und Zahlentheorie wurde später nach ihm die „Fibonacci Sequenz" benannt. „Mis practica geometriae" (Übungen in Geometrie, 1220) war eine komplette Sammlung geometrischen Wissens seiner Zeit, gemischt mit Erkenntnissen über die Trigonometrie.

Mars-Atmosphäre: wesentlicher Bestandteil ist Kohlendioxid (95,3%), Stickstoff (2,7%) und Argon (1,6%). Kleinere Mengen von Sauerstoff, Kohlenmonoxid, Wasserdampf und einige andere gasförmige Substanzen in Spuren bilden den Rest. Der mittlere Atmosphären-Druck beträgt weniger als 1/100 des Erdatmosphärendrucks. Die Marsatmosphäre ist dramatischen Tag- und Nachtschwankungen der Temperatur ausgesetzt.

Meridian: Astronomie: Mittagslinie, der größte Kreis der Himmelskugel, der durch Nord- u. Südpunkt des Horizonts sowie durch Zenit u. Nadir geht. Er steht auf dem Horizont senkrecht.

Metabolismus, Syn.: Stoffwechsel, die Gesamtheit der lebensnotwendigen biochemischen Vorgänge beim Auf- , Um- u. Abbau des Organismus bzw. beim Austausch von Stoffen zwischen Organismus u. Umwelt. Unterschieden als Bau- , Energie- u. Betriebsstoffwechsel. Das Hauptorgan der - meist über mehrere Zwischenstufen ablaufenden - Stoffumsetzungen ist die Leber. Als Katalysatoren wirken - innerhalb u. außerhalb der Zelle - Enzyme u. Hormone. Die erfolgende Steuerung der verschiedenen Teilstoffwechsel (z.B. Eiweiß- , Fett-, Kohlenhydrat-, Mineralstoffwechsel) erfolgt nach dem Prinzip der Selbststeuerung mit dem Ziel der Erhaltung des physiologischen Gleichgewichts Homöostase) u. des inneren Milieus.

Meteor: die Leuchterscheinung, die entsteht, wenn ein kosm. Kleinkörper in die Erdatmosphäre eindringt u. seine kinet. Energie in Wärme umsetzt bzw. bei der Verdampfung der Materie verbraucht. Das Aufleuchten geschieht meist in großer Höhe (10–330 km). Größere M.e zerspringen oft in kleinere Stücke, die als Meteoriten auf die Erde fallen. Dabei entstehen, allerdings selten, Meteoritenkrater, in Arizona/USA (1260 m Durchmesser), Vredefort-Ring in S-Afrika (40 km Durchmesser), Nördlinger Ries (24 km Durchmesser). Kleine M., die beim Aufleuchten nicht heller als Fixsterne werden, heißen Sternschnuppen. M. können zu bestimmten Jahreszeiten als M.ströme (Schwärme) auftreten.

Meteoriten-Krater: zirkuläre Vertiefungen in der Kruste von Planeten und deren Satelliten. Sie entstehen durch Einschläge von Asteroiden, Kometenköpfen und größeren Meteoriten.

Moiré-Muster: der Effekt wird in Meßgeräten genutzt, indem Refraktions-Gitter immer nur paarweise eingesetzt werden. Durch deren relative Bewegung entstehen optische Muster (Moiré-Muster). Diese optischen Muster werden durch Photozellen registriert und in Form digitaler Informationen mit einer Auflösung von mehr als 0,00127 cm als Bewegung aufgezeichnet.

Mond: lat. Luna, grch. Selene, ein Himmelskörper, der die Erde als Trabant (Satellit) ständig umkreist. Seine mittlere Entfernung von der Erde (60, 31 Erdhalbmesser = 384 405 km) war schon im Altertum annähernd bekannt. Weitere Bahnelemente: mittlere Exzentrizität 0,055; Bahnneigung gegen die Ekliptik 5° 8' 43, 4". Der M. hat einen Durchmesser von 0,2725 Erddurchmesser = 3480 km, eine Masse von 1/81 Erdmasse u. eine mittlere Dichte von 0,606 Erddichte = 3,34 g/cm3. Die Schwerkraft auf der M.oberfläche beträgt 1/6 der irdischen Schwerkraft. Der M. rotiert in 27,32 Tagen um seine Achse. In derselben Zeit bewegt er sich um die Erde (siderischer Monat); daher kehrt er der Erde stets die gleiche Seite zu. Begegnungen des M. mit der Sonne (Neumond) finden im Mittel alle 29,53 Tage statt (synodischer Monat); in dieser Periode (Lunation) läuft der Wechsel der Lichtgestalten (M.phasen) des M. ab: Neumond (æ), Erstes Viertel (¿), Vollmond (ø), Letztes Viertel (¡).- Der M. hat keine Atmosphäre; die Oberfläche ist mit einer nur wenige Zentimeter dicken Staubschicht überlagert u. besteht aus meist dunklen, relativ festen Gesteinen, die eine etwas andere chem. Zusammensetzung haben als irdische Gesteine gleicher Art. Bes. Formationen sind dunkle Ebenen (»Meere«), hohe Gebirgsketten sowie Ringgebirge (Krater) verschiedenster Größe (bis zu 200 km Durchmesser) u. Strahlensysteme. – Erste bemannte Landung am 20.7.1969 durch Apollo 11.

Nadir: Fußpunkt, Gegenpunkt des Zenits an der Himmelskugel, die Richtung senkr. nach unten.

Occam's Rasierklinge: ein logisches Prinzip, wird William von Occam zugeschrieben, obwohl es bereits früher von einigen Scholastikern angewandt wurde. Das Prinzip fordert, daß jemand lediglich ein Minnimum an Erklärungsaufwand betreiben sollte, um die Anzahl an Einzelfaktoren, die zur Erklärung eines Phänomen notwendig sind, möglichst gering zu halten, oder man nur die Zahl Annahmen aufzustellen hat, die als Mindestmenge möglichst viel des fraglichen Sachverhalts erklären kann. Diese Prinzip wird auch oft das Prinzip der Sparsamkeit genannt. Es hat seit dem Mittelalter eine wichtige Rolle bei der Elimination scheinbarer oder unnötiger Erklärungselemente gespielt. Logiker wie

Bertrand Russell überdachten und verwarfen traditionelle metaphysische Konzepte mit Hilfe der Methode der Occam's Rasierklinge.

Paolo, Soleri: geboren in Turin, Italien, am 21. Juni, 1919, ein Architektur-Designer, dessen utopische architektonischen Konzepte wie „Archi-Ökologia" eine Umgestaltung der Erdoberfläche voraussetzen, ohne den Menschen von seiner Umgebung, von seinem Planeten zu entfremden. Menschliche Gesellschaften sollen, „en bloc" in einigen wenigen bewohnbaren Megastrukturen wohnen, die insbesonders vertikal ausgerichtet sind, um ökologisch wertvolle Landflächen zu bewahren. Soleri wanderte 1947 in die USA aus und studierte anschließend bei Frank Lloyd Wright. Seit etwa 1970 entwickelte Soleri in Arizona ein neues Wohnmodell (Bauten von Arcosanti) gegen die „destruktive Wirkung einer 'asphyktischen und versteinerten' Gesellschaft".

Phototaxis: gerichtete Bewegung freibewegl. Organismen zum Lichtreiz oder vom Licht weg.

Polygon: jede geradlinige ebene Figur mit einer festgelegten Anzahl von Eckpunkten, Vieleck mit meist mehr als drei Seiten.

Präzession: zu lat. praecedere = vorangehen] (Physik, Astron.): kreisförmige Verlagerung der Kreisel- bzw. Erdachse. Drehbewegung, die die Figurenachse eines Kreisels unter dem Einfluß einer äußeren Kraft um eine raumfeste Achse in Kraftrichtung ausführt (P.skegel); insbes. die Kreisbewegung der Erdachse, die aufgrund der Gravitationsanziehung, die Mond u. Sonne auf den Äquatorwulst der abgeplatteten Erde ausüben, erfolgt. Ein voller Umlauf dauert 25.780 Jahre (Platon. Jahr). Dabei kommt es zu einer fortschreitenden Verlagerung des Frühlingspunkts auf der ⇒Ekliptik im rückläufigen Sinn (Ost-West, entgegengesetzt der jährl. scheinbaren Sonnenbewegung durch die Ekliptik).

proto...: Wortbestandteil mit der Bed. »wichtigster, erster, vorderster«.

Protozoen: Protozoa, Urtiere, Einzeller, mikroskop. kleine Tiere, die aus einem Zellkörper, dem Protoplasma, u. einem oder mehreren Kernen bestehen.

Redundanz, die; -, -en [lat. reduntantia = Überfülle] (Fachspr.): das Vorhandensein von eigentlich überflüssigen, für die Information nicht notwendigen Elementen; Überladung mit Merkmalen.

Rosetta: Rosette, arab. Rashîd, Hafenstadt in Unterägypten, am R.-Arm des Nildeltas, 50 000 Ew. – Der 1799 gefundene Stein von R. ermöglichte die Entzifferung der Hieroglyphen.

Sagan, Carl: Amerikanischer Wissenschaftler, geb. New York City, 9. Nov. 1934, bekanntgeworden durch seine Untersuchungen über die Möglichkeit extra-terrestrischen Lebens. Er begann seine Karriere in Cornell 1968, dort war er Professor der Astronomie und Direktor des Laboratory for Planetary Studies. Seine Untersuchungen über die Oberfläche von Planeten und deren Atmosphären führten zu der Hypothese, daß ein

Treibhaus-Effekt für die hohen Temperaturen auf der Venus verantwortlich ist. Er war maßgeblich an den Mariner- und Viking-Missionen beteiligt. Sagan nahm an Studien teil, die auf katastrophale Langzeitfolgen eines atomaren Krieges auf irdisches Klima hinwiesen; das Phänomen ging als „Nuklearer Winter" in den Sprachgebrauch ein. Er schrieb mehrere Erfolgsbücher über interdisziplinäre, astronautische und biologische Untersuchungen.

siderisch «Adj.» [lat. sidereus, zu: sidus = Stern(bild)]: auf die Sterne bezogen: die -e Umlaufzeit (Umlaufzeit eines Gestirns in seiner Bahn); ein -es Jahr (Sternjahr).

Sonnenwind: solarer Wind, von der Sonne ausströmendes, hpts. aus Protonen u. Elektronen bestehendes Plasma. Es schwankt im 11jährigen Zyklus (Sonnenfleckenperiode), verformt das Magnetfeld der Sonne u. bewirkt Störungen des erdmagnet. Felds (magnet. Stürme).

Tag: Zeiteinteilungsbegriff in zwei Bedeutungen: 1. lichter T., die Zeit zw. Auf- u. Untergang der Sonne; 2. die Periode der Erdrotation a) in bezug auf die Richtung Erde-Sonne (Sonnentag), b) in bezug auf den Frühlingspunkt (Sterntag), c) in bezug auf das System der Fixsterne (siderischer T., 0,009 s länger als ein Sterntag).

Tektonik: Geotektonik, die Lehre vom Bau (Schichtenlagerung) u. den Bewegungen der Erdkruste. Sie befaßt sich mit unserer Lithosphäre, die äußerste Schale unseres Planeten, die unterteilt ist in eine größere Zahl starrer Platten, die auf einem relativ flüssigen Kern driften. Die Entstehung neuer Schichten zwischen den auseinander strebenden Platten erklärt auch die Entstehung der Ozeane sowie das Kollidieren und die daraus resultierenden Aufwerfungen, die Gebirgsketten unserer Erde erklären helfen.

Tetraeder: von vier gleichseitigen Dreiecken begrenzter Körper, dreiseitige Pyramide.

Uniformismus: die Theorie, daß „das Gegenwärtige der Schlüssel zur Vergangenheit ist" wurde von den schottischen Geologen James Hutton (1788) entwickelt. Er ging von der Vorstellung aus, daß die geologischen Prozesse vergangener Zeiträume, schon immer und unverändert den gleichen Gesetzmäßigkeiten - wie heute - unterlagen.

Viking Landeeinheit: im wesentlichen dreiarmige Plattformen ausgerüstet mit zahllosen Instrumenten an der Oberseite, angetrieben von einer Kernkraftquelle namens termoelektrischer Radioisotopen-Generator. Die ersten Messungen der zwei Landeeinheiten kamen von einem Potential-Analyzer, einem Massenspektrometer für die oberen Atmosphären-Schichten sowie Druck- und Temperatur-Sensoren, die sog. Profilmessungen während der Landungsphase durchführten. Während der Landungsphase schlugen die Geräte an und wiesen Stickstoff (2% der Atmosphäre) sowie das Edelgase Argon (1,5,% der Atmosphäre) nach - insbesonders die Isotope des Edelgases sind für die Analyse der Entstehungsbedingungen der Marsatmosphäre von besonderer Wichtigkeit. Es war das erste Mal in der Geschichte der Raumfahrt, daß Geräte speziell zum Nachweis außerirdischen Lebens eingesetzt worden waren. Ein Experiment war z.B. auf die Suche von photosynthetisierenden Mikroorganismen ausgerichtet. Alle drei durchgeführten Experimente zeigten positive Hinweise auf einfache Lebensformen, doch selbst 18 Monate intensivster Analyse ergaben keine eindeutigen Resultate. Der Gas-Chromatograph fand keine Hinweise auf organisches Material in Bodenproben des Mars. Das Oberflächenmaterial der Prüfstelle des Landers-1(22.5 Grad nördl. Breite, 48.0 Grad westl. Länge) sowie das des Landers-2 (47.9 Grad nördl. Breite, 225.7 Grad westl. Länge) zeigten nahezu identische Ergebnisse.

Viking Orbiter: ausgerüstet für Photographie (in Farbe, Stereo-Farben durch Filtersysteme), für Nachweis atmosphärischen Wasserdampfes und für Oberflächentemperaturmessungen. Jeder Orbiter trägt zwei Niedrig-Scan-Kameras mit TV-ähnlichen Röhren. Hauptaufgabe dieser Kameras war es, bei der Suche nach einem geeigneten Landeplatz zu helfen. Sie waren jedoch vorwiegend mit Kartographierung und Photographiearbeiten beschäftigt und dies aus einer Entfernung von 298 km. Weiterhin flogen sie sehr dicht tangential an den Mars-Monden Phobos und Deimos vorbei - so konnten sehr wertvolle Informationen über die Oberflächenbeschaffenheit und ihre Masse, anhand deren Einfluß auf ihre Flugbahn, gewonnen werden. Die Viking-Instrumente zeigten, daß der Wasserdampf-Gehalt der Mars-Atmosphäre größer war als angenommen, und daß die Feuchtigkeit an den Polar-Regionen etwa 100 mal so groß wie an der Äquatorial-Region war. Der Infrarot-Wärmedetektor wies unter anderem thermische Tag-Nacht-Schwankungen ebenso wie Jahreszeiten nach. Die Zusammensetzung von Wolkenformationen konnte ermittelt werden und man erfuhr, daß residuale Nordpol-Eiskappen fast ausschließlich aus Wasser bestehen.

Viking Raumfahrt-Projekt: durchgeführt im Sommer 1976, erstmals zwei erfolgreiche Landungen auf der Oberfläche des Mars. Viking-1 bestand aus einem Landefahrzeug, angedockt an einen zweiten Flugkörper, der aus dem Umlaufbahn heraus hervorragende Bilder erzeugte. Gestartet am 20. Aug. 1975, trat es am 19. Juni 1976 in die Marsumlaufbahn ein und begann mit seiner Arbeit. Am 20. Juli stieg Lander-1 zu einem Abhang eines ausgetrockneten Beckens in einer Region bekannt als Chryse Planitia hinab. Viking-2 hatte ein identische Ausrüstung, startete am 9. September 1975 und erreichte die Marsumlaufbahn am 7. August 1976. Dessen Landeeinheit setzte am 3. September 1976 auf einer felsübersäten Ebene in einem nördlicher gelegenen Gebiet namens Utopia Planitia auf.

Index

N

O

P

R

S

T

U